财会类专业通用创新系列教材

Financial Management in Practice

财务管理实务

李飞　裴淑琴　赵丹　主编

东北财经大学出版社
Dongbei University of Finance & Economics Press
大连

图书在版编目（CIP）数据

财务管理实务 / 李飞，裴淑琴，赵丹主编．—大连：东北财经大学出版社，2025.9．—（财会类专业通用创新系列教材）．—ISBN 978-7-5654-5380-9

Ⅰ．F275

中国国家版本馆CIP数据核字第2024KQ3865号

财务管理实务

CAIWU GUANLI SHIWU

东北财经大学出版社出版

（大连市黑石礁尖山街217号　邮政编码　116025）

网　　址：http://www.dufep.cn

读者信箱：dufep@dufe.edu.cn

大连市东晟印刷有限公司印刷　　东北财经大学出版社发行

幅面尺寸：185mm×260mm　字数：523千字　印张：22　插页：1

2025年9月第1版　　2025年9月第1次印刷

责任编辑：包利华　　责任校对：何　群

封面设计：原　皓　　版式设计：原　皓

书号：ISBN 978-7-5654-5380-9　　定价：56.00元

教学支持　售后服务　联系电话：（0411）84710309

如有印装质量问题，请联系营销部：（0411）84710711

前言

当前，数字技术正以新理念、新业态、新模式全面融入人类经济、政治、文化、社会、生态文明建设各领域和全过程，给人类生产生活带来广泛而深刻的影响。党的十八大以来，党中央高度重视发展数字经济，先后发布了《数字经济发展战略纲要》《“十四五”数字经济发展规划》，将其上升为国家战略。党的二十大报告提出，加快构建新发展格局，着力推动高质量发展，加快建设数字中国。

2022年，国务院国资委出台《关于中央企业加快建设世界一流财务管理体系的指导意见》，提出以数字技术与财务管理深度融合为抓手，构建世界一流财务管理体系，突出“支撑战略、支持决策、服务业务、创造价值、防控风险”的功能作用。《会计改革与发展“十四五”规划纲要》提出要积极推动会计工作数字化转型。显然，随着“大智移云”时代的到来，大数据给企业财务管理带来了新的机遇和挑战。为顺应时代发展，2021年，财务管理专业正式更名为大数据与财务管理专业。根据教育部2021年发布的专业简介，“财务管理实务”为大数据与财务管理专业的核心课程。

在数字经济背景下，企业对掌握“财务知识+大数据技能”的复合型人才需求加大，如何实现“财务管理实务”课程数字化改造，推进大数据与财务管理专业数字化转型，如何利用大数据技术帮助企业构建财务管理新模式，进一步提升财务信息的透明度和财务管理工作的效率等成为编写本教材的不竭动力。

本教材以立德树人为根本，以培养高素质技术技能型人才为目标，坚持“德育为先、能力为本、工学结合、德技双馨”的教育教学理念，采取“多校联合、校企合作”的编写形式，以“双线并行、双轮驱动、螺旋递进”教学模式构建教材内容体系，具体表现为：财务管理方法与财务活动双线并行，专业知识与数字技能双轮驱动，理论认知与实践应用螺旋递进。本教材共分为三个模块十一个项目。模块一为基础，包括财务管理认知、财务管理观念认知；模块二为方法，包括财务预测、财务决策、财务预算、财务控制和财务分析；模块三为实务，包括筹资管理、投资管理、营运资金管理、收入与收益分配管理。本教材及相关课程资源建设被列为高水平大数据与会计专业群建设的重要内容及成果。本教材的特色如下：

1.架构合理

本教材以财务管理基础知识和基本观念为理论支撑，以财务管理方法为工作手段，以财务活动内容为工作核心，突出了财务管理方法和财务活动“双主线”的特色，充分体现了财务管理基础知识的支撑力和财务管理实务操作的核心性，结构合理，脉络清晰。

2.财智融合

本教材创新性地将Power BI等数字技术引入财务管理教学内容，实现数字技术与专业技能的有机融合。各项目设置“数字技能拓展”栏目，详细介绍操作步骤，以图文并茂的方式引导学生使用Power BI等数字技术解决财务管理问题，提升学生专业素质及数字技能。

3.形式多样

本教材每一项目都以小案例形式设置了“项目导读”，将学生置身于学习情境，提升其学习兴趣与求知欲，明确了知识目标、能力目标、素养目标，穿插了“重要提示”对重点内容予以特殊说明；通过“随堂测”栏目对重点技能加强训练；通过“素养提升”栏目强化课程思政，通过“数字技能拓展”栏目将专业知识与数字技术融合；通过“岗课赛证同步训练”栏目巩固理论知识、强化职业技能；通过“本项目思维导图”对本项目学习内容进行归纳与总结。

4.资源丰富

本教材提供配套的教学课件、岗课赛证同步训练参考答案与解析、微课视频、案例分析相关文件等数字化教学资源，方便读者自学使用。

本教材由山西省财政税务专科学校李飞、裴淑琴、赵丹担任主编，张瑞、丘锐琪、赵瑞婷担任副主编，具体分工为：项目一由山西省财政税务专科学校裴淑琴、山西经贸职业学院张瑞执笔；项目二、项目四、项目九由山西省财政税务专科学校李飞执笔；项目三由山西省财政税务专科学校赵丹执笔；项目六由山西管理职业学院赵瑞婷执笔；项目七由山西经贸职业学院张瑞执笔；项目八由山西省财政税务专科学校裴淑琴、赵丹执笔；项目十由临汾市精华职业学校薛丽萍执笔；项目五、项目十一由山西省财政税务专科学校裴淑琴、新疆昌吉职业技术学院丘锐琪执笔。教材各项目的“数字技能拓展”由赵丹执笔；教材中的二维码资源由李飞负责整理。全书由裴淑琴总纂。

本教材既可以作为应用型本科、高职本科和高职高专财经商贸类财会专业及其他相关专业教材使用，也可以作为企业财务管理业务培训教材和财会人员自学读物使用。

本教材在编写过程中得到了大同煤矿集团原总会计师及中国民生投资原常务副总经理王团维的大力支持。本教材在编写过程中参考了国内外许多财务管理专家、学者的最新研究成果，得到了同行和专家的悉心指导，同时，本教材的出版得到了东北财经大学出版社的大力支持，在此一并表示衷心的感谢。

由于编者水平有限，教材中难免有所疏漏，敬请读者批评指正，我们将不断对其进行修订和完善。

编　者

2025年9月

目录

模块一　基础

项目一
财务管理认知

■知识目标

1.了解企业财务活动内容和财务关系

2.掌握财务管理的概念和特点

3.理解企业财务管理目标

4.熟悉财务管理的环节

5.认识环境对财务管理的影响

6.认识财务数字化转型的重要性

■能力目标

1.能够建立财务管理课程的基本框架

2.能够形成对财务管理职业的初步认识

3.能够正确理解各种财务管理目标的选择

4.能够与相关部门沟通，正确处理财务关系

■素养目标

1.培养学生财务管理的基本思维，涵育财务管理理念

2.培养学生科学理财的财务自信，厚植财务职业能力

3.培养学生诚实守信的财务品质，塑造财务职业精神

项目导读

在数字化智能时代，构建世界一流财务管理体系的核心就是基于数字技术，推动财务转型，实现财务数字化。在这一阶段，财务管理的工作就需要以“规范、精益、集约、稳健、高效、智慧”为标准，以数字技术与财务管理深度融合为抓手，固根基、强职能、优保障。一是记录价值，展现全景化记录能力，重点契合“规范”“集约”；二是反映价值，展现实时化洞察能力，重点契合“精益”“高效”；三是守护价值，展现主动性防御能力，重点契合“稳健”；四是创造价值，展现前瞻性规划、模型化决策、全过程管控能力，重点契合“智慧”。

《关于中央企业加快建设世界一流财务管理体系的指导意见》

让我们树立起新时代财务管理的新理念，开启企业财务管理实务的学习。

任务一 财务管理基础认知

财务管理是基于企业再生产过程中客观存在的财务活动和财务管理关系而产生的，组织财务活动、处理财务关系的一项经济管理工作，是企业管理的重要组成部分。

一、企业财务活动

企业财务活动是指因其再生产过程中的筹资、投资、营运和分配等所产生的一系列与资金收支有关的活动。

（一）筹资活动

筹资活动是指企业为满足投资和营运活动的需要，从各种渠道、通过不同方式筹集所需资金的活动。

拥有并能支配一定数额的资金，是企业生存和发展的基本前提，因而筹资活动是企业的一项最基本的财务活动。企业通过筹资形成的资金，按性质不同分为权益资金和债务资金两种。权益资金也称自有资金，是指企业不需要还本，可长期使用的资金。债务资金也称借入资金，是可供企业在一定时期使用，并按融资协议规定还本付息的资金。

筹资方式不同，资本成本及筹资风险也各不相同。企业在筹资活动中，一方面需要根据战略目标和投资计划确定合理的筹资规模，保证有计划地筹资；另一方面要确定合理的筹资渠道、方式和筹资结构，降低筹资成本和风险，增加收益，提高企业价值。

（二）投资活动

投资活动是指企业将筹集的资金投入到生产经营过程以获取收益的活动。企业投资可分为对内投资和对外投资两种。对内投资是指企业将资金用于本企业的资产上，如购置厂房、机器设备、无形资产、存货等。对外投资是指企业将资金投放于本企业以外的其他企业或有价证券等金融资产，如购买股票、债券等有价证券，与其他企业联营或出资新组建公司等。

企业在投资活动过程中，必须考虑为确保获取最佳投资效益应投入的资金数额，以及投资所冒的风险，应在收益与风险之间作出权衡。

（三）资金营运活动

资金营运活动是指企业在日常生产经营过程中发生的一系列资金收付的活动。首先，企业要支付资金采购材料或商品，从事生产和销售活动，同时，还要支付工资和其他营业费用；其次，企业要出售产品或商品，取得销售收入，从而收回资金；最后，如果企业现有资金不能满足日常生产经营的需要，还要利用短期负债方式来筹集所需资金。

在生产经营过程中，资金从一种形态依次经过供、产、销等阶段，又回到该形态的过程，称为资金循环。周而复始的资金循环，构成了资金的周转。在一定时期，资金周转速度越快，资金的利用效率越高，企业就能生产更多的产品，取得更多的收入，从而获取更多的利润，更好地降低企业的风险。

（四）收入与收益分配活动

收入与收益分配活动是指对企业的收入和利润进行分割和分派的过程。企业通过投资活动和资金营运活动取得相应的收入，并实现资金的增值（利润）。企业取得的各种收入在补偿成本费用并缴纳相关税费后，形成税后利润。企业还应依据有关法律法规对实现的税后利润在企业和投资者之间进行分配，如提取法定盈余公积，向投资者分派利润，或留在企业继续使用。

重要提示

财务活动的四个方面，并非相互割裂、互不相关，而是既有一定区别，又相互联系的。筹资、投资、营运、收入与收益分配这四个既相互联系又有一定区别的活动，构成了完整的企业财务活动。

二、企业财务关系

企业财务关系是指企业在筹资、投资、资金营运和收入与收益分配过程中，与各有关方面所形成的经济利益关系。财务关系主要包括以下几个方面：

（一）企业与投资者之间的财务关系

这主要是指企业的投资者向企业投入资金，企业向其投资者支付投资报酬所形成的经济利益关系。企业与其投资者之间的财务关系，体现着所有权的性质，反映着企业所有权和经营权的关系。

（二）企业与债权人之间的财务关系

这主要是指企业向债权人借入资金，并按借款合同的规定按时支付利息和归还本金所形成的经济利益关系。企业与其债权人之间的财务关系，体现着债务与债权关系的性质。

（三）企业与受资者之间的财务关系

这主要是指企业以购买股票或直接投资的形式向其他经济组织投资所形成的经济利益关系。企业与其受资者之间的财务关系，体现着所有权性质的投资与受资的关系。

（四）企业与债务人之间的财务关系

这主要是指企业将其资金以购买债券、提供借款或商业信用等形式出借给其他单位使用所形成的经济利益关系。企业与其债务人之间的财务关系，体现着债权与债务关系的性质。

（五）企业与供应商、企业与客户之间的财务关系

这主要是指企业购买供应商的商品或接受其服务，以及企业向客户销售商品或提供服务过程中形成的经济利益关系。

（六）企业与政府之间的财务关系

这主要是指政府作为社会管理者，通过收缴各种税费方式与企业形成的经济利益关系。依法纳税是企业应尽的义务。

（七）企业内部各单位之间的财务关系

这主要是指企业内部各单位（供产销各部门、各分公司、各生产车间、各分店等）之间在生产经营活动中相互提供产品或劳务而形成的经济利益关系。企业内部的财务关系，体现着企业内部责、权、利关系的性质。

（八）企业与职工之间的财务关系

这主要是指企业按照职工的劳动数量和劳动质量，支付职工劳动报酬而形成的经济利益关系。

重要提示

企业生产经营活动一方面表现为实物商品的运动过程（物流），另一方面表现为资金的运动过程（资金流）。资金运动是否顺畅，财务活动能否顺利开展，与财务关系有着十分密切的关系。因此，企业只有正确处理好各种财务关系，才能使各项财务活动顺利开展。

随堂测 1-1

【判断题】财务关系是指企业在组织财务活动过程中与各有关方面所形成的所有权关系。（　）

三、企业财务管理的特点

企业管理包括的内容很多，如生产管理、技术管理、物资供应管理、人力资源管理、营销管理、财务管理等，各项管理活动之间既相互联系、又分工明确，各种管理活动特点也各异。财务管理区别于企业其他管理活动的主要特征在于它是一种价值管理，它是利用收入、成本、利润、资产、负债、权益、现金流量等价值指标，来组织企业再生产过程中价值的形成、实现和分配，并处理这种价值运动中的各种经济利益关系。具体来讲，其主要特点有：

（一）涉及面广

财务管理的对象是资金及其运动。资金运动与企业的所有部门都有密切关系。因此，财务管理工作关系到企业的每个部门、每一项活动，涉及企业的方方面面。财务部门通过资金和企业经营各环节建立联系，并通过资金的管理对各个部门的活动加以约束。

（二）综合性强

由于财务管理是指一种价值管理，使之又具有综合管理的特征。企业管理中存在着侧重点不同的各种管理职能，但它们的管理效果和业绩都应通过资金运动的状况反映出来。而且，市场经济环境也要求企业各项职能管理的效果和业绩最终统一于相应的价值指标上。所以，财务管理在企业管理中属于一种综合性的管理，并对其他职能管理起着导向作用。

（三）及时性强

企业的一切活动都通过财务指标反映到财务部门，财务部门通过财务指标的计算、分析，可及时反映企业各部门的经营管理业绩。

四、企业财务管理的内容

企业财务管理的内容主要包括四个部分：筹资管理、投资管理、营运资金管理、收入与收益分配管理。

（一）筹资管理

筹资管理的内容主要包括：资金需要量预测、筹资方式的选择、资本结构决策等，其管理目标是通过科学预测企业未来资金需要量，合理确定筹资规模；进行资本结构决策，不断优化资本结构，尽可能降低资本成本，有效防范和控制财务风险，提高企业经济效益。

（二）投资管理

投资管理的主要内容包括：选择正确的投资方向、确定合理的投资规模、作出科学合理的投资决策等，其管理目标是在企业战略目标下，实现投资结构总体平衡，投资风险低，投资效益高。

（三）营运资金管理

营运资金管理的内容主要包括：确定合理的营运资金投资与筹资政策，加强现金、应收账款、存货等流动资产管理和流动负债管理，其管理目标是加速资金周转，提高资金使用效率，降低营运资金管理风险。

(四) 收入与收益分配管理

收入与收益分配管理的内容主要包括：销售预测、销售定价、依法及时足额缴纳各种税费、提取公积金、制定科学合理的收益分配政策等，其管理目标是有效提高企业价值，增加股东财富。

重要提示

随着资本市场的不断发展和完善，收购、兼并、重组等资本运作活动也成为现代企业财务管理的重要内容。

五、企业财务管理的环节

企业财务管理的环节，就是企业财务管理工作的步骤及一般流程。一般来说，企业财务管理的环节主要包括财务预测、财务决策、财务预算、财务控制和财务分析与评价等环节。

(一) 财务预测

财务预测是根据企业财务活动的历史资料，以及企业财务管理的现实要求和条件，对企业未来的财务活动、财务成果作出科学的预计和测算。财务预测是财务决策的依据，是编制财务预算的重要前提。

财务预测工作的内容及工作步骤为：明确预测目标、确定预测对象、收集整理相关资料、选择预测模型、确定预测结果等。

(二) 财务决策

财务决策是指根据企业财务战略目标的总体要求，以预测为基础，运用专门方法对各备选方案进行比较、分析和评价，并从中选择最佳方案的过程。财务决策是企业财务管理的核心，决策的正确与否关系到企业的兴衰成败。

企业财务决策工作的内容及工作步骤为：确定决策目标、拟订备选方案、分析评价备选方案、优选方案、方案实施与跟踪反馈。

随堂测 1-2

【判断题】财务决策是以预测为基础，运用专门方法对各备选方案进行比较、分析和评价，并从中选择最佳方案的过程。因此，财务预测是企业财务管理的核心。 ( )

(三) 财务预算

财务预算是指企业根据各种预测信息和各项财务决策确立的预算指标编制的财务计划。企业在制定了财务目标后，首先要在企业内部建立财务预算体系，并根据各种预测信息和各项决策，确立财务预算指标和编制财务计划。预算体系的建立和财务预算的编制是实现企业财务目标乃至企业整体战略目标的出发点和基础。财务预算就是企业财务战略目标的具体计划，是财务控制的依据。

企业财务预算工作的内容及步骤为：分析财务环境、确定预算指标；协调财务能力、进行综合平衡；选择预算方法、编制财务预算；组织实施预算，进行预算调整；检查预算执行情况，进行预算业绩考评。

(四) 财务控制

财务控制是指为保证财务预算的实现，采用特定的方法，对企业财务活动施加影响或进行具体调节的行为。财务控制与财务预算紧密相连。财务预算是财务控制的重要依据；财务控制是财务预算执行的重要手段。

财务控制工作的内容及步骤为：制定控制标准、分解落实责任；实施追踪控制、及时调整误差；分析执行情况、搞好业绩考评。

（五）财务分析与评价

财务分析与评价是指以财务报告及其他相关资料为主要依据，运用特定的方法分析和评价企业财务状况、经营成果和现金流量情况，帮助企业经营者及其他相关利益集团作出正确经济决策。财务分析与评价既是对已完成的财务活动的总结，也是财务预测的前提，在财务管理环节中起着承上启下的作用。

财务分析与评价工作的内容及步骤为：搜集资料、掌握信息；指标对比、揭露矛盾；因素分析、明确责任；提出措施、加以改进。

素养提升

有观点认为，随着信息技术的快速发展，财务管理高质量发展的目标是实现财务数智化转型。其实，财务数智化转型并不是财务管理高质量发展的目标，其真正的目标是财务职能转型。正如《关于中央企业加快建设世界一流财务管理体系的指导意见》中所指出的，未来的财务管理更加注重质量和效率，更加突出“支撑战略、支持决策、服务业务、创造价值、防控风险”的功能作用。

任务二　财务管理目标确定

财务管理目标是指企业进行财务管理所要达到的最终结果。从根本上讲，企业财务管理目标取决于企业的总体目标，是为实现企业目标而服务的。企业财务管理目标应具有客观性、层次性、多元性、相对稳定性和可操作性。

企业目标可概括为生存、发展和获利。财务管理目标体系在企业目标的框架下，一般由总目标、分部目标、具体目标等组成。关于企业财务管理总目标，目前有多种不同的观点，主要有利润最大化、资本利润率或每股收益最大化、股东财富最大化、企业价值最大化、相关者利益最大化等。

案例

企业财务管理目标选择

一、利润最大化目标

利润最大化目标是指企业财务管理以实现利润最大化为目标。这种观点的理由有三：一是人类生产活动的目的是创造更多的剩余价值；二是在自由竞争的资本市场中，资本的使用权属于获利最多的企业；三是只有每个企业都最大限度地创造利润，整个社会的财富才能实现最大化，从而带来社会的进步和发展。

利润最大化目标的主要优点：①利润是企业在一定期间全部收入与全部费用的差额，是按照收入与费用配比原则加以计算的，它可以直接反映企业创造剩余价值的多少，在一定程度上体现着企业经济效益的高低；②企业追求利润最大化，就必须讲求经济核算，加强管理，改进技术，提高劳动生产率，降低产品成本，这些措施都有利于企业的资源合理配置和整体经济效益的提高。

利润最大化目标的主要缺点：①利润是一个绝对数指标，不能反映企业创造的利润与所投入的资本之间的关系，如用1 000万元投资赚取的100万元的利润与用2 000万元投资赚取的100万元的利润相比，如果仅看利润100万元，经营业绩是一样的，但是如果考虑了投资就显然不一样了；②利润最大化没有考虑利润实现的时间，没有考虑资金的时间价值，如今天的100万元利润与1年后的100万元利润其内在价值是不相等的；③利润最大化没有考虑获取利润与所承担风险的关系，没有考虑风险因素；④片面追求利润最大化，容易导致企业的短期行为。

二、资本利润率或每股收益最大化目标

资本利润率或每股收益最大化目标是指企业财务管理以资本利润率或每股收益的最大化为目标。资本利润率是指企业税后净利润与权益资本额的比率。每股收益也称每股盈余，是指企业净利润与普通股股数的比率。

资本利润率或每股收益最大化目标的主要优点：把企业实现的利润与所投入的资本或持股数量进行对比，能够反映企业实现的利润与投资额之间的关系以及盈利水平，能够用来进行横向比较。

资本利润率或每股收益最大化目标的主要缺点：仍然没有考虑资金时间价值和风险因素，也不能避免企业的短期行为。

三、股东财富最大化目标

股东财富最大化目标是指企业财务管理以股东财富最大化为目标。上市公司中，股东财富取决于其拥有的股票数量和股票市场价格。在股票数量一定时，股票价格达到最高，股东财富也就达到最大。

股东财富最大化目标的主要优点：①考虑了投资的风险因素，因为股价会对风险作出比较敏感的反映；②在一定程度上能够克服企业在追求利润上的短期行为，因为不仅企业目前的盈利水平会影响股价，预期未来的盈利水平也会对股价产生重要影响；③对上市公司而言，股东财富最大化比较容易量化，便于考核和奖惩。

股东财富最大化目标的主要缺点：①只适合上市公司，对非上市公司来讲，很难有比较公允、客观的股票市场价格；②股票价格受多种因素影响，不仅包括公司的业绩，还包括社会经济环境因素，这些并非公司所能控制的，把诸多不可控因素引入企业财务管理目标是不合理的；③股东财富最大化更多强调的是股东利益，而对企业其他相关者的利益重视不够，甚至可能产生“股东至上”的思想。

四、企业价值最大化目标

企业价值最大化目标是指企业财务管理以企业价值最大化为目标。企业价值可以理解为企业所有者权益的市场价值，或者是企业所能创造的预计未来现金流量的现值，可以反映企业潜在或预期的获利能力和成长能力。未来现金流量的预测包含了资金的时间价值和风险价值两个方面的因素。未来现金流量的预测包含了不确定性和风险因素，而现金流量的现值是以资金的时间价值为基础对现金流量进行折现计算得出的。

企业价值最大化目标的主要优点：①考虑了获取报酬的时间价值，并用时间价值的原理进行了计量；②考虑了风险与投资的关系；③能有效规避企业的短期行为和管理上的片面性，有利于企业从更全面、更长远的立场考虑问题，有利于企业长期、稳定发展；④有利于社会资源的合理配置，社会资金通常流向企业价值最大化或股东财富最大化的企业或

行业，有利于实现社会效益最大化。

企业价值最大化目标的主要缺点：①企业价值比较抽象，过于理论化，不易操作。尽管上市公司的股票价格变动在一定程度上揭示了企业价值的变化，但是股价受多种因素影响，特别是在资本市场效率低下的情况下，股票价格很难反映企业所有者权益的价值。②对非上市公司而言，只有对企业进行专门的评估才能真正确定其价值，而在评估企业的资产时，由于受评估标准和评估方法的影响，这种估价不易做到客观和准确，这也使得企业价值的确定较困难。

五、相关者利益最大化目标

相关者利益最大化目标是指企业财务管理以其相关者利益最大化作为财务目标。现代企业是多边契约关系的总和，一般而言，企业利益相关者不仅包括股东，还包括债权人、职工、客户、供应商和政府等。

相关者利益最大化目标的具体内容包括：①强调风险与报酬的均衡，将风险限制在企业可以承受的范围内；②强调股东的首要地位，打造企业与股东之间利益的协调关系；③加强对企业代理人（即企业经理人或经营者）的监督和控制，建立有效的激励机制以便企业战略目标顺利实施；④关心企业职工的利益，创造优美和谐的工作环境和提供合理恰当的福利待遇，激励职工长期努力工作；⑤不断加强与债权人的关系，让债权人参与企业重大财务决策的讨论，培养可靠的资金供应者；⑥关心客户的长期利益，以便保持销售收入的长期稳定增长；⑦加强与供应商的合作，共同面对市场竞争，并注重企业形象的宣传，遵守承诺，讲究信誉；⑧保持与政府部门的良好关系。

相关者利益最大化有利于企业长期稳定发展；体现合作共赢的价值理念，有利于实现企业经济效益和社会效益的统一。这一目标本身是一个多元化、多层次的目标体系，较好地兼顾了各利益主体的利益，体现了前瞻性和现实性的统一。

素养提升

财务管理目标是一切财务活动的出发点和归宿，是评价企业财务活动是否合理的标准。目前认同率较高的是企业价值最大化目标。企业在实现其财务管理目标的过程中，一要处理好近期目标与长远目标的关系；二要正确解决不同利益主体财务目标的矛盾，协调好各种财务关系；三要做到企业目标的制定和实现要与社会责任的履行相一致，达到企业目标与社会责任的协调统一。同学们要树立远大理想，明确学习目标，“立志做有理想、敢担当、能吃苦、肯奋斗的新时代好青年”。

任务三 财务管理环境分析

企业财务管理环境是指对企业财务活动和财务管理产生影响作用的企业内外各种条件的统称。

企业财务管理环境可以分为宏观财务管理环境和微观财务管理环境。宏观财务管理环境是指对企业财务活动和财务管理有重要影响的宏观方面的各种因素，主要包括经济环境、金融环境和法律环境等。微观财务管理环境是指对企业财务活动和财务管理有影响的微观方面的各种因素，主要包括企业生产经营状况、产品的市场销售状况、原材料供应情况、人力资源情况、组织形式、管理制度以及管理体制机制等。下面重点介绍宏观财务管理环境。

一、经济环境分析

财务管理的经济环境是指对企业财务活动和财务管理有影响的各种经济因素，主要包括经济周期、经济发展水平、宏观经济政策、通货膨胀和竞争等。

（一）经济周期

经济发展的周期性变化一般要经历四个阶段：复苏期、繁荣期、衰退期和萧条期。在不同的经济发展周期阶段，企业应采用不同的财务管理策略。西方财务学者曾探讨了经济周期中的理财策略，其要点见表1-1。

表1-1 经济周期中的理财策略

复苏期	繁荣期	衰退期	萧条期
1.增加厂房设备	1.扩充厂房设备	1.停止扩张	1.保持市场份额
2.增加存货	2.继续增加存货	2.处置不用或闲置的设备	2.缩减不必要的支出和管理费用
3.开发新产品	3.制定并实施扩张战略	3.减少存货	3.削减存货
4.增加雇员	4.增加雇员	4.调整产品结构和资本结构	4.实施减员增效
5.拟定进入战略	5.制定适宜的筹资策略	5.适当减员增效	5.制定并实施退出战略
6.寻求适当的资金来源			

（二）经济发展水平

经济发展水平越高，财务管理的水平也越高。财务管理水平的提高，将推动企业降本增效，从而促进经济发展水平的提高；而经济发展水平的提高，将改变企业的财务战略、财务管理理念、财务管理模式和财务管理的方法手段，从而促进企业财务管理水平的提高。如我国经济已进入高质量发展阶段，新经济时期的企业财务管理应更加注重质量和效率，更加突出“支撑战略、支持决策、服务业务、创造价值、防控风险”功能作用，更好统筹发展和安全，从而提高企业经济效益，促进经济发展水平的提高。

（三）宏观经济政策

不同的宏观经济政策，对企业财务活动和财务管理影响不同。金融政策中货币的发行量、信贷规模会影响企业投资的资金来源和投资的预期收益；财税政策会影响企业的资金结构和投资项目的选择等；价格政策会影响资金的投向和投资的回收期及预期收益等。企业财务人员应认真研究宏观经济政策，按照经济政策导向组织财务活动、处理财务关系，更好地为企业经营活动服务。

（四）通货膨胀

通货膨胀是指持续的物价上涨和货币购买力的下降。通货膨胀对财务活动和财务管理的影响是多方面的，主要表现在以下几个方面：一是企业资金占用大量增加，从而增加企业的资金需求；二是企业利润虚增，税金多交、利润多分，造成资金流失；三是利率提高，企业筹资成本加大；四是有价证券价格下降，企业筹资的难度加大。为了减轻通货膨胀对企业的不利影响，企业应当采取措施予以防范。如与客户签订长期购货合同，以减少物价上涨造成的损失；取得长期负债，保持资本成本的稳定等。

（五）竞争

在市场经济条件下，激烈的竞争是企业必须面对的客观现实。竞争能够促使企业优化资源配置，改善产品结构，提高产品质量，降低成本费用，提高经济效益，从而推动经济社会发展；竞争也会使企业销售增长受到威胁，产品价格下降，成本费用提高，利润水平降低。因此，竞争对企业财务管理既是机遇，又是挑战。企业只有把握机遇，寻求适合本企业的发展战略，形成本企业的竞争优势，才能立于不败之地。

随堂测 1-3

【多选题】通货膨胀对企业财务活动的影响是多方面的，主要表现在（　　）。

A.增加企业资金需求　　B.加大企业筹资成本

C.增强企业筹资能力　　D.增加企业筹资困难

二、金融环境分析

财务管理的金融环境是企业最为主要的环境因素，因为企业资金的筹集大多依赖于金融机构和金融市场，因此，金融政策的变化必然会影响企业财务活动。金融市场是企业资金投放的一个重要领域，对企业财务目标的实现起着不可低估的作用。影响企业财务活动和财务管理的金融环境因素主要有：金融机构、金融工具、金融市场和利率等。

（一）金融机构

在金融市场上，社会资金从资金供应者转移到资金需求者，大多要通过金融机构。金融机构主要是指银行和非银行金融机构。

1.银行

银行是指经营存款、放款、汇兑、储蓄等金融业务，承担信用中介的金融机构。我国银行主要包括中央银行（中国人民银行）、政策性银行和商业银行等。中国人民银行，代表政府管理全国的金融机构和金融活动，经营国库；政策性银行，是指由政府设立，以贯彻国家产业政策、区域政策为目的而不以营利为目的的银行，包括国家发展银行、中国进出口银行和中国农业发展银行等；商业银行，是指以经营存款、放款、办理转账结算为主要业务，以营利为主要目的银行，如中国工商银行、中国银行、中国建设银行、中国农业银行、交通银行、中信银行、光大银行等。

2.非银行金融机构

非银行金融机构，是指通过经营保险业务、证券业务、代理理财业务和融资租赁业务等方式为企业进行筹资和投资活动的中介机构，主要包括保险公司、证券公司、信托投资公司、金融资产管理公司 、金融租赁公司、财务公司等。

（二）金融工具

1.金融工具的定义

金融工具是指形成一个企业的金融资产，并形成其他单位的金融负债或权益工具的合同。借助金融工具，资金从供给方转移到需求方。金融工具分为基础金融工具和衍生金融工具。常见的基础金融工具有货币、票据、股票、债券等。衍生金融工具是在基础金融工具的基础上，通过特定技术设计形成的新的金融工具，其种类复杂繁多，具有高风险、高杠杆效应的特点。常见的衍生金融工具有远期合约、互换合同、期货合同和期权合同等。

2.金融工具的特征

金融工具一般具有流动性、风险性和收益性等特征。

（1）流动性是指金融工具能够在金融市场上迅速转变为现金而不致遭受损失的能力。一种金融工具变现所花的时间越短，价值损失越少，流动性越强；反之，流动性越差。

（2）风险性是指投资于金融工具的本金和预定收益遭受损失的可能性，一般包括信用风险和市场风险。信用风险也称违约风险，是指债务人不履行债务的风险；市场风险是指金融资产的市场价格随市场利率变动的风险。

（3）收益性是指金融工具定期或不定期地给持有人带来收益，如购买债券获得的利息、投资股票获得的股利以及买卖金融工具获得的差价收益等。

（三）金融市场

1.金融市场的定义

金融市场是指资金供应者和资金需求者双方通过某种形式融通资金达成交易的场所。金融市场的构成要素主要包括金融市场主体、金融工具、交易价格、组织方式等。其中，金融市场主体是指资金供应者和资金需求者，他们是金融市场的基本参与者。在多数情况下，金融市场的资金供应者和资金需求者是通过金融中介机构联系起来的，使直接筹资转化为间接筹资，提高了金融市场的效率。

2.金融市场的分类

（1）按交易期限分为货币市场和资本市场。货币市场是指交易对象期限不超过1年的资金交易市场，包括同业拆借市场、票据市场、大额定期存单市场和短期债券市场等。资本市场是指交易对象期限在1年以上的资金交易市场，包括股票市场、债券市场和融资租赁市场等。

（2）按交割的时间分为现货市场和期货市场。现货市场是指买卖双方成交后，当场或几天之内买方付款、卖方交出证券的交易市场。期货市场是指买卖双方成交后，在双方约定的未来某一特定的时日才交割的交易市场。

（3）按市场功能分为发行市场和流通市场。发行市场也叫初级市场或一级市场，主要从事新证券和票据等金融工具的买卖转让。流通市场也叫次级市场或二级市场，主要进行已上市的旧证券或票据等金融工具的买卖转让。

（4）按交易对象分为资本市场、外汇市场、黄金市场。资本市场是以货币和资本交易为交易对象。外汇市场是以各种外汇金融工具为交易对象。黄金市场是以黄金买卖和金币兑换为交易对象。

（5）按交易金融工具的属性分为基础性金融市场和衍生品金融市场。基础性金融市场是以基础性金融产品为交易对象。衍生品金融市场是以衍生性金融产品为交易对象。

（四）利率

利率即利息率，是利息占本金的百分比，是一定时期金融市场资金价格的一般表现形态。资金作为一种特殊商品，以利率为价格标准的流通，实质上是资金通过利率实行的再分配。因此，利率在资金分配以及企业财务决策中起着重要作用。利率的计算公式为：

利率=纯粹利率+通货膨胀附加率+变现力风险附加率+违约风险附加率+期限性风险附加率

1.纯粹利率

纯粹利率是指无通货膨胀、无风险情况下的平均利率。在没有通货膨胀时，国库券的利率可视为纯粹利率。纯粹利率的高低，受社会资金平均利润率、资金供求关系和国家调节的影响。

2.通货膨胀附加率

为弥补因物价持续上涨、货币购买力下降而给投资人带来的风险，要求在纯粹利率的水平上再加上通货膨胀附加率作为补偿。

3.变现力风险附加率

为弥补因投资资产变现能力差而给投资人带来的风险，要求以一定的变现力风险附加率作为补偿。变现力风险附加率也称流动性风险附加率。

4.违约风险附加率

为弥补因债务人未能按时还本付息而给债权人带来的风险，要求以一定的违约风险附加率作为补偿。

5.期限性风险附加率

为弥补因债务期限长而给债权人带来的风险，要求以一定的期限性风险附加率作为补偿。

三、法律环境分析

财务管理的法律环境是指进行财务活动和财务管理应遵守的有关法律、法规和规章。企业财务管理必须受到法律法规的制约，法律法规也为企业从事各种合法经济活动提供保护。对企业财务活动和财务管理有影响的法律法规主要包括以下四个方面：

（一）企业组织法律法规

企业设立或解散，要依照不同的法律规范，如《中华人民共和国公司法》（以下简称《公司法》）、《中华人民共和国企业破产法》、《中华人民共和国民法典》等。这些法律既是企业的组织法，又是企业的行为法，对企业的组织行为、经营活动及财务活动进行了强制性的规范，对企业财务管理产生直接影响。如《公司法》对出资方式、股票发行与交易、利润分配等的有关规定，企业财务管理必须严格执行。

（二）企业税收法律法规

税收法律法规是规定国家税收征纳关系的法律规范。税收既有调节社会总供给与总需求以及经济结构、维护国家主权利益等宏观经济作用，又有保护企业经济实体地位、促进公平竞争、改善经营管理和提高经济效益等微观作用。国家税种的设置、税率的高低、征收范围、减免规定、优惠政策等都会影响企业财务活动。依法纳税是企业应尽的义务，企业在履行纳税义务的同时，也应依法进行纳税筹划，降低税负。

（三）证券法律法规

证券法律法规是确认和调整在证券管理、发行与交易过程中各主体的地位及权利义务关系的法律规范。对于上市公司来说，发行股票、债券等有价证券，连接着企业与社会资本所有者。为了保护广大投资者的利益，特别是中小投资者的利益，国家特别以证券法规的形式规范了上市公司的经济行为和财务行为，以维护证券市场的交易秩序，防止内幕交易、操纵市场、欺诈客户、虚假陈述等证券欺诈行为的发生。

（四）财务法律法规

财务法律法规是规范企业财务活动、协调企业财务关系的法令文件。目前，我国企业财务法律法规有《中华人民共和国会计法》《企业会计准则》《企业财务通则》《企业内部控制基本规范》等。《企业财务通则》是设立在我国境内的各类企业进行财务活动、实施财务管理的基本规范，内容包括企业财务管理体制、资金筹集、资产营运、成本控制、收益分配、重组清算、信息管理和财务监督等。

《企业财务通则》

素养提升

财政部于2023年1月12日印发了《会计人员职业道德规范》，具体内容如下：

一、坚持诚信，守法奉公。牢固树立诚信理念，以诚立身、以信立业，严于律己、心存敬畏。学法知法守法，公私分明、克己奉公，树立良好职业形象，维护会计行业声誉。

二、坚持准则，守责敬业。严格执行准则制度，保证会计信息真实完整。勤勉尽责、爱岗敬业，忠于职守、敢于斗争，自觉抵制会计造假行为，维护国家财经纪律和经济秩序。

三、坚持学习，守正创新。始终秉持专业精神，勤于学习、锐意进取，持续提升会计专业能力。不断适应新形势新要求，与时俱进、开拓创新，努力推动会计事业高质量发展。

作为未来的财务人员，必须从现在做起，夯实专业理论知识，锤炼职业技能，严格遵守会计人员职业道德规范，提高职业素养，为我国财会行业发展作出应有贡献。

数字技能拓展

【拓展主题】**运用商业智能工具，助力财务管理提质增效**

【相关资料】党的二十大报告提出，“加快发展数字经济，促进数字经济和实体经济深度融合，打造具有国际竞争力的数字产业集群”。当前数字化浪潮下，向数字化生产和管理要效益已成为企业建立差异化竞争优势的主要手段。数据作为新型生产要素，能加速推动产业发展模式向创新驱动转变。而5G网络、工业互联网、人工智能、大数据、物联网等数字技术的迅猛发展，进一步推动各类资源要素快速流动、各类市场主体加速融合，帮助市场主体重构组织模式，实现跨界发展，打破时空限制，延伸产业链条，畅通国内外经济循环。

商业智能（Business Intelligence，BI）是一种使用现代数据仓库技术、线上分析处理技术、数据挖掘和数据展现技术进行数据分析以实现商业价值的重要工具。新一代商业智能工具可以赋能企业数据化运营，帮助企业快速响应市场变化和管理需求，促使业财税融合一体化管理越来越智能化和便捷化。

以商业智能工具为利器，优化企业业财税数据的收集、管理和分析过程，可以提升企业各级决策者获得知识或洞察未来的能力，助力企业作出更有利的决策。

工欲善其事，必先利其器。企业数字化转型需要更多掌握新技术的数字化人才。作为财会专业的青年学生，唯有掌握新技术这一“利器”，才能在走上工作岗位后推动企业财务数字化转型、智能化升级、精准化决策，提供高价值数据。

【拓展任务】**下载和安装 Power BI**

Power BI是商业智能分析工具之一，它可以连接企业内外数百个数据源，快速清洗及整合数据，支持构建数据模型，并提供可视化分析。用户可以基于Power BI创建个性化数据分析仪表板、获取对业务的全方位独特见解、生成报表视图并进行发布等，以供整个企业在Web和移动设备上使用可视化分析结果。但要完成上述工作，支持企业的商业智能分析活动，需要先搭建好Power BI环境，即完成Power BI的下载和安装。

目前Power BI官网提供的Power BI产品包括：Power BI Desktop（桌面版，也称免费版）、Power BI Pro（专业版）、Power BI Premium（增值版）、Power BI移动版、Power BI Embedded（嵌入版）、Power BI报表服务器。对个人而言，Power BI Desktop是一个非常合适的可供免费使用的版本，用户可从Power BI官网免费下载此版本，然后将其安装在本地计算机上，使用它完成数据准备、数据建模和可视化展示等工作。

Power BI Desktop的大部分功能不需要用户注册和登录即可使用。不过，未注册登录用户会受到一些高级功能使用权限的限制。例如，将制作好的可视化报表发布到Web上、与他人共享报表、下载自定义可视化对象、文本分析和可视化等AI功能，都需要用户先登录才能使用。

【任务实施】

Power BI Desktop可通过Microsoft官方网站下载和安装。

微课

下载和安装Power BI

步骤1：百度搜索Microsoft Power BI Desktop，找到并单击Power BI Desktop的Microsoft官方下载链接，在打开的下载界面中，选择语言为“中文（简体）”，单击下载按钮，如图1-1所示。

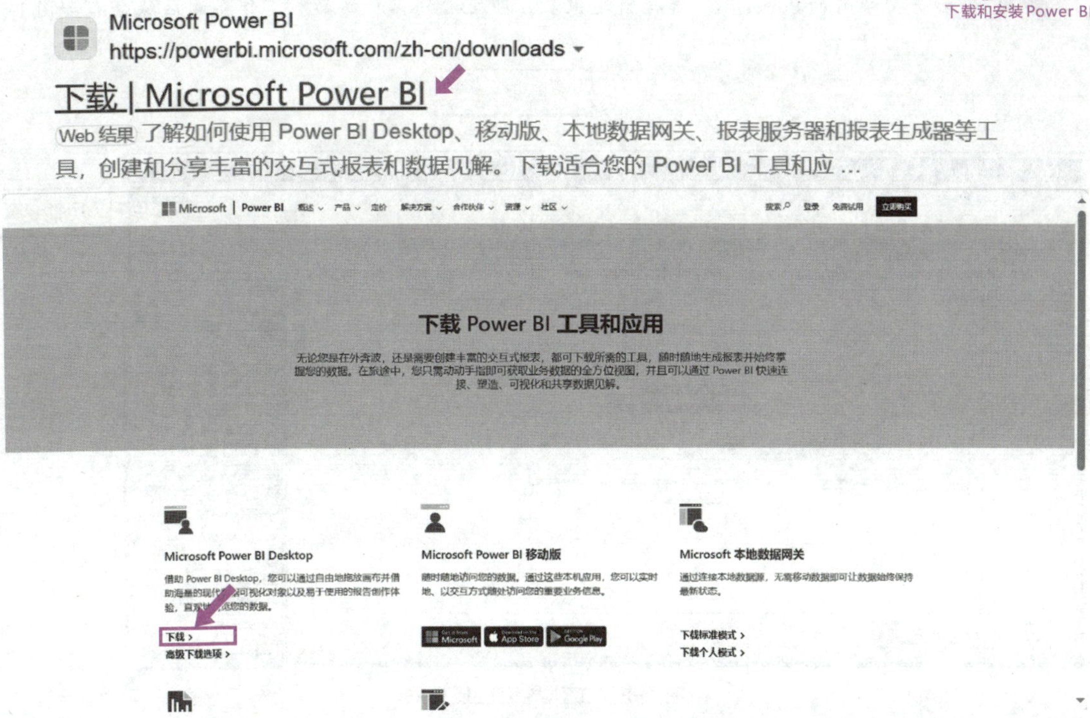

图1-1 打开Power BI Desktop官方网站下载

原图

项目一

步骤2：根据计算机系统的类型选择适合计算机系统的安装程序进行下载，如图1-2所示。

步骤3：下载完成后，双击安装程序即可启动安装向导，开始安装Power BI Desktop。Power BI Desktop的安装过程非常简明且易操作，读者可自行按照安装向导完成安装。

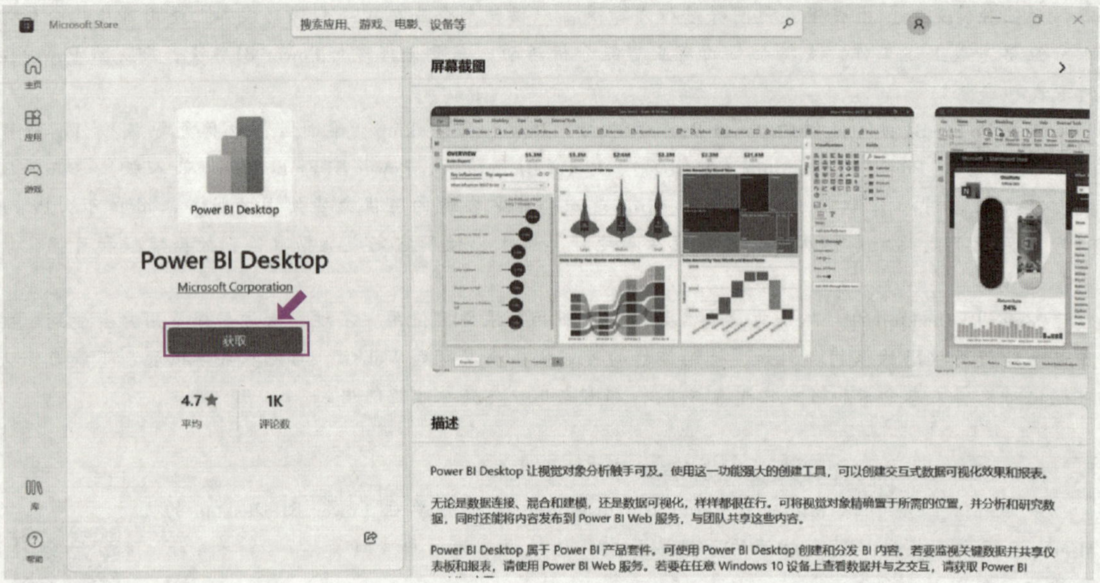

图 1-2　Power BI Desktop 下载界面

步骤 4：打开安装好的 Power BI，选择新建报表，即可看到工作界面。工作界面区域分布如图 1-3 所示。

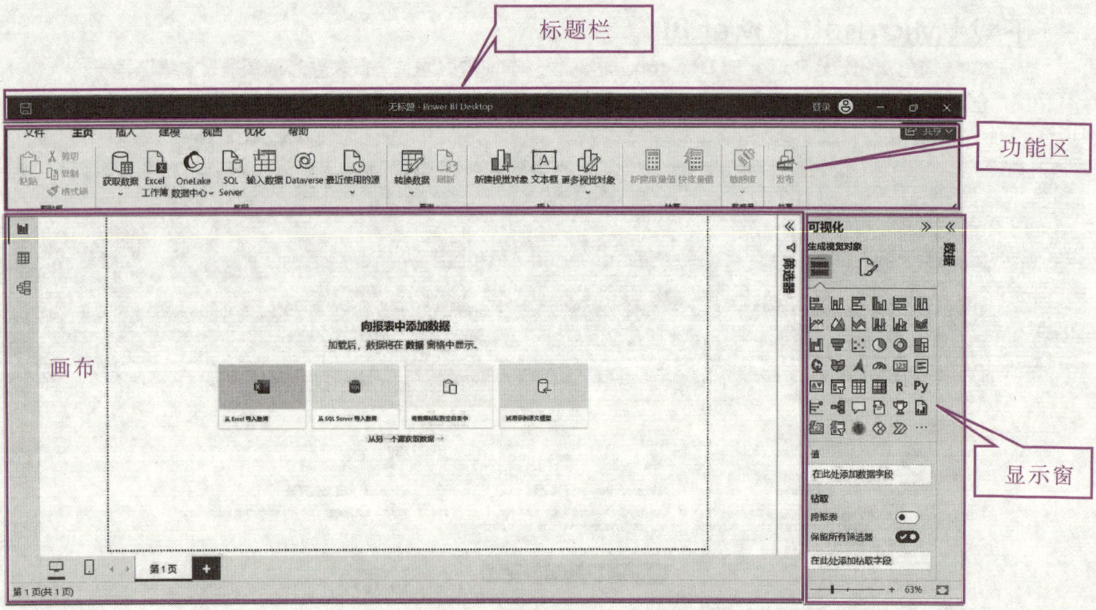

图 1-3　工作界面区域分布

本项目思维导图

本项目思维导图如图 1-4 所示。

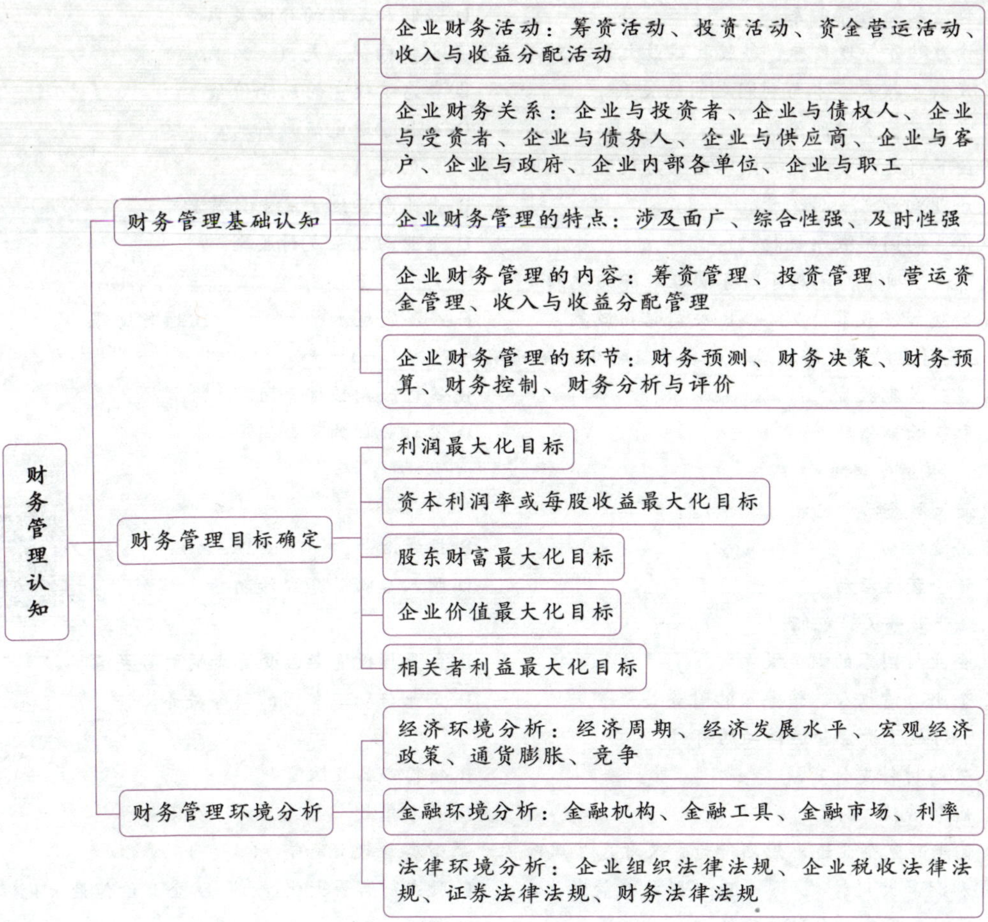

图 1-4　本项目思维导图

岗课赛证同步训练

一、单项选择题

1.企业因日常经营活动引起的财务活动称为（　　）。

A.筹资活动　　B.投资活动

C.资金营运活动　　D.收入与收益分配活动

2.企业筹资活动的最终结果是（　　）。

A.留存收益　　B.资金流入　　C.银行借款　　D.发行股票

3.下列各项中，不属于筹资活动的是（　　）。

A.顾客从本公司赊购商品　　B.发行公司债券

C.吸收投资者的直接投资　　D.公司从甲公司赊购原材料

4.能较好反映企业价值最大化目标实现程度的指标是（　　）。

A.净利润　　B.总资产报酬率　　C.市场占有率　　D.每股市价

5.企业价值最大化目标强调的是（　　）。

A.实际利润额　　B.实际利润率　　C.预期获利能力　　D.市场占有率

6.企业与政府之间的财务关系体现在（　　）。

A.债权债务关系　　B.资金结算关系

C.风险收益对等关系　D.强制和无偿的分配关系

7.作为财务管理目标，每股收益最大化相对于利润最大化的优点是（　　）。

A.反映了投入资本与利润之间的关系　B.考虑了投资的风险价值

C.考虑了资金时间价值　D.有利于避免短期行为

8.在下列活动中，能够体现企业与投资者之间财务关系的是（　　）。

A.企业向职工支付工资　B.企业向其他企业支付货款

C.企业向国家缴纳税款　D.企业向股东支付股利

9.下列各项中，不属于财务管理经济环境的是（　　）。

A.宏观经济政策　B.公司信用政策　C.经济发展水平　D.通货膨胀

10.下列应对通货膨胀风险的各项策略中，不正确的是（　　）。

A.进行长期投资　B.签订长期销货合同

C.取得长期借款　D.签订长期购货合同

二、多项选择题

1.企业财务活动包括（　　）。

A.筹资活动　B.投资活动

C.资金营运活动　D.收入与收益分配活动

2.企业财务关系包括（　　）。

A.企业与国家的财务关系　B.企业与投资者、受资者的财务关系

C.企业与债权人、债务人的财务关系　D.企业与职工之间的财务关系

3.下列属于资金营运活动的有（　　）。

A.采购材料支付货款　B.销售产品收取货款

C.短期借款　D.长期借款

4.既能避免企业追求短期行为，又考虑了风险因素的财务管理目标有（　　）。

A.利润最大化　B.每股收益最大化　C.股东财富最大化　D.企业价值最大化

5.下列属于基础金融工具的有（　　）。

A.股票　B.债券　C.远期合同　D.互换合同

6.下列各项中，属于企业筹资所引起的财务活动有（　　）。

A.偿还借款　B.购买国库券　C.支付股票股利　D.支付利息

7.企业财务管理的金融环境因素主要包括（　　）。

A.金融政策　B.金融市场　C.利率　D.经济周期

8.以利润最大化作为财务管理目标的不足有（　　）。

A.未考虑实现利润的时间因素　B.未考虑实现利润与投资的对比关系

C.未考虑实现利润的风险因素　D.不便于理解

9.企业价值最大化目标的优点有（　　）。

A.考虑了资金时间价值　B.能够克服企业短期行为

C.有利于资源合理配置　D.考虑了投资的风险价值

10.通货膨胀对企业财务活动的影响是多方面的，主要表现在（　　）。

A.增加企业的资金需求　B.造成企业资金由于利润分配而流失

C.加大企业筹资成本　D.增加企业筹资困难

三、判断题

1.财务管理环境是指对企业财务活动和财务管理产生影响的外部因素总和。（　　）

2.财务关系是指企业在组织财务活动过程中与各方形成的经济利益关系。（　　）

3.以企业价值最大化作为财务管理目标有利于社会资源的合理配置。（　　）

4.以利润最大化作为财务管理目标可能导致管理者的短期行为。（　　）

5.股东财富最大化目标的实现程度一般可以用企业股价衡量。（　　）

6.企业利润最大化未考虑取得利润的资金时间价值。（　　）

7.企业生产经营过程，不仅表现为实物商品运动，而且还表现为资金的运动。（　　）

8.购买其他企业发行的股票、债券等有价证券行为属于投资活动。（　　）

9.金融资产的流动性越强，风险就越小，收益能力越强。（　　）

10.财务管理的特点主要体现在它是以价值形态而进行的管理活动，综合性强。（　　）

四、综合实训

实训任务一　绘制企业财务管理工作流程图

实训目的：了解企业财务管理岗位设置，熟悉企业财务管理工作流程。

实训资料：选择1～2家企业，调查了解企业财务管理制度、财务管理目标、财会岗位设置、岗位职责、岗位工作要求等情况。

实训要求：比较财务会计基本职能和财务管理基本职能，熟悉财务管理岗位工作内容，绘制该企业的财务管理工作流程图。

实训任务二　学习有关文件，撰写学习体会

实训目的：了解世界一流企业的标准、未来财务管理的功能作用以及未来财务管理的标准等，明确学习目标。

实训资料：《关于加快建设世界一流企业的指导意见》及《关于中央企业加快建设世界一流财务管理体系的指导意见》（国资发财评规〔2022〕23号）。

实训要求：学习有关文件，撰写一篇不少于600字的学习体会。

项目二
财务管理观念认知

■知识目标

1.理解资金时间价值的含义
2.掌握不同情况下资金时间价值的计算
3.熟悉内插法的应用
4.掌握风险程度衡量方法
5.掌握投资收益率的计算

■能力目标

1.能够运用资金时间价值的原理解决具体财务问题
2.能够对投资项目的风险大小进行对比分析
3.能够测算投资项目的风险收益率和必要收益率
4.能够评价投资项目的可行性
5.能够与企业内外相关部门进行有效沟通

■素养目标

1.培养学生树立正确的时间价值观念，涵育财务管理思维
2.培养学生树立科学的风险价值观念，厚植风险管理能力

项目导读

小陈刚刚大学毕业，与朋友合租了一套住房，月租金1 500元，他想每月月末支付租金，但房东强烈要求他每月月初支付租金。他很纳闷，不论是月初支付还是月末支付，不都是那1 500元吗？房东为什么这么较真？另外，小陈的朋友小张领到了第一个月的工资5 000元，在扣除基本生活费3 000元后，还有2 000元结余。小张不知道该把这2 000元存到银行还是用来购买股票，因此就分别打听到了各自的收益率，如果存到银行利息率为1.5%，如果用来投资股票则收益率为3%，得知这一消息后，小张选择了把钱存到银行。为什么分明股票收益率高于银行存款利息率，小张还要选择低收益率的银行存款呢？学完本项目后，你将能轻松地回答这两个问题。

任务一　资金时间价值及其计算

一、资金时间价值的含义

资金时间价值也称为货币时间价值，是指资金投入到生产经营中，经过一定时间的投资和再投资所增加的价值，或同一资金量在不同时点上的价值量的差额。

在现实经济生活中，一定量的资金在不同时点上具有不同的价值，比如年初的1元钱与年末的1元钱具有不同的经济价值。即使不考虑通货膨胀因素，年初的1元钱在投入生产经营后，经过1年时间，企业生产出了新产品，创造出了新价值，原有的1元钱也同样产生了增值，其最终价值超过了1元钱。比如企业将年初的1元钱存入银行，假定银行存款年利率为10%，则年末企业将从银行取得1.1元，其中0.1元的差额即为资金时间价值。

综上可以得出如下结论：

其一，资金时间价值的真正来源是工人劳动创造的剩余价值。时间价值不可能由"时间"创造，也不可能由"耐心"创造，而只能由劳动创造，即增值部分是劳动者创造的剩余价值。

其二，资金时间价值是在生产经营中产生的。马克思认为，货币只有当作资本投入生产和流通后才能增值，如果把它从流通中取出来，那它就凝固为贮藏货币，即使藏到世界末日，也不会增加分毫。这一精辟的论述给我们的启示是：并不是所有的货币都会产生时间价值，只有把货币投入生产经营才能产生时间价值。

其三，资金时间价值的表示形式有两种：一种是绝对数形式即资金时间价值额，是指资金在生产经营中带来的真实增值额；另一种是相对数形式即资金时间价值率，是指不考虑风险和通货膨胀因素的社会平均资金利润率。

由于资金时间价值的存在，不同时点上的资金其经济价值不等，不能直接进行比较，所以企业在进行筹资决策、投资决策与资金分配决策时，必须对不同时点上的收入或支出进行换算。

二、资金时间价值的计算

案例

美丽的玫瑰花之约

（一）单利终值和现值

资金时间价值的计算是要把发生在不同时点上的资金折算到一个相同的时点，这涉及两个重要概念：终值和现值。终值也称本利和或未来值，是把现在一定数量的资金按照某种计息方式折算到未来某一个时点上所对应的金额。如年初存入银行1元钱，在利率为10%的情况下，年末从银行取出的1.1元即为年初存入银行1元钱的终值。现值也称为本金，是指把未来某个时点上一定数量的资金按照某种计息方式折算到现在所对应的金额。如年初存入的1元钱为年末取出的1.1元的现值。终值与现值的差额就是资金时间价值。为计算方便，设定如下符号：i——利率；n——期数；I——利息；A——年金；F——终值；P——现值。此类符号在资金时间价值计算中具有相同意义。

单利是计算利息的一种制度。单利制下，无论时间多长，只有本金才可以作为计息基础，所生利息不再计入本金重复计算利息。单利的计算包括单利利息、单利终值和单利现值。

1.单利利息

单利利息是指以本金为计息基数，在规定的期限内按照规定的利率所计算的利息，即单利制下所产生的资金时间价值。其计算公式为：

$$I=P\times i\times n$$

【例2–1】假设陈晓存入银行10 000元，期限4年，年利率为6%，单利计息，则他在

4年期间获得的利息额为：

10 000×6%×4=2 400（元）

2.单利终值

单利终值是指现在一定数量的资金在单利计息方式下折算到未来某个时点上的本利和。其计算公式为：

$$F = P\times(1 + i\times n)$$

【例2-2】陈晓存入银行10 000元，存期4年，年利率为6%，单利计息，则他在第4年年末获得的本利和为：

F=10 000×（1+6%×4）=12 400（元）

3.单利现值

单利现值是指将未来某一特定时期的资金按单利计息方式折算为现在的价值。其计算公式为：

$$P = \frac{F}{1 + i\times n}$$

【例2-3】陈晓拟在4年后得到本利和12 400元，银行存款年利率为6%，单利计息，则他现在应存入银行的资金为：

$$P=\frac{12\,400}{1 + 6\%\times 4}=10\,000\text{（元）}$$

（二）复利终值和现值

复利也是一种计算利息的制度。复利制下，每经过一个计算期，都会将所生利息计入本金重复计算利息，俗称“利滚利”。它的特点是：不仅对本金计息，而且对前一期计算出的利息也要计入后一期本金再次计息，即每期都是以上期末的本利和为基数计算利息，除非特别说明，计息期一般为一年。复利计算包括复利终值、复利现值和复利利息。

1.复利终值

复利终值是指现在一定数量的资金按复利计息方式，经过若干个计息期后折算到未来某个时点上的本利和。其计算公式为：

$$F=P\times(1+i)^n$$

式中：$(1+i)^n$称为复利终值系数或1元复利终值，用符号（F/P，i，n）表示，可通过“复利终值系数表”查得其数值。

【例2-4】陈晓将10 000元存入银行，年利率为6%，则4年后其终值为：

$F= 10\,000\times(1+6\%)^4=10\,000\times$（F/P，6%，4）$=10\,000\times1.2625=12\,625$（元）

2.复利现值

复利现值是指未来一定时期的资金按复利计息方式折算到现在的价值，是复利终值的逆运算，也叫贴现。其计算公式为：

$$P=F\times(1+i)^{-n}$$

式中：$(1+i)^{-n}$称为复利现值系数或1元复利现值，用符号（P/F，i，n）表示，可通过“复利现值系数表”查得其数值。

【例2-5】陈晓拟在4年后获得本利和12 625元，假设投资报酬率为6%，则他现在应投入的资金为：

$P=12\,625\times(1+6\%)^{-4}=10\,000\times$（P/F，6%，4）$=12\,625\times0.7921=10\,000$（元）

重要提示

复利终值与复利现值互为逆运算，复利终值系数与复利现值系数互为倒数。

3.复利利息

复利利息是在复利计息方式下所产生的资金时间价值，即复利终值与复利现值的差额。其计算公式为：

$$I=F-P$$

【例2-6】接上例，可知其复利现值即本金为10 000元，复利终值为12 625元，则其复利利息为：

I=12 625-10 000=2 625（元）

（三）年金终值和现值

年金是指一定时期内等额、定期的系列收付款项。租金、利息、养老金、分期等额付款赊购、分期等额偿还贷款等通常都采取年金的形式。年金按发生的时点不同，可分为普通年金、预付年金、递延年金和永续年金。

普通年金，又称后付年金，是指发生在每期期末的等额系列收付款项。

预付年金又称先付年金或即付年金，是指发生在每期期初的等额系列收付款项。

递延年金是等额系列收付款项发生在第一期以后的年金，即最初若干期没有收付款项。没有收付款项的若干期称为递延期。

永续年金是指无限期等额收付的年金，如优先股股利。永续年金没有期限。

永续年金没有期限无法计算终值，只有现值；其余年金的计算均涉及终值与现值的运算。

1.普通年金终值和现值

（1）普通年金终值

普通年金终值是指每期期末等额收付款项的复利终值之和。计算示意图如图2-1所示。

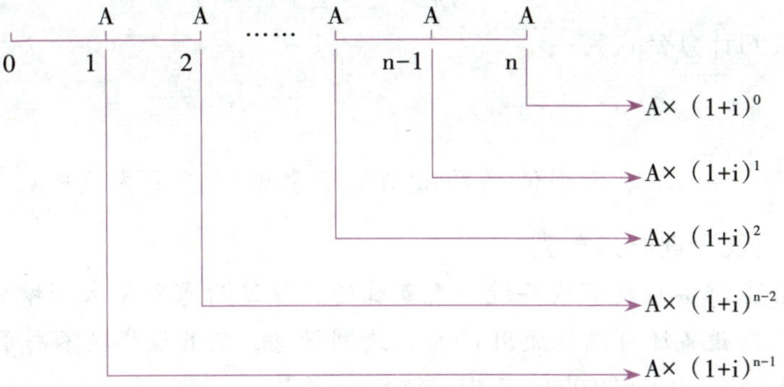

图2-1　普通年金终值示意图

普通年金终值的计算公式为：

$$F=A\times(1+i)^0+A\times(1+i)^1+A\times(1+i)^2+\cdots+A\times(1+i)^{n-1}$$

$$=A\times\frac{(1+i)^n-1}{i}$$

式中：$\frac{(1+i)^n-1}{i}$为普通年金终值系数或1元年金终值，用符号（F/A，i，n）表示，可通过“年金终值系数表”查得其数值。

【例2-7】陈晓在5年间每年年末存入银行10 000元，年利率为8%，复利计息，则他在第5年年末可获得的本利和为：

F=10 000×（F/A，8%，5）=10 000×5.8666=58 666（元）

在已知普通年金终值、利率和期数的条件下，可反求出年金A：

$$A=F\times\frac{i}{(1+i)^n-1}$$

式中：A为偿债基金，是从普通年金终值公式中反求出的年金，也是为使年金终值达到既定金额每年应支付的年金数额。$\frac{i}{(1+i)^n-1}$为偿债基金系数，记作（A/F，i，n）。

【例2-8】某人拟在5年后还清20 000元债务，从现在起每年年末等额存入银行一笔款项。假定银行存款利率为6%，复利计息，则他每年年末需要存入银行的款项为：

$$A=20\,000\times\frac{1}{(F/A,\ 6\%,\ 5)}=20\,000\times\frac{1}{5.6371}=3\,547.92\text{（元）}$$

（2）普通年金现值

普通年金现值是指一定时期内每期期末等额系列收付款项的复利现值之和。其计算示意图如图2-2所示。

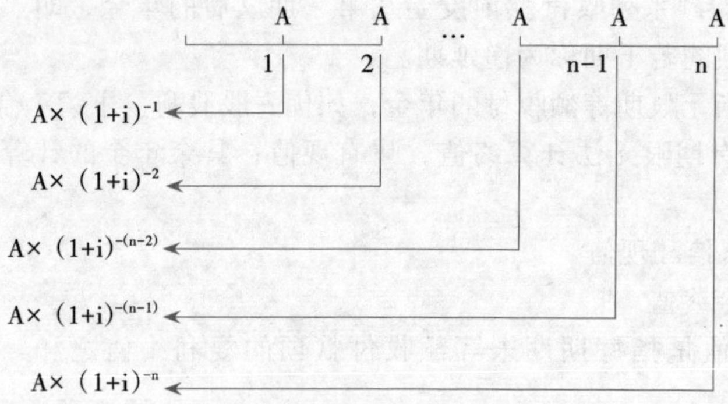

图2-2　普通年金现值示意图

普通年金现值的计算公式为：

$$P=A\times(1+i)^{-1}+A\times(1+i)^{-2}+\cdots+A\times(1+i)^{-n}=A\times\frac{1-(1+i)^{-n}}{i}$$

式中，$\frac{1-(1+i)^{-n}}{i}$为年金现值系数或1元年金现值，记为（P/A，i，n），可通过“普通年金现值系数表”查得其数值。

【例2-9】某企业准备对现有设备进行更新改造，改造后每年年末可增加收益80 000元，假定年利率为6%，若设备还可继续使用10年，复利计息，则其投资额不高于多少才合算？

P=80 000×（P/A，6%，10）=80 000×7.3601=588 808（元）

经过计算可知，投资额不高于588 808元时，进行设备更新改造有利。

在已知普通年金现值、利率和期数的条件下，可反求出年金A。

$$A=P\times\frac{i}{1-(1+i)^{-n}}$$

式中：A为资本回收额，是从普通年金现值公式中反求出的年金，$\frac{i}{1-(1+i)^{-n}}$为资本回收系数，记作（A/P，i，n）。

【例2-10】企业取得银行借款100万元，年利率6%，期限5年，复利计息，银行要求贷款本息等额偿还，则每年年末应偿还的款项为：

$$A=\frac{100}{(P/A，6\%，5)}=\frac{100}{4.2124}=23.74（万元）$$

重要提示

普通年金终值系数与偿债基金系数互为倒数，普通年金现值系数与资本回收系数互为倒数。

随堂测2-1

【单选题】某项银行贷款本金为100万元，期限为10年、利率为8%，每年年末等额偿还本息，则每年偿还额的计算公式为（　　）。（2021年卷Ⅱ）

A.100/（F/A，8%，10）　　B.100×（1+8%）/（F/A，8%，10）

C.100×（1+8%）/（P/A，8%，10）　　D.100/（P/A，8%，10）

2.预付年金终值和现值

（1）预付年金终值

预付年金终值是指每期期初等额系列收付款项的复利终值之和。其计算示意图如图2-3所示。

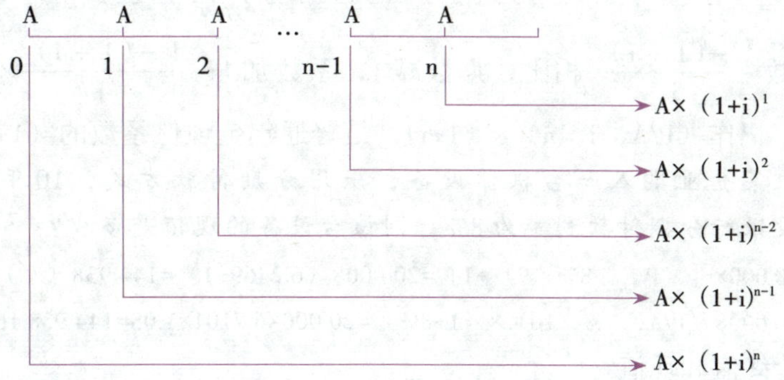

图2-3　预付年金终值示意图

预付年金终值计算公式为：

$$F=A\times\frac{(1+i)^n-1}{i}\times(1+i)$$

或　$$F=A\times\left[\frac{(1+i)^{n+1}-1}{i}-1\right]$$

式中：$\left[\frac{(1+i)^{n+1}-1}{i}-1\right]$为预付年金终值系数，记为［（F/A，i，n+1）-1］，与普通年金终值系数$\frac{(1+i)^n-1}{i}$相比，期数加1，系数减1；$\frac{(1+i)^n-1}{i}\times(1+i)$也是预付年金终值系数，记作（F/A，i，n）×（1+i），是普通年金终值系数的（1+i）倍。

【例2-11】某人每年年初存入银行10 000元，银行存款利率为5%，复利计息，则他在第4年年末获得的本利和为多少？

解一：F=10 000×［（F/A，5%，4+1）-1］=10 000×（5.5256-1）=45 256（元）

解二：F=10 000×（F/A，5%，4）×（1+5%）=10 000×4.3101×1.05=45 256.05（元）

（2）预付年金现值

预付年金现值是指每期期初等额系列收付款项的复利现值之和。其计算示意图如图2-4所示。

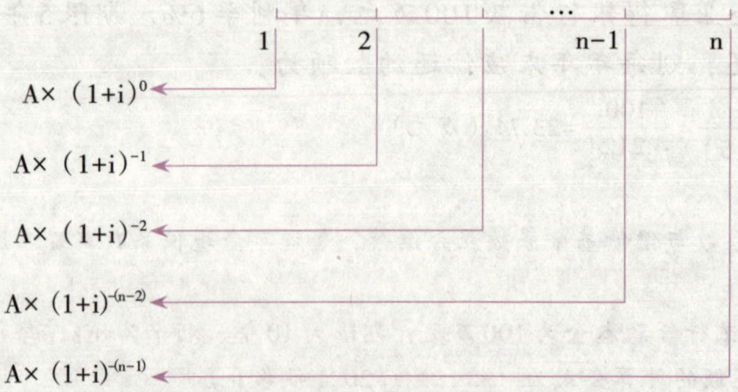

图2-4　预付年金现值示意图

预付年金现值计算公式如下：

$$P=A\times\frac{1-(1+i)^{-n}}{i}\times(1+i)$$

或　$$P=A\times\left[\frac{1-(1+i)^{-(n-1)}}{i}+1\right]$$

式中：$\left[\frac{1-(1+i)^{-(n-1)}}{i}+1\right]$ 为预付年金现值系数，记作［（P/A，i，n−1）+1］，与普通年金现值系数 $\frac{1-(1+i)^{-n}}{i}$ 相比，期数减1，系数加1；$\frac{1-(1+i)^{-n}}{i}\times(1+i)$ 也是预付年金现值系数，记作（P/A，i，n）×（1+i），是普通年金现值系数的（1+i）倍。

【例2-12】某企业购入一台机器设备，采用分期付款方式，10年中每年年初付款20 000元，假设银行分期付款利率为8%，则该台设备的现值是多少？

解一：P=20 000×［（P/A，8%，9）+1］=20 000×（6.2469+1）=144 938（元）

解二：P=20 000×（P/A，8%，10）×（1+8%）=20 000×6.7101×1.08=144 938.16（元）

3.递延年金终值和现值

（1）递延年金终值

递延期后的等额系列收付款项若发生在各期期末，则其终值计算与普通年金终值计算方法相同。

递延期后的等额系列收付款项若发生在各期期初，则其终值计算与预付年金终值计算方法相同。

通过以上两种情况分析可知，递延年金终值计算与递延期无关。

（2）递延年金现值

假设递延期为m，递延期后发生n期年金，利率为i，则递延年金现值示意图如图2-5所示。

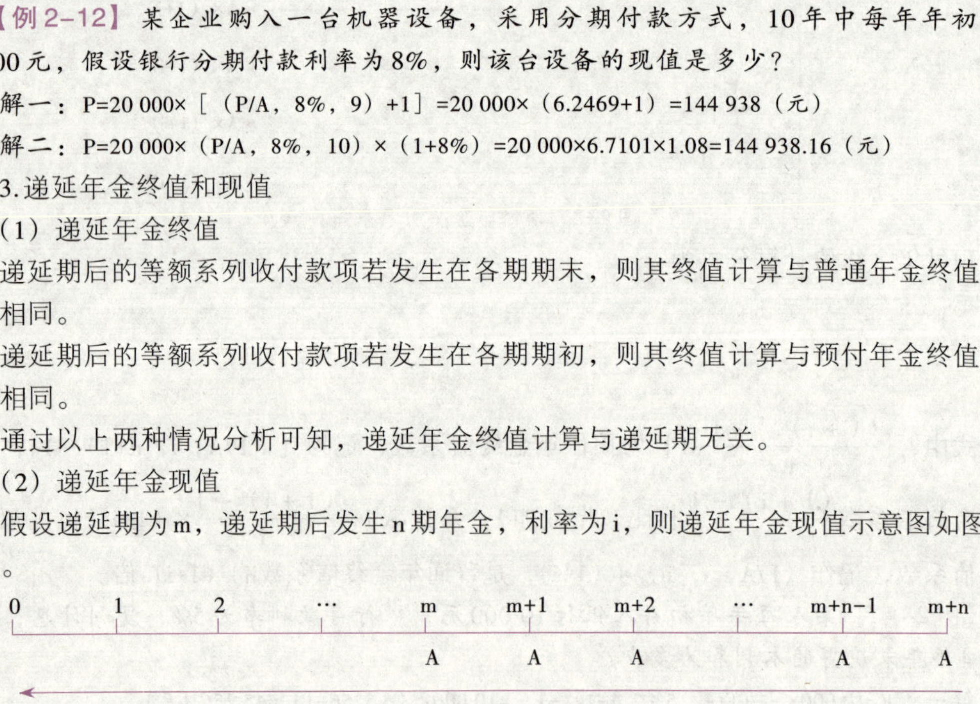

图2-5　递延年金现值示意图

递延年金现值有两种计算方法：

方法一：若递延期后年金为普通年金，则先将递延期后n期普通年金折现到递延期（m）末，再依据复利现值的计算方法将此数值折算到第一期期初。公式为：

$P=A\times(P/A, i, n)\times(P/F, i, m)$

方法二：假设递延期也发生年金，则此时年金的期数为（m+n），可依据普通年金现值的计算方法求出（m+n）期普通年金的现值，再扣除递延期（m）实际并未发生年金的现值。公式为：

$P=A\times[(P/A, i, m+n)-(P/A, i, m)]$

【例2-13】某企业向银行借入一笔款项，年利率为8%，银行规定前4年无须还本付息，从第5年起至第10年每年年末偿还本息10 000元，计算该企业向银行借入款项的金额。

$P=10\,000\times(P/A, 8\%, 6)\times(P/F, 8\%, 4)=10\,000\times4.6229\times0.7350=33\,978.32$（元）

或　$P=10\,000\times[(P/A, 8\%, 10)-(P/A, 8\%, 4)]=10\,000\times(6.7101-3.3121)=33\,980$（元）

随堂测2-2

【单选题】某公司预存一笔资金，年利率为i，从第6年开始连续10年可在每年年初支取现金200万元，则预存金额的计算正确的是（　　）。（2021年卷Ⅰ）

A. $200\times(P/A, i, 10)\times(P/F, i, 5)$　B. $200\times(P/A, i, 10)\times[(P/F, i, 4)+1]$

C. $200\times(P/A, i, 10)\times(P/F, i, 4)$　D. $200\times(P/A, i, 10)\times[(P/F, i, 5)-1]$

4. 永续年金现值

永续年金没有期限，因而没有终值，只需讨论它的现值。其现值计算公式为：

$P=A\times\frac{1}{i}$

【例2-14】某人投资一项永久基金，每年可获利500元，若年收益率为10%，则他应投资该基金的金额为：

$P=500\times\frac{1}{10\%}=5\,000$（元）

（四）资金时间价值计算中的特殊问题

1. 计息期短于1年时资金时间价值的计算

终值与现值的计息期并不一定总是1年，有时会遇到计息期短于1年的情形。比如，债券每半年付息一次，股利每季度支付一次等，这就需要以半年、季度甚至天数作为计息期，此时给出的年利率为名义利率。

【例2-15】某人将10 000元投资于一项目，投资期5年，年利率8%，每季度复利一次，求第5年年末他取得的本利和与利息。

每季度利率=8%÷4=2%

5年内复利次数=4×5=20（次）

$F=10\,000\times(1+2\%)^{20}=10\,000\times1.4859=14\,859$（元）

$I=F-P=14\,859-10\,000=4\,859$（元）

【例2-16】某人将10 000元投资于一项目，投资期5年，年利率8%，每年复利一次，求第5年年末他取得的本利和与利息。

$F=10\,000\times(1+8\%)^5=10\,000\times1.4693=14\,693$（元）

$I=F-P=14\,693-10\,000=4\,693$（元）

由以上两例可以得知，当1年内复利若干次时，实际所得利息要比1年复利一次计算的利息高。【例2-15】中投资人获得的利息为4 859元，比【例2-16】中获得的利息多166元，说明当本金、期限、年利率都相同的情况下，由于年计息次数不同，则会引起实际利率与名义利率的差异。

一般情况下，给定的年利率是名义利率，实际利率可用下述方法计算：

$F=P\times(1+i)^n$

依上例资料，得：

$$10\,000\times\left(1+\frac{8\%}{4}\right)^{5\times4}=10\,000\times(1+i)^5$$

$$14\,859=10\,000\times(1+i)^5$$

$i=8.24\%$

显然，当1年复利若干次时，实际利率高于名义利率，二者之间的换算关系如下：

$$i=\left(1+\frac{r}{m}\right)^m-1$$

式中：r——名义利率；m——每年复利次数；i——实际利率。

随堂测 2-3

【单选题】某公司取得借款500万元，年利率为6%，每半年支付一次利息，到期一次还本，则该借款的实际利率为（　　）。（2020年卷Ⅰ）

A.6%　　B.6.09%　　C.6.18%　　D.12.36%

2.反求利率

以上介绍的关于终值与现值的计算，都假定利率是给定的，但在财务管理中，经常会遇到已知期数、终值和现值，反求利率的问题。

【例2-17】某人把1 000元存入银行，按复利计息，若要在10年后获得本利和2 593.7元，则存款利率应为多少？

$$F=P\times(1+i)^n$$

$$2\,593.7=1\,000\times(1+i)^{10}$$

$$(1+i)^{10}=2.5937$$

查复利终值系数表，在期数为10的利率中，10%的系数为2.5937，故该存款利率为10%。

【例2-18】某人现在向银行存入5 000元，复利制下，当利率为多少时，才能保证在以后10年中每年年末得到750元？

$5\,000=750\times(P/A,i,10)$

$(P/A,i,10)=6.6667$

查“年金现值系数表”得，当利率为8%时，系数为6.7101；当利率为9%，系数为6.4177。可知所求利率必然介于8%与9%之间，假定x%为所求利率，用内插法计算：

$$\frac{x\%-8\%}{9\%-8\%}=\frac{6.6667-6.7101}{6.4177-6.7101}$$

$x=8.148$

则利率为8.148%，才能保证在以后10年中每年年末得到750元。

以上介绍了资金时间价值的基本计算方法，在长期投资决策、证券评价以及企业短期经营决策中具有广泛的用途。随着企业财务管理工作的日益复杂，投资、筹资主体的多元化，资金时间价值观念的应用将会日趋广泛。

素养提升

同学们应该树立正确的时间价值观念，根据社会发展的需要和个人发展的志向，对自己的未来发展道路作出预先的策划和设计。人生规划可以使我们在规划人生的同时更理性地思考自己的未来，初步尝试选择未来适合自己的事业和生活，尽早开始培养自己的综合能力和综合素质，以日复一日不懈努力的行动去实现人生目标。

任务二　投资风险价值及其计量

一、风险的含义、种类和特征

（一）风险的含义

微课

投资风险价值计量与决策分析

风险是指在特定时期和特定的环境条件下，某一事件结果的不确定性。财务管理意义上的风险是指企业在各项财务活动中，由于各种难以预料或无法控制的因素作用，使企业的实际收益与预计收益发生背离，从而蒙受经济损失的可能性。

（二）风险的种类

企业面临的风险主要两种：市场风险和企业特有风险。

1. 市场风险

市场风险，也称系统性风险或不可分散风险，是指影响所有企业的风险，如战争、自然灾害、利率的变化、经济周期的变化等。它是由企业的外部因素引起的，企业无法控制、无法分散，涉及所有的投资对象。

2. 企业特有风险

企业特有风险，也称非系统性风险或可分散风险，是指个别企业的特有事件造成的风险，只与个别企业和个别投资项目有关，不涉及所有企业和所有项目，是可以分散的，如产品开发失败、销售额减少、工人罢工等。企业特有风险根据风险形成的原因不同，又可分为经营风险和财务风险。

（1）经营风险

经营风险是指由于企业生产经营条件的变化对企业收益带来的不确定性。这些生产经营条件的变化可能来自企业内部的原因，也可能来自企业外部的原因，如顾客购买力发生变化、竞争对手增加、政策变化、产品生产方向不对路、生产组织不合理等。这些内外因素，使企业的生产经营产生不确定性，最终引起收益变化。

（2）财务风险

财务风险是指由于企业举债给财务成果带来的不确定性，又称筹资风险。企业举债的利息可以在所得税前扣除，资本成本较低，但债务资金需要还本付息，如果不能偿还，就可能破产。在企业资金来源中，债务资金所占比重越大，企业的财务负担越重，风险越大；债务资金所占比重越小，财务负担越轻，风险程度越小，但资本成本也因此越高。因此，企业必须确定合理的资本结构，既要提高资金盈利能力，又要防止财务风险加大。

（三）风险的特征

1. 风险是对未来事项而言的

已发生的、确定的事项是不存在风险的。企业进行筹资、投资、分配等活动，其未来的结果往往是不确定的，需要决策者作出预测并在预测的基础上进行决策，需要承担一定的风险。

2. 风险可以计量

风险的大小可以通过风险程度来计量，未来事件的风险程度与其持续时间的长短、未知因素的多少及人们对其后果的把握程度有关。一般来说，未来事件的持续时间越长，涉及的未知因素越多或人们对其把握越小，风险程度越大。

3. 风险具有价值

存在风险的经营行为，其结果是不确定的，但这种风险并不一定意味着损失，它也可能带来收益。人们之所以愿意冒风险进行投资，正是因为风险投资可以得到超过资金时间价值的报酬——风险报酬作为补偿。一般来说，风险越大，额外报酬越高，可见，风险具有价值。

二、风险的衡量

（一）确定概率分布

在经济活动中，某一事件在相同的条件下可能发生也可能不发生，这类事件称为随机事件。概率就是用来表示随机事件发生可能性大小的数值。通常把必然发生的事件的概率定为1，把不可能发生的事件的概率定为0，而把一般随机事件的概率定为0至1之间的某一个数。某事件概率越大，表明该事件发生的可能性越大。把所有可能的事件或结果都列示出来，且每一事件或结果都给予一定的概率，便构成了概率的分布。

概率分布必须满足以下两个条件：

①所有的概率都在0至1之间，即$0\leqslant P_i\leqslant 1$；

②所有概率之和等于1，即$\sum P_i=1$。

【例2-19】 丽源公司的一个投资项目有A、B两个方案，投资额均为1 000万元，其收益的概率分布见表2-1。

表2-1　**A、B投资方案收益情况表**　单位：万元

市场情况	概率（P_i）	年收益（X_i）	
		A方案	B方案
销售好	0.2	200	350
销售一般	0.5	100	100
销售差	0.3	50	-50

（二）确定期望收益

期望收益是指将某一方案各种可能的收益，以其相应的概率为权数进行加权平均所得到的结果，也称预期收益，它反映了随机变量取值的平均化。其计算公式如下：

$$\bar{K}=\sum_{i=1}^{n}P_iK_i$$

式中：$\bar{K}$——期望收益；P_i——第i种可能结果的概率；K_i——第i种可能结果的收益；n——可能结果的个数。

【例2-19】中，A、B方案的期望收益分别为：

$\bar{K}$（A）$=200\times0.2+100\times0.5+50\times0.3=105$（万元）

$\bar{K}$（B）$=350\times0.2+100\times0.5+(-50)\times0.3=105$（万元）

A、B方案的期望收益都是105万元，但其概率分布不同，A方案的收益分散程度较小，变动范围在50万～200万元，各种概率下的收益分布比较集中，B方案的收益分散程度较大，其变动范围在-50万～350万元，各种概率下的收益分布比较分散。这说明两个方案虽

然期望收益相同，但风险是不同的。为了定量衡量风险程度，需要进一步计算标准差。

（三）确定标准差

统计学中表示随机变量离散程度的指标包括方差、标准差、标准离差率和全距等，通常用标准差和标准离差率反映投资的风险程度。

标准差也叫均方差，是反映各种概率下的收益偏离期望收益的一种综合差异量度，是方差的平方根。其计算公式如下：

$$\delta = \sqrt{\sum_{i=1}^{n}(K_i - \bar{K})^2 \cdot P_i}$$

式中：δ表示期望收益的标准差，其他符号含义同前。

标准差是反映不同概率下收益或收益率偏离期望收益的程度。标准差越小，表明离散程度越小，风险也就越小。但标准差是反映随机变量离散程度的绝对指标，只能用于期望值相同时不同方案风险的比较。如果各方案期望值不同，则需要计算标准离差率。

【例2-19】中A、B方案的标准差分别为：

$$\delta(A) = \sqrt{(200-105)^2 \times 0.2 + (100-105)^2 \times 0.5 + (50-105)^2 \times 0.3} = 52.2\text{（万元）}$$

$$\delta(B) = \sqrt{(350-105)^2 \times 0.2 + (100-105)^2 \times 0.5 + (-50-105)^2 \times 0.3} = 138.65\text{（万元）}$$

A、B方案的期望收益相同，但A方案的标准差小于B方案的标准差，由此可以断定，A方案的风险小于B方案的风险。

重要提示

标准差作为衡量风险程度的指标，只能用来衡量期望收益相同时投资项目风险的大小，衡量标准为：标准差越大，风险越大；标准差越小，风险越小。

（四）确定标准离差率

标准离差率，也称标准差率，是标准差与期望收益的比值，是反映不同概率下收益与期望收益离散程度的一个相对指标，可用来比较期望收益不同的各投资项目的风险程度。比较方法为：标准离差率越大，风险程度越大；反之，则风险程度越小。其计算公式如下：

$$V = \frac{\delta}{\bar{K}} \times 100\%$$

式中：V——标准离差率；其他符号同前。

【例2-19】中A、B方案的标准离差率分别为：

$$V(A) = \frac{52.2}{105} \times 100\% = 49.71\%$$

$$V(B) = \frac{138.65}{105} \times 100\% = 132\%$$

显然，B方案的标准离差率大于A方案的标准离差率，说明B方案风险大于A方案。本例中，采用标准差和标准离差率所得结论一致，是因为备选方案期望收益相同。如果备选方案期望收益不同，则必须采用标准离差率衡量风险。

随堂测2-4

【多选题】关于两项资产的风险比较，下列说法正确的有（　　）。（2021年卷Ⅱ）

A.期望收益相同的情况下，标准离差率越大，风险程度越大

B.期望收益不同的情况下，标准离差率越大，风险程度越大

C.期望收益不同的情况下，标准差越大，风险程度越大

D.期望收益相同的情况下，标准差越大，风险程度越大

三、投资的风险价值及其计量

（一）投资风险价值的含义

投资风险价值是指投资者因承担风险而要求得到的额外收益。风险价值有风险收益额和风险收益率两种表示方式，通常用风险收益率表示。风险收益额是指投资者因冒风险进行投资而获得的超过时间价值的额外收益；风险收益率是风险收益额与原投资额的比率。

（二）投资风险价值的计量

标准离差率反映一个投资项目的风险程度，但并未反映真正的风险价值，若要将其换算为风险收益率，则必须借助于一个转换系数——风险价值系数，又称为风险收益斜率。其换算公式如下：

$R_r=b\times V$

式中：R_r——风险收益率；b——风险价值系数；V——标准离差率。

重要提示

风险价值系数的确定有三种方法：

（1）参照以往同类项目的有关数据，根据公式 $K=R_f+b\times V$ 去计算。

（2）由企业领导或专家确定。风险价值系数的高低，在很大程度上取决于各公司对待风险的态度，一般敢于承担风险的公司，该系数会定得略低。

（3）由国家有关部门组织专家确定。国家财政、银行、证券等管理部门可组织有关方面的专家，根据各行业的条件和相关因素，确定各行业的风险价值系数。

【例 2-20】接【例 2-19】，设 A、B 方案的风险价值系数分别为 6% 和 7%，则两方案的风险收益率分别为：

$R_r(A)=6\%\times49.71\%=2.98\%$

$R_r(B)=7\%\times132\%=9.24\%$

（三）投资收益率的计量

投资收益率由无风险收益率和风险收益率组成，其中，无风险收益率是纯粹利率加上通货膨胀补偿率的资金时间价值。公式如下：

$R=R_f+R_r=R_f+b\times V$

式中：R——投资收益率；R_f——无风险收益率。

【例 2-21】接【例 2-20】，假定无风险收益率为 5%，则 A、B 方案的投资收益率分别为：

$K(A)=5\%+6\%\times49.71\%=7.98\%$

$K(B)=5\%+7\%\times132\%=14.24\%$

随堂测 2-5

【单选题】某项目的期望投资收益率为 14%，风险收益率为 9%，收益率的标准差为 2%，则该项目收益率的标准离差率为（　　）。（2018 年卷Ⅱ）

A.0.29%　　B.22.2%　　C.14.29%　　D.0.44%

四、投资方案的可行性评价

（一）计算预测投资收益率

上述公式计算的风险收益率是一种应得风险收益率，是指与一定风险程度相当的风险收益率，对投资者而言，它只是衡量一个投资项目是否值得投资的依据，并未反映投资项目真正的风险收益水平。而通过预测投资方案的投资收益率，并与应得的风险收益率相比较，就可以判断企业冒风险进行投资而预计得到的收益是否与风险程度相当。其计算公式如下：

$$预测投资收益率=\frac{期望收益}{投资额}\times 100\%$$

预测风险收益率=预测投资收益率−无风险收益率

（二）评价投资方案的可行性

当一个方案的预测投资收益率大于或等于应得风险收益率或预测投资收益率大于或等于应得投资收益率时，方案可行；反之，则不可行。

【例 2-22】根据【例 2-19】至【例 2-21】，分别计算 A、B 方案的预测风险收益率为：

$$A方案的预测风险收益率=\frac{105}{1\,000}\times 100\%-5\%=5.5\%$$

$$B方案的预测风险收益率=\frac{105}{1\,000}\times 100\%-5\%=5.5\%$$

根据计算结果可知：

A 方案的预测风险收益率 5.5%>应得风险收益率 2.98%；

B 方案的预测风险收益率 5.5%<应得风险收益率 9.24%。

说明 A 方案投资所得收益足以弥补所冒的风险，符合投资原则，方案可行；而 B 方案投资所得收益不足以弥补所冒的风险，更谈不上会产生收益，属于高风险、低收益的项目，方案不可行。

素养提升

《汉书·霍光传》记载了“曲突徙薪”的典故：客有过主人者，见其灶直突，傍有积薪。客谓主人：“更为曲突，远徙其薪；不者，且有火患。”主人嘿然不应。“曲突徙薪”的故事蕴含着预防为主的道理，提醒人们在事情发生前采取预防措施比事情发生后采取补救措施更为重要。同时，故事也反映了对忠言逆耳的不重视，以及对功绩的错误评价。显然，提出“曲突徙薪”的人之所以能提出风险管理方法，一方面是基于其“观察、衡量”风险的结构性方法；另一方面，在识别风险隐患后，他所提出的风险管理方法由一系列的“系统性”方法构成——重新造一个弯曲的烟囱，避免烟火通过垂直的烟囱直冲屋顶，并将柴草迁移到远离火种的地方。这就提醒我们，不管做任何事情，都要有风险防患意识，要未雨绸缪，防患于未然。

数字技能拓展

【拓展主题】**利用大数据工具计算资金时间价值**

微课

利用大数据工具计算资金时间价值

原图

项目二

【相关资料】计算复利终值，我们用到的公式为：$F=P\times(1+i)^n$。也就是说，计算复利终值需要已知现值、利率和期数，才可以完成复利终值的求解。

【拓展任务】根据本项目所学内容，是否可以实现财务知识与大数据技术的结合，利用新技术工具实现资金时间价值的计算呢？让我们一起来探究如何利用 Power BI 计算复利终值吧！为了能够快速、便捷地计算复利终值，我们采用新建参数的方法来实现数据的变化。

【任务实施】

1. 新建报表，进入 Power BI 工作界面（如图 2-6 所示）。

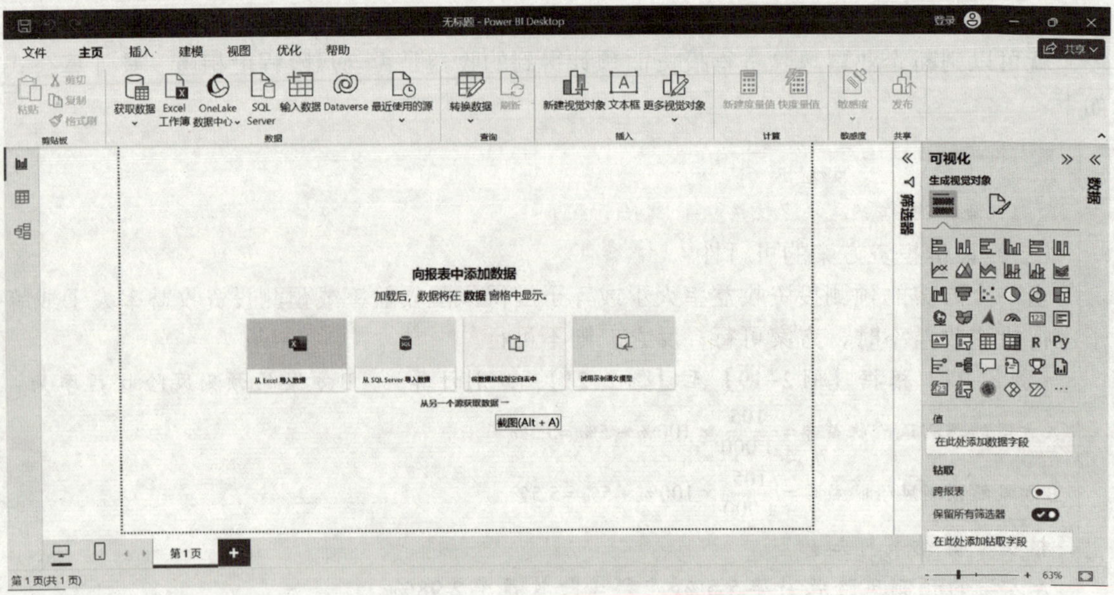

图 2-6　Power BI 工作界面

2. 构建复利终值计算所需的参数。

根据上一步分析，计算复利终值，需要解决三个未知数：现值、利率和期数。因此利用新建参数将现值、利率和期数三个业务量进行建模。

选择建模选项卡中的“新建参数”功能，在下拉列表中选择“数值范围”，如图 2-7 所示。

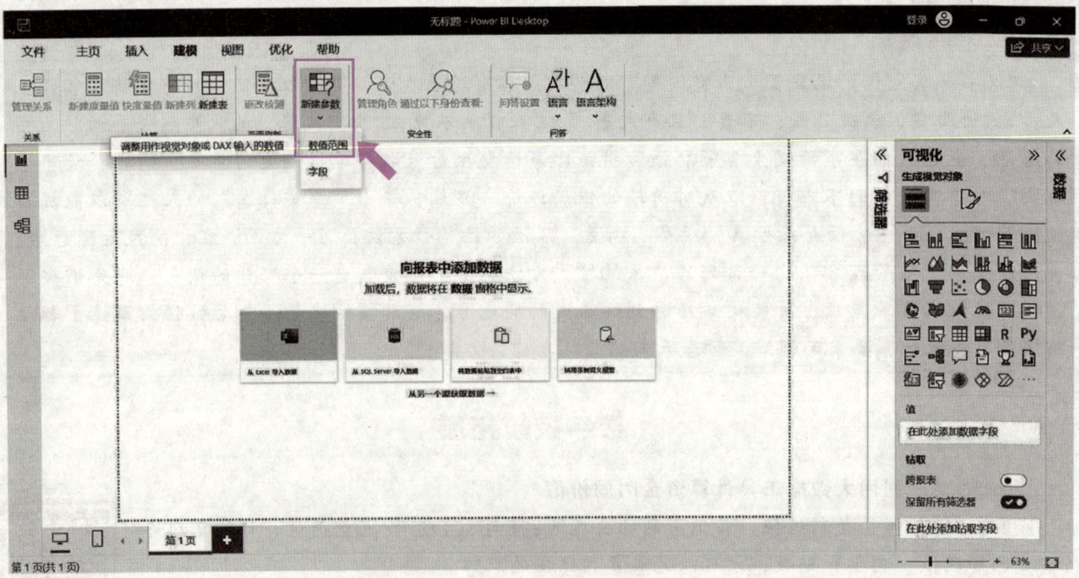

图 2-7　选择“新建参数”

（1）构建现值新建参数，在参数页面输入名称、数据类型、最小值、增量以及最大值信息，如图 2-8 所示，输入完成后点击右下角的“创建”按钮。

（2）构建利率新建参数，在参数页面输入名称、数据类型、最小值、增量以及最大值信息，如图 2-9 所示，输入完成后点击右下角的“创建”按钮。

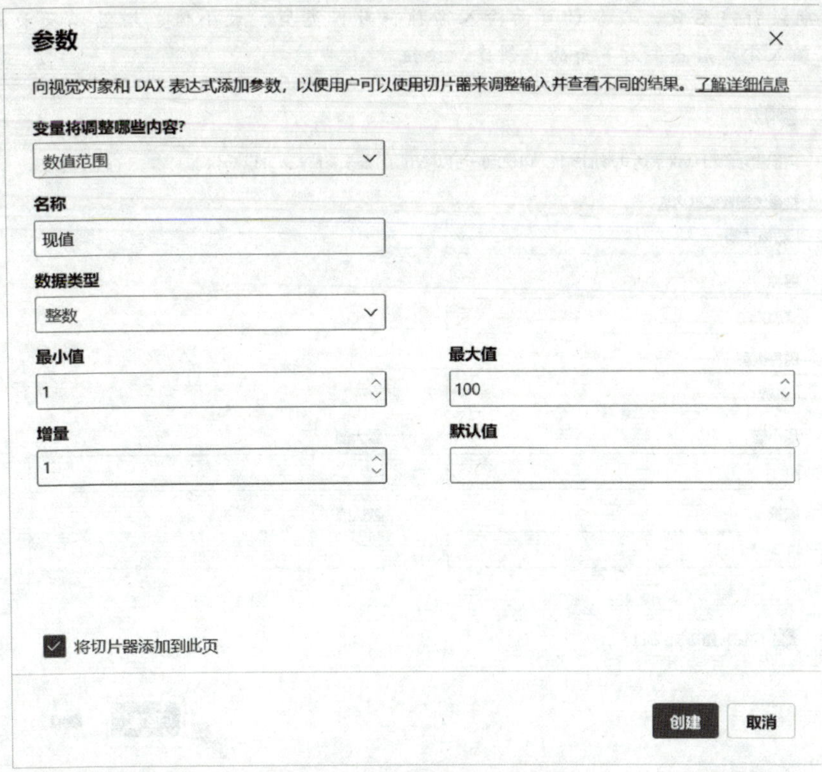

图2-8　构建现值新建参数

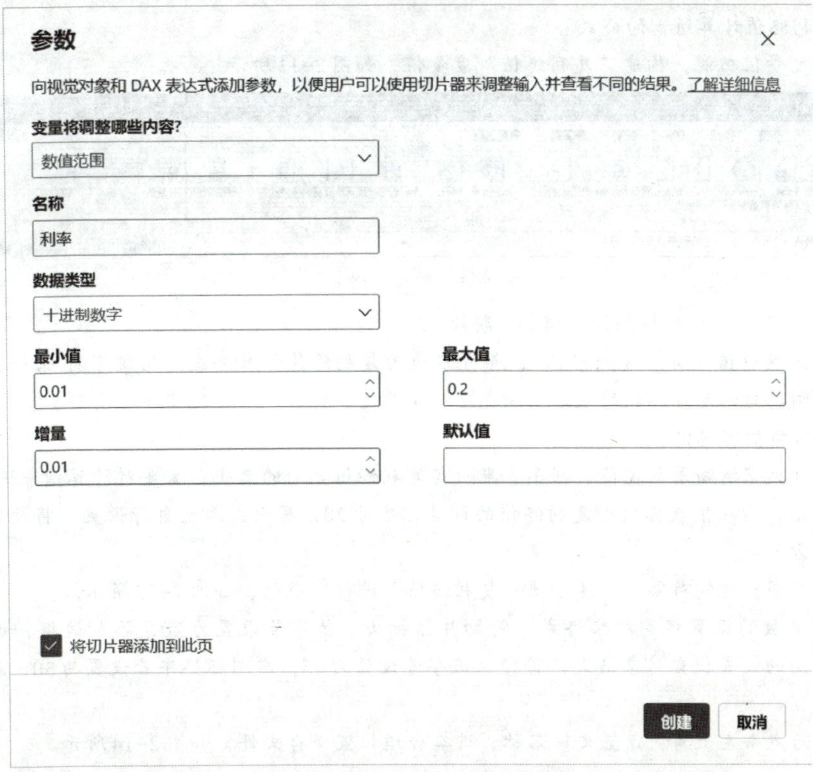

图2-9　构建利率新建参数

(3) 构建期数新建参数，在参数页面输入名称、数据类型、最小值、增量以及最大值信息，如图2-10所示，输入完成后点击右下角的“创建”按钮。

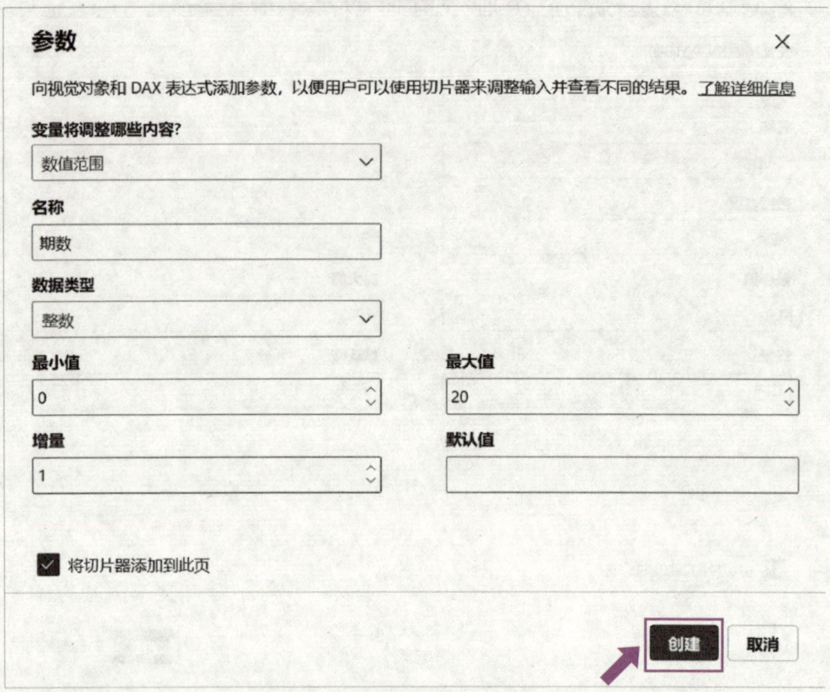

图2-10 构建期数新建参数

3.构建复利终值计算所需的公式。

利用新建度量值功能，构建“复利终值”度量值，如图2-11所示。

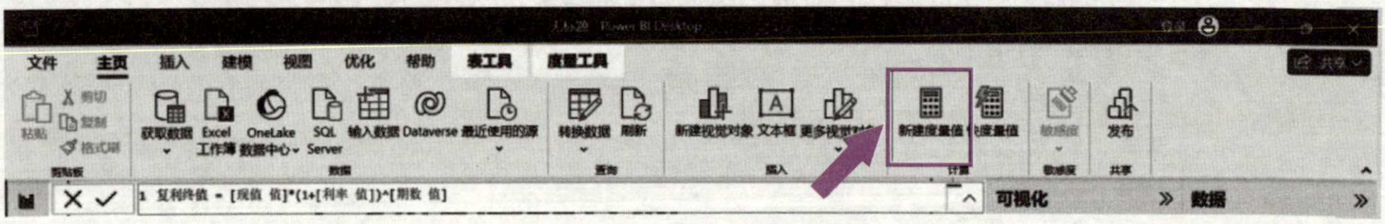

图2-11 新建度量值

复利终值 =[现值 值]*(1+[利率 值])^[期数 值]

等号左边为度量值名称“复利终值”，等号右边为复利终值计算公式。用脱字符^来进行幂计算，利用 [ ] 引用刚刚构建的新建参数的值。注意在设置度量值公式时，所有的符号都要用英文模式输入。

4.复利终值模型可视化。

为了能够让大家清晰看到现值、利率、期数与复利终值之间的变化，需要对计算结果进行可视化。

插入文本框，输入报表标题：复利终值的计算；字号28，居中，颜色自行设置。将此标题放置在报表页面的最上方。

添加【卡片图】视觉对象，将度量值“复利终值”进行可视化，如图2-12所示。

调整新建参数的设置视觉对象格式，将切片器标头、值字号设置为20，添加边框，调整适当的大小；调整卡片图的设置视觉对象格式，将标注值字号设置为45，类别标签字号设置为30，添加边框。如图2-13所示。

修改完成后点击左上角，设置文件名称，选择合适位置保存文件，如图2-14所示。

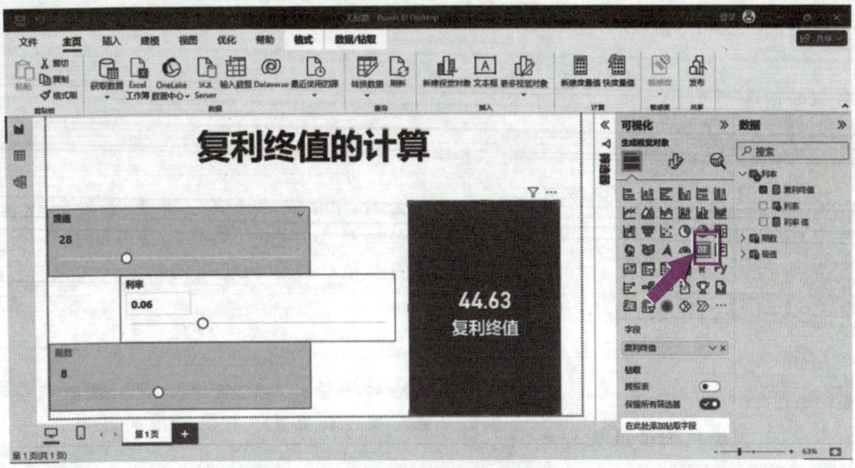

图 2-12　复利终值模型可视化

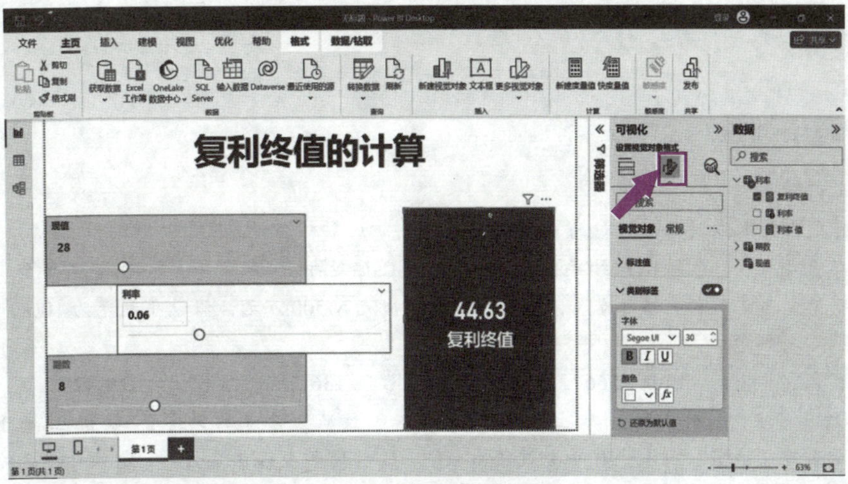

图 2-13　设置视觉对象格式

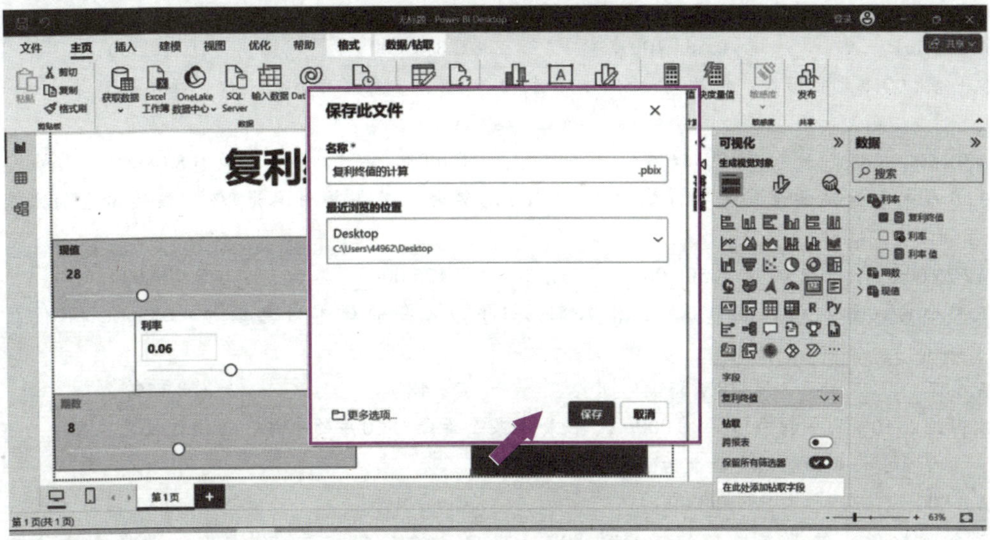

图 2-14　保存文件

本项目思维导图

本项目思维导图如图2-15所示。

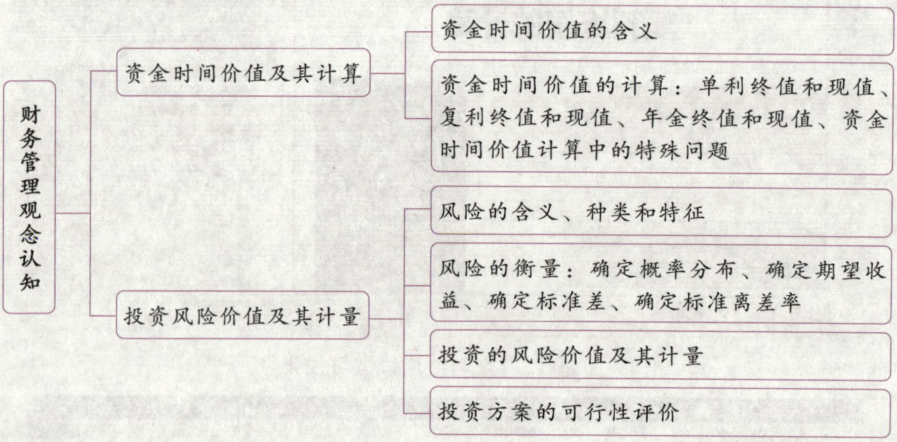

图2-15 本项目思维导图

岗课赛证同步训练

一、单项选择题

1.一定时期内每期期初等额收付的系列款项是（　　）。

A.预付年金　　B.永续年金　　C.递延年金　　D.普通年金

2.有一项年金，前3年年初无流入，后5年每年年初流入500万元，假设年利率为10%，其现值为（　　）万元。

A.1 995　　B.1 566　　C.18 136　　D.1 423

3.在普通年金终值系数的基础上，期数加1、系数减1所得的结果，数值上等于（　　）。

A.普通年金现值系数　　B.预付年金现值系数　　C.普通年金终值系数　　D.预付年金终值系数

4.某企业拟建立一项基金，每年年初投入100 000元，若年利率为10%，5年后该项基金本利和将为（　　）元。

A.671 561　　B.564 100　　C.871 600　　D.610 500

5.一项500万元的借款，借款期为5年，年利率为8%，若每半年复利一次，年实际利率比名义利率高（　　）。

A.0.16%　　B.8.16%　　C.0.08%　　D.8.08%

6.某项永久性奖学金，每年计划颁发50 000元奖金，若年复利率为8%，该奖学金的本金应为（　　）元。

A.625 000　　B.500 000　　C.125 000　　D.400 000

7.某公司向银行借入12 000元，借款期为3年，每年的还本付息额为4 600元，则借款利率为（　　）。

A.6.87%　　B.7.33%　　C.7.48%　　D.8.15%

8.假设以10%的年利率借得30 000元，投资于某个寿命为10年的项目，为使该投资项目成为有利的项目，每年至少应收回的现金数额为（　　）元。

A.6 000　　B.3 000　　C.5 374　　D.4 882

9.企业某新产品开发成功的概率为80%，成功后的投资收益率为40%，开发失败的概率为20%，失败后的投资收益率为-100%，则该产品开发方案的预期投资收益率为（　　）。

A.18%　　B.20%　　C.12%　　D.40%

10.若甲方案的预期收益高于乙方案的预期收益，且甲方案的标准差小于乙方案的标准差，下列表述中正确的是（　　）。

A.甲方案的风险与乙方案的风险相同

B.甲方案的风险小，应选择甲方案

C.乙方案的风险小，应选择乙方案

D.难以确定，因预期收益不同，需进一步计算标准离差率

二、多项选择题

1.下列项目中属于年金的有（　　）。

A.零存整取储蓄存款的整取额　　B.定期定额支付的养老金

C.年资本回收额　　D.偿债基金

2.以下属于递延年金特点的有（　　）。

A.年金的第一次支付发生在若干期以后　　B.没有终值

C.年金的现值与递延期无关　　D.年金的终值与递延期无关

3.下列表述中，正确的有（　　）。

A.复利终值和复利现值互为逆运算　　B.普通年金终值和普通年金现值互为逆运算

C.普通年金终值系数和偿债基金系数互为倒数　　D.普通年金现值系数和资本回收系数互为倒数

4.下列项目中，属于永续年金的有（　　）。

A.零存整取的零存额　　B.存本取息的利息额

C.利率较高、持续期限较长的等额定期的系列收支　　D.整存整取

5.下列关于资金时间价值系数的表述中，正确的有（　　）。

A.普通年金现值系数×资本回收系数=1

B.普通年金终值系数×偿债基金系数=1

C.普通年金现值系数×（1+折现率）=预付年金现值系数

D.普通年金终值系数×（1+折现率）=预付年金终值系数

6.下列项目中，影响必要收益率的因素包括（　　）。

A.纯粹利率　　B.通货膨胀补偿率　　C.风险收益率　　D.资本成本率

7.下列项目中，可以直接或间接利用普通年金终值系数计算出确切结果的项目有（　　）。

A.偿债基金　　B.预付年金终值　　C.永续年金现值　　D.永续年金终值

8.对于资金时间价值来说，下列选项中表述正确的是（　　）。

A.资金时间价值不可能由时间创造，而只能由劳动创造

B.时间价值是对投资者推迟消费的耐心给予的回报

C.时间价值的相对数形式是扣除风险报酬和通货膨胀贴水后的平均资金利润率

D.只有把货币投入生产经营中，才能产生时间价值

9.某公司拟购置一处房产，付款条件是：从第4年开始，每年年初支付10万元，连续支付10次，共100万元。假设该公司的资本成本率为10%，则相当于该公司现在一次付款的金额计算过程的为（　　）。

A.10×［（P/A，10%，12）-（P/A，10%，2）］　　B.10×［（P/A，10%，10）×（P/F，10%，2）］

C.10×［（P/A，10%，13）-（P/A，10%，3）］　　D.10×［（P/A，10%，13）×（P/F，10%，3）］

10.下列关于衡量投资方案风险的表述中，正确的有（　　）。

A.预期收益率的概率分布越窄，投资风险越小　　B.预期收益率的概率分布越窄，投资风险越大

C.预期收益率的标准差越大，投资风险越大　　D.预期收益率的标准离差率越大，投资风险越大

三、判断题

1.现值和终值是一定量货币资本在前后两个不同时点上对应的价值，其差额即为资金时间价值。（ ）

2.在现值和利率一定的情况下，计算期数越少，复利终值越大。（ ）

3.当一年内多次复利时，名义利率等于每个计算周期的利率与年内复利次数的乘积。（ ）

4.风险价值系数是将标准离差率转化为风险收益率的一种系数。（ ）

5.在没有通货膨胀时，无风险收益率等于资金时间价值；在存在通货膨胀时，无风险收益率小于资金时间价值。（ ）

6.预付年金和普通年金的区别在于计息时间与付款时间不同。（ ）

7.在两个方案对比时，标准离差率越大，说明风险越大；同样，标准差越大，说明风险也一定越大。（ ）

8.若使复利终值经过4年后变为本金的2倍，每半年计息一次，则年利率应为18.10%。（ ）

9.预付年金现值系数等于同期普通年金现值系数乘以（1+i）。（ ）

10.永续年金现值是年金数额与贴现率的倒数之积。（ ）

四、计算题

1.ABC公司存入银行123 600元，准备7年后用这笔款项的本利和购买一台设备，当时银行存款利率为复利10%，该设备的预计价格为250 000元。要求用数据说明7年后能否用这笔款项的本利和购买该设备。

2.某人现在准备存入银行一笔钱，以便在以后的5年中每年年末得到20 000元，假设银行存款利率为6%，复利计息，计算此人现在应存入多少钱？

3.某人每年年初存入银行20 000元，银行存款利率为6%，复利计息，计算第5年年末的本利和。

4.时代公司需要一台设备，买价为160 000元，可用10年。如果租用，则每年年初需付租金20 000元。假设其他情况相同，利率为8%，作出购买或租用决策。

5.甲公司5年前发行的一种第20年年末一次还本1 000元的债券，债券票面利率为6%，每年年末付息一次，第5次利息刚刚付过，目前发行的与之风险相当的债券的票面利率为8%，计算该债券的市场价值。

五、综合实训

实训任务一　复利终值的计算

实训目的：熟练运用终值函数FV。

实训资料：某人往银行存入10 000元，年利率为6%。

实训要求：请利用财务函数FV计算5年后可以从银行取出的本利和。

实训任务二　年金终值的计算

实训目的：熟练运用终值函数FV。

实训资料：某人每年年末往银行存入10 000元，年利率为6%。

实训要求：请利用财务函数FV计算5年后可以从银行取出的本利和。如果存款时点变更为每年年初，5年后终值为多少？

实训任务三　复利现值的计算

实训目的：熟练运用现值函数PV。

实训资料：某人5年后孩子上大学需要50 000元，年利率为6%。

实训要求：请利用财务函数PV计算现在应存入银行多少元。

实训任务四　年金现值的计算

实训目的：熟练运用现值函数PV。

实训资料：某人拟在5年间每年年末从银行取出10 000元，年利率为6%。

实训要求：请利用财务函数PV计算现在应存入银行多少元。如果取款时点变更为每年年初，则现在应存入多少元？

模块二　方法

项目三
财务预测

■知识目标

1. 理解财务预测的含义
2. 掌握财务预测的内容
3. 了解财务预测的作用
4. 熟悉财务预测的程序
5. 掌握财务预测的方法

■能力目标

1. 能够根据财务预测的对象、目标收集资料
2. 能够运用数理统计、大数据、人工智能等方法加工整理选取资料
3. 能够根据整理的资料选择恰当的财务预测方法
4. 能够熟练运用各种预测方法进行财务预测
5. 能够熟练运用Python、DeepSeek等新技术工具进行财务预测

■素养目标

1. 培养学生树立科学预测观念，引导学生重视职业规划和人生规划
2. 厚植学生勇于创新、开拓进取的精神，提升学生数字素养，培养学生运用智能工具进行财务决策的能力
3. 涵育学生爱国情怀和责任感，激发学生财务数智化转型学习动力

项目导读

小李在毕业之后拟自主创业，在学校门口开一家超市。新开业的超市面对的是一个全新的环境，小李在思考如何跟父母进行有效沟通以获取他们的资金支持。小李想对该超市的销售额、成本、利润、资金进行预测，于是他请教了在超市行业拥有丰富从业经验的王经理。王经理告诉他，首先需要收集相关的资料，其次在收集资料的基础上选择预测方法。新开业的超市由于缺乏完备的历史资料而无法采用定量预测的方法进行科学的预计与推算，只能采用定性预测的方法进行预测，而采用定性预测法，需要预测人员根据自己的知识、经验，对超市未来所在商圈的购买力以及市场份额进行测算。小李听后茅塞顿开，决定自己来进行资料搜集，并借助王经理的经验，对新超市的销售额、成本、利润、资金进行预测。学习本项目后，你将能够对超市的财务预测有更加清晰的认识，同时还能够对其他行业、企业进行财务预测。

任务一　财务预测认知

一、财务预测的含义

预测是依据客观环境及历史资料，运用科学的方法推断事物发展的必然性或可能性的行为，即根据过去和现在预计未来，由已知推断未知的过程。

财务预测是根据企业财务活动的历史资料以及企业财务管理的现实要求和条件，对企业未来的财务活动、财务成果作出科学的预计和推算。

二、财务预测的内容

财务预测的内容主要包括：销售预测、成本预测、利润预测和资金预测等。

（一）销售预测

销售预测是通过对市场情况的调查研究，根据历史销售资料，运用特定的方法，对未来一定时期内有关产品的销售发展变化趋势进行的科学预计和推测。销售预测是正确编制销售预算的依据，对于指导成本预测、利润预测和资金预测等起着重要作用。

（二）成本预测

成本预测是根据历史成本资料、企业现有的经济、技术条件和今后的发展前景以及市场供求状况，对未来一定时期内有关产品的成本水平和变动趋势进行的科学预计和推测。成本预测是进行成本决策和编制成本计划的依据，是增强企业竞争力和提高企业经济效益的主要手段。

（三）利润预测

利润预测是按照企业经营目标的要求，通过对有关产品的销售数量、价格、成本等因素进行综合分析，对未来一定时期内可能达到的利润水平进行科学的预计和推测。利润预测是在销售预测和成本预测的基础上进行的，是正确编制利润计划的重要依据。

（四）资金预测

资金预测是指在销售预测、成本预测和利润预测的基础上，根据历史资料、企业未来发展目标及影响资金的各项因素，运用专门方法对未来一定时期内的资金需要量进行科学的预计和推测。资金预测为正确编制资金需用量计划提供依据，是企业资金管理的重要内容。

重要提示

财务预测按预测的期限不同，可分为长期预测（5年或5年以上的预测）、中期预测（1年以上、5年以下的预测）和短期预测（1年及1年以内的预测）。

三、财务预测的作用

（一）财务预测是财务决策的依据

企业财务中各种决策方案的选择，都必须以科学的预测为依据。例如，公司进行经营决策时，要涉及销售、成本费用、利润、资金等方面的问题，而这些问题大多需要通过财务预测事先进行科学的预计和推测。可见，财务预测在财务决策中非常重要。

（二）财务预测是编制财务预算的前提

为了使企业的财务预算更加符合实际，在编制财务预算之前，必须对财务预算涉及的各项指标进行有效的预测，掌握其未来发展趋势，了解未来一定时期现金的收支状况，做到量入为出。因此，编制财务预算必须以财务预测为前提。

（三）财务预测是提高企业管理水平的重要手段

企业日常管理工作处于不断变化的环境之中，企业管理人员要做好日常财务管理工作，尤其是企业资金的调度和供应工作，就需要预测企业资金的运动规律，做好财务收支平衡工作，提高管理水平，保证企业生产经营正常进行。

四、财务预测的程序

（一）明确预测对象和目标

进行财务预测首先要明确预测对象和目标，即搞清楚对什么进行预测，将达到什么目的。然后根据预测的具体对象和内容确定预测的范围和时间。因为不同的预测对象和目标所需要的分析资料不同，采取的预测方法也有所不同。

（二）收集整理资料

收集资料是预测的基础。收集资料时应根据预测对象的目的，收集与预测对象有关的资料，在占有大量资料的基础上，对收集到的资料进行加工、整理、归纳，做到去伪存真、去粗取精，以保证预测的顺利开展和预测的质量。

（三）选择预测方法

根据预测对象的特点及其占有资料情况，选择行之有效的预测方法。对于缺乏定量资料无法进行定量预测的对象，应当结合以往的经验选择最佳的定性预测方法。对于可以建立数学模型的预测对象，应确定恰当的定量预测方法。

（四）实际预测

财务预测方法和预测模型选定之后，可以根据预测模型及掌握的未来信息，进行分析判断，揭示事物的变化趋势，并预测其发展结果。

（五）检查验证

对于过去作出的预测，经过一定时间必须进行检查验证。通过检查前期结论是否符合当前实际，即以实际发生数与预测数进行比较，计算其误差，分析产生差异的原因，验证预测方法是否科学有效，以便在本期预测过程中及时加以改正。

五、财务预测的原则

（一）连续性原则

连续性原则是指根据事物发展变化的连续特征，以过去和现在的财务资料为依据来推断未来的财务状况。以一定的时间序列为基础，推测某些事物发展的趋势。这是因为经济变量往往遵循连续性发展的规律。同样，基于财务活动本身的连续性，财务预测从收集过去和现在的资料开始，如财务报表等，采用一定的方法对这些资料进行整理分析，然后推测出公司未来的财务状况、资金运动变化等。

（二）相关性原则

财务活动与其他经济活动一样，同企业内外部的各种因素之间相互联系、相互依存、相互影响，所以财务预测不能独立进行，必须与企业其他活动预测相结合。在财务活动中，公司资金运动的各种因素间存在着一定的依存和制约关系。如公司要对外提供产品和服务，必须有一定的资产。销售增加时，要相应增加流动资产，若销售增加很多，还必须添置适量固定资产。为了增加这些资产，公司要筹措资金。这些资金，可能来自保留盈余，也可能来自外部融资，而保留盈余又与支付给股东的股利多少息息相关。因此，公司的各种财务预测不能孤立地进行，而应整体进行。

（三）类推性原则

掌握某一项财务活动或某一类指标的财务发展变化规律，就可以推测出类似的其他财务活动或财务指标的发展变化规律。在财务活动中，根据对某个变量所进行的一次观察所得出的财务分析结果往往是随机的，但多次就具有某种统计规律性，财务变量的这种统计规律性，决定了财务预测具备类推性原则。类推性原则是应用概率论及数理统计的方法进行财务预测的基础。

随堂测 3-1

【判断题】进行财务预测首先是确定财务预测对象和目标。（　　）

【判断题】财务预测和财务预算都是面向未来的，财务预测就是财务预算。（　　）

素养提升

当今社会进入数字化、互联网化时代，企业管理也必须数字化转型。同时，现代科学技术不断推陈出新，在这样的环境下企业必须具备科技运用能力，才能在市场竞争中处于更为有利的竞争地位，企业财务预测也不例外。基于现代化、信息化手段，预测、分析、控制等都能够更为高效地进行，也更加精准。因此，提高财务人员的新技术应用能力和数字素养的重要性不言而喻。

能不能做好财务预测，除了计算能力和工具运用之外，更重要的是财务人员要坚定自己的价值观和思想观念，始终把财务预测放在合适的位置。财务预测不仅是数据的分析，也涵盖了思想政治引领、科技促进管理的现代化等多方面，它更多的是一种理念和方法。未来的财务人员要在理解的基础上做到“坚持诚信，守法奉公；坚持准则，守责敬业；坚持学习，守正创新”。

任务二 财务预测方法及其应用

一、定性预测法及其应用

定性预测法，是在缺乏完备准确的历史资料情况下，预测者根据已掌握的历史资料和直观材料，运用个人的经验和分析判断能力，对事物的未来发展作出分析判断，然后，再通过一定形式综合各方面的意见，作为预测未来的主要依据。常用的定性预测法有：专家意见法、德尔菲法等。

（一）专家意见法

专家意见法又称专家会议法，就是根据预测的目的和要求，通过会议的形式邀请有关专家对预测对象及其前景进行评价，并在专家分析判断的基础上，综合他们的意见，对未来发展趋势作出推断，取得预测分析的最终依据。

该方法的优点是能够在预测过程中发挥集体智慧，相互启发、印证和补充，在一定程度上可弥补各专家由于信息资料不能共享而带有的片面性；缺点是预测结论常常会受到权威人士意见左右。

重要提示

专家的选择：(1) 专家要有代表性；(2) 专家应具备调查预测方面的知识与经验；(3) 专家人数要适当。

(二) 德尔菲法

德尔菲法又称为专家小组法或专家意见征询法，它是通过函询调查，对所要预测的问题分别征得诸位专家的意见之后，进行整理、归纳、统计，然后匿名反馈给各专家征求意见，再加以综合、反馈。如此反复循环，直到得到一个相对来说较为一致且可靠的意见。

该方法的优点是集思广益，有利于专家独立思考；缺点是占用时间较多，缺少思想交锋和商讨，易受组织者主观上的影响。

重要提示

德尔菲是Delphi的译音，它是一处古希腊遗址，是传说中神谕灵验、可预卜未来的阿波罗神庙所在地。美国兰德公司在20世纪50年代与道格拉斯公司协作研究如何通过有控制的反馈使收集的专家意见更为可靠，以德尔菲为代号，德尔菲法由此而得名。使用德尔菲法预测时要注意：(1) 问题必须十分清楚；(2) 问题的数量一般以回答者在2小时内答完一轮为宜；(3) 要求专家独自回答。

二、定量预测法及其应用

定量预测法，是指在完全掌握与预测对象有关的定量资料的基础上，根据变量之间所存在的依存关系，建立经济数学模型进行预测的方法。常用的定量预测法有时间序列法、回归直线法、本量利分析法、销售百分比法等。

(一) 时间序列法

时间序列法也称趋势预测法分析，是指根据某项指标的历史记录，按照时间顺序排列数据，运用一定的数学方法进行加工、计算，借以预测未来发展趋势的方法。这种方法的特点是假设目前的变化情况会持续到将来。时间序列法具体又包括算术平均法、简单移动平均法、加权平均法、加权移动平均法、指数平滑法。

1.算术平均法

算术平均法是将过去若干时期业务量的算术平均数作为计划期预测数的一种预测方法。其计算公式为：

$$\bar{X}=\frac{\sum X_i}{n}=\frac{X_1+X_2+X_3+\cdots+X_n}{n}$$

式中：$\bar{X}$表示计划期业务量的预测平均数；X_i表示过去若干时期的业务量（i=1，2，3，…，n）；n表示期数。

【例3-1】某企业1—6月份甲产品的实际销售量资料见表3-1。

表3-1　甲产品实际销售量　单位：万件

月份	1	2	3	4	5	6	合计
销售量	2 240	2 440	2 460	2 100	2 280	2 340	13 860

要求：利用算术平均法预测该企业7月份的销售量。

$$X_7=\frac{2\,240+2\,440+2\,460+2\,100+2\,280+2\,340}{6}=2\,310\text{（万件）}$$

该方法的优点是计算比较简单，容易理解；缺点是没有考虑不同时期销售量变动对预测期销售量状况的不同影响，把不同时期的历史资料简单平均化，因而可能会造成很大误差。该方法一般适用于业务量比较稳定的产品。

2.简单移动平均法

简单移动平均法是算术平均法的进一步延伸，也就是将根据预测期前n期的实际业务量计算的算术平均值作为预测未来业务量的一种方法。其计算公式为：

$$X_{t+1}=\frac{X_t+X_{t-1}+X_{t-2}+\cdots+X_{t-n+1}}{n}$$

式中：X_{t+1}表示移动平均数（即预测值）；X_t表示第t期的业务量；t表示期间数；n表示移动历史时期数。

【例3-2】沿用【例3-1】的资料。要求：根据预测期前3期的历史资料，利用简单移动平均法分别预测该企业4月、5月、6月、7月的销售量。

$$X_4=\frac{X_3+X_2+X_1}{n}=\frac{2\,460+2\,440+2\,240}{3}=2\,380\text{（万件）}$$

$$X_5=\frac{X_4+X_3+X_2}{n}=\frac{2\,100+2\,460+2\,440}{3}=2\,333.33\text{（万件）}$$

$$X_6=\frac{X_5+X_4+X_3}{n}=\frac{2\,280+2\,100+2\,460}{3}=2\,280\text{（万件）}$$

$$X_7=\frac{X_6+X_5+X_4}{n}=\frac{2\,340+2\,280+2\,100}{3}=2\,240\text{（万件）}$$

该方法的优缺点与算术平均法一样，所以，该方法适合于预测对象业务量变化不大的情况。

3.加权平均法

加权平均法是对过去若干个按照发生时间顺序排列起来的同一变量的观测值，按其重要程度给定一个权数，计算出观测值的加权算术平均数，以这一数字作为下期预测数的方法。其计算公式为：

$$\bar{X}=\frac{\sum X_iW_i}{\sum W_i}=\frac{W_1X_1+W_2X_2+W_3X_3+\cdots+W_nX_n}{W_1+W_2+W_3+\cdots+W_n}$$

式中：$\bar{X}$表示加权平均数；X_i表示观察期内时间数列值；n表示时期总数；W_i表示与X_i相对应的权数。

重要提示

权数值的设置一般有两种，即自然权数和饱和权数（权数之和=1）。权数设值的基本原则是近期业务量的权数要大些，远期业务量的权数要小些。这主要是由于接近预测期的实际业务量对预测期影响较大所致。

【例3-3】沿用【例3-1】的资料。若1—6月份销售量的权数分别为$W_1=1$，$W_2=2$，$W_3=3$，$W_4=4$，$W_5=5$，$W_6=6$。要求：利用加权平均法预测该企业7月份的销售量。

$$\bar{X}=\frac{2\,240\times1+2\,440\times2+2\,460\times3+2\,100\times4+2\,280\times5+2\,340\times6}{1+2+3+4+5+6}=2\,301.90\text{（万件）}$$

该方法的优点是根据时期的远近分别给定权数，距离预测期远的权数小，距离预测期近的权数大，并对业务量分别进行加权，使预测值更接近实际。

4.加权移动平均法

加权移动平均法就是对过去若干个按照发生时间顺序排列起来的同一变量的观测值中最近几期的数值，按照加权平均法计算其观测值的加权移动平均数，以此作为该变量预测值的一种方法。其计算公式为：

$$X_{t+1}=\frac{X_tW_t+X_{t-1}W_{t-1}+\cdots+X_{t-n+1}W_{t-n+1}}{W_t+W_{t-1}+\cdots+W_{t-n+1}}$$

式中：X_{t+1}表示加权移动平均数；W_t表示第t期观测值的对应权数；X_t表示第t期的观测值；t表示期间数；n表示最近几期观测值的个数。

【例3-4】根据例【3-1】的资料，依据预测期前3个月的历史资料，设权数$W_1=1$，$W_2=2$，$W_3=3$。要求：利用加权移动平均法分别预测该企业4月、5月、6月、7月的销售量。

各期加权移动平均数的计算如下：

$$X_4=\frac{X_3W_3+X_2W_2+X_1W_1}{W_3+W_2+W_1}=\frac{2\,460\times3+2\,440\times2+2\,240\times1}{3+2+1}=2\,416.67\text{（万件）}$$

$$X_5=\frac{X_4W_3+X_3W_2+X_2W_1}{W_3+W_2+W_1}=\frac{2\,100\times3+2\,460\times2+2\,440\times1}{3+2+1}=2\,276.67\text{（万件）}$$

$$X_6=\frac{X_5W_3+X_4W_2+X_3W_1}{W_3+W_2+W_1}=\frac{2\,280\times3+2\,100\times2+2\,460\times1}{3+2+1}=2\,250\text{（万件）}$$

$$X_7=\frac{X_6W_3+X_5W_2+X_4W_1}{W_3+W_2+W_1}=\frac{2\,340\times3+2\,280\times2+2\,100\times1}{3+2+1}=2\,280\text{（万件）}$$

加权移动平均法的优点是对移动期内的各个数据，按照距离预测期远的权数小、距离预测期近的权数大进行加权，弥补了简单移动平均法的不足；缺点是如果一组数据有明显的季节性，得到的预测值可能会出现偏差。

5.指数平滑法

指数平滑法是指在综合考虑有关前期实际业务量（额）和前期预测业务量（额）的基础上，分别以平滑系数和（1-平滑系数）为权数，计算出两者的加权平均数，以此作为该变量预测值的一种方法。其计算公式为：

$$F_t=\alpha\times A_{t-1}+(1-\alpha)\times F_{t-1}$$

式中：F_t表示指数平均值（即本期业务量的预测值）；α表示平滑系数，它的取值范围为$0<\alpha<1$；F_{t-1}表示上期业务量的预测值；A_{t-1}表示上期业务量的实际值。

重要提示

平滑系数是一个经验数据，其取值范围通常在0.3～0.7。若进行短期预测或业务量波动较大时的预测，可选择较大的平滑系数；若进行长期预测或业务量波动较小时的预测，可选择较小的平滑系数。

【例3-5】根据【例3-1】资料，6月份的预测值为2 240万件，平滑系数采用0.3。要求：利用指数平滑法对该企业7月份的销售量进行预测。

$$F_7=\alpha\times A_6+(1-\alpha)\times F_6=0.3\times2\,340+(1-0.3)\times2\,240=2\,270\text{（万件）}$$

该方法的优点是根据平滑系数调节预测数，消除了实际业务量中包含的偶然因素对预测值的影响，使其预测结果更为精确；缺点是选择平滑系数时带有一定的主观因素，在其他条件相同的情况下，根据不同的平滑系数计算出的结果完全不同。因此，在确定平滑系数时应尽可能考虑实际情况，使平滑系数更合理。

（二）回归直线法

回归直线法又称最小平方法，是根据两个变量之间的因果关系，从已知的自变量数值预测因变量数值的一种方法。如以业务量为自变量，成本或销售收入或资金总额为因变量，它们之间具有线性关系。其应用前提条件是：业务量与成本或销售收入或资金总额之间，基本上是线性关系。直线方程为：

$$y=a+bx$$

式中：y表示成本或销售收入或资金总额；x表示业务量；a、b表示回归直线常数；n表示期数。

回归直线法的计算公式为：

$$b=\frac{n\sum x_iy_i-\sum x_i\sum y_i}{n\sum x_i^2-(\sum x_i)^2}$$

$$a=\frac{\sum y_i-b\sum x_i}{n}$$

【例3-6】某公司1—6月份的产量与混合成本资料见表3-2。

表3-2　产量与混合成本资料

月份	产量（x_i）/件	混合成本（y_i）/元
1	80	420
2	70	400
3	90	470
4	100	520
5	150	700
6	140	550

要求：若7月的计划产量为160件，利用回归直线法进行7月份的成本预测。

利用回归直线法进行7月份的成本预测，计算资料见表3-3。

表3-3　回归直线法计算资料

月份	产量（x_i）/件	混合成本（y_i）/元	x_iy_i	x_i^2
1	80	420	33 600	6 400
2	70	400	28 000	4 900
3	90	470	42 300	8 100
4	100	520	52 000	10 000
5	150	700	105 000	22 500
6	140	550	77 000	19 600
n=6	$\sum x_i=630$	$\sum y_i=3\ 060$	$\sum x_iy_i=3\ 060$	$\sum x_i^2=71\ 500$

$$b=\frac{n\sum x_iy_i-\sum x_i\sum y_i}{n\sum x_i^2-(\sum x_i)^2}=\frac{6\times 337\ 900-630\times 3\ 060}{6\times 71\ 500-630^2}=3.1（元/件）$$

$$a=\frac{\sum y_i-b\sum x_i}{n}=\frac{3\ 060-3.1\times 630}{6}=184.5（元）$$

微课

本量利分析法的应用

将a、b值代入y=a+bx，可得到：

$$y=184.5+3.1x$$

7月份的成本预测值为：

$$y=184.5+3.1x=184.5+3.1\times 160=680.5（元）$$

（三）本量利分析法

本量利分析法是在成本性态分析和变动成本法的基础上，研究企业在一定期间的成本、业务量、利润之间数量关系的一种方法。该方法主要用于规划企业目标利润，编制利润预算；预测保本点；预测利润以及相关的销售水平和成本水平；通过对利润的敏感性分析，估量销售水平和成本水平的变动对目标利润的影响等。

重要提示

在实际工作中，定性预测法和定量预测法并不相互排斥，而是相互补充、相辅相成。企业财务预测应根据具体情况具体分析，可以将两种方法结合起来加以应用，这样能够提高预测结果的准确性。

随堂测 3-2

【单选题】下列各项中，属于销售预测定量分析方法的是（　　）。(2020年)

A.营销员判断法　　B.专家判断法

C.产品寿命周期分析法　　D.趋势预测分析法

1.成本性态

成本按性态分类，可分为固定成本、变动成本、混合成本三大类。

(1) 固定成本

固定成本是指在一定条件下其总额保持不变的成本，如厂房、建筑物按直线法计提的折旧，制造费用中不随产量变动的办公费、差旅费、管理人员工资等。其主要特点有：①固定成本具有固定成本总额不变的特性；②随着产量的变动，单位固定成本呈反比例变动的特性；③固定成本的固定性具有一定的相关范围。

【例3-7】某企业生产过程中为加工某种特殊零件，向租赁公司租入一台设备，每月租金2 000元，租期5个月，该设备最大生产能力为每月800件。若该企业每月产量在800件以下时，每月租金总额固定支付2 000元。若5个月中每月的产量分别为100件、200件、400件、500件、800件时，其单件产品负担的租金分别为20元、10元、5元、4元、2.5元。固定成本性态如图3-1、图3-2所示。

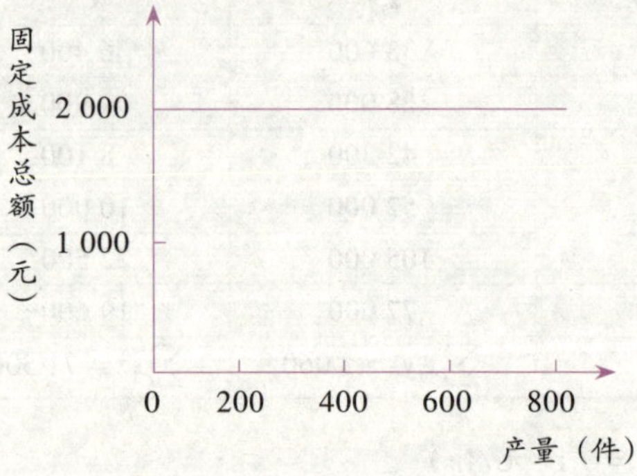

图3-1　固定成本总额性态示意图

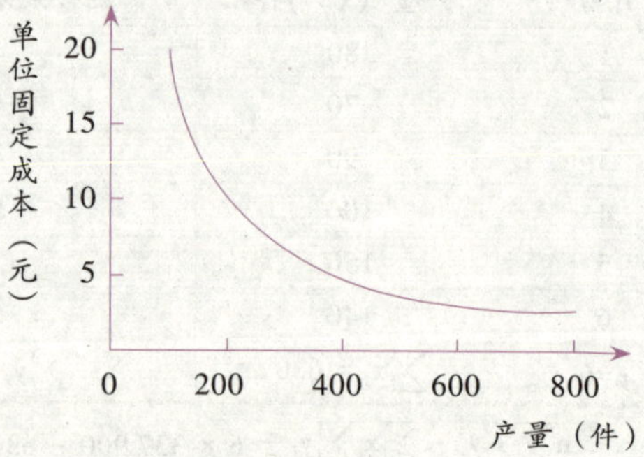

图3-2　单位固定成本性态示意图

从图3-1、图3-2可以看出，该企业5个月中每月产量在800件以内时，每月支付的租金总额与产量没有关系，而其单件产品负担的租金随着产量的增加而呈反比例变动。

固定成本按其是否受管理当局短期经营决策行为的影响，可进一步分为约束性固定成本与酌量性固定成本两类。

约束性固定成本是指不受企业管理当局短期经营决策行为影响的那部分固定成本。这部分固定成本是企业经营业务必须负担的最低成本，一旦形成，短期内一般不会轻易改变，如房屋租金、取暖费及管理人员的工资、保险费等。

酌量性固定成本是指受企业管理当局短期经营决策行为影响的那部分固定成本。在保证不影响生产经营的前提下，企业尽量减少这部分固定成本的支出数额，可以在不同时期改变其数额，如广告费、职工培训费、研究开发费、业务招待费等。

（2）变动成本

变动成本是指在一定条件下其总额随业务量呈正比例变动的那部分成本，如与产量呈正比例变动的原材料费、燃料费，按产量法计提的折旧费，计件工资形式下生产工人的工资等。其主要特点为：①变动成本总额的正比例变动性；②单位变动成本的不变性；③变动成本总额的正比例变动性具有一定的相关范围。

【例3-8】甲公司是一家生产经营比较稳定的制造业企业，长期以来仅生产A产品。单位产品直接材料费用为2元，A产品的产量与直接材料费用总额变化情况见表3-4。

表3-4　A产品的产量与直接材料费用总额变化情况

年度	2020年	2021年	2022年	2023年	2024年
产量（万件）	10	12	13	14	15
直接材料费用总额（万元）	20	24	26	28	30

变动成本性态如图3-3、图3-4所示。

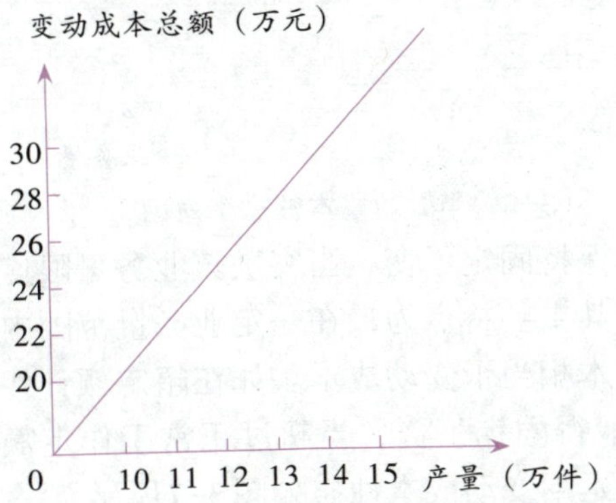

图3-3　变动成本总额性态示意图

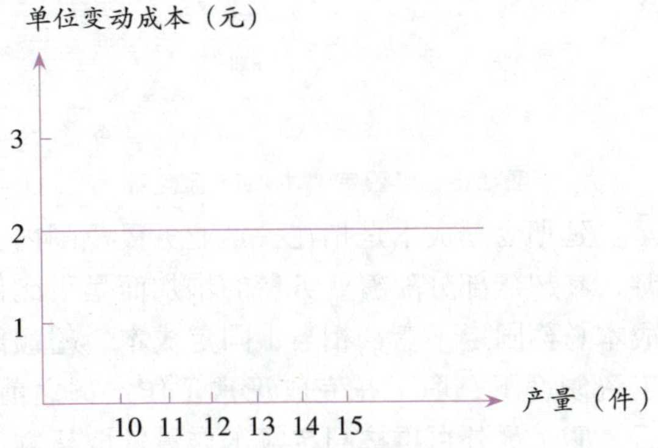

图3-4　单位变动成本性态示意图

从图3-3、图3-4可以看出，变动成本总额与产量呈正比例变动，而单位变动成本2元保持不变。

变动成本按其发生的原因，可进一步分为技术性变动成本和酌量性变动成本。

技术性变动成本是指单位成本受客观因素决定，数量由技术因素决定的那部分变动成本。如企业生产组装某计算机需用的部件，在外购部件价格一定的条件下，该部分受设计技术影响并与计算机产量呈正比例变动的部件成本就属于技术性变动成本。

酌量性变动成本是指单位成本不受客观因素决定，企业管理当局可以改变其支出数额的那部分变动成本。如在达到质量要求的情况下，单耗不变，企业可以采购价格水平不同的原材料，其原材料成本就属于酌量性变动成本。

（3）混合成本

混合成本是指其总额随业务量变动又不呈正比例变动的那部分成本，如电话费、检验员工资、设备维修费等。其主要特点为：含有固定成本与变动成本的双重特性，又区别于固定成本与变动成本，其总额随业务量变动又不呈正比例变动。

混合成本按其变动趋势的不同，可进一步分为半固定成本、半变动成本、延期变动成本、曲线式混合成本。

半固定成本又称为阶梯式固定成本，是指在一定业务量范围内，其发生额是固定的，当业务量突破这一范围时，其发生额会跳跃式增加，并在新的业务量范围内固定不变，直到出现另一个业务量突破点为止，如企业的化验员、检验员的工资，设备维修费等。其主要特点为：成本随业务量的增长呈阶梯增长状况。其半固定成本性态如图3-5所示。

半变动成本又称为标准式混合成本，是指在没有业务量的情况下仍发生一定的初始量，当业务量发生时，其发生额随业务量呈正比例变动。其主要特点为：固定部分是不受业务量影响的初始量，变动部分在初始量的基础上随业务量呈正比例变动，如电话费、煤气费等。半变动成本性态如图3-6所示。

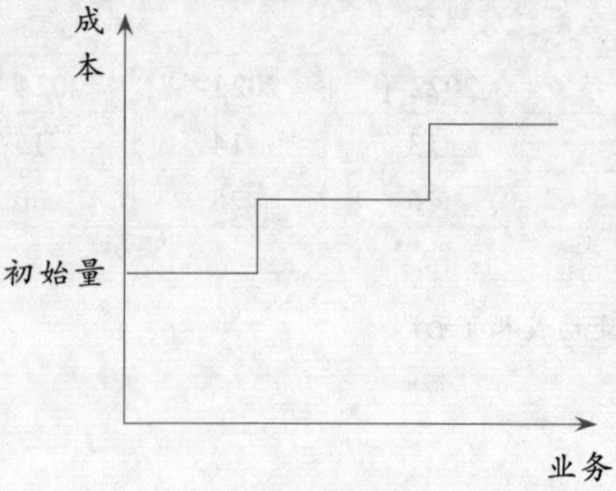

图3-5 半固定成本性态示意图

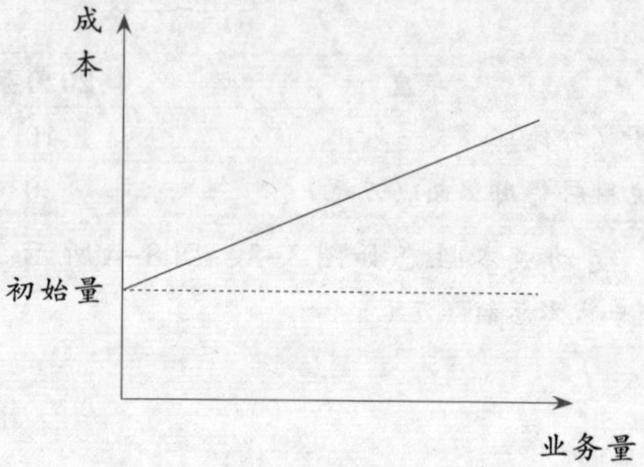

图3-6 半变动成本性态示意图

延期变动成本是指在一定业务量范围内，其总额保持固定不变，当突破该业务量限度时，其超额部分随着业务量的增加而呈正比例增长。其主要特点为：在一定业务量范围内成本总额固定不变，相当于固定成本，超额部分的成本相当于变动成本。如在超定额计件工资制度下，职工在完成正常工作定额之前，只能取得固定工资，当超过正常工作定额后，职工另外可再按超定额工作量领取超额工资。其延期变动成本性态如图3-7所示。

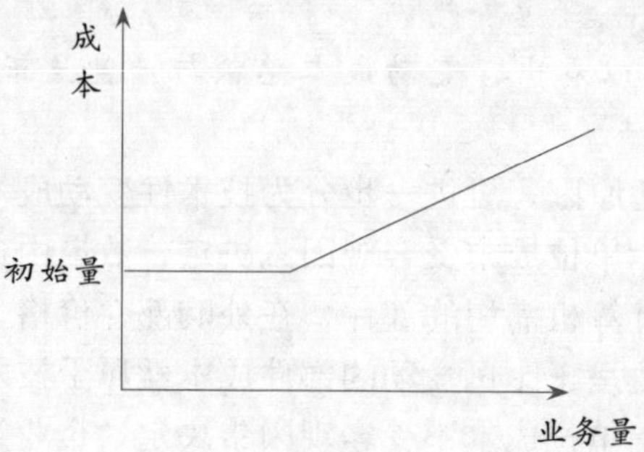

图3-7 延期变动成本性态示意图

（4）曲线式混合成本

曲线式混合成本是指在没有业务量时通常有一个初始量，当有业务量时，成本总额随业务量变动但不存在线性关系，而是呈曲线关系。成本按其曲线斜率的不同变化趋势，可进一步分为递减型混合成本和递增型混合成本。

递减型混合成本是指业务量增长，成本也增长，但成本增长的速度比业务量增长的速度慢，其成本曲线是一条凸型曲线。如供货单位根据采购量的大小给予折扣的那部分原材料成本等。递减型混合成本性态如图3-8所示。

递增型混合成本是指业务量增长，成本也增长，但成本增长的速度比业务量增长的速度快，其成本曲线是一条凹型曲线，如各种违约金、罚金等。递增型混合成本性态如图3-9所示。

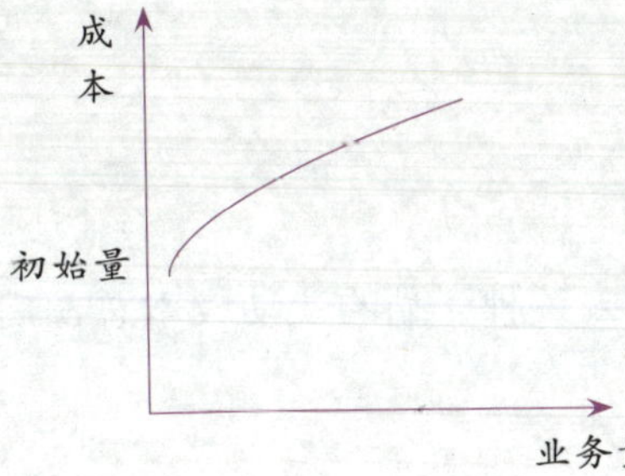

图3-8 递减型混合成本性态示意图

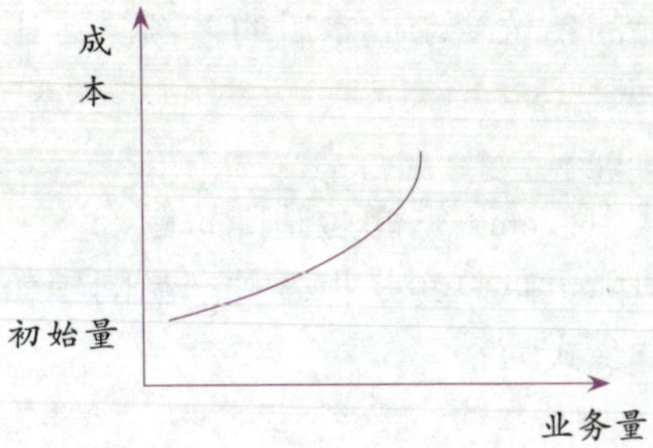

图3-9 递增型混合成本性态示意图

2.变动成本法

变动成本法是将一定时期所发生的成本按照其成本性态分为变动成本和固定成本两大类。其中，变动成本又分为变动生产成本和变动非生产成本；固定成本又分为固定生产成本和固定非生产成本。变动成本法在确定成本时只将变动生产成本作为产品成本，而把变动非生产成本、固定生产成本和固定非生产成本全部作为期间成本。变动成本法成本构成如图3-10所示。

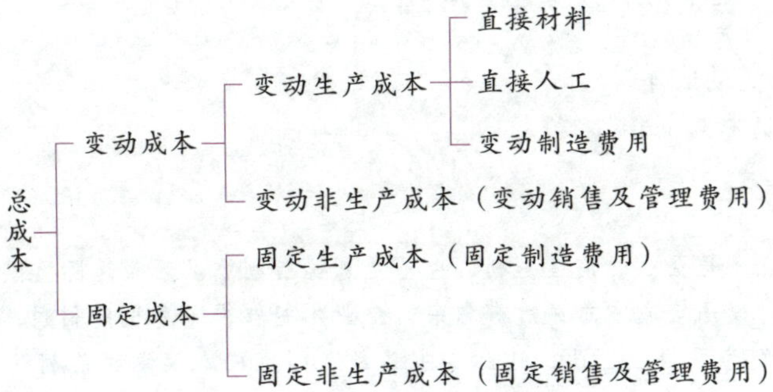

图3-10 变动成本法的成本构成图

随堂测3-3

【多选题】下列各项中，一般属于酌量性固定成本的有（　）。(2018年)

A.新产品研发费　　B.广告费

C.职工培训费　　D.设备折旧费

3.本量利分析法的基本原理

（1）本量利的基本关系式

本量利的基本关系式如下：

息税前利润=销售收入总额-变动成本总额-固定成本总额

=（单价-单位变动成本）×业务量-固定成本总额

EBIT=px-bx-a

式中：EBIT——息税前利润；p——单价；b——单位变动成本；x——业务量（产量、销售量等）；a——固定成本总额。

（2）边际贡献、边际贡献率

边际贡献，是指产品销售收入减去变动成本后的差额。边际贡献通常有两种表现形式：一种是绝对数（单位边际贡献和边际贡献总额）；另一种是相对数（边际贡献率）。

单位边际贡献是指单位产品或业务量带来的边际贡献。它是某种产品的销售单价减去该产品的单位变动成本后的差额。其计算公式为：

单位边际贡献=销售单价−单位变动成本

$cm=p-b$

式中：cm——单位边际贡献。

边际贡献总额是指各种产品的销售收入总额减去各种产品的变动成本总额后的差额。其计算公式为：

边际贡献总额=销售收入总额−变动成本总额

$Tcm=(p-b)\times x=cm\times x$

式中：Tcm——边际贡献总额。

边际贡献率是边际贡献总额与销售收入总额之比。其计算公式为：

$$cmR=\frac{Tcm}{px}\times 100\%=\frac{cm\times x}{px}\times 100\%=\frac{cm}{p}\times 100\%$$

式中：cmR——边际贡献率。

与边际贡献率呈互补关系的指标是变动成本率，其计算公式为：

$$bR=\frac{bx}{px}\times 100\%=\frac{b}{p}\times 100\%$$

式中：bR——变动成本率。

边际贡献率+变动成本率=cmR+bR=1

$cmR=1-bR$

重要提示

边际贡献总额，既不是企业的销售毛利，也不是息税前利润。因为边际贡献首先用于补偿固定成本，当边际贡献总额补偿固定成本总额后有剩余，企业才能够得到息税前利润；若边际贡献总额不够补偿固定成本总额，则为亏损。因此，边际贡献总额、固定成本及息税前利润三者之间存在着依存关系。

【例 3-9】某企业生产的B产品单价为20元，单位变动成本为16元，固定成本为50 000元，年销售量为20 000件。要求：计算该企业B产品的单位边际贡献、边际贡献总额、息税前利润、边际贡献率、变动成本率。

单位边际贡献：$cm=p-b=20-16=4$（元/件）

边际贡献总额：$Tcm=px-bx=20\times 20\,000-16\times 20\,000=(20-16)\times 20\,000=80\,000$（元）

息税前利润：$EBIT=px-bx-a=20\times 20\,000-16\times 20\,000-50\,000=80\,000-50\,000=30\,000$（元）

边际贡献率：$cmR=\frac{cm}{p}\times 100\%=\frac{4}{20}\times 100\%=20\%$

变动成本率：$bR=\frac{b}{p}\times 100\%=\frac{16}{20}\times 100\%=80\%$

或 $=1-cmR=1-20\%=80\%$

4.保本点的预测

（1）保本点

保本点，亦称盈亏平衡点，是企业的边际贡献总额等于固定成本总额时，经营处于不盈不亏状态的销售量（额），即销售收入等于销售成本时的业务量。保本点有两种表现形式：一是实物量形式，称为保本销售量（或称“保本点销售量”）；二是货币量形式，称为保本销售额（或称“保本点销售额”）。保木是企业获利的基础，也是企业得以继续经营的基本条件。只有销售量（额）超过保本点（额）的，企业才能获得利润。计算保本点的公式为：

保本点销售量：$x_0=\dfrac{a}{p-b}$

保本点销售额：$y_0=p\times x_0=p\times\dfrac{a}{p-b}=\dfrac{a}{cmR}$

【例 3-10】沿用【例 3-9】的有关资料。要求：计算该企业B产品的保本点销售量和保本点销售额。

$x_0=\dfrac{a}{p-b}=\dfrac{50\,000}{20-16}=12\,500$（件）

$y_0=p\times x_0=20\times 12\,500=250\,000$（元）

或 $=\dfrac{a}{cmR}=\dfrac{50\,000}{20\%}=250\,000$（元）

本量利之间的关系可以通过绘制坐标图来表示，如图 3-11 所示。

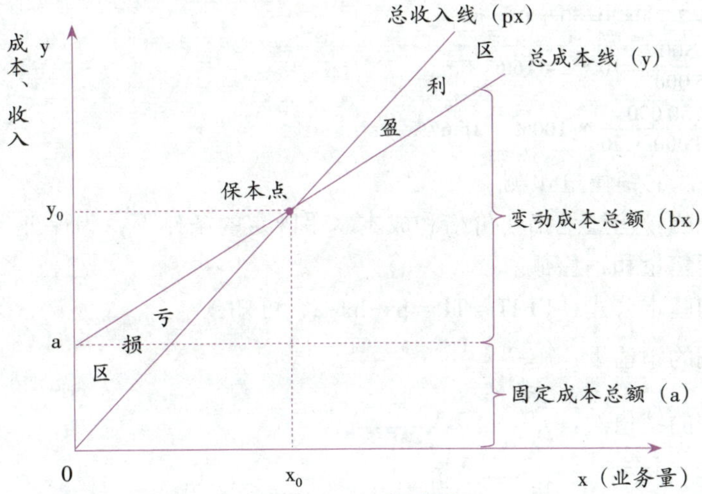

图 3-11 保本图

上图中，a 为固定成本总额；bx 为变动成本总额；x_0 为保本点销售量；y_0 为保本点销售额。

通过保本图可以看出本量利三者之间的变化关系，即在保本点不变的情况下，如果产品销售量超过保本点，销售量越大实现的利润就越多；反之，如果产品销售量低于保本点，销售量越小，亏损额就越大。

在销售收入既定的情况下，保本点的高低取决于单位变动成本或固定成本总额的多少。单位变动成本或固定成本总额越小，保本点就越低；反之就越高。

(2) 安全边际和安全边际率

①安全边际。

安全边际是指产品实际或预计的销售量（或销售额）超过保本点销售量（或销售额）的差额。安全边际越大，销售该产品发生亏损的可能性就越小，安全性就越高；反之，安全边际越小，销售该产品发生亏损的可能性就越大，安全性就越低。

安全边际有两种表现形式：一是用实物量表示，称为安全边际销售量；二是用货币量表示，称为安全边际销售额。

安全边际销售量=实际（或预计）销售量−保本点销售量

安全边际销售额=实际（或预计）销售额−保本点销售额=安全边际销售量×单价

②安全边际率。

安全边际率是指安全边际销售量与实际（或预计）销售量的比率。它是以相对数的形式表明企业经营的安全程度。其计算公式为：

$$安全边际率=\frac{安全边际销售量}{实际（或预计）销售量}\times 100\%$$

或 $$=\frac{安全边际销售额}{实际（或预计）销售额}\times 100\%$$

【例 3-11】根据【例 3-9】和【例 3-10】的有关资料，若该公司 B 产品计划期的预计销售量为 15 000件。计算该企业产品的安全边际销售量、安全边际销售额、安全边际率。

安全边际销售量=15 000−12 500=2 500（件）

安全边际销售额=2 500×20=50 000（元）

$$安全边际率=\frac{2\,500}{15\,000}\times 100\% = 16.67\%$$

或 $$=\frac{50\,000}{15\,000\times 20}\times 100\% = 16.67\%$$

5. 实现目标利润的销售量预测

实现目标利润的销售量是指在价格和成本水平既定的条件下，为保证目标利润能够实现而应当达到的销售量和销售额。

依据本量利的基本公式：EBIT = TP = px−bx−a，可知：

实现目标利润的销售量：$x_1=\frac{a+TP}{p-b}=\frac{a+TP}{cm}$

实现目标利润的销售额：$y_1=x_1\cdot p=\frac{a+TP}{cmR}$

式中：TP——目标利润；p——单价。

【例 3-12】沿用【例 3-9】至【例 3-11】的有关资料。假设该企业 B 产品计划期的目标利润为 10 000元。计算其实现目标利润的销售量和销售额。

$$x_1=\frac{50\,000+10\,000}{20-16}=15\,000（件）$$

$$y_1= 15\,000\times 20 = 300\,000（元）$$

或 $$=\frac{50\,000+10\,000}{20\%}=300\,000（元）$$

随堂测 3-4

【单选题】某企业生产销售A产品，且产销平衡。其销售单价为25元/件，单位变动成本为18元/件，固定成本为2 520万元。若A产品的正常销售量为600万件，则安全边际率为（　　）。(2019年)

A.30%　　B.50%　　C.60%　　D.40%

（四）销售百分比法

销售百分比法是在假定某些资产项目、负债项目与销售额之间存在稳定的百分比关系的前提下，根据预计销售额和相对稳定的百分比，预计资产、负债和所有者权益变动额，从而预测资金需要量的一种方法。销售百分比法的基本步骤如下：

1. 确定随销售变动而变动的资产和负债项目

通常情况下，将随销售的增长而相应增加的项目称为敏感项目（变动项目），不随销售的增长而增加的项目称为非敏感项目（不变项目）。敏感资产项目一般主要包括：货币资金、应收账款、存货等经营性资产。固定资产是否属于敏感资产应视企业基期生产能力的利用情况而定。如果企业基期有剩余生产能力，销售收入增加不需要追加固定资产投资，则固定资产为非敏感资产项目；相反，如果企业基期生产能力已经饱和，销售收入增加时固定资产投资也要相应地增加，则固定资产为敏感资产项目。敏感负债项目一般主要包括：应付票据、应付账款、应付费用等经营性债务。短期借款、短期融资券、长期负债等金融性负债一般不随销售的增长而增加，称为非敏感项目。

重要提示

能否准确界定经营性资产、经营性负债、金融性资产、金融性负债，对于使用销售百分比法预测资金需要量具有十分重要的影响。一般而言，经营性流动资产和经营性流动负债为敏感项目。

2. 确定敏感项目与销售额的稳定比例关系

企业应根据历史资料和同业情况，剔除不合理的资金占用，计算确定敏感项目与销售额的稳定百分比关系。其计算公式为：

$$敏感项目占销售百分比 = \frac{基期敏感资产（负债）}{基期销售额} \times 100\%$$

微课

销售百分比法的应用

3. 确定需要增加的筹资数额

外部融资需求量的计算公式为：

$$\Delta F = \frac{A}{S_1} \times \Delta S - \frac{B}{S_1} \Delta S - P \times E \times S_2$$

式中：ΔF——预计外部融资额；A——基期敏感资产数额；B——基期敏感负债数额；S_1——基期销售额；S_2——预计销售额；P——销售净利率；E——留存收益率。

重要提示

销售百分比法的应用前提是：①目前的资产、负债、所有者权益结构已达到最优；②某些资产项目、负债项目与销售额之间存在稳定的百分比关系；③预测期的销售额及销售净利率可准确预计；④预测期企业的财务政策既定，即留存收益率已经确定。

【例3-13】某公司20×4年12月31日的资产负债表简表见表3-5，20×4年销售收入为2 000万元，销售净利率为10%，股利支付率为60%。预计20×5年度销售收入将增长到2 200万元，该公司生产能力已经饱和，即增加销售需要增加固定资产投资，无形资产保持不变，20×4年全年公司销售净利率和股利支付率仍保持上年水平。采用销售百分比法预测20×5年该公司的外部融资额。

表3-5　资产负债表（简）

20×4年12月31日　单位：万元

资产	期末余额	负债及所有者权益	期末余额
货币资金	100	短期借款	100
应收账款	300	应付账款	150
存货	250	应付费用	50
固定资产	800	长期借款	400
无形资产	50	所有者权益	800
资产总计	1 500	负债及所有者权益总计	1 500

（1）确定随销售额变动而变动的资产和负债项目，并计算其销售百分比。该公司敏感项目的销售百分比计算见表3-6。

表3-6 资产负债表（简）

20×4年12月31日

资　产	占销售百分比	负债及所有者权益	占销售百分比
货币资金	5%	短期借款	—
应收账款	15%	应付账款	7.5%
存货	12.5%	应付费用	2.5%
固定资产	40%	长期借款	—
无形资产	—	所有者权益	—
资产总计	72.5%	负债及所有者权益总计	10%

（2）预测需要增加的资金总额。

通过表3-6可知，销售收入每增加100元，需要增加资产占用的资金为72.5元，同时增加10元的负债资金来源。因此，销售收入每增长100元需要增加62.5元资金才能满足需要。则该公司预计需要增加的资金总额为：

预计需要增加的资金总额=（2 200-2 000）×72.5%-（2 200-2 000）×10%=125（万元）

或　　=200×（72.5%-10%）=125（万元）

（3）根据有关财务指标的约束条件，计算留存收益增加额。

预计留存收益=2 200×10%×（1-60%）=88（万元）

（4）确定外部融资需要额。

预计外部融资需要额=125-88=37（万元）

或　　=（2 200-2 000）×（72.5%-10%）-88=37（万元）

随堂测3-5

【单选题】根据资金需要量预测的销售百分比法，下列负债项目中，通常会随销售额变动而呈正比例变动的是（　　）。(2016年)

A.短期融资券　　B.短期借款　　C.长期负债　　D.应付票据

素养提升

鲁哀公请教孔子为政之道。孔子提出为政的根本在于选贤任能，修身以仁。他为鲁哀公广说修身治天下之道，阐发"五达道"与"三达德"。在讲明行"九经"之法后，孔子说："凡事豫则立，不豫则废。言前定则不跲，事前定则不困，行前定则不疚，道前定则不穷。""豫"同"预"，二者均有预先计划、准备之义，此言旨在强调完善的规划对于国家发展的重要意义。在孔子看来，做任何事情，预先有规划才能做到有的放矢，稳扎稳打，最终取得成功，反之则会一事无成。比如，讲话前有所准备就能言之有据，不然就会理屈词穷、站不住脚；做事前有所准备才能水到渠成，不然就会陷入困境；行动前有所准备方能及时化解风险，不然就会追悔莫及。同样，一个国家、一个民族只有对自身的长期发展有所规划，才能沿着正确的道路前进，无往而不胜。

数字技能拓展

【拓展主题】**运用新技术工具构建公司本量利分析模型**

【相关资料】ABC公司2024年成本、利润以及业务量数据见表3-7。

表 3-7 ABC公司2024年成本、利润以及业务量数据

项目		金额
固定成本	工资	4 000元/人
	水电费	2 000元
	月租金	12 000元
单位变动成本	布匹	3元/个
	线	1元/个
	人工成本	5元/个
	纽扣	2元/个
单价		29.9元/个
预计员工数量		1至10人之间
业务量		1万个至5万个之间

【拓展任务】ABC公司以生产山西传统民俗手工特色产品为主营业务，老板是刚毕业的大学生小李。作为一家处于起步阶段的企业，受外部宏观环境、行业环境影响很大，因此老板小李对于公司未来的盈亏平衡十分关注。现在请利用本量利分析法，预测2025年度ABC公司的保本点和保利点的销售额。老板小李希望借助新技术手段，以清晰地呈现销售量变化如何影响销售额与利润。请你帮助老板小李完成此项任务，利用Power BI工具构建ABC公司的本量利分析模型。

【任务实施】

步骤1：思路梳理

微课

运用Power BI构建本量利分析模型

根据ABC公司已知的数据，可以进行进一步的计算。

固定成本总额=人均工资×员工数量+水电费+月租金=4 000×员工数量+2 000+12 000

单位变动成本=布匹+线+人工成本+纽扣=3+1+5+2=11（元/个）

成本总额=固定成本总额+变动成本总额=固定成本总额+单位变动成本×业务量

=4 000×员工数量+2 000+12 000+11×业务量

销售额=单价×业务量=29.9×业务量

盈亏平衡点为：成本总额=销售额

4 000×员工数量+2 000+12 000+11×业务量=29.9×业务量

业务量=（4 000×员工数量+14 000）/18.9

步骤2：数据准备

打开Power BI，点击新建报表，进入到报表试图。根据上一步分析，对ABC公司进行盈亏平衡分析，需要解决两个未知数：员工数量与业务量。因此利用“新建参数”将员工数量与业务量两个参数进行建模。

选择建模选项卡中的“新建参数”功能，在下拉列表中选择“数值范围”，如图3-12所示。

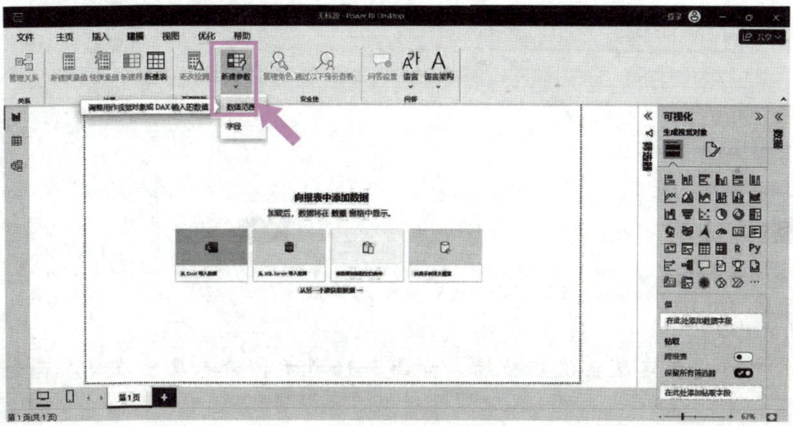

原图

项目三

图3-12 选择新建参数

首先，构建“员工数量”新建参数，在参数页面输入名称、数据类型、最小值、增量以及最大值信息，如图3-13所示，输入完成后点击右下角“创建”按钮。

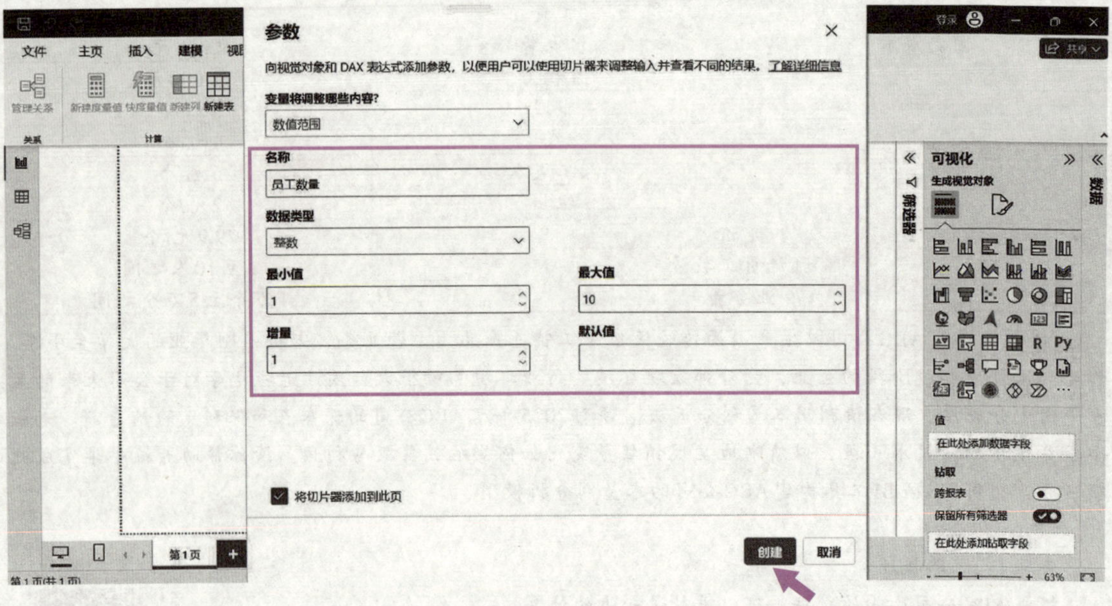

图3-13 构建员工数量新建参数

其次，构建“业务量”新建参数，在参数页面输入名称、数据类型、最小值、增量以及最大值信息，如图3-14所示，输入完成后点击右下角“创建”按钮。经过创建后的报表界面出现两个参数，且可以单击鼠标拖动原点来改变数量，如图3-15所示。

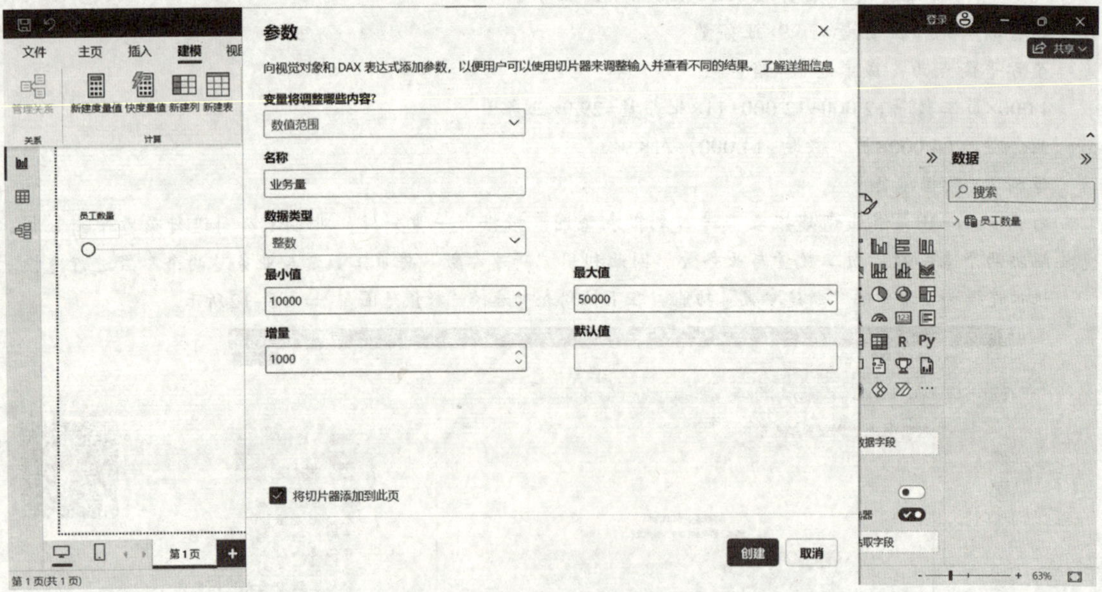

图3-14 构建业务量新建参数

步骤3：盈亏平衡点计算

选择主页选项卡中的“新建度量值”功能，如图3-16所示；输入度量值公式，如图3-17所示。

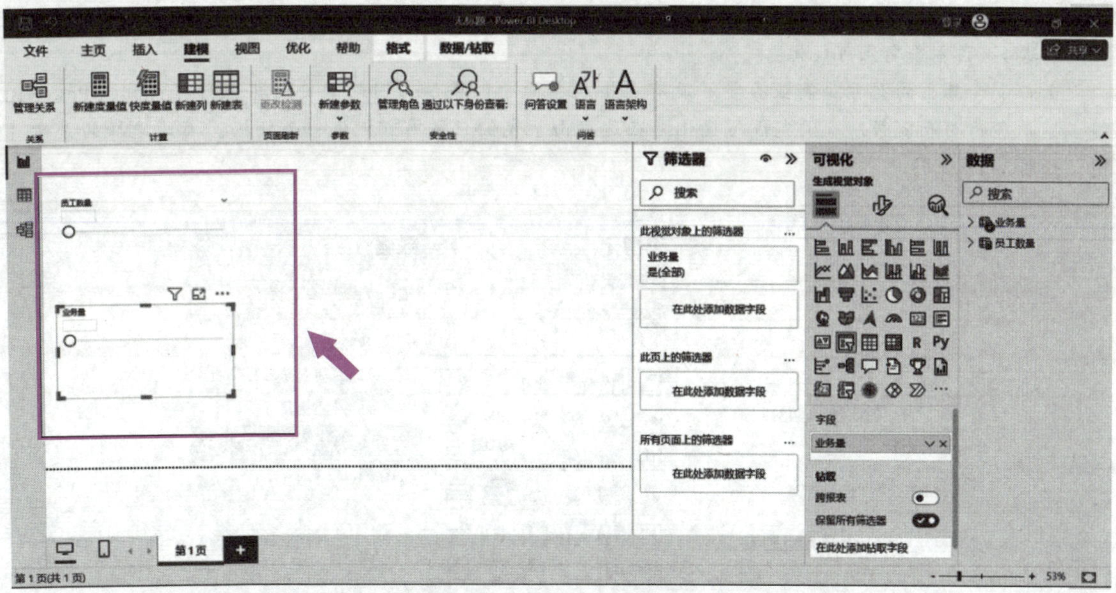

图 3-15　新建参数

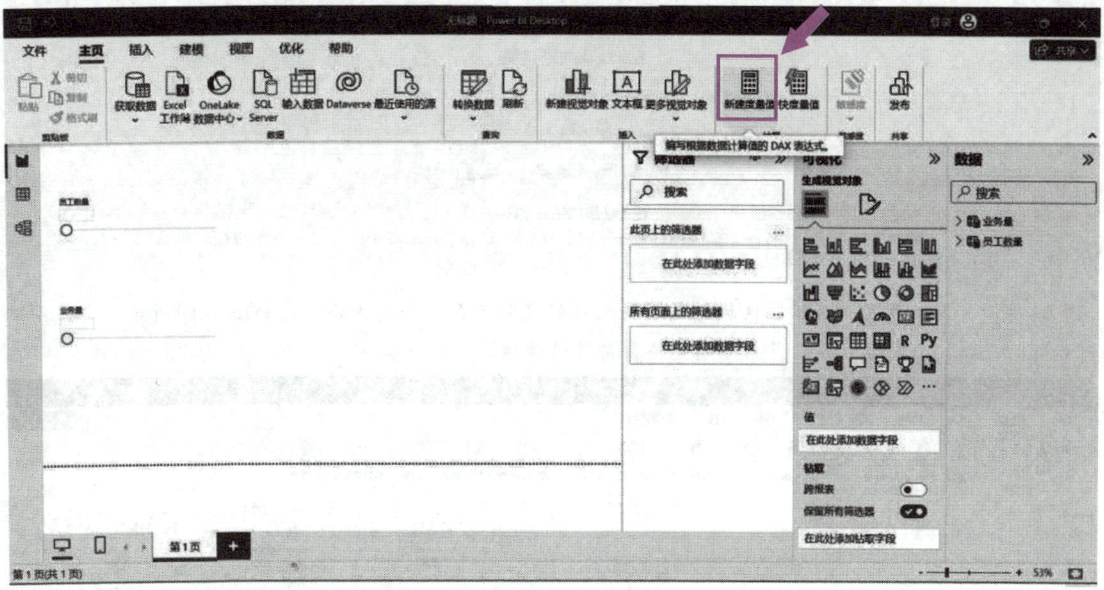

图 3-16　选择“新建度量值”

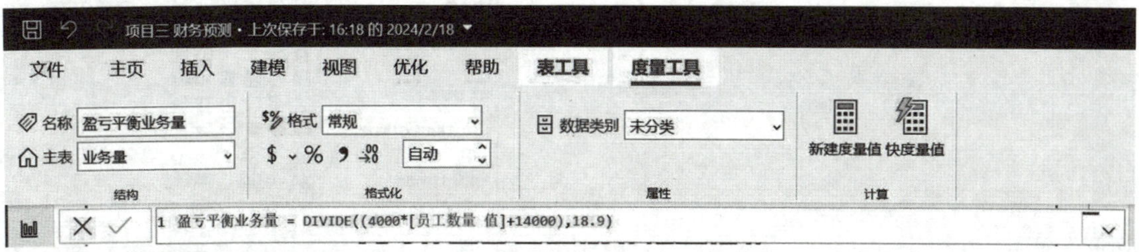

图 3-17　输入度量值公式

图 3-17 的公式中，等号左边可以修改度量值的名称为盈亏平衡业务量，等号右边用 DIVIDE 函数来进行除法运算，利用［］引用刚刚构建的新建参数的值。注意在设置度量值公式时，所有的符号都要以

英文半角模式输入。

步骤4：盈亏平衡点可视化

上一步计算出的盈亏平衡业务量并没有在报表界面予以展示，因此需要对其进行可视化。Power BI提供了丰富的图表来帮助我们完成可视化。在这里由于我们只需要可视化一个数据，因此选择的是卡片图，如图3-18所示。

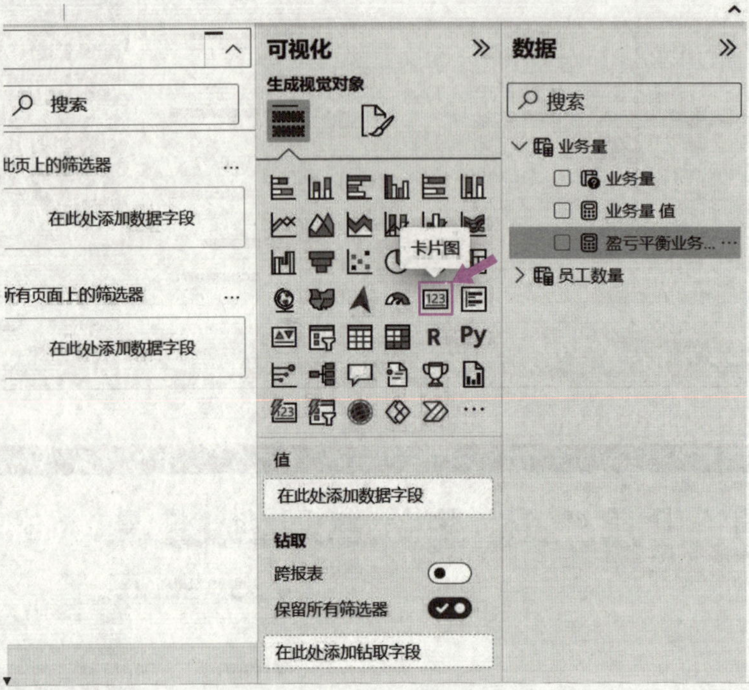

图3-18　选择“卡片图”

单击卡片图，再在“数据”区域勾选刚刚创建的度量值盈亏平衡业务量，如图3-19所示，卡片图即可以显示数据。目前显示空白是由于新建参数都没被赋值。

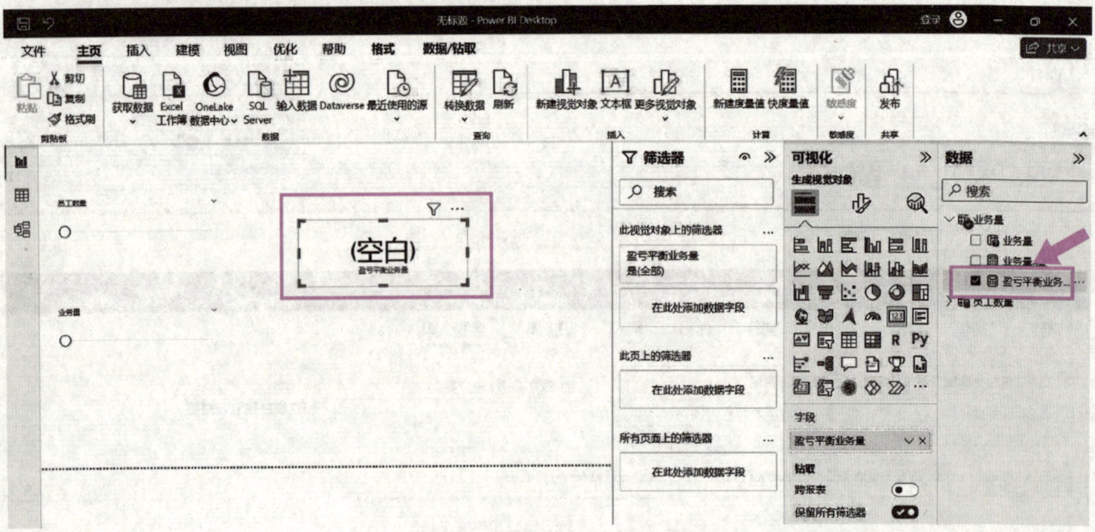

图3-19　勾选盈亏平衡业务量

拖动新建参数的原点进行赋值，卡片图即可显示出数据，且数据会随着新建参数的值的变化而变化。

步骤5：可视化美化

目前我们已经完成了ABC公司本量利分析模型的构建，但是模型还处于较为基础的阶段。可以对模型进行进一步的美化。美化功能主要依靠可视化板块的“设置视觉对象格式”功能区域完成，如图3-20所示。

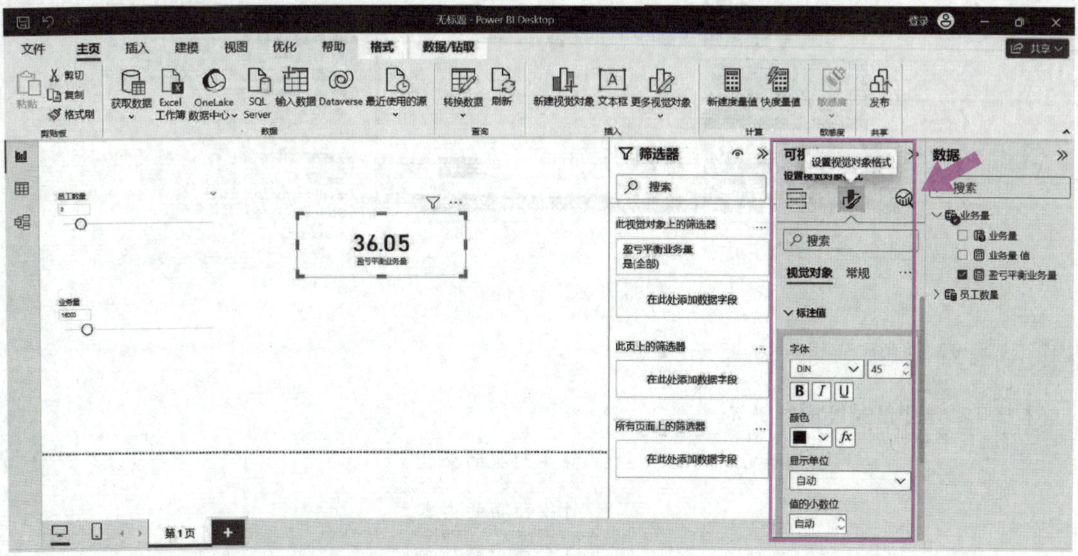

图3-20　设置视觉对象格式

Power BI可视化美化的途径与方法多种多样，大家可以自己动手试试，探索更多的功能，如图3-21所示。

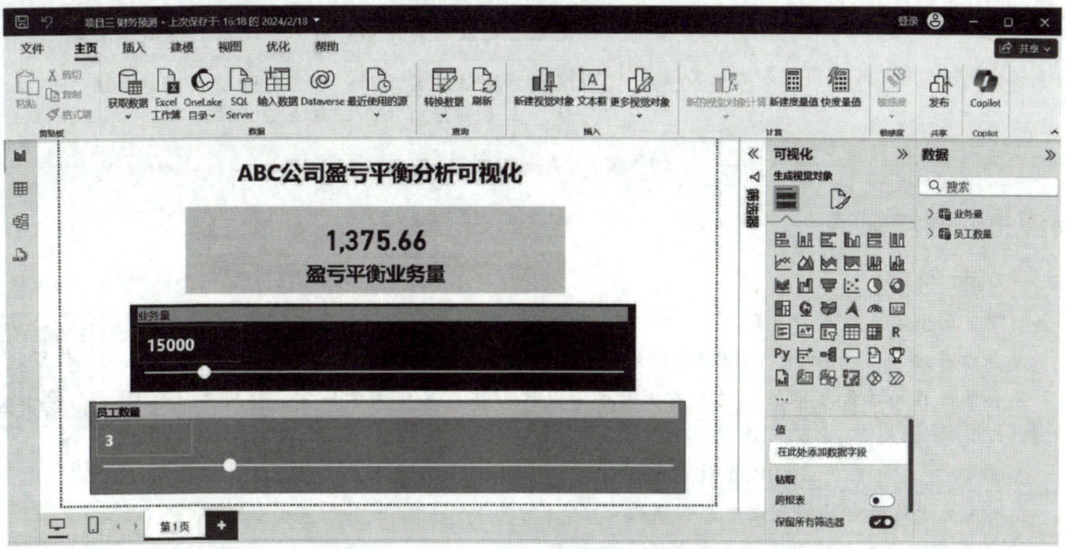

图3-21　ABC公司盈亏平衡分析可视化

步骤6：保存BI文件

点击左上角的保存按钮，输入文件名称以及保存路径，点击保存，如图3-22所示。

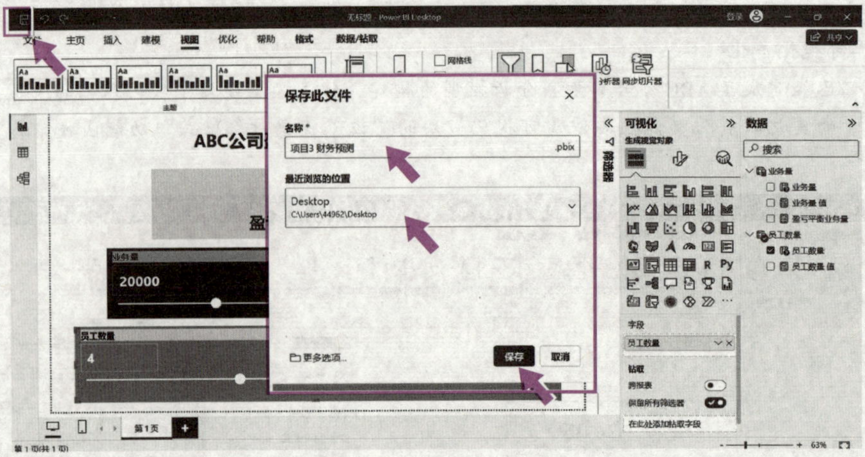

图 3-22　保存文件

本项目思维导图

本项目思维导图如图 3-23 所示。

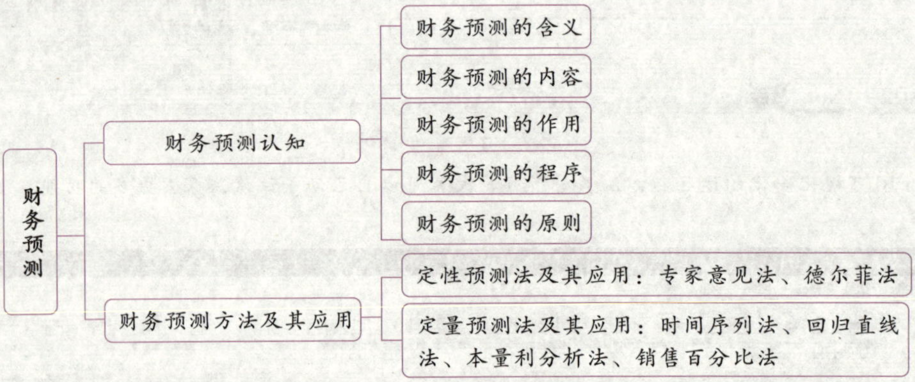

图 3-23　本项目思维导图

岗课赛证同步训练

一、单项选择题

1. 下列属于定性预测法的是（　　）。

A. 德尔菲法　　B. 回归直线法　　C. 加权平均法　　D. 高低点法

2. 如果产品的单价与单位变动成本上升的百分比相同，其他因素不变，则保本点销售量（　　）。

A. 不变　　B. 上升　　C. 下降　　D. 不确定

3. 下列关于边际贡献的表述中，错误的是（　　）。

A. 边际贡献的大小与固定成本支出的多少无关

B. 边际贡献率反映产品给企业作出贡献的能力

C. 提高边际贡献率可以提高利润

D. 销售单价大于单位变动成本时单位边际贡献小于 0

4. 根据本量利分析原理，只能提高安全边际而不会降低保本点的措施是（　　）。

A. 提高销售单价　　B. 压缩固定成本总额　　C. 增加产销量　　D. 降低单位变动成本

5.若安全边际率为40%，正常销售量为1 000件，则保本点的销售量为（　　）件。

A.200　　B.400　　C.600　　D.800

6.下列关系式中正确的是（　　）。

A.边际贡献率+作业率=1　　B.边际贡献率+变动成本率=1

C.边际贡献率+安全边际率=1　　D.变动成本率+安全边际率=1

7.下列属于定量预测法的是（　　）。

A.经理人员判断法　　B.回归直线法　　C.用户调查法　　D.财会人员分析法

8.已知某企业本年目标利润为2 000万元，产品单价为600元，变动成本率为30%，固定成本总额为600万元，则企业的保利量为（　　）件。

A.61 905　　B.14 286　　C.50 000　　D.54 000

9.按照财务预测的期限分类，短期预测的期限是（　　）。

A.1年以内　　B.1年至3年　　C.3年至5年　　D.5年以上

10.已知企业某产品的单价为2 000元，目标销售量为3 500件，固定成本总额为100 000元，目标利润为600 000元，则企业应将单位变动成本的水平控制在（　　）。

A.1 500元/件　　B.1 667元/件　　C.1 000元/件　　D.1 800元/件

二、多项选择题

1.安全边际指标包括的内容有（　　）。

A.安全边际量　　B.安全边际额

C.安全边际率　　D.保本作业率

2.保本点的表现形式包括（　　）。

A.保本额　　B.保本量　　C.保本作业率　　D.变动成本率

3.下列各项中，可据以判定企业是否处于保本状态的标志有（　　）。

A.安全边际率为零　　B.边际贡献等于固定成本

C.收支相等　　D.保本作业率为零

4.下列各式中，计算结果等于边际贡献率的有（　　）。

A.单位边际贡献/单价　　B.1−变动成本率

C.边际贡献/销售收入　　D.固定成本/保本销售量

5.边际贡献除了以总额的形式表现外，还包括的表现形式有（　　）。

A.单位边际贡献　　B.税前利润　　C.营业收入　　D.边际贡献率

6.下列因素中，其水平提高会导致保利点升高的有（　　）。

A.单位变动成本　　B.固定成本总额　　C.目标利润　　D.销售量

7.下列指标中，会随单价同方向变动的有（　　）。

A.保本点　　B.保利点　　C.边际贡献率　　D.单位边际贡献

8.下列指标中，会随着单价变动反方向变动的有（　　）。

A.保本点　　B.保利点　　C.变动成本率　　D.单位边际贡献

9.下列各项中，有可能成立的关系有（　　）。

A.边际贡献率大于变动成本率　　B.边际贡献率小于变动成本率

D.边际贡献率+变动成本率=1　　D.边际贡献率和变动成本率都大于零

10.下列有关安全边际的表述中，正确的有（　　）。

A.安全边际部分的销售额也就是企业的利润

B.安全边际提供的边际贡献等于企业利润

C.安全边际销售额是正常销售额超过保本点销售额的差额

D.安全边际销售额表明销售额下降多少企业仍不至于亏损

三、判断题

1.运用指数平滑法进行销售预测时，平滑指数的取值越大，近期实际销售量对预测结果的影响越小。（ ）

2.在利用销售百分比法预测外部融资需求量时，若存在固定资产的闲置，应将固定资产视为随销售额变动的敏感资产。（ ）

3.运用移动平均法预测销售量时，采用的期数越多，对销售量波动的敏感性越强，预测结果越准确。（ ）

4.变动成本是指在一定条件下，其总额随业务量变动而变动的成本。（ ）

5.采用销售百分比法进行资金预测时，预计利润留存增加额取决于预计销售收入、销售净利率和利润留存率。（ ）

6.运用定性分析法进行财务预测，相比定量分析法，更依赖数据模型和统计分析。（ ）

7.采用销售百分比法预测资金需要量时，假设企业的各项资产和负债与销售额保持稳定的百分比关系。（ ）

8.简单算术平均法的实质是把历史数据同等程度看待。（ ）

9.回归直线法是一种较为精确的资金习性预测方法，相比其他方法，计算更为简单。（ ）

10.在财务预测中，对所收集的数据进行分析和整理时，无须考虑数据的真实性和可靠性。（ ）

四、计算题

1.甲公司是一家家电制造商，公司基于市场发展进行财务规划，有关资料如下：

资料一：戊公司20×3年12月31日的资产负债表简表及相关信息见表3-8。

表3-8　戊公司20×3年12月31日的资产负债表简表及相关信息　金额单位：万元

资产	金额	占销售额百分比（%）	负债及所有者权益	金额	占销售额百分比（%）
货币资金	2 000	5.0	短期借款	6 000	N
应收票据	9 000	22.5	应付票据	2 000	5.0
应收账款	6 000	15.0	应付账款	8 000	20.0
存货	4 000	10.0	应付债券	6 000	N
其他流动资产	4 500	N	实收资本	22 000	N
固定资产	23 500	N	留存收益	5 000	N
合计	49 000	52.5	合计	49 000	25.0

资料二：戊公司20×3年销售额为40 000万元，销售净利率为10%，利润留存率为40%。预计20×4年销售增长率为20%，销售净利率和利润留存率保持不变。

要求：根据资料一和资料二，计算戊公司20×4年下列各项金额：①因销售增加而增加的资产额；②因销售增加而增加的负债额；③因销售增加而需要增加的资金量；④预计利润的留存增加额；⑤外部融资需要量。

2.A公司基期简化资产负债表见表3-9，基期销售收入为800万元，销售净利率为10%，股利分配率为40%。计划期预计销售收入将增长20%，企业生产能力已经饱和，增加销售需增加固定资产投资。若销售净利率和股利分配率仍保持上年水平。

要求：采用销售百分比法预测计划期企业需要从外部筹集的资金额。

表3-9　资产负债表（简）　单位：万元

资产		负债及所有者权益	
货币资金	190	短期借款	160
应收账款	250	应付账款	145
存货	220	应付费用	270
固定资产	300	长期借款	145
		所有者权益	240
合　计	960	合　计	960

要求：

（1）根据以上资料，采用销售百分比法预测A公司未来外部资金需要量；

（2）对销售百分比法的应用作出总结。

3.甲公司20×1—20×5年的销售量及资金需要量资料见表3-10，预计20×6年的销售量为80万件。

表3-10　　销售量及资金需要量资料

年份	销售量（万件）	资金需要量（万元）
20×1年	40	1 300
20×2年	35	1 350
20×3年	20	1 000
20×4年	50	2 100
20×5年	75	2 600

实训要求：

（1）采用回归直线法预测20×6年的资金需要量；

（2）对回归直线法的应用作出总结。

五、综合实训

实训任务一　成本费用削减决策

实训目的：强化对成本费用管理策略的理解，精准区分酌量性成本和约束性成本，并据此作出合理决策。

实训资料：星辰公司近期市场份额下滑，资金周转出现困难，计划进行成本削减。各成本项目的当前金额如下：新产品研发投入450 000元；设备维护费150 000元；办公场地租赁费用60 000元；行政人员薪酬120 000元；市场推广费用100 000元；按直线法计提的固定资产折旧250 000元；商务应酬费用200 000元；员工技能提升培训费用180 000元。

实训要求：

（1）请先指出上述成本项目中，哪些属于酌量性成本，哪些属于约束性成本。

（2）星辰公司的管理层应该选择削减哪些项目的成本？为什么？

（3）成本最多能够削减到什么程度？

（4）实施成本削减后可能会给星辰公司带来哪些影响？

实训任务二　利润预测

实训目的：强化利润预测相关知识的运用，提升实际运算与分析能力。

实训资料：朝阳电子厂现仅生产一款电子产品，20×4年该产品单价为300元，固定成本总计80 000元，单位变动成本为220元，当年销售量为2 000件。预计20×5年产品单价、固定成本总额、单位变动成本无显著变动。

实训要求：

对20×5年以下指标进行预测：

（1）若20×5年预计销售量能提升15%，目标利润预测数应为多少？

（2）若单价下调12%，目标利润仍要达到上述预测数，销售量应为多少？

（3）在单价下调12%的同时，预计生产量仅能提高50%，要实现上述目标利润预测数，固定成本总额应控制在多少？与20×4年相比，固定成本的降低率是多少？

（4）经测算单价下调12%后，产销量可提高50%，但固定成本总额只能降低15%，要达到上述目标利润预测数，单位变动成本应控制在多少？

（5）若单价下调12%，生产量提高50%，固定成本总额降低15%，单位变动成本能够实现上述控制数额。预计该产品的保本点销售量、保本点销售额、安全边际量。

项目四
财务决策

■知识目标

1. 熟悉财务决策的类型
2. 理解相关成本与无关成本的内容
3. 掌握短期决策的边际贡献分析法
4. 掌握短期决策的相关损益分析法
5. 掌握短期决策的差量分析法
6. 掌握短期决策的成本无差别点法

■能力目标

1. 能够准确辨析相关成本与无关成本
2. 能够运用短期决策方法进行新产品开发决策
3. 能够运用短期决策方法进行亏损产品决策
4. 能够运用短期决策方法进行追加订货决策
5. 能够运用短期决策方法进行零部件取得方式决策
6. 能够熟练运用现代信息技术工具进行财务决策

■素养目标

1. 培养学生辩证思维能力，认识到并不是所有的亏损产品都应该停产
2. 培养学生树立创新意识，对新产品的开发进行科学决策

项目导读

漫宇公司生产经营一款打印复印扫描一体机，今年实现销售收入5 000 000元，变动成本3 500 000元，分摊固定成本2 000 000元，利润为-500 000元，属于亏损产品。公司针对这种亏损产品是否停产或转产的问题，召集生产、营销、财务等部门经理召开研讨会。会上，生产经理和营销经理一致认为该亏损产品应该停产，而财务经理却认为该亏损产品不能停产，理由是该产品的边际贡献大于零。这款产品是否该停产，学完财务决策的相关内容后，你就可以轻松回答这个问题。

任务一　财务决策认知

一、财务决策的含义及分类

（一）财务决策的含义

决策是指为了实现一定的目标，借助于科学的理论和方法，对可供选择的各种方案进

行分析比较，权衡利弊得失，从中选择最满意方案的过程。财务决策是指有关资金筹集和使用的决策，是企业管理当局或财务人员为实现财务管理目标，在充分搜集并详细分析相关信息的基础上，提出解决财务问题和实现财务目标的各种可能的方案，制定评定准则和标准，利用专门方法对可供选择的财务备选方案进行比较分析，并从中选出可行方案的过程。

在市场经济条件下，财务管理的核心是财务决策，财务预测是为财务决策服务的，财务决策是编制财务计划、制定财务预算的前提条件，财务预算又是进行财务控制、保证财务活动实现其最终目标的依据，因此，财务决策是财务管理的核心，其成功与否关系到企业的兴衰成败。

（二）财务决策的分类

1.按决策对经营活动影响期的长短分为短期决策和长期决策

短期决策是指对较短时间（一般为1年以内）的生产经营活动产生影响的决策。短期决策主要是解决在生产经营过程中如何最有效、最经济、最合理地充分利用现有资源以获取最大经济效益的问题，一般不涉及固定资产投资，因而又称为“经营决策”，如是否应接受追加订货的决策，亏损产品是否应停产的决策，零部件是自制还是外购的决策等。

长期决策是指对较长时间（一般为1年以上）的生产经营活动产生影响的决策。长期决策通常涉及需要大量资金投资在固定资产方面，因而又称为“长期投资决策”或“资本支出决策”。例如，对原有固定设备进行更新改造的决策，是否需要增加或减少固定资产，以及通过什么途径增加或减少固定资产的决策。这些决策主要应在考虑资金时间价值和风险价值因素的基础上使投资获得最佳报酬。

2.按决策者所掌握信息的特点分为确定型决策、风险型决策和不确定型决策

确定型决策是指与决策相关的各项条件或自然状态都是已知的，而且每个方案只有一个确定的结果。例如，某企业有一笔资金通过购买政府债券获取利润，第一种债券的利率为4%，期限3年；第二种债券的利率为4.3%，期限5年。这两种方案的条件、结果都十分明确，这种情况下的决策为确定型决策。

风险型决策是指与决策相关的各项条件都是已知的，但每一方案都有可能出现两种或两种以上结果，而且可以依据有关资料确定每一种结果出现的概率。如某企业拟投资生产新产品，有甲、乙两个可供选择的方案，经过分析，经营者认为：甲方案盈利10%的可能性为70%，亏损5%的可能性为30%；乙方案盈利15%的可能性为40%，亏损10%的可能性为60%。这种每一结果出现概率可以事先确定的决策即为风险型决策。

不确定型决策是指与决策相关的各项条件都是已知的，每一方案都可能出现两种或两种以上的不同结果，但无法确定各种结果出现的概率。如某企业拟开发一项新技术，可能该技术开发成功后企业获利丰厚，也可能开发成功后该技术没有市场，无利可图甚至亏损，还有可能企业的大量开发投入没有成功，发生的损失也难以估量。未来的可能情况非常多，而且其出现的概率也不可知。这类决策主要根据决策人员的直觉、经验和判断能力来进行。

3.按决策方案之间的关系分为接受或拒绝方案决策、互斥方案决策和组合方案决策

接受或拒绝方案决策，即独立方案决策，是指每个备选方案各自独立存在，不受其他任何方案影响的决策。这种决策只需要对一个备选方案作出接受或拒绝的选择，因而也称

为“采纳与否决策”，如亏损产品是否停产的决策。

互斥方案决策是指在两个或两个以上相互排斥的备选方案中只能选出一个方案的决策。例如，零部件是自制还是外购的决策，几种新产品方案中选择哪种产品生产的决策等。

组合方案决策是指在企业资源总量受到一定限制的情况下，从多个备选方案中选出一组最优组合方案的决策。

4.按照财务决策的重要性程度分为战略决策和战术决策

战略决策是有关企业全局性、长期性、关系到企业生存和发展的根本性决策，如企业资本结构决策、企业兼并和收购的决策等。战略决策主要是协调企业和外部环境之间的关系。战略决策一般由企业高层管理者作出。

战术决策是执行战略决策过程中的具体决策，旨在实现企业内部各环节活动的高度协调和资源的合理使用，以提高经济效益和管理效益，如企业生产销售中的决策、更新设备决策、新产品定价决策、流动资金筹措决策等。战术性决策一般由企业中层管理者作出。

5.按财务决策的重复程度分为程序化决策和非程序化决策

程序化决策是按预先规定的程序、处理方法和标准来解决财务管理中经常重复出现的问题，又称重复性决策、定型化决策或常规决策。如存货经济采购批量决策、信用政策决策、日常生产销售过程中的财务决策等。在企业中，约有80%以上的决策是程序化决策。

非程序化决策是指为解决不经常重复出现的、以往无先例可循的、具有极大偶然性和随机性的新财务问题时所进行的决策，如新产品开发过程中的财务问题决策、市场开拓过程中的财务问题决策等。

二、财务决策的程序

（一）确定目标

确定目标是决策分析的出发点。目标的确定应以发现并明确经营问题为前提，首先要明确解决什么问题，达到什么目标。确定决策目标应当符合以下三点要求：①目标要具体化，即目标要具体明确，不能笼统抽象。②目标要数量化，即尽可能用可计量的数量指标表达决策目标。③明确约束条件，即凡是附有条件的目标，应充分揭示其约束条件。

（二）收集与决策目标相关的信息

收集信息是决策分析的重要步骤。企业在决策过程中，除了要考虑财务上的可行性之外，还要考虑定性或非财务因素。因此，在收集与决策相关的信息时，一定要将定性与定量信息相结合，将财务信息与非财务信息相结合。

（三）提出备选方案

决策是对未来各种可能的方案进行选择的过程，因而，必须根据所确定的决策目标和所掌握的各种相关信息，设计出实现决策目标的各种备选方案，这是决策的基础与保证。

（四）比较选择方案

选择方案是决策分析程序中最关键的步骤。比较方案时，决策者应对各种备选方案进行定量分析，对各方案作出初步评价。在初步评价的基础上，还要进一步对各方案进行定性分析，考虑各种非财务因素的影响。在此基础上，按照一定的要求确定最佳方案。

（五）实施和跟踪反馈方案

最佳方案选定后，应具体组织实施。在实施方案过程中，可能会出现不曾预料到的新情况、新问题，因此，要对实施情况进行检查、监督、跟踪，以揭示偏离决策目标的程度和原因，并及时提供反馈信息。根据反馈信息，采取相应措施纠正偏差，以保证决策目标的顺利实现，从而使决策过程处于动态的良性循环之中。

案例

资源利用选择

三、财务决策中的相关概念

（一）相关成本

1. 相关成本的概念

相关成本指由某项特定决策方案直接引起的未来成本支出，并且是不同方案之间有差别的未来成本，是在决策中必须考虑的、其发生与否和数额高低直接决定方案选择的成本。

相关成本必须具备以下两方面的特征：

（1）相关成本是预计的未来成本

决策是面向未来的，与之相关的成本只能是未来成本。决策不能改变已经发生的历史成本，因而过去发生的历史成本与现在的决策无关。

（2）相关成本是有差别的未来成本

同样是未来成本，只有不同方案预计成本之间存在差别的未来成本才是决策的相关成本。例如，企业正面临着是否接受一项临时特殊业务并由其员工去完成。如果接受，可获得20 000元收入，该部门员工的基本工资是5 000元，则工资支出虽然属于未来成本，但是不论该部门是否接受此项特殊任务，该项工资都会发生，因而对于接受业务或不接受业务来讲，工资支出是同一金额，两者没有差别，因而不是相关成本。

2. 相关成本的内容

（1）付现成本

付现成本是指由于某项决策引起的需要立即或在未来动用现金支出的成本。如甲企业生产急需采购100 000元材料，有两种可供选择的付款方式：第一种付款方式为立即全额支付现金；第二种付款方式为立即支付40 000元现金，其余60 000元可在一年内支付，但需承担10%的利息。虽然从总成本看，第二种付款方式高于第一种付款方式。但在企业现金短缺并难以筹措的情况下，应首先考虑付现成本而不是总成本。

（2）机会成本

机会成本是指在决策过程中选择一个方案而放弃另一个方案所丧失的潜在收益。某项经济资源可以有多种用途，但由于资源的稀缺性，有限的资源只能用在一个方面。资源在某一方面使用获得的所得，正是由于放弃在其他方面使用的机会所带来的。因此，应以被选用方案的所得来补偿放弃方案的损失。也就是说，必须把已放弃方案可能获取的收益作为被选用方案的机会成本，以便正确判断备选方案的效益性。

需要注意的是：如果一项资产只能用于完成一项职能，即不能用于其他方面，则该项资产就没有机会成本。譬如自来水公司的地下水管道、煤气公司的煤气管道等，由于它们的用途没有其他选择的机会，故其机会成本为零。

【例4-1】小张与夫人从各自单位辞职，然后用自己的30万元资金创办了一个服装厂。一年结束时，会计拿来了收支报表。正当小张看报表时，他的一个经济学家朋友小王来了。小王看完该报表后说，我的算法和你的会计不同。小王也列出一份收支报表。这两份报表对比见表4-1。

表4-1 两份报表对比 单位：万元

会计报表（会计成本）		经济学家的报表（机会成本）	
销售收入	100	销售收入	100
设备折旧	5	设备折旧	5
厂房租金	3	厂房租金	3
原材料	50	原材料	50
电费	6	电费	6
工资	10	工资	10
贷款利息	20	贷款利息	20
总成本	94	小王和夫人应得工资	6
		自有资金利息	3
		总成本	103
利润	6	利润	-3

思考：根据这两份报表判断，小张与夫人的辞职决定是否明智？

解析：从会计报表看，小张与夫人创业可以赚取6万元利润，似乎他们的辞职决定是明智的。但事实上，会计报表中没有考虑小张和夫人做其他工作的应得工资6万元，也没有考虑自有资金30万元如果不用来办服装厂而是进行其他投资所得的3万元利息，即未考虑机会成本，因此会计报表的结论是不客观的。从经济学家的报表看，考虑了机会成本后的利润为-3万元，机会成本是决策的相关成本，显然应该考虑。因此，小张与夫人辞职其实是不可取的。

（3）增量成本

增量成本有广义和狭义之分。广义的增量成本是指两个备选方案相关成本之间的差额，又称为差量成本、差别成本或差额成本。不同方案的经济效益，往往可以通过增量成本的计算与比较来体现。如零部件自制或外购的决策，就可以通过比较自制及外购的增量成本来进行。如某企业决定购买一台设备，市场上甲和乙两种设备都能满足企业的需求，设备甲的购买成本为20 000元，设备乙的购买成本为26 000元，则两种设备的差量成本为6 000元。

狭义的增量成本是指因实施某项决策方案而发生的成本，如果不采纳该决策方案，则增量成本就不会发生。在制造企业，由于实施某项决策方案会引起产量的变动，因而增量成本是由于生产能量利用程度的不同（增加产量或减少产量）而形成的成本差异。在业务量相关范围内，增量成本一般就是增加的变动成本。但一旦突破了业务量相关范围，增量成本就不仅包括增加的变动成本，还包括增加的固定成本。如某企业现有生产能力10 000件，当前生产能力利用率为80%，如果通过决策增加的产量不超过2 000件，增量成本就只是变动成本。如果增加的产量超过了2 000件，就需要增加固定成本，增量成本就既包括增加的变动成本也包括增加的固定成本。

增量成本的特殊形式是边际成本。边际成本是指业务量每增加或减少一个单位时所引起的成本变化量。在业务量相关范围内，边际成本即为单位变动成本。

（4）可避免成本

可避免成本是指如果选择某个特定方案就可以消除的成本，也是一种通过管理当局的决策就可以决定其发生与否以及发生数额的成本。如职工培训费、广告费等属于酌量性固定成本。此外，凡与某一备选方案有直接联系的变动成本，也属于可避免成本。如企业自制零部件方案发生的直接材料和直接人工费用，在与外购方案进行比较决策时，如果采用外购方案，这些成本就是可以避免的。

（5）重置成本

重置成本是指按照现行市场价格购买功能与某项现有资产相同或相似的资产所需要支付的成本。由于技术进步及通货膨胀等因素的共同影响，企业资产的重置成本可能与历史成本出现较大差异，在决策中，应着重考虑重置成本。如某企业库存商品的历史成本为2 000元，重置成本为2 500元。如商品定价时按照历史成本2 000元加20%的利润，定价为2 400元，似乎盈利400元。但这一销售收入还不足以补充新的存货，这样算来，企业不仅没有盈利，实际上还发生了亏损。此时，企业应以重置成本为基础来进行定价决策。

（6）专属成本

专属成本是指可以明确归属于某一特定决策方案的固定成本。选择某一决策方案时有时也会增加固定成本，这些固定成本往往是为了弥补生产能力暂时不足而增加的有关装置、设备等长期资产而发生的支出。

需要特别指出的是，一般情况下，由于分配的间接固定成本不受经营活动增减的影响，如分配的固定制造费用，不属于相关成本。

（7）可分成本

可分成本是指在联产品或半成品的生产决策中，对于已经分离的联产品或已产出的半成品进行深加工而追加发生的成本。联产品在分离之后或半成品在产出后，有些需要进一步加工后才能出售，有些则既可以直接对外销售，也可以进一步加工后出售。可分成本就是进一步加工方案必须考虑的相关成本。

（二）无关成本

1.无关成本的概念

无关成本是指过去已经发生，对未来决策没有影响，在决策时不予考虑的成本。不同方案之间无差别的未来成本就是一种无关成本。无论是否存在某个决策方案均将会发生某项成本，就可以断定该项成本是无关成本。

2.无关成本的内容

（1）沉没成本

沉没成本是指由于过去的决策所引起的、已经发生并支付的、今后的任何决策都无法影响和改变的成本。沉没成本是过去取得某项资产发生的实际支出，通常表现为账面价值或账面净值。例如，某企业5年前购入一台设备，当时共支付80 000元款项，折旧年限为8年，采用直线法计提折旧，经过5年，现该设备账面净值为30 000元。企业在进行是否更新设备的决策时，现有设备的30 000元账面净值就属于沉没成本。

（2）历史成本

历史成本是根据过去实际发生的支出而计算的成本，一般与当前的决策无关。例如，上述账面净值30 000元的固定资产，其原值或历史成本为80 000元。这一成本也属于过去发生的、当前或未来的决策无法改变的无关成本。

（3）不可避免成本

不可避免成本是指通过管理当局的决策行为不能改变其发生与否及其发生数额的成本。也就是说，这种成本的发生与特定的方案无关，不管决策方案是否被采纳，其金额都会发生（如原有固定资产的折旧、必要管理人员的工资等约束性固定成本）。由于不可避免成本不论采用何种方案都一样会发生，因此是无关成本。

（4）共同成本

共同成本是指由多个方案共同负担的固定成本，也就是各方案之间没有差别的成本。例如，企业的管理人员工资，车间的照明费、取暖费等，不论采取哪种方案，其发生额都相同。

（5）联合成本

联合成本与可分成本相对，是指联产品在分离之前的生产过程中所发生的，应由所有联产品共同负担的生产成本。通常，在是否进一步加工的方案中属于不必考虑的无关成本。

随堂测 4-1

【单选题】下列项目中属于相关成本的是（　　）。

A.历史成本　B.沉没成本　C.可避免成本　D.不可避免成本

【多选题】下列各项成本中属于无关成本的有（　　）。

A.可延缓成本　B.沉没成本　C.共同成本　D.联合成本

（三）相关收入

相关收入是指由某特定决策方案直接引起的、能对决策产生重大影响的、在决策中必须予以充分考虑的未来收入。判别相关收入的标准是如果方案不存在，就不产生这项收入，只有方案存在，该项收入才产生，那么这项收入就是相关收入。一般来说，相关收入等于单价乘以销售量。

（四）无关收入

如果一项收入无论是否选择某方案都会发生，那么该项收入就是无关收入。无关收入的存在不影响财务决策的结果，因此，在财务决策中不予考虑。

素养提升

胡双钱是中国大型商用飞机制造首席钳工，他在35年里亲手加工过数十万个精密零件，没出现过一个次品。他用手工打磨出来的零件，精密程度堪比现代化数控车床加工出来的零件。王津是故宫文物钟表修复师，他修了大半辈子钟表，数百件文物在他手中起死回生。这些精益求精的故事告诉我们，在进行财务决策时需要考虑的相关成本不能有半点含糊，如果不能精准辨析相关成本和无关成本，就可能导致决策错误，所以一定要以精益求精的工匠精神来进行各项决策。

任务二　财务决策方法及其应用

微课

边际贡献分析法及其应用

一、短期经营决策分析方法

（一）边际贡献分析法

边际贡献分析法，是通过对比各备选方案的边际贡献总额来确定最优方案的决策方法。其理论前提是在生产经营决策中，一般不改变生产能力，固定成本通常稳定不变，相关成本中只有变动成本，故只需对产品创造的边际贡献进行分析就可以确定方案的优劣。其基本程序是：先计算各备选方案的边际贡献总额，然后选择边际贡献总额最大的方案为最优方案。

需要指出的是，对某一种产品来说，单位边际贡献指标反映了产品的盈利能力，但在决策分析时，不能以产品的单位边际贡献作为选优的标准，因为不同方案的业务量水平有可能不同，而单位边际贡献指标无法反映不同业务量水平下的盈利差异。因而应以各种产品能创造的边际贡献总额或每单位工时创造的边际贡献大小作为选优的主要依据。

【例 4-2】某企业具有开发一种新产品的经营能力，有关经营能力成本为 15 000 元，现有甲、乙两种新产品可供选择，开发新产品时不需追加专属成本，相关资料见表 4-2。

表 4-2 新产品相关资料 单位：元

项目 \ 品种	甲产品	乙产品
单价	100	50
单位变动成本	80	35
单位台时定额	5	3

（1）采用边际贡献总额来进行决策：

假设现有剩余生产能力为 30 000 台时，则：

甲产品边际贡献总额=30 000÷5×（100-80）=120 000（元）

乙产品边际贡献总额=30 000÷3×（50-35）=150 000（元）

由于乙产品边际贡献总额大于甲产品边际贡献总额，因此，应选择开发乙产品。

（2）采用单位资源边际贡献来进行决策：

$$单位资源边际贡献=\frac{单位边际贡献}{单位产品资源消耗定额}$$

甲产品单位资源边际贡献=（100-80）÷5=4（元/台时）

乙产品单位资源边际贡献=（50-35）÷3=5（元/台时）

由于乙产品单位资源边际贡献大于甲产品单位资源边际贡献，因此，应选择开发乙产品。

重要提示

采用边际贡献总额和单位资源边际贡献进行决策时，决策的结果是一致的。

（二）相关损益分析法

当备选方案的相关成本中包括专属成本或机会成本时，就无法使用边际贡献指标，此时应采用相关损益指标进行决策。各备选方案的相关损益就是各方案边际贡献总额与专属成本或机会成本的差额，或是各方案的相关收入与相关成本之差，相关损益最大的方案为最佳方案。通常通过编制相关损益分析表来计算相关损益指标，见表 4-3。

表 4-3 相关损益分析表

项目 \ 方案	甲方案	乙方案
相关收入	$R_甲$	$R_乙$
减：相关成本	$C_甲$	$C_乙$
相关损益	$P_甲$	$P_乙$

如果 $P_甲>P_乙$，则甲方案优于乙方案；如果 $P_甲<P_乙$，则乙方案优于甲方案。当没有相关收入，只有相关成本时，选择相关成本最低的方案为最优方案。

【例 4-3】甲、乙两种产品产销量、单价、单位变动成本等资料同【例 4-2】，假定分别需要追加专属成本 4 000 元和 35 000 元。在剩余生产能力为 30 000 台时的条件下，可生产甲产品6 000件，或乙产品10 000件。请作出开发哪种新产品的决策。

专属成本属于决策的相关成本，决策必须予以考虑。编制相关损益分析表，见表4-4。

表4-4 相关损益分析表

单位：元

项目＼方案	甲产品	乙产品
相关收入	100×6 000=600 000	50×10 000=500 000
减：增量成本	80×6 000=480 000	35×10 000=350 000
专属成本	4 000	35 000
相关损益	116 000	115 000

因为甲产品相关损益大于乙产品相关损益，所以应开发甲产品。

(三) 差量分析法

差量分析法是指在进行两个互斥方案的决策时，以差量损益作为评价方案取舍标准的一种决策方法。差量损益的计算方法如下：

差量损益=差量收入−差量成本

式中，差量收入指两个方案相关收入的差额；差量成本指两个方案相关成本的差额。

差量分析法通常通过编制差量损益分析表计算差量损益指标，见表4-5。

表4-5 差量损益分析表

项目＼方案	甲方案	乙方案	差异额（△）
相关收入	$R_{甲}$	$R_{乙}$	△R
减：相关成本	$C_{甲}$	$C_{乙}$	△C
差量损益			△P

在两个备选方案中，如果差量损益大于零，则甲方案优于乙方案；相反，如果差量损益小于零，则乙方案优于甲方案。

【例4-4】接【例4-2】和【例4-3】的资料，采用差量分析法作出新产品开发决策。

采用差量分析法编制差量损益分析表，见表4-6。

表4-6 差量损益分析表

单位：元

项目＼方案	甲产品	乙产品	差异额（△）
相关收入	100×6 000=600 000	50×10 000=500 000	100 000
减：相关成本			
增量成本	80×6 000=480 000	35×10 000=350 000	130 000
专属成本	4 000	35 000	−31 000
差量损益			1 000

差量损益大于零，因此甲方案优于乙方案。

(四) 成本无差别点法

成本无差别点法是指运用本量利分析的原理来评价各备选方案的一种决策方法。运用此方法时，备选方案不涉及相关收入，只涉及相关成本，且业务量未知，可利用成本与业务量之间的关系模型计算成本无差别点业务量，并通过比较不同业务量下各备选方案的相关成本，选择相关成本最低的方案为最优方案。

1.成本无差别点法的基本前提

运用成本无差别点法的基本前提是两个备选方案的业务量单位相同，而且两个方案的固定成本和单位变动成本大小关系相互矛盾，即如果一个方案的固定成本大于另一个方案的固定成本，则该方案的单位变动成本小于另一方案的单位变动成本，否则无法应用此法。本量利分析法主要适用于以下两种情况的决策：

（1）固定设备是购买还是租赁的决策分析；

（2）零部件是自制还是外购的决策分析。

2.成本无差别点业务量的计算

假设方案一固定成本为a_1，单位变动成本为b_1；方案二固定成本为a_2，单位变动成本为b_2，且满足$a_1>a_2$，$b_1<b_2$。令两方案总成本相等：

$$a_1+b_1x=a_2+b_2x$$

$$成本无差点业务量（x）=\frac{a_1-a_2}{b_2-b_1}$$

3.决策标准

如果预计业务量大于成本无差点业务量，则固定成本高的方案为最优方案；

如果预计业务量小于成本无差点业务量，则固定成本低的方案为最优方案。

【例4-5】某机械制造公司每年需要一批甲零件，如向市场购买，每件进价40元。该企业加工车间目前有剩余生产能力加工该零件。经会计部门与生产技术部门共同核算，预计制造该零件每件需支付直接材料20元、直接人工3元、变动制造费用2元、固定制造费用5元，并需要支付20 000元的专属成本。又知加工车间如果不制造该零件，其生产能力可以获得转让收入10 000元。为该公司作出自制和外购零部件的决策。

如果用x表示零部件的数量，则外购成本为40x；自制成本包括专属成本20 000元、机会成本10 000元及变动成本25x。固定制造费用不会因零部件的外购或自制而发生改变，属于与决策无关的成本。两个方案的成本构成情况如图4-1所示。

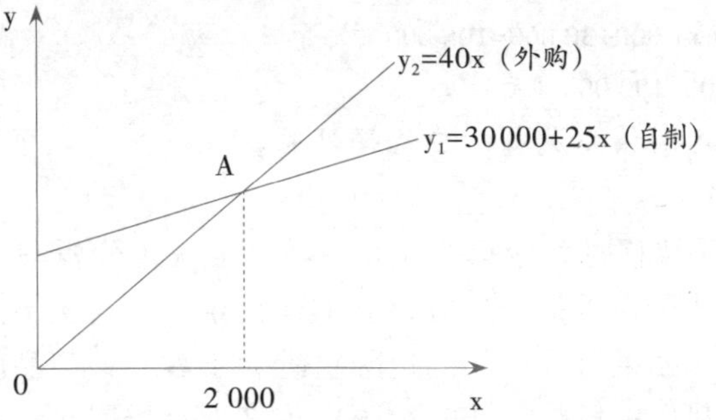

图4-1 零部件外购或自制决策分析图

两个方案成本相等时的零部件数量（即成本无差别点A）可通过解方程的方法求得：

$$30\,000+25x=40x$$

$$x=2\,000（件）$$

根据图4-1可以看出，当零部件需要量在2 000件时，两种方式的成本相等，效果相同。如果零部件需要量超过2 000件，应当采用自制方案；反之，如果零部件需要量不足2 000件，则应采用外购方案。

随堂测 4-2

【单选题】某产品甲零件预计需求量为1 000件，自制和外购的成本无差别点业务量为800件，下列说法中正确的是（　　）。

A.该零件应选择自制方式取得　　B.该零件应选择外购方式取得

C.该零件自制或外购方式取得均可　　D.以上都不对

二、短期经营决策分析方法的应用

（一）零部件取得方式决策

【例4-6】某企业每年需用1 000个K部件，该部件每个市价为100元，企业有能力安排辅助车间自行生产，生产每个K部件的变动成本为76元。要求：就以下各不相关情况作出K部件取得方式决策：

（1）已具备生产K部件的能力，且该能力无法转移。辅助车间固定成本总额为50 000元。

（2）该企业尚不具备自行生产K部件的能力，若自制需要租入有关专用设备，月租金2 200元。

（3）该企业具备自行生产K部件的能力，但生产能力可以转移用于加工M零件，每年可节约M零件的外购成本30 000元。

解：由于K部件不论是外购还是自制，都只发生成本，不会产生收入，因此，只需要比较相关成本就可以。

（1）自制相关成本=76×1 000=76 000（元）

外购相关成本=100×1 000=100 000（元）

自制相关成本低于外购相关成本，应选择自制。

（2）自制相关成本=76×1 000+2 200×12=102 400（元）

外购相关成本=100×1 000=100 000（元）

外购相关成本低于自制相关成本，应选择外购。

（3）自制相关成本=76×1 000+30 000=106 000（元）

外购相关成本=100×1 000=100 000（元）

外购相关成本低于自制相关成本，应选择外购。

（二）亏损产品决策

1.剩余生产能力无法转移时，亏损产品是否停产的决策分析

一般情况下，人们会认为亏损产品应该立即停止生产，其实不然，在剩余生产能力不能转产、出租的情况下，如果亏损产品的边际贡献大于零，该产品就可以分担企业的固定成本，为其他产品的盈利作出贡献。此时，不应停产该亏损产品。

【例4-7】企业生产甲、乙、丙三种产品。相关资料见表4-7。

表4-7　亏损产品停产决策资料表

产品名称	甲产品	乙产品	丙产品
销售量（件）	1 000	800	600
销售单价（元）	200	400	800
单位变动成本（元）	150	240	720
销售收入（元）	200 000	320 000	480 000
变动成本总额（元）	150 000	192 000	432 000

续表

产品名称	甲产品	乙产品	丙产品
边际贡献总额	50 000	128 000	48 000
固定成本总额（元）	200 000（按销售收入在各产品之间进行分配，分配率为0.2）		
分配固定成本（元）	40 000	64 000	96 000
净利润（元）	10 000	64 000	-48 000

要求：假设丙产品停产后，剩余生产能力只能闲置浪费，根据资料作出丙产品是否停产的决策。

由于固定成本总额200 000元无论丙产品停产与否，总是要发生的。若停产丙产品，固定成本将全部由甲、乙两种产品负担，其结果见表4-8。

表4-8 亏损产品停产决策分析计算表

产品名称	甲产品	乙产品
销售量（件）	1 000	800
销售单价（元）	200	400
单位变动成本（元）	150	240
销售收入（元）	200 000	320 000
变动成本总额（元）	150 000	192 000
边际贡献总额	50 000	128 000
固定成本总额（元）	200 000（按销售收入在各产品之间进行分配，分配率为0.3846）	
分配固定成本（元）	76 920	123 080*
净利润（元）	-26 920	4 920

*尾差调整。

从以上分析的结果可以看出，把原来产生正的边际贡献的丙产品停产后，不但失去了丙的边际贡献，而且还把它原来负担的固定成本转嫁给了甲、乙产品，使原来盈利的甲产品变为了亏损产品，乙产品的盈利也显著下降，因此，在其他条件不变的情况下，维持丙产品的生产对企业是有利的。

2.剩余生产能力可以转移时，亏损产品是否停产的决策分析

【例4-8】仍按前例资料。假定亏损产品丙产品停产后腾出来的生产能力可以用来生产丁产品1 000件。丁产品单价500元，单位变动成本400元。要求：进行是否转产丁产品的决策。

具体计算过程见表4-9。

表4-9 亏损产品转产决策分析计算表

产品名称	甲产品	乙产品	丁产品
销售量（件）	1 000	800	1 000
销售单价（元）	200	400	500
单位变动成本（元）	150	240	400
销售收入（元）	200 000	320 000	500 000
变动成本总额（元）	150 000	192 000	400 000
边际贡献总额	50 000	128 000	100 000
固定成本总额（元）	200 000（按销售收入在各产品之间进行分配，分配率为0.1961）		
分配固定成本（元）	39 220	62 752	98 028*
净利润（元）	10 780	65 248	1 972

注：*尾差调整。

通过分析计算可知，停产亏损产品丙产品并转产丁产品后，该公司净利润总额为78 000元（10 780+65 248+1 972），比生产丙产品时的净利润26 000元（10 000+64 000−48 000）要高，因此，应选择转产丁产品。

随堂测4-3

【判断题】亏损产品一律应该停产。（ ）

（三）是否接受追加订货决策

【例4-9】某企业原来生产甲产品，年预计生产能力100 000件，单位售价128元，其单位成本的数据见表4-10。

表4-10 甲产品决策相关资料 单位：元

项目	金额
单位直接材料	50
单位直接人工	20
单位制造费用	30
其中：单位固定制造费用	18
单位变动制造费用	12
单位成本合计	100

若该企业按照目前的市场销售情况，每年仍有40%的剩余生产能力未被利用。现有一客户要求该企业为他们制造甲产品35 000件，每件只出价90元，而且该订货在款式上还有一些特殊的要求，需购置一台专门设备，价格20 000元，用后可变现6 000元。请为该企业作出是否接受该追加订货的决策。

按照传统的观点看，接受该项订货是不合算的。因为甲产品单位成本100元，而对方的出价只有90元，还需要增加20 000元的专属成本，一定会使企业利润降低。但实际上，由于接受订货是在企业有剩余生产能力的情况下进行的，除专属成本外，其他固定费用项目不需要增加，属于与决策无关的共同成本，无须加以考虑，只要对方出价高于单位变动成本并能使专属成本得到补偿即可接受。

我们可以采用差量分析法，并编制差量损益分析表进行决策，见表4-11。

表4-11 甲方案追加订货决策的差量损益计算表 单位：元

项目	接受订货	不接受订货	差量
差量收入	35 000×90=3 150 000	0	3 150 000
差量成本： 变动成本 专属成本 减：残值	2 870 000+（20 000−6 000）=2 884 000 35 000×82=2 870 000 20 000 6 000	0	2 884 000
接受订货的差量利润			266 000

通过该分析表可以看出，这笔追加订货的差量收入大于差量成本，或者说差量利润大于零，则该业务是可以接受的。

重要提示

1.在追加订货决策时，如果企业生产能力有足够的剩余，即接受该订货不需追加生产能力，也无须压缩正常销售任务，剩余的生产能力也无法利用，则接受追加订货的条件是追加订货的边际贡献大于零。

2.如接受追加订货需追加专属成本，则只要追加订货的剩余边际贡献（追加订货的边际贡献扣除专属成本）大于零就可以接受。

3.如接受追加订货需压缩正常销售任务，则应将由于压缩正常销售而损失的边际贡献作为接受订货时的机会成本处理。此时接受订货的条件是剩余边际贡献大于机会成本。

4.如剩余生产能力可以转移（假设前面三种情况均无法转移），则只需将转移得到的好处作为接受追加订货的机会成本。

三、长期投资决策分析方法及其应用

（一）非贴现法及其应用

非贴现法是指在决策中不考虑资金时间价值，将不同时点的现金流量直接进行比较计算出评价指标，并以此为标准进行决策的方法。由于不考虑资金时间价值和风险价值，因此，非贴现法在长期投资决策中只能作为辅助方法。

1.投资回收期法

投资回收期是指收回原始投资所用的时间，一般以年为时间单位。投资回收期小于或等于企业要求的回收期限，方案可行；否则方案不可行。

【例4-10】某企业一项固定资产项目需一次性投资100万元，投产后每年可产生20万元的现金净流量，该企业要求的回收期应短于6年。要求：采用投资回收期法作出是否进行该项投资的决策。

投资回收期=100÷20=5（年）

投资回收期短于该企业要求的6年，以此为标准，该投资方案可行。

【例4-11】某企业一项固定资产项目需一次性投资150万元，投产后的前5年每年可产生的现金净流量分别为20万元、30万元、35万元、40万元和50万元，后5年每年可产生50万元的现金净流量。该企业要求的回收期为5年。要求：采用投资回收期法作出是否进行该项投资的决策。

从资料中可以看出，该投资前4年累计能收回125万元，不足以收回全部投资150万元，还有25万元需要在第5年收回；前5年累计能收回投资175万元，超出了全部投资150万元，说明投资回收期介于4年和5年之间，投资回收期计算如下：

投资回收期=4+25÷50=4.5（年）

投资回收期短于该企业要求的5年，以此为标准，该投资方案可行。

2.投资报酬率法

投资报酬率是指项目投产后每年的平均报酬与原始投资的比率。该比率越高，说明项目的获利能力越强。当方案的预期投资报酬率大于或等于企业要求的最低投资报酬率时，方案可行；否则方案不可行。

【例4-12】某企业一项目需一次性投资500万元，投产后每年平均可以获取的净利润为60万元，该企业要求的最低投资报酬率为10%。要求：以最低投资报酬率为标准，作出是否进行该项投资的决策。

该项目预期投资报酬率=60÷500×100%=12%

该项目预期投资报酬率12%大于企业要求的最低投资报酬率10%，以此为标准，该项目可行。

（二）贴现法及其应用

贴现法是指在考虑资金时间价值的基础上计算出决策指标，并以此为基础进行决策的方法，主要包括净现值法、净现值率法、现值指数法和内含报酬率法等。

1.净现值法

净现值是指将投资项目计算期内全部现金流量均折为现值，用现金流入量现值减去现金流出量现值所得到的差额。净现值大于或等于零的方案为可行方案；反之，则为不可行方案。

【例4-13】某企业第一年年初一次性投资500万元，当即投产并使用。在未来的10年中，每年可为企业带来80万元的现金净流量。该企业要求的最低平均报酬率为8%，计算该项目净现值并以此为标准判断该项目是否可行。

该项目净现值=80×（P/A，8%，10）-500=80×6.7101-500=36.808（万元）

通过计算可知，该项目净现值大于零，现金流入量现值在抵偿现金流出量现值之后还有剩余，说明该项目可以获利，具有财务可行性。

2.净现值率法

净现值率是投资项目净现值与原始投资现值之比。以净现值率为依据判断方案可行与否的方法就是净现值率法。净现值率大于或等于零的方案为财务可行方案；反之，则为不可行方案。

【例4-14】有关资料同【例4-13】。计算该项目的净现值率并以此为标准判断其是否可行。

该项目净现值率=36.808÷500=0.0736

通过计算可知，该项目净现值率大于零，说明每1元投资可以为企业带来0.0736元的净收益，该项目具有财务可行性。

3.现值指数法

现值指数是投资项目营业现金净流量现值与原始投资现值之比，也是项目现金流入量现值与现金流出量现值之比。现值指数大于或等于1的方案为可行方案；反之，则为不可行方案。

现值指数=1+净现值率

【例4-15】有关资料同【例4-13】。计算该项目的现值指数并以此为标准判断其是否可行。

该项目现值指数=80×（P/A，8%，10）÷500 = 80 × 6.7101 ÷ 500 = 1.0736

或　该项目现值指数=1+净现值率=1+ 0.0736=1.0736

通过计算可知，该项目现值指数大于1，说明在考虑资金时间价值的基础上，该项目每1元投资发生的现金流出可以带来1.0736元的现金流入，扣除投资的1元，即每1元投资带来的净收益为0.0736元。因此该项目具有财务可行性。由此也可以看出，现值指数和净现值率的关系为：现值指数=1+净现值率。

4.内含报酬率法

内含报酬率是指能使投资项目净现值为零的折现率，是投资项目的真实收益率。当内含报酬率大于或等于投资者要求的最低报酬率时，投资项目具有财务可行性；反之，则不可行。

【例4-16】有关资料同【例4-13】。计算该项目的内含报酬率，并以此为标准判断其财务可行性。

根据内含报酬率的含义，可计算该项目内含报酬率r如下：

80×（P/A，r，10）-500=0

（P/A，r，10）=500÷80=6.25

查10年的年金现值系数表可知，9%时的年金现值系数为6.4177，10%时的年金现值系数为6.1446，说明内含报酬率在9%和10%之间。用插值法可计算如下：

$$r = 9\% + \frac{6.4177 - 6.25}{6.4177 - 6.1446} \times (10\% - 9\%) = 9.61\%$$

9.61%的内含报酬率大于该企业要求的最低报酬率（8%），该项目具有财务可行性。

素养提升

在企业生产经营中，当一种产品带来的收入无法抵偿其全部成本时，该产品被定义为亏损产品，通常会认为亏损产品应该停产，然而事实并非如此，我们得对该亏损产品进行深入剖析，企业的成本分为变动成本和固定成本，如果该亏损产品的收入能补偿变动成本，那么即使其补偿不了全部成本，也会因其带来正的边际贡献而尽可能降低亏损额。这就告诫我们在进行任何决策时都不能只着眼于局部，而是必须牢固树立高度自觉的大局意识，自觉从大局看问题，把工作放到大局中去思考、定位，正确认识大局、自觉服从大局、坚决维护大局。

数字技能拓展

【拓展主题】**运用新技术工具构建净现值（NPV）模型**

【相关资料】ABC公司三个方案的现金流量估算表，见表4-12。

表4-12 ABC公司三个方案的现金流量估算表 金额单位：元

日期	项目	现金净流量	期数
2023/1/1	方案一	-6 000 000	0
2023/12/31		1 758 000	1
2024/12/31		1 758 000	2
2025/12/31		1 758 000	3
2026/12/31		1 758 000	4
2027/12/31		1 758 000	5
2023/1/1	方案二	-8 000 000	0
2023/12/31		2 235 000	1
2024/12/31		2 454 500	2
2025/12/31		2 468 000	3
2026/12/31		2 420 250	4
2027/12/31		2 975 000	5
2023/1/1	方案三	-5 000 000	0
2023/12/31		1 236 000	1
2024/12/31		1 003 460	2
2025/12/31		1 260 960	3
2026/12/31		1 222 500	4
2027/12/31		1 456 830	5

【拓展任务】“双碳”目标下，ABC公司坚持技术创新，致力于研究电池的续航能力，2023年，该公司获取了一个新的投资机会，提出三个投资方案，投资期均为5年，相关部门已估算出各年现金净流量，现在需要评价三个投资方案的财务可行性。该公司财务部认为传统的评估方法效率低下，且难以应对参数变化及时调整结果的情形，希望探索利用新技术工具构建投资决策评价指标模型。请你帮助该公司财务部利用Power BI工具构建ABC公司的NPV模型。

微课

运用Power BI构建净现值（NPV）模型

【任务实施】

原图

项目四

步骤1：打开Power BI，导入ABC公司“现金流量估算.xlsx”文件数据，打开数据视图，在数据视图下，选中“现金流量估算”表，在此表中增加一个名为“现值系数”的新列，结果保留4位小数。输入现值系数度量值公式，如图4-2所示。

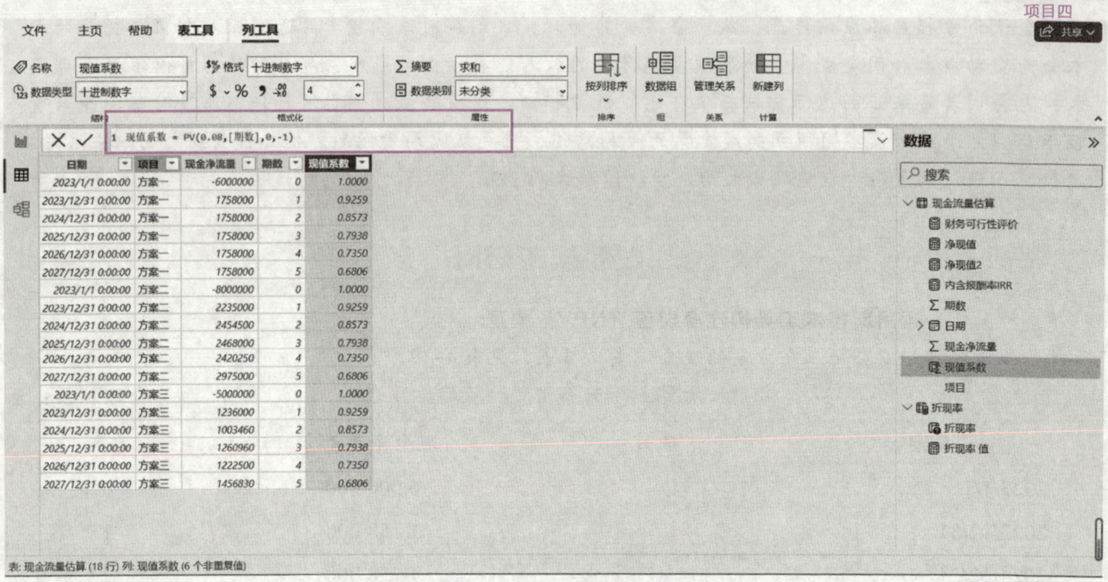

图4-2 新建度量值“现值系数”

步骤2：打开报表视图，新建度量值“净现值”，结果保留整数。使用卡片图展示“净现值”度量值，样式自行设置。以“项目”列创建切片器，设置切片器为单选类型，水平排列。净现值度量值为：净现值=SUMX('现金流量估算','现金流量估算'[现金净流量]*'现金流量估算'[现值系数])，如图4-3所示。

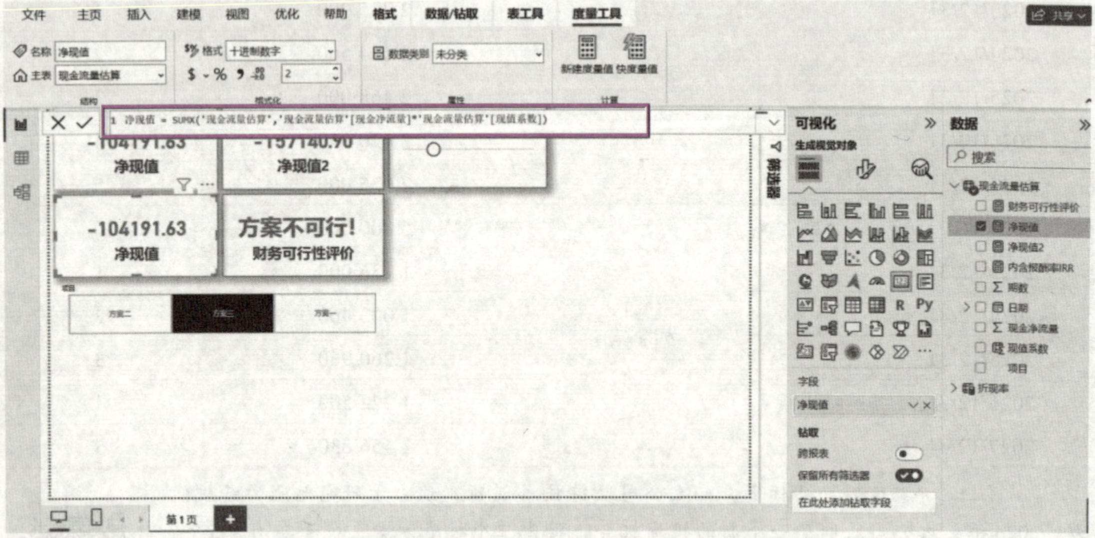

图4-3 新建度量值“净现值”

步骤3：在报表视图界面新建参数“折现率”，取值范围为5%到20%，增量为0.001，默认值为5%，保留4位小数，如图4-4所示。

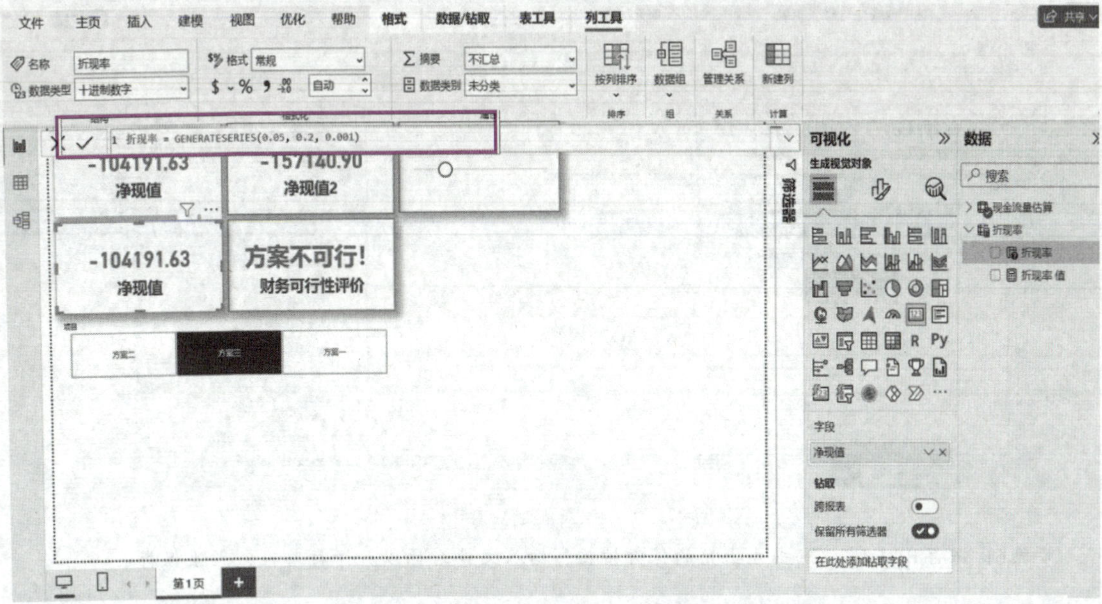

图 4-4　新建度量值“折现率”

步骤 4：在报表视图界面新建折现率可变时的度量值“净现值 2”，保留 2 位小数，并以卡片图展示其结果，如图 4-5 所示。折现率可变时的净现值度量值（净现值 2）如下：

净现值 2=SUMX('现金流量估算','现金流量估算'[现金净流量]*PV('折现率'[折现率 值],'现金流量估算'[期数],0,-1))

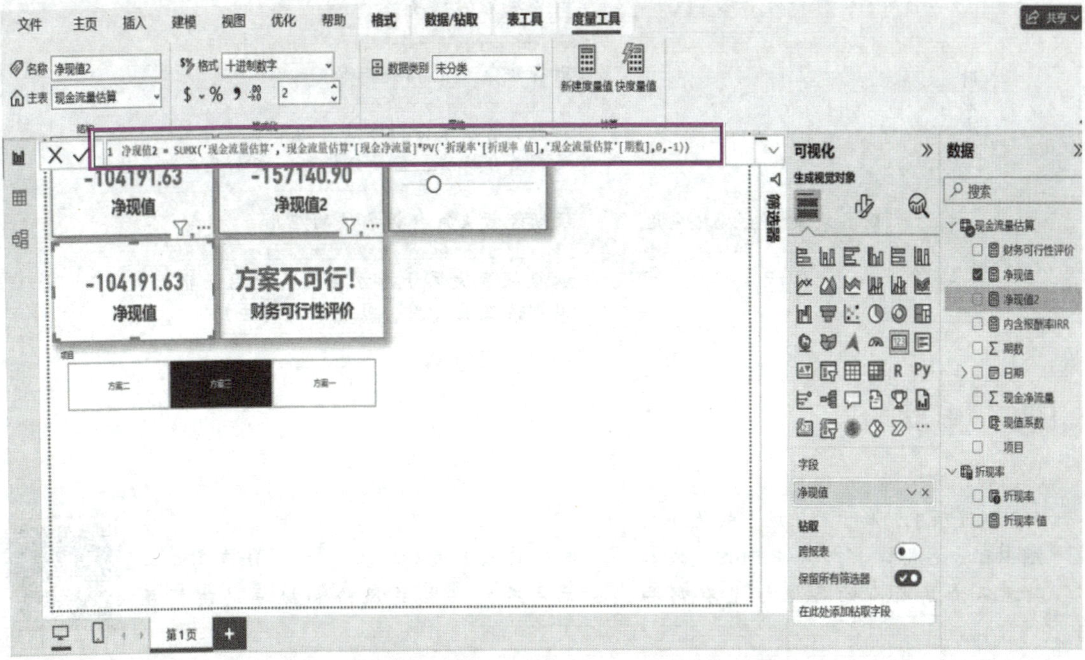

图 4-5　新建折现率可变时的净现值度量值“净现值 2”

步骤 5：可视化美化。目前我们已经完成了 ABC 公司 NPV 模型的构建，还需要对模型进行进一步的美化。美化功能主要依靠可视化板块的“设置视觉对象格式”功能区域完成，如图 4-6 所示。

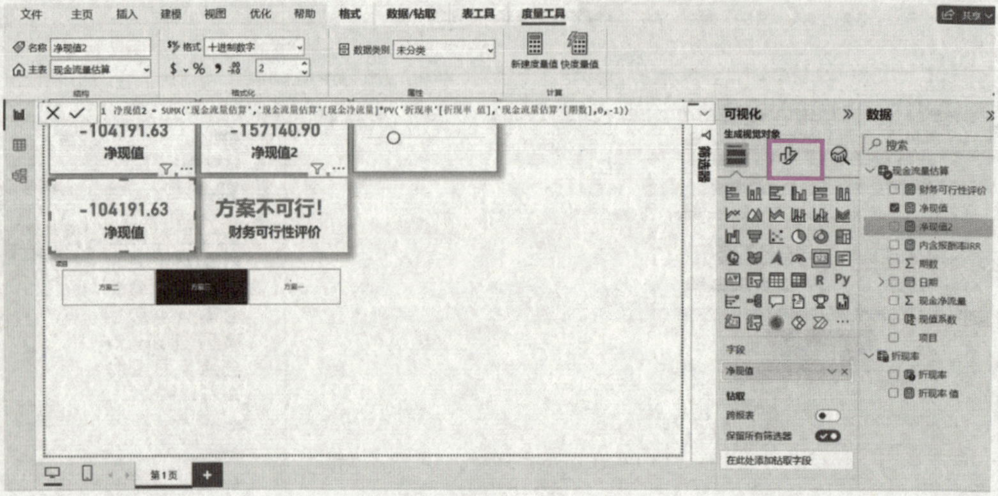

图 4-6 设置视觉对象格式

步骤6：保存BI文件。点击左上角的保存按钮，输入文件名称以及保存路径，点击保存。

本项目思维导图

本项目思维导图如图4-7所示。

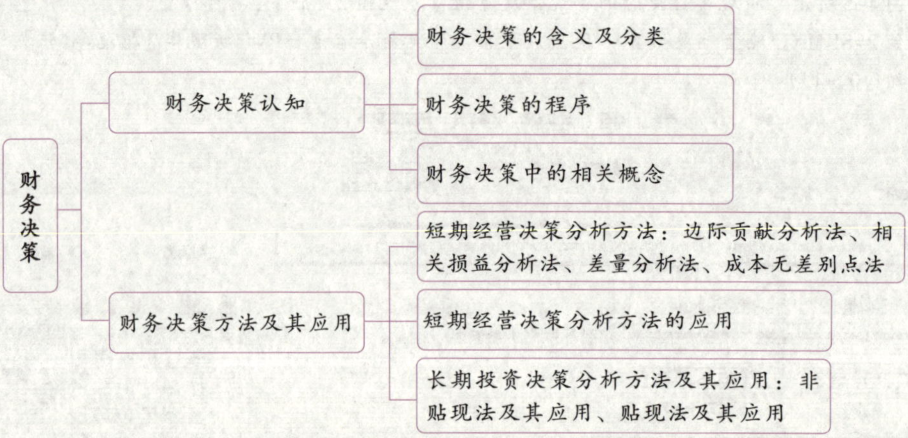

图 4-7 本项目思维导图

岗课赛证同步训练

一、单项选择题

1.下列选项中，属于无关成本的是（　　）。

A.不可避免成本　　B.可避免成本　　C.重置成本　　D.专属成本

2.既不清楚所有的备选方案有哪些，也无法确定其相关风险和概率的决策属于（　　）。

A.确定型决策　　B.风险型决策　　C.不确定型决策　　D.非常规决策

3.下列情况中，亏损产品的生产能力无其他用途时，应停产的条件是（　　）。

A.亏损产品边际贡献大于零　　B.亏损产品边际贡献小于零

C.亏损产品变动成本率小于1　　D.亏损产品边际贡献为正数但小于固定成本

4.某公司甲零件的外购价格为20元/件，若自行生产，每件单位变动成本为12元，且需要为此每年追加20 000元的固定成本，则外购成本与自制成本相同时的产量是（　　）件。

A.2 500　　B.3 000　　C.2 000　　D.1 800

5.由于过去的决策所引起的、已经发生并支付的、今后的任何决策都无法影响和改变的成本为（　　）。

A.不可避免成本　　B.不可递延成本　　C.不可分割成本　　D.沉没成本

6.设某企业生产某种产品，其正常售价为20元，单位变动成本为10元，单位固定成本为3元。现有一批2 000件该种产品的追加订货，其专属固定成本总额为4 000元，则接受该批追加订货的价格极限为（　　）元。

A.10　　B.12　　C.13　　D.15

7.下列项目中属于专属成本的是（　　）

A.车间厂房折旧费　　B.车间照明费

C.为某批产品专门采购的包装材料的成本　　D.车间防火灭火器材的采购支出

8.某投资项目预期投资回收期为5年，作为评价标准的投资回收期为6年，则（　　）。

A.该方案预期投资回收期低于投资者要求的投资回收期，该方案不可行

B.该方案预期投资回收期低于投资者要求的投资回收期，该方案可行

C.投资回收期是动态指标

D.投资回收期越长，方案越优

9.某企业拟利用剩余生产能力10 000工时开发新产品。有甲、乙两种产品可供选择。甲、乙产品的单位边际贡献分别为20元和30元，单位产品定额工时分别为10工时和8工时，则该企业应（　　）。

A.开发甲产品　　B.开发乙成品

C.甲、乙产品均不能开发　　D.条件不充分，无法决策

10.净现值率和现值指数的关系是（　　）。

A.净现值率>现值指数　　B.净现值率=1-现值指数

C.净现值率=现值指数-1　　D.现值指数=净现值率-1

二、多项选择题

1.下列项目中，属于长期投资决策的有（　　）。

A.亏损产品是否停产的决策　　B.更新原有设备的决策

C.开发新技术的决策　　D.零部件外购或自制的决策

2.下列指标中，属于动态指标的有（　　）。

A.投资回收期　　B.投资报酬率　　C.内含报酬率　　D.净现值率

3.下列项目中，属于相关成本的有（　　）。

A.重置成本　　B.付现成本　　C.机会成本　　D.共同成本

4.下列项目中，（　　）不是重置成本。

A.5年前购置设备支付的价款100万元　　B.目前该设备已提折旧50万元

C.目前该设备账面净值50万元　　D.按当前市价，买一台全新该设备需要120万元

5.下列决策中必须考虑机会成本的有（　　）。

A.生产新产品甲可获得收益50万元，但因为停产亏损产品将损失收益30万元

B.将原有闲置设备用于新的投资项目，如不投资，该设备可出租，每年获取租金收入5万元

C.将原有闲置设备用于新的投资项目，如不投资，该设备既不能出租，也不能作为废品出售，没有任何用途

D.企业为促进销售采取赊销方式，形成应收账款100万元

6.短期决策的方法通常包括（　　）。

A.差量分析法　　B.边际贡献分析法

C.成本无差别点法　　D.净现值法

7.在边际贡献分析法中，可作为方案决策依据的指标有（　　）。

A.单位产品边际贡献　　B.单位工时边际贡献

C.单位资源边际贡献　　D.固定成本

8.下列说法中正确的有（　　）。

A.亏损产品一定要停止生产

B.亏损产品也不能停止生产

C.只要亏损产品能创造正的边际贡献就可以继续生产

D.停产了边际贡献为正的亏损产品后，其生产能力没有新的用途，则其他盈利产品的利润会减少

9.关于零部件外购还是自制的决策，下列说法中正确的有（　　）。

A.如果企业有足够的能力自制零部件，且单位变动成本小于外购单价，则应选择自制零部件

B.如果自制零部件需要增加固定成本，则需要比较自制成本与外购成本，选择其中成本较低者

C.如果自制零部件与外购零部件的成本无差别点为500件，则当需要量大于500件时应外购

D.如果自制零部件与外购零部件的成本无差别点为500件，则当需要量小于500件时应外购

10.下列关于内含报酬率的说法中，正确的有（　　）。

A.能使项目净现值等于0

B.是投资项目真实的报酬率

C.大于或等于要求的最低报酬率时方案可行

D.小于要求的最低报酬率时方案可行

三、判断题

1.如果在决策中考虑付现成本，就有可能增加相关总成本，从而使项目效益下降，因此，决策中最重要的是总成本而不是付现成本。（　　）

2.边际成本是增量成本的特殊形式。（　　）

3.战略性决策都是长期决策，战术性决策都是短期决策。（　　）

4.只要是单价低于单位成本的订单都会减少企业收益，都不能接受。（　　）

5.在生产何种产品的决策中，可以通过比较不同产品的单位边际贡献来确定方案的优劣。（　　）

6.如果不涉及固定成本，在生产何种产品的决策中，可以通过比较单位资源边际贡献或边际贡献总额来确定方案的优劣。（　　）

7.企业亏损产品一定要停止生产。（　　）

8.只要转产的产品是利用亏损产品停产后腾出来的生产能力，且不占用其他产品的生产能力，同时，它所提供的边际贡献总额大于原亏损产品提供的边际贡献总额，这项转产方案就是可行的。（　　）

9.在长期投资决策中必须考虑资金时间价值和投资风险价值两个重要因素。（　　）

10.在利用剩余生产能力进行新产品开发时，除了要考虑每一目标产品可以提供的单位资源边际贡献外，还要考虑市场可接受的销量和新产品开发的专属成本。（　　）

四、业务题

1.某机器制造企业只生产甲机床，全年最大生产能力100台，正常产销量为80台。甲机床的销售单价为1 000元，其单位产品成本如下：直接材料成本300元，直接人工成本200元，变动制造费用100元，固定制造费用200元，单位产品成本合计800元。

要求：

（1）现有一客户前来订货20台，只愿出价每台700元，此项订货能否接受？

（2）若该客户前来订货40台，该机器制造厂如果接受该项订货就将减少正常的产品销量20台，但对

方出价仍为每台700元，此项订货能否接受？

2.某公司产销甲、乙、丙三种产品，其中，甲、乙两种产品为盈利产品，丙产品为亏损产品。它们的销售及成本资料见表4-13。

表4-13 产品销售及成本资料表 单位：元

产品名称	甲产品	乙产品	丙产品	合计
销售收入	6 000	8 000	4 000	18 000
生产成本：				
直接材料	800	1 400	900	3 100
直接人工	700	800	800	2 300
变动制造费用	600	600	700	1 900
固定制造费用	1 000	1 600	1 100	3 700
非生产成本：				
变动管理费用	900	1 200	600	2 700
固定管理费用	600	800	400	1 800
销售成本合计	4 600	6 400	4 500	15 500
利润	1 400	1 600	(500)	2 500

要求：

(1) 作出丙产品是否停产的决策。(假定丙产品停产后，其生产设备不能转移)

(2) 假定丙产品停产后，其生产设备可以出租给其他企业，预计年租金净收入1 800元，那么丙产品是否应停产？

3.某企业拟购置一新设备，需一次性投资1 000万元，立即投入使用。该设备可使用10年，期满无残值。每年可产生260万元的净现金流量。该企业要求的投资回收期为5年，最低报酬率为8%。

要求：计算该项目的投资回收期、净现值、净现值率、现值指数、内含报酬率，并判断该项目是否可行。

五、综合实训

实训任务 相关成本的辨析

实训目的：熟悉企业生产经营中的各项成本，能明确辨析与决策相关的成本，提高决策的正确性。

实训资料：收集一家企业生产经营活动的基本资料。

实训要求：

(1) 实地调查走访一家企业，了解该企业生产经营活动的基本情况；

(2) 帮助该企业拟订一项短期决策备选方案；

(3) 取得成本资料，分小组对成本资料进行剖析并进行相关性分析；

(4) 各小组分别就所拟订备选方案作出短期决策并进行相互交流；

(5) 各小组写出分析报告，总结经验和教训，深刻认识成本分析对决策的重要性。

项目五
财务预算

■知识目标

1. 掌握预算管理的概念、作用和原则
2. 熟悉企业预算编制的基本流程
3. 掌握各种预算编制的方法及其应用
4. 了解预算执行与考核的流程及相关要求

■能力目标

1. 能够理解预算与企业战略的关系
2. 能够认知预算在企业经营管理中的作用
3. 能够运用各种预算方法编制企业预算
4. 能够帮助企业协调预算执行中的有关问题
5. 能够熟练运用现代信息技术工具编制财务预算

■素养目标

1. 培养学生战略管理思维，涵育战略导向预算理念
2. 培养学生科学预算精神，厚植财务预算管理能力
3. 培养学生资源节约意识，提升财务预算职业素养
4. 培养学生数字思维能力，提高财务预算数字技能

项目导读

华为作为业界翘楚，其财务预算管理体系也备受关注。其财务预算管理体系以战略规划（SP）为主导，强调计划、预算、核算的闭环管理。华为财务预算管理体系注重长期战略与短期计划的协同，强调财务指标与业务目标的融合。这种体系有助于确保战略与行动的一致性，提高企业运营效率。其财务预算管理措施主要有：第一，通过中长期财务规划、计划及预算、管理预测、预算授予及管控和财务绩效评价等多个环节，提高全面预算管理体系运用的效率；第二，通过权力下放与弹性预算，摆脱中央集权制的效率低下、机构臃肿等问题，实现客户需求驱动的流程化组织建设目标；第三，设立多级预算控制体系，各级经营管理团队对相应层级的全面预算管理负责；第四，通过改善管理费用率来提升内部运作效率，如减少不必要的会议和流程，降低管理成本，提高工作效率。

从华为的财务预算管理中可以得到哪些启示？财务预算管理对公司战略实施有何重要作用？下面将系统学习企业财务预算管理的内容。

任务一　预算管理认知

案例

董事长的预算管理思维

一、预算的概念和特征

（一）预算的概念

预算是企业在预测、决策的基础上，用数量和金额以表格形式反映企业未来一定时期经营、投资、筹资等活动的具体计划，是为实现企业目标而对各种资源和企业活动所做的详细安排。

（二）预算的特征

首先，预算与企业的战略目标保持一致，因为它是通过数量化的形式对企业经营目标的具体化，也是通过数量化形式对实现目标的各种资源和企业经营活动的详细安排。其次，预算作为数量化的经营目标和实施计划，具有可执行性，它是对未来活动的细致、周密安排，是企业未来经营活动的依据。预算最主要的特征是数量化和可执行性。

重要提示

预测并非预算。预测是在历史资料的基础上，采用一定方法，对未来一定时期内销售、成本、利润等方面的预估。预测是预算的基础。预算是在预测、决策的基础上对企业未来一定时期内经营、投资、财务等活动的具体计划。

二、预算的作用

（一）预算是企业战略执行的工具

战略是企业重大的、全局的、长期的谋略。战略首先应具体化为企业一定时期的经营目标，企业经营目标再通过预算细化为各部门（单位）的预算目标，而后得到有效执行，最终有力推动企业战略目标的实现。从这一过程来看，预算以企业战略为导向，企业战略通过全面预算加以固化与量化，细化到各执行领域，在企业内部“落地”。因此，预算是企业战略执行的有力工具。

（二）预算是企业资源配置的手段

全面预算管理是具有全员参与、全程控制和全面管理等特点的系统管理活动，它对企业的所有资源和所有活动进行有效整合。企业通过预算管理，使有限的资源得到合理配置，提高资源的利用效率，充分发挥系统的整体效益。

（三）预算是协调部门经济关系的方法

企业各部门（单位）在履行其职责的同时，都要与其他部门（单位）发生经济关系。这种经济关系包括经济责任、经济权限、经济利益，即责、权、利三个方面，它们需要通过企业内部有效的管理来进行协调，而预算管理正是协调这种关系的一种有效方法。即通过预算，把企业的年度目标任务合理地分解到各个部门（单位），使各部门（单位）的责、权、利得以公开化、明确化、具体化，从而达到有效协调部门（单位）之间经济关系的目的。

（四）预算是企业经营活动的控制标准

企业在日常经营活动过程中，应将实际执行情况与预算进行对比，发现偏差，查找分析原因，及时采取有效措施予以纠正，以保证预算目标的实现。

（五）预算是企业绩效考评的主要依据

预算不仅是控制的标准，也是考核各部门工作业绩的主要依据。在考核各部门（单位）工作业绩时，企业应以预算目标为依据，考核其预算完成情况，分析实际与预算偏差的原因，明确责任，奖惩分明，实施有效激励。

三、预算的分类

（一）根据业务活动领域的不同分类

根据业务活动领域的不同，企业预算可分为经营预算、专门决策预算和财务预算。

1.经营预算

经营预算（也称“业务预算”）是指与企业日常经营活动直接相关的一系列预算，主要包括销售预算、生产预算、采购预算、费用预算、人力资源预算等。

2.专门决策预算

专门决策预算是指企业重大的或不经常发生的、需要根据特定决策编制的预算，主要包括资本支出预算和融资预算等。专门决策预算直接反映相关决策的结果，如资本支出预算，其编制依据可追溯到决策之前搜集到的有关资料，它比决策估算要更细致、更精确一些。

3.财务预算

财务预算是指与企业资金收支、财务状况和经营成果等有关的预算，主要包括现金预算、预计利润表、预计资产负债表等。由于财务预算位于企业全面预算体系的最后环节，它是以价值量指标对经营预算和专门决策预算的总括反映，所以亦称为总预算。

（二）按预算指标覆盖的时间长短分类

按预算指标覆盖的时间长短不同，企业预算可分为短期预算和长期预算。

短期预算是指预算期在1年以内（含1年）的预算；长期预算是指预算期在1年以上的预算。预算的编制时间可视预算的内容和实际需要而定，可以是1周、1月、1季、1年或若干年。在预算编制过程中，应结合各项预算的特点，将短期预算和长期预算结合使用。一般情况下，企业的经营预算和财务预算多为1年期的短期预算，年内再按季或月细分为季度预算或月度预算，而且预算期间往往与会计期间保持一致。

随堂测5-1

【判断题】客观性和可执行性是预算最主要的特征。预算是将企业活动导向预定目标的有力工具。（　）

四、预算管理的概念和内容

（一）预算管理的概念

预算管理是指企业以战略目标为导向，通过对未来一定期间内的经营活动和相应的财务结果进行全面预测和筹划，科学、合理配置企业各项财务和非财务资源，并对执行过程进行监督和分析，对执行结果进行评价和反馈，指导经营活动的改善和调整，进而推动实现企业战略目标的管理活动。

（二）预算管理的内容

企业预算管理的内容主要包括：经营预算、专门决策预算和财务预算。企业全面预算体系具体如图5-1所示。

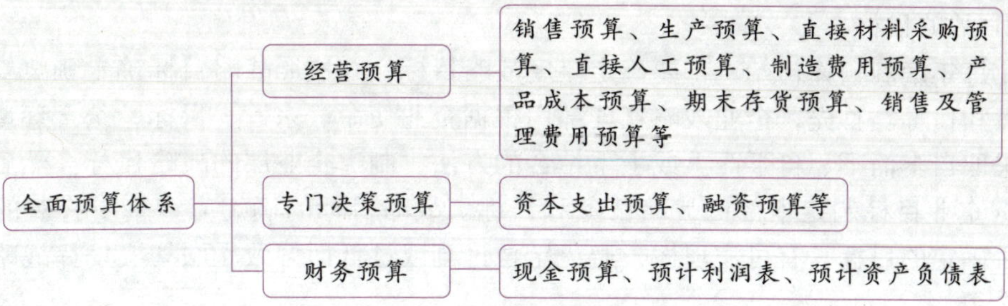

图5-1　全面预算体系

五、预算管理的原则

企业预算管理旨在落实战略规划，优化资源配置，提高营运绩效，强化风险控制，推动企业战略目标的实现。企业实施预算管理，一般应遵循以下原则：

（一）战略导向原则

预算管理应围绕企业的战略目标和业务计划有序管理，引导各预算责任主体聚焦战略、专注执行、达成绩效。

（二）过程控制原则

预算管理应通过及时监控、分析等把握预算目标的实现进度并实施有效评价，为企业经营决策提供有效支撑。预算是过程管理，不是结果管理。因此，预算管理更应该强调过程控制。

（三）融合性原则

预算管理应以业务为先导、以财务为协同，将预算管理嵌入企业经营管理活动的各个领域、层次、环节。预算上接战略，下接日常运营，中间与业务计划连接，打通企业内部的供、产、销、研、人、财、物等各个环节，只有这样才能实现业财融合。

（四）平衡管理原则

预算管理应平衡长期目标与短期目标、整体利益和局部利益、收入与支出、结果与动因等关系，促进企业可持续发展。企业一定要建立明确的目标，在平衡各要素关系的基础上制定精细的实施步骤去实现，其中首先要做的就是制订具体可行的计划和预算。

（五）权变性原则

预算管理应刚性与柔性相结合，强调预算对经营管理的刚性约束，又可根据内外环境变化调整预算，并针对例外事项进行特殊处理。

随堂测5-2

【多选题】下列关于全面预算的表述中，正确的有（　　）。

A.全面预算包括经营预算、专门决策预算和财务预算三部分

B.全面预算主要由财务部门负责编制和执行

C.财务预算是全面预算体系的最后环节，也称为总预算

D.财务预算包括现金预算和预计财务报表，预算期通常在1年以内，属于短期预算

六、预算管理的应用环境

企业实施预算管理的基础环境包括战略目标、业务计划、组织架构、管理制度、信息系统等。

（一）战略目标

企业每年编制预算初始，都要确定年度战略目标，并按照战略目标确定预算管理的方向、重点和目标。首先，企业战略管理部门根据企业使命、宗旨、目标，结合环境分析的结果，采取自上而下、自下而上或上下结合的方法，制定企业层的战略目标。然后，各部门要根据企业目标制定本部门战略任务和目标。战略目标的确定应该基于客观的预测信息，使所确定的目标具有可实现性，避免定位过高或过低而导致无法切实发挥战略目标的导向性作用。

（二）业务计划

业务计划是指按照战略目标对业务活动的具体描述和详细计划。业务计划是连接战略目标和预算的桥梁，具有承上启下的作用。通过业务计划的制订，可以明确地将战略层面的目标反映在年度工作中。通过制订业务计划，使年度经营目标与战略目标达成一致，使经营目标的实施路径清晰呈现。战略目标、业务计划、预算的关系，如图5-2所示。

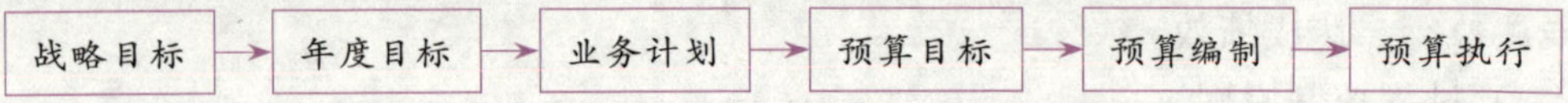

图5-2　战略目标、业务计划、预算的关系

（三）组织架构

预算管理的机构设置、职责权限和工作程序应与企业组织架构和管理体制互相协调，保障预算管理各环节职能衔接，流程顺畅。预算管理工作的组织包括决策层、管理层、执行层和考核层。

1.企业股东会

企业股东会是全面预算管理的法定权利机构，负责审议批准公司年度财务预决算方案。

2.企业董事会或类似机构

企业董事会或类似机构是全面预算管理的法定决策机构，应当对企业预算的管理工作负总责，负责制订公司的年度财务预决算方案。

3.预算管理委员会

企业董事会或者经理办公会可以根据情况设立预算管理委员会等专门机构组织、监督预算管理工作。该机构的主要职责包括：审批公司预算管理制度、政策，审议年度预算草案或预算调整草案并报董事会等机构审批，监控、考核本单位的预算执行情况并向董事会报告，协调预算编制、预算调整及预算执行中的有关问题等。

4.企业财务管理部门

企业财务管理部门具体负责企业预算的编制跟踪管理，监督预算的执行情况，分析预算与实际执行的差异及原因，并提出改进管理的意见和建议。

5.企业内部生产、市场营销、投资、人力资源等职能部门

企业内部生产、市场营销、投资、人力资源等职能部门具体负责本部门业务涉及的预算编制、执行、分析等工作，并配合预算管理委员会或财务管理部门做好企业预算的综合平衡、协调、分析、控制与考核等工作。其主要负责人参与企业预算管理委员会的工作，对本部门预算执行结果承担责任。

6. 企业所属基层单位

企业所属基层单位是企业预算的基本单位，在企业财务管理部门的指导下，负责本单位预算的编制、执行与控制、分析等工作，接受企业检查、考核。其主要负责人对本单位财务预算的执行结果承担责任。

（四）管理制度

企业应建立健全预算管理制度、会计核算制度、定额标准制度、内部控制制度、内部审计制度、绩效考核和激励制度等内部管理制度，夯实预算管理的制度基础。

每个企业都应该有适合本单位的全面预算管理办法，该办法应是企业全面预算管理的"大法"，其内容至少应包括预算管理组织机构设置、预算编制管理、预算执行控制、预算分析管理、预算调整管理和预算考核管理等。

（五）信息系统

企业应充分利用现代信息技术建立全面预算信息系统，规范预算管理流程，提高预算管理效率。全面预算信息系统至少应满足以下要求：

其一，多维数据——多维预算的编制和分析。其本质上是从多个维度描述业务、财务数据，并进行分析的过程，目的是满足快速变化的分析需求。

其二，灵活建模，即满足整个预算系统计算量大且计算公式经常变化的需求。

其三，高效协同，即业务部门间的沟通协调应快速准确。

其四，广泛接口，即能够很好地与核算、ERP、人力资源系统等接口，避免预算成为信息孤岛。

其五，在线监控，即对预算执行实施实时监控与反馈。

素养提升

在实践中，许多企业提出"无预算，勿支出"，强调企业资源的有限性和预算执行的严肃性，要求通过科学预算，合理配置资源，坚决杜绝浪费。在生活中有句俗语："吃不穷，穿不穷，不会划算一世穷。"这句话的意思是，无论是吃还是穿，对一个人的经济状况都不会有太大的影响，关键就是看你会不会"划算"（计划安排）。简单明了地说，就是要根据自己的经济情况来计划开支，不乱花钱，否则就会入不敷出。同学们既要规划好自己的未来，又要安排好当下，制订学习计划，合理利用好时间，做好生活预算，勤俭节约。

任务二　预算编制方法及其应用

预算编制方法有很多种，常见的有：固定预算法与弹性预算法、增量预算法与零基预算法、定期预算法与滚动预算法、作业预算法等。企业应根据自身战略规划、业务特点和管理需要，结合不同预算工具方法的特征及适用范围，单独选择一种适合的预算管理工具方法，也可选择两种或两种以上的预算管理工具方法综合运用。

一、固定预算法与弹性预算法及其应用

（一）固定预算法

固定预算法又称静态预算法，是指在编制预算时，只根据预算期内正常、可实现的某一个业务量（如生产量、销售量等）水平作为基础来编制预算的方法。

固定预算法适用于经营业务稳定，能准确预测产品需求及产品成本的企业，也可用于编制固定费用预算。

固定预算法的主要优点是：简便易行，工作量较小。其主要缺点是：①适应性差。因为编制预算的业务量基础是事先假定的某个业务量。在这种方法下，不论预算期业务量水平实际可能发生哪些变动，都只按照事先确定的某一个业务量水平编制预算。②可比性差，当实际业务量与编制预算所依据的业务量发生较大差异时，有关预算指标的实际数与预算数就会因业务量基础不同而失去可比性。例如，某企业按销售量80 000件产品编制的销售费用预算为2 000元，如果实际销售量为100 000件，即超过预算业务量，但销售费用预算仍为2 000元。

（二）弹性预算法

弹性预算法是指企业在分析业务量与预算项目数量依存关系的基础上，分析确定不同业务量及其相应预算项目所消耗资源的预算编制方法。业务量是指产量、销量、作业量以及与预算项目相关的弹性变量。

弹性预算法适用于企业各项预算的编制，特别是市场、产能等存在较大不确定性，且与业务量之间存在明显的数量依存关系的预算项目。

企业应用弹性预算法，除了应遵循预算管理应用环境中的一般要求外，还应遵循以下要求：①企业应合理识别与预算项目相关的业务量，长期跟踪、完整记录预算项目与业务量的变化情况，并对两者的数量依存关系进行深入分析；②企业应成立由财务、战略和有关业务部门组成的跨部门团队；③企业应合理预测预算期的可能业务量，借助信息系统或其他管理会计工具方法，匹配和及时修订弹性定额。

企业应用弹性预算法编制预算，一般应按照以下程序进行：

第一，确定弹性预算适用项目，识别相关的业务量并预测业务量在预算期内可能存在的不同水平和弹性幅度；

第二，分析预算项目与业务量之间的数量依存关系，确定弹性定额；

第三，构建弹性预算模型，形成预算方案；

第四，审定预算方案。

弹性预算法的主要优点是：考虑了预算期可能的不同业务水平，更贴近企业经营管理实际情况。其主要缺点是：①编制工作量大；②市场及其变动趋势预测的确定、预算目标与业务量之间依存关系的判断水平等会对弹性预算的合理性造成较大影响。

企业通常采用公式法或列表法构建具体的弹性预算模型。

1.公式法及其应用

公式法是指将业务量和预算内容的变动情况，通过某种数学公式来表达。编制弹性预算依据的业务量可以是产量、销量、直接人工工时、机器工时、材料消耗量等。适用公式法的前提是预算内容与业务量的变化有密切联系。其基本公式为：

$$\text{预算总额} = \text{固定基数} + \sum(\text{与业务量相关的弹性定额} \times \text{预计业务量})$$

重要提示

应用公式法编制预算时，相关弹性定额可能仅适用于一定业务量范围内。当业务量变动超出该适用范围时，应及时修正、更新弹性定额，或改为列表法。

下面以编制成本费用预算为例，介绍公式法的应用。

运用公式法编制成本费用预算时，通常运用总成本性态模型表达成本与业务量（如产量、销量、工时等）之间的数量关系。其基本公式为：

$y=a+bx$

其中，y表示某项成本预算数，a表示固定成本预算数，b表示单位变动成本预算数，x表示预计业务量。

只要根据有关资料确定了公式中的固定成本预算数（a）和单位变动成本预算数（b），就可以很方便地计算出业务量在相关范围内任何水平上的各项成本预算数。

公式法的主要优点是：考虑了预算期可能的不同业务量水平，更贴近企业经营管理实际情况。其主要缺点是：预算编制的工作量大；市场预测的准确性、预算目标与业务量之间依存关系的判断水平等对弹性预算的合理性造成一定影响；在进行成本控制和考核时，不能直接查出特定业务量下的成本预算数，不能满足成本日常控制的需要。

【例5-1】某公司经过分析得出A产品的制造费用与人工工时密切相关，采用公式法编制的A产品制造费用弹性预算见表5-1。其中，人工工时变动范围为320～480小时，混合成本已经被分解为变动成本和固定成本。

表5-1　A产品制造费用预算（公式法）

业务量范围	320～480（人工工时）	
费用项目	固定成本（元/月）	单位变动成本（元/人工工时）
人工费用		2.00
材料费用		2.50
水电费用		1.00
运输费用		1.00
修理费用	100	1.00
油料费用	80	0.50
折旧费用	200	
设备租赁费用	200	
合计	580	8

则：$y=580+8x$

2.列表法及其应用

微课

弹性预算法——列表法的应用

列表法，也称多水平法，是指企业可以通过列表的方式，在业务量范围内依据已经划分出的若干个不同等级，分别计算并列示不同等级业务量水平下的预算值的预算编制方法。

应用列表法编制预算，首先要在确定的业务量范围内，划分出若干个不同业务量水平，然后分别计算不同业务量水平下各项成本预算数，并汇总列示在一个预算表格中。

列表法的主要优点是：可以直接从表中看出各项业务量下的成本预算，便于预算的控制和考核。列表法的主要缺点是：“弹性”不连续，只限于若干种业务量水平，难以描绘业务量变化区间的全部情况，因而不能包括所有业务条件下的预算值；工作量较大。

【例5-2】某公司根据表5-1采用列表法编制A产品制造费用弹性预算，见表5-2。

表 5-2　　A产品制造费用预算（列表法）　　金额单位：元

业务量范围	320～480（人工工时）				
人工工时（小时）	320	360	400	440	480
生产能力利用	80%	90%	100%	110%	120%
变动成本：					
人工费用	640	720	800	880	960
材料费用	800	900	1 000	1 100	1 200
水电费用	320	360	400	440	480
运输费用	320	360	400	440	480
合计	2 080	2 340	2 600	2 860	3 120
混合成本：					
修理费用	420	460	500	540	580
油料费用	240	260	280	300	320
合计	660	720	780	840	900
固定费用：					
折旧费用	200	200	200	200	200
设备租赁费用	200	200	200	200	200
合计	400	400	400	400	400
总计	3 140	3 460	3 780	4 100	4 420

随堂测5-3

【单选题】某公司采用弹性预算法编制维修费用预算，该维修费为混合成本，业务量为100件时，费用预算为5 000元，业务量为200件时，费用预算为7 000元。当业务量为180件时，费用预算为（　　）。(2021年卷Ⅰ)

A.6 600元　　B.6 300元　　C.7 200元　　D.9 000元

二、增量预算法与零基预算法及其应用

（一）增量预算法

增量预算法是指以历史期实际经济活动及其预算为基础，结合预算期经济活动及相关影响因素的变动情况，通过调整历史期经济活动项目及其金额形成预算的预算编制方法。

企业应用增量预算法编制预算时应遵循以下假设：①企业现有业务活动是合理的，在预算期不需要进行调整；②企业现有各项业务的开支水平是合理的，在预算期予以保持；③以现有业务活动和各项活动的开支水平，确定预算期各项活动的预算数。

增量预算法的主要优点是：以过去的费用水平为基础，主张不需在预算内容上作较大的调整，因此，工作量小；其主要缺点是：可能导致无效费用开支项目无法得到有效控制，使得不必要开支合理化，导致预算上的浪费。

（二）零基预算法

零基预算法是指企业不以历史期经济活动及其预算为基础，以零为起点，从实际需要出发分析预算期经济活动的合理性，经综合平衡，形成预算的预算编制方法。

零基预算法适用于企业各项预算的编制，特别是不经常发生的预算项目或预算编制基础变化较大的预算项目。

企业在应用零基预算法编制预算时，除了应遵循预算管理应用环境中的一般要求外，

还应遵循以下要求：①企业应结合预算项目实际情况、预算管理要求和应用成本选择使用零基预算工具方法。②企业应明确预算管理责任部门和预算编制责任部门。预算管理责任部门负责组织各部门确定和维护各预算项目的编制标准，组织各具体预算项目的编制；预算编制责任部门具体负责本部门业务计划和预算的编制。

企业应用零基预算工具方法时，一般按照以下程序进行：

第一，明确预算编制标准。企业应搜集和分析对标单位、行业等外部信息，结合内部管理需要形成企业各预算项目的编制标准，并在预算管理过程中根据实际情况不断分析评价、修订完善预算编制标准。

第二，制订业务计划。预算编制责任部门应依据企业战略、年度经营目标和内外环境变化等安排预算期经济活动，在分析预算期各项经济活动合理性的基础上制订详细具体的业务计划，作为预算编制的基础。

第三，编制预算草案。预算责任部门应以相关业务计划为基础，根据预算编制标准编制本部门相关预算项目，并报预算管理责任部门审核。

第四，审定预算方案。预算管理责任部门应在审核相关业务计划合理性的基础上，逐项评价各预算项目的目标、作用、标准和金额等，按战略相关性、资源限额和效益性等进行综合分析和平衡，汇总形成企业预算草案，上报企业预算管理委员会等专门机构审议后报董事会等机构审批。

零基预算法的主要优点是：①以零为起点编制预算，不受历史期经济活动中的不合理因素影响，能够灵活应对内外环境的变化，预算更贴近预算期企业经济活动需要；②有助于增加预算编制透明度，有利于进行预算控制。其主要缺点是：①预算编制的工作量大，成本较高；②预算编制的准确性受企业管理水平和相关数据标准准确性影响大。

【例5-3】甲公司拟采用零基预算法编制管理费用预算。其工作流程如下：

首先，各有关部门根据预算期的总目标和本部门的具体目标，提出了预算期将要发生的部分费用预算项目，并对每一项费用开支数额反复认真研究讨论，提出详细费用开支计划，见表5-3。

表5-3　甲公司部分费用项目及预计开支金额　单位：元

费用项目	预计开支金额
日常办公费	10 000
房屋租赁费	55 000
财产保险费	5 000
职工培训费	35 000
专家咨询费	25 000
合计	130 000

其次，将有关费用预计开支金额报企业预算管理责任部门审核。经预算管理责任部门审核确定的相关费用预算标准为120 000元，要求各有关部门进行成本-效益分析，综合平衡后编制有关费用预算。

再次，各有关部门结合部门工作目标和工作计划，经过认真分析后认为：日常办公费、房屋租赁费和财产保险费属于不可避免的费用项目，是企业预算期必不可少的开支；职工培训费、专家咨询费属于可避免的费用项目，并对这两项费用进行了成本-效益分析，见表5-4。

表5-4　　甲公司部分费用项目成本-效益分析表　　单位：元

费用项目	费用金额	收益金额
职工培训费	1	6
专家咨询费	1	4

根据以上分析排出先后顺序如下：

第一层次：不可避免的费用项目是日常办公费、房屋租赁费和财产保险费；

第二层次：成本-效益相对较大的费用项目是职工培训费；

第三层次：成本-效益相对较小的费用项目是专家咨询费。

根据以上排列的层次和顺序分配资源，编制的企业部分费用预算，见表5-5。

表5-5　　甲公司部分费用预算表　　单位：元

费用项目	开支金额
日常办公费	10 000
房屋租赁费	55 000
财产保险费	5 000
职工培训费	30 000
专家咨询费	20 000
合　计	120 000

表5-5中：

$$\text{职工培训费}=[120\,000-(10\,000+55\,000+5\,000)]\times\frac{6}{6+4}=30\,000\ (\text{元})$$

$$\text{专家咨询费}=[120\,000-(10\,000+55\,000+5\,000)]\times\frac{4}{6+4}=20\,000\ (\text{元})$$

最后，将编制的部分费用预算报企业预算管理委员会等专门机构审议，审议后报董事会等机构审批，获批后方可下达执行。

随堂测5-4

【单选题】不受历史期经济活动中的不合理因素影响，并能够克服增量预算法缺点的预算编制方法是（　　）。

A.弹性预算法　　B.零基预算法

C.滚动预算法　　D.固定预算法

三、定期预算法与滚动预算法及其应用

（一）定期预算法

定期预算法是指在编制预算时以固定不变的会计期间（如日历时间年度、季度、月份）作为预算期的一种编制预算的方法。

定期预算法的主要优点是：①能够使预算期间与会计期间相对应，便于将实际数与预算数进行对比；②有利于对预算执行情况进行考核和评价。其主要缺点是：①不利于前后各个期间的预算衔接，不能适应连续不断的业务活动过程的预算管理；②固定以1年为预算期，在执行一段时期后，往往使管理人员只考虑剩下来的几个月的业务量，缺乏长远打算，导致一些短期行为出现。

（二）滚动预算法

滚动预算法是指企业根据上一期预算执行情况和新的预测结果，按既定的预算编制周

期和滚动频率，对原有的预算方案进行调整和补充，逐期滚动、持续推进的预算编制方法。

预算编制周期是指每次预算编制所涵盖的时间跨度。滚动频率是指调整和补充预算的时间间隔，一般以月度、季度、年度等为滚动频率。

滚动预算一般由中期滚动预算和短期滚动预算组成。中期滚动预算的预算编制周期通常为3年或5年，以年度作为预算滚动频率。短期滚动预算通常以1年为预算编制周期，以月度、季度作为预算滚动频率。短期滚动预算通常使预算始终保持为12个月，每过1个月或1个季度，立即在期末增列1个月或1个季度的预算，逐期往后滚动，因而在任何一个时期都能使预算保持12个月的时间长度。这种预算能使企业各级管理人员对未来始终保持整整12个月时间的考虑和规划，从而保证企业的经营管理工作能够稳定而有序地进行。

滚动预算法适用于各类企业。企业在应用滚动预算法时除了遵循预算管理的一般要求外，还应遵循以下要求：

①企业应具备丰富的预算管理经验和能力；

②企业应建立先进科学的信息系统，及时获取充足可靠的外部市场数据和企业内部数据，以满足预算滚动编制的需要；

③企业应重视和加强预算编制基础数据，统一数据标准，包括标准成本、会计核算、市场信息等，确保预算编制以可靠、翔实、完整的基础数据为依据。

企业应用滚动预算工具方法，一般应按照以下程序进行：

第一，确定预算编制的周期和预算滚动的频率。企业应研究外部环境变化，分析行业特点、战略目标和业务性质，结合企业管理基础和信息化水平，确定预算编制的周期和预算滚动的频率。

第二，确定滚动预算的编制内容。企业应结合重要性原则和成本效益原则，结合业务性质和管理要求，确定滚动预算的编制内容。

企业通常可以选择编制业务滚动预算，对于管理基础好、信息化程度高的企业，还可选择编制资本滚动预算和财务滚动预算。

第三，确定预算编制基础。企业应以战略目标和业务计划为依据，并根据上一期预算执行情况和新的预测信息，经综合平衡和结构优化，作为下一期滚动预算的编制基础。

第四，测算并提出预算方案。企业应以战略目标和业务计划为基础，研究滚动预算所涉及的外部环境变化和内部重要事项，测算并提出预算方案。

第五，企业实行中期滚动预算的，应在中期预算方案的框架内滚动编制年度预算。第一年的预算约束对应年度的预算，后续期间的预算指引后续对应年度的预算。

第六，短期滚动预算服务于年度预算目标的实施。企业实行短期滚动预算的，应以年度预算为基础，分解编制短期滚动预算。

第七，建立预算模型，生成预算编制方案。企业应分析影响预算目标的各种动因之间的关系，建立预算模型，生成预算编制方案。

第八，调整和修正下一期预算，持续进行预算的滚动编制。企业应对比分析上一期的预算信息和预算执行情况，结合新的内外环境预测信息，对下一期预算进行调整和修正，持续进行预算的滚动编制。

第九，企业可借助数据仓库等信息技术的支撑，实现预算编制方案的快速生成，减少预算编制的工作量。

第十，企业应根据预算滚动编制结果，调整资源配置和管理要求。

下面主要介绍以1年为预算编制周期，预算滚动频率分别为月、季、月季混合等滚动预算方式，即逐月滚动、逐季滚动和月季混合滚动

1.逐月滚动

逐月滚动预算是指在预算编制过程中，以月份为预算的编制和滚动单位，每个月调整一次预算的方法。如在20×1年1月至12月的预算执行过程中，需要在1月末根据当月预算的执行情况修订20×1年2月至12月的预算，同时补充20×2年1月的预算；20×1年2月末可根据当月预算的执行情况，修订20×1年3月至20×2年1月的预算，同时补充20×2年2月的预算，以此类推。

按照逐月滚动方式编制的预算比较精确，但预算编制的工作量较大。逐月滚动预算方式如图5-3所示。

图5-3 逐月滚动预算方式

2.逐季滚动

逐季滚动是指在预算编制过程中，以季度为预算的编制和滚动单位，每个季度调整一次预算的方法。逐季滚动编制预算比逐月滚动编制预算的工作量小，但精确度较差。逐季滚动预算方式如图5-4所示。

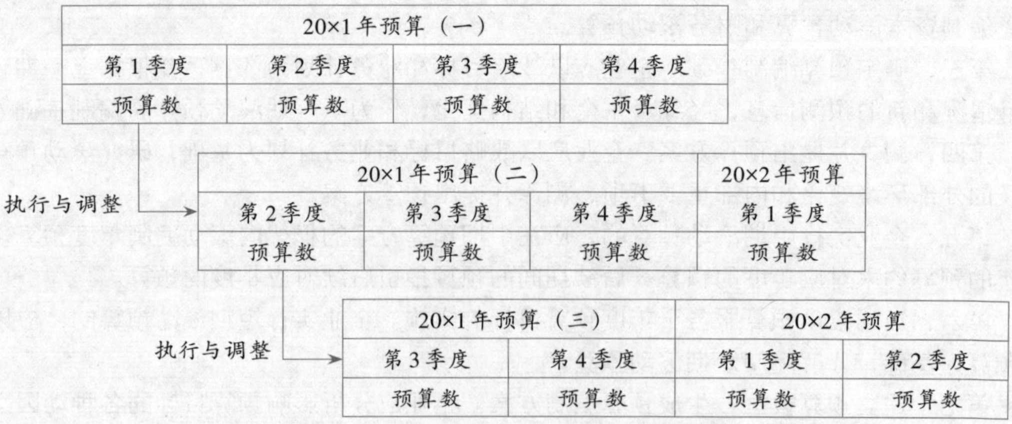

图5-4 逐季滚动预算方式

3.月季混合滚动

月季混合滚动是指在预算编制过程中，同时以月份和季度作为预算的编制和滚动单位的方法。这种预算方法的理论依据是：人们对未来的了解程度具有对近期的预计把握较大、对远期的预计把握较小的特征。混合滚动方式预算如图5-5所示。

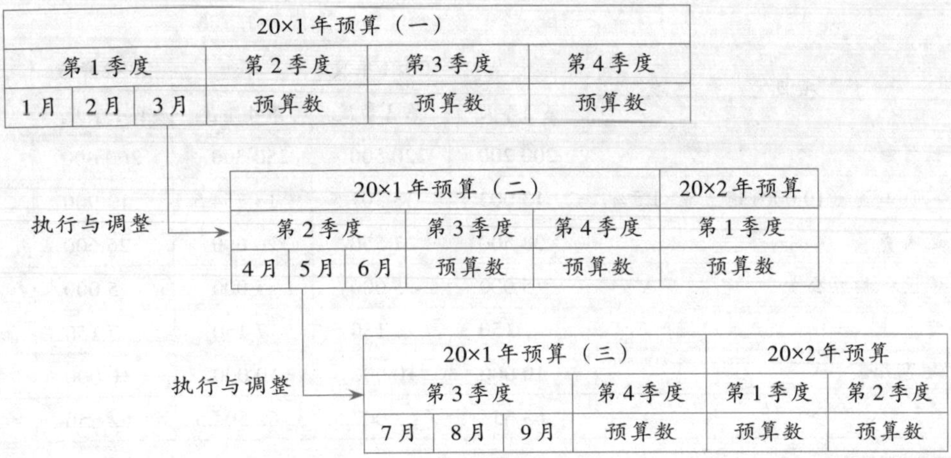

图5-5　混合滚动预算方式

滚动预算法的主要优点是：①有利于强化预算的控制职能。企业通过持续滚动预算编制、逐期滚动管理，可以动态反映市场，实现跨期综合平衡，从而有效指导企业运营，强化预算的决策与控制职能。②连续性强，预算期是连续不断的，始终保持一定期限，可以保持预算的完整性和继起性，有利于结合企业近期目标和长远目标，考虑未来财务活动。③及时性强，能及时将预算的实际执行情况与预算进行对比分析，及时调整和修订预算，使预算与实际情况更加适应，有利于充分发挥预算的指导和控制作用。④完整性和稳定性突出，从一定时期来看，预算内容形成一个完整的体系，除特殊情况外，前后期基本保持一致，有利于企业稳定发展。其主要缺点是：①工作量较大，企业应用滚动预算方法时，预算滚动的频率越高，对预算沟通的要求越高，预算编制的工作量越大。②过高的滚动频率容易增加管理层的不稳定感，导致预算执行者无所适从。③预算期与会计期间相脱节。

【例5-4】甲公司采用滚动预算方法编制销售费用预算。甲公司编制的20×1年分季度销售费用预算，见表5-6。

表5-6　　20×1年度销售费用预算　　单位：元

项目	第1季度	第2季度	第3季度	第4季度	合计
预计销售额	200 000	200 200	220 500	250 300	871 000
销售人员工资（10 000+销售额×1%）	12 000	12 002	12 205	12 503	48 710
包装运输费	30 000	29 000	28 000	28 000	115 000
销售常设机构办公费	5 000	5 000	5 000	5 000	20 000
广告费	6 500	6 500	6 500	6 500	26 000
管理人员工资	10 000	10 000	10 000	10 000	40 000
合计	63 500	62 502	61 705	62 003	249 710

根据未来业务预测和市场调研，公司未来4个季度销售费用有关项目将作如下调整：

①销售人员工资中基础工资不变，业务提成比例提高为1.5%。

②包装运输费在上个季度原有基础上下降5%。

③广告费在原有基础上增加10%。

销售常设机构办公费及管理人员工资保持不变。

根据以上资料编制的20×1年第2季度～20×2年第1季度的销售费用预算，见表5-7。

表 5-7　20×1 年第 2 季度～20×2 年第 1 季度销售费用预算　单位：元

项目	20×1 年度			20×2 年度	合计
	第 2 季度	第 3 季度	第 4 季度	第 1 季度	
预计销售额	200 200	220 500	250 300	260 000	931 000
销售人员工资（10 000+销售额×1.5%）	13 003	13 307.5	13 754.5	13 900	53 965
包装运输费	28 500	27 550	26 600	26 600	109 250
销售常设机构办公费	5 000	5 000	5 000	5 000	20 000
广告费	7 150	7 150	7 150	7 150	28 600
管理人员工资	10 000	10 000	10 000	10 000	40 000
合　计	63 653	63 007.5	62 504.5	62 650	251 815

随堂测 5-5

【单选题】根据上期预算执行情况和新的预算结果，调整和补充原有预算方案的预算编制方法是（　　）。

A.弹性预算法　B.零基预算法　C.滚动预算法　D.固定预算法

四、作业预算法及其应用

作业预算法是指基于“作业消耗资源、产出消耗作业”的原理，以作业管理为基础的预算管理方法。

作业预算法主要适用于作业类型较多且作业链较长、管理层对预算的准确性要求较高、生产过程多样化程度较高，以及间接或辅助资源费用所占比重较大等特点的企业。

企业在应用作业预算法时除了遵循预算管理的一般要求外，还应遵循以下要求：企业应具有满足作业管理、资源费用管理要求的信息系统，能通过外部市场和企业内部可靠、完整、及时地获取作业消耗标准、资源费用标准等基础数据。

重要提示

在实际中，不同行业、不同业务类型的企业根据自身具体情况，单独选择使用一种适合的预算管理工具方法，也可选择两种或两种以上的预算管理工具方法综合运用。

五、预算编制程序的制定

企业预算编制一般按照分级编制、逐级汇总的方式，采用自上而下、自下而上、上下结合或多维度相协调的流程来进行。预算编制流程与编制方法的选择应与企业现有管理模式相适应。一般而言，企业预算编制应按照以下步骤进行：

（一）下达目标

企业董事会或经理办公会根据企业发展战略和预算期经济形势的初步预测，在决策的基础上，提出下一年度企业财务预算目标（包括销售或经营目标、成本费用目标、利润目标和现金流量目标等），并确定预算编制的政策，由预算管理委员会下达给预算执行单位。

（二）编制上报

各预算执行单位按照企业预算管理委员会下达的预算目标和政策，结合自身特点以及预算执行条件，提出本单位详细的预算方案，上报企业财务管理部门。

（三）审查平衡

企业财务管理部门对各预算执行单位上报的预算方案进行审查、汇总，提出综合平衡建议。在审查、平衡的过程中，企业预算管理委员会应进行充分协调，对发现的问题提出初步调整意见，并反馈给有关各预算执行单位予以修正。

（四）审议批准

各预算执行单位将修正调整后的预算报预算管理委员会讨论。对不符合企业发展战略或预算目标的事项，由企业预算管理委员会责成有关预算单位进一步修正、调整。在此基础上，由财务部门正式编制企业年度预算草案，提交董事会或经理办公会审议批准。预算审批包括预算内审批、超预算审批、预算外审批等。预算内审批事项，应简化流程，提高效率；超预算审批事项，应执行额外的审批流程；预算外审批事项，应严格控制，防范风险。

（五）下达执行

企业财务管理部门对董事会或经理办公会审议批准的年度总预算，一般在次年3月底以前，分解成一系列的指标体系，由企业预算管理委员会逐级下达各预算执行单位执行。

素养提升

A公司1年前入职的新财务人员小王，带着自己的疑惑请教公司张总。下面是小王与张总的对话。

小王：张总，公司每年都向各部门下达年度战略目标，为何还要编制年度预算呢？

张总：小王，讲一讲你的职业规划。

小王：我在近2年内，利用工作机会熟悉公司财务管理各岗位工作，提升自己的实践工作能力。3年后成为中级会计师，5年后争取成为注册会计师，晋升为公司财务主管。

张总：你的规划很好，目标很明确。实现自己的职业规划，你近期有何计划和具体安排？比如时间安排、资金使用、学习资源的利用等。

小王：这个我还没有仔细思考过。

张总：如果只有目标，没有行动计划和具体安排，再远大的理想也是空中楼阁。企业也是如此，战略是公司的长远规划，预算是企业战略实施的工具。企业采用滚动预算法、零基预算法、弹性预算法等编制预算使战略目标加以细化和量化，并在企业内部“落地”，使公司战略转化为具体行动，只有这样，才能完成企业战略目标，实现可持续发展。

小王：张总，谢谢您！我明白了。

从小王和张总的对话中你能得到哪些启示？请与大家讨论与分享。

任务三　预算编制

预算编制是预算管理的重要环节，企业应建立和完善预算编制的工作制度，明确预算编制依据、编制内容、编制程序和编制方法，确保预算编制依据合理、内容全面、程序规范、方法科学，确保形成各层级广泛接受、符合业务假设的、可实现的预算控制目标。企业全面预算的编制以销售预算为起点，由一系列相互联系的预算构成，具体编制流程如图5-6所示。

案例

A公司数智化技术的全面预算转型升级

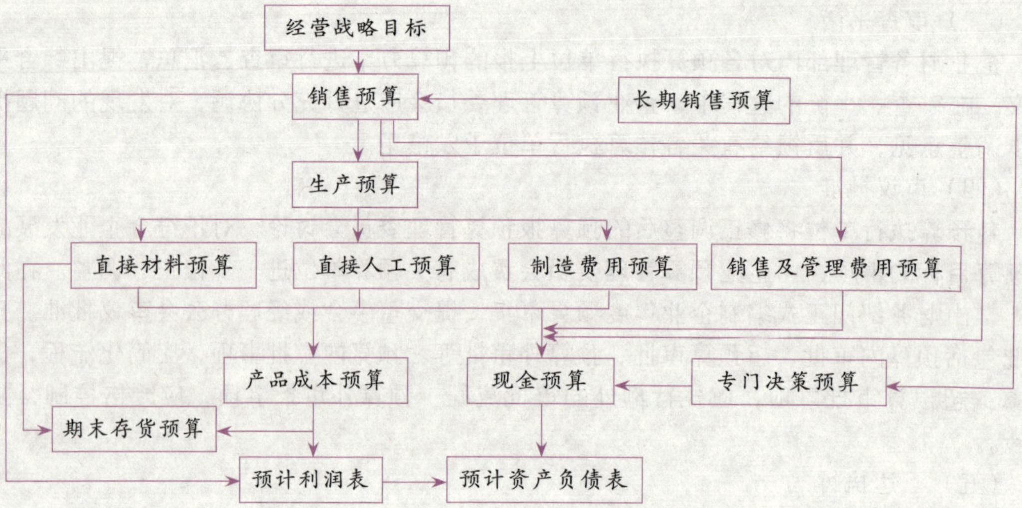

图5-6 全面预算体系

一、经营预算编制

(一) 销售预算

销售预算是指在销售预测的基础上根据销售计划编制的，用于规划预算期销售活动的一种业务预算。销售预算是企业全面预算的编制起点，其他预算的编制都以销售预算作为基础。

销售预算的主要内容有预计销售量、预计销售单价和预计销售收入等。预计销售量是根据市场预测或销售合同并结合企业生产能力确定的，预计单价是通过价格决策确定的，预计销售收入是销量与销售价格的乘积，在销售预算中计算得出。为了给编制现金预算提供必要的资料，销售预算中通常还包括预计现金收入预算。

在实务中，销售预算的责任部门是销售（市场）部门，销售预算的编制一般由销售部门负责，通常要分品类（或品种）、月份、销售区域、推销员来编制。为简化起见，下面的应用举例只按季度编制一种产品的销售预算。

【例5-5】D公司只生产和销售甲产品，销售单价为100元，20×1年甲产品各季度的预计销售量分别为1 200件、1 500件、1 800件和2 000件，全年共计6 500件。预计每季度销售收入中70%可于当季收回现金，其余30%于下季度才能收回现金。年初应收账款100 000元将于预算年度第一季度全额收回现金。根据有关资料编制该公司20×1年销售预算，见表5-8。

表5-8　　20×1年销售预算　　金额单位：元

项　目	第1季度	第2季度	第3季度	第4季度	全年
预计销售量（件）	1 200	1 500	1 800	2 000	6 500
单位售价	400	400	400	400	400
预计销售额	480 000	600 000	720 000	800 000	2 600 000
预计现金收入					
上年应收账款	100 000				100 000
第1季度（销售额480 000）	336 000	144 000			480 000
第2季度（销售额600 000）		420 000	180 000		600 000
第3季度（销售额720 000）			504 000	216 000	720 000
第4季度（销售额800 000）				560 000	560 000
现金收入合计	436 000	564 000	684 000	776 000	2 460 000

（二）生产预算

生产预算是以销售预算为基础，为规划预算期预计生产量水平而编制的一种日常业务预算。该预算是所有日常业务预算中唯一只使用实物量计量单位的预算，它可作为直接材料预算、直接人工预算、产品成本预算的编制依据。编制生产预算的主要依据是：预计销售量、预计期初及期末存货水平等资料。其计算公式如下：

预计生产量=预计销售量+预计期末存货量-预计期初存货量

上式中，预计销售量来自销售预算表；预计期初存货量等于上季末存货量；预计期末存货量应根据长期销售趋势来确定。在实务中，一般是按事先估计的期末存货量占本期销售量的比例进行估算。

编制生产预算的主要目的在于避免存货过多，形成资金的积压、浪费或存货不足，影响未来期间销售活动的正常进行，从而给企业带来不利的影响。

【例5-6】D公司各季末预计甲产品存货量按下一季度销售量的10%确定，年初存货为100件，预计年末存货为220件。各季预计期初存货量即为上季末预计期末存货量。根据有关资料，编制该公司20×1年生产预算，见表5-9。

表5-9 20×1年生产预算 单位：件

项 目	第1季度	第2季度	第3季度	第4季度	全年
预计销售量（见表5-8）	1 200	1 500	1 800	2 000	6 500
加：预计期末存货量	150	180	200	220	220
预计需要量	1 350	1 680	2 000	2 220	6 720
减：预计期初存货量	100	150	180	200	100
预计生产量	1 250	1 530	1 820	2 020	6 620

（三）直接材料预算

直接材料预算是为了规划预算期直接材料采购金额的一种经营预算。直接材料预算是以生产预算为基础编制的，同时要考虑材料存货水平。直接材料预算的主要内容包括：预计生产量、预计生产需用量、预计期初及期末材料存量、预计材料采购单价、预计材料采购量和预计材料采购额等。有关计算公式如下：

预计生产需用量=预计生产量×单位产品材料用量

预计材料采购量=预计生产需用量+预计期末材料存量-预计期初材料存量

预计材料采购额=预计材料采购量×预计材料采购单价

式中："预计生产量"数据来自生产预算，"单位产品材料用量"来自标准成本资料或材料消耗定额资料；"预计期初材料存量"和"预计期末材料存量"是根据当前情况和长期销售预测估计的，预计期末材料存量等于下期预计生产需用量乘以一定百分比，预计期初材料存量等于上期期末材料存量。

因为材料可以赊购，预算期的材料采购款有一部分可以延期支付。因此，在编制材料采购预算的同时，还必须编制应付购货款的现金支出预算，反映各期应付购货款的应付数额和实付数额，为编制现金预算提供依据。

【例5-7】D公司生产甲产品只需一种材料，单位产品材料消耗量为5千克，采购单价为15元/千克，各季度的期末存货按下季度生产需用量的10%计算，本年年末存货预计为950千克，上年年末存货为900千克。每季度的购料款当季支付60%，其余40%于下季度支付。上年年末应付账款为30 000元。根据有关资料编制该公司20×1年直接材料预算，见表 5-10。

表 5-10　　　　20×1 年直接材料预算　　　　金额单位：元

项 目	第 1 季度	第 2 季度	第 3 季度	第 4 季度	全年
预计生产量（件）（见表 5-9）	1 250	1 530	1 820	2 020	6 620
单位产品材料消耗量（千克）	5	5	5	5	5
预计生产需用量（千克）	6 250	7 650	9 100	10 100	33 100
加：期末材料存量（千克）	765	910	1 010	950	950
减：期初材料存量（千克）	900	765	910	1 010	900
预计材料采购量（千克）	6 115	7 795	9 200	10 040	33 150
单价（元/千克）	15	15	15	15	15
预计材料采购金额	91 725	116 925	138 000	150 600	497 250
预计现金支出					
上年应付账款	30 000				30 000
第 1 季度（采购额 91 725）	55 035	36 690			91 725
第 2 季度（采购额 116 925）		70 155	46 770		116 925
第 3 季度（采购额 138 000）			82 800	55 200	138 000
第 4 季度（采购额 150 600）				90 360	90 360
现金支出合计	85 035	106 845	129 570	145 560	467 010

（四）直接人工预算

直接人工预算是一种既反映预算期人工工时消耗水平，又规划人工成本开支的业务预算。直接人工预算是以生产预算为基础编制的，其内容主要包括：预计生产量、单位产品人工工时、人工总工时、每小时人工成本（小时工资率）和人工总成本等。其计算公式如下：

预计直接人工总工时=预计生产量×单位产品人工工时

预计人工总成本=预计直接人工总工时×预计每小时人工成本

式中：预计生产量数据来自生产预算；单位产品人工工时和预计每小时人工成本数据来自标准成本资料；预计直接人工总工时和预计人工总成本是在直接人工预算中计算出来的。

由于人工工资都需要使用现金支付，所以不需要另外编制预计现金支出，可以直接作为编制现金预算的依据。

【例 5-8】D 公司生产的甲产品，单位产品所需直接人工小时为 6 小时，每小时工资率为 10 元。根据有关资料编制该公司 20×1 年的直接人工预算，见表 5-11。

表 5-11　　　　20×1 年直接人工预算　　　　金额单位：元

项 目	第 1 季度	第 2 季度	第 3 季度	第 4 季度	全年
预计生产量（见表 5-9）	1 250	1 530	1 820	2 020	6 620
单位产品工时（工时/件）	6	6	6	6	6
直接人工工时总数	7 500	9 180	10 920	12 120	39 720
小时工资率（元/工时）	10	10	10	10	10
直接人工总成本	75 000	91 800	109 200	121 200	397 200

随堂测 5-6

【单选题】直接人工预算中的单位产品人工工时和每小时人工成本数据来自（　　）。

A. 标准成本资料　　B. 实际成本资料　　C. 计划成本资料　　D. 市场成本资料

（五）制造费用预算

制造费用预算通常分为变动制造费用预算和固定制造费用预算两部分。其中，变动制造费用预算以生产预算为基础编制。如果有完善的标准成本资料，则用单位产品的标准成本乘以产量计算得到变动制造费用预算金额。如果没有标准成本资料，就需要逐项预计计划产量需要的各项变动制造费用。固定制造费用需要逐项进行预计，通常与产量无关，按季度实际需要的支付额预计，然后求出全年数。

为方便编制产品成本预算，需要计算变动制造费用预算分配率和固定制造费用预算分配率。其计算公式如下：

$$变动制造费用预算分配率=\frac{变动制造费用预算总额}{预计产量（或预计直接人工工时）}$$

$$固定制造费用预算分配率=\frac{固定制造费用预算总额}{预计产量（或预计直接人工工时）}$$

在编制制造费用预算的同时，还应编制制造费用现金支出预算，为编制现金预算提供资料。一般情况下，制造费用中，除折旧费之外都需要用现金支付。

【例5-9】D公司按年度预算产量所需直接人工工时总数计算分配制造费用。根据有关资料编制该公司20×1年制造费用预算，见表5-12。

表5-12　20×1年制造费用预算　金额单位：元

项 目	第1季度	第2季度	第3季度	第4季度	全年
变动制造费用：					
间接人工（15元/件）	18 750	22 950	27 300	30 300	99 300
间接材料（10元/件）	12 500	15 300	18 200	20 200	66 200
修理费（8元/件）	10 000	12 240	14 560	16 160	52 960
水电费（6元/件）	7 500	9 180	10 920	12 120	39 720
小计	48 750	59 670	70 980	78 780	258 180
固定制造费用：					
管理人员工资	110 000	120 000	120 000	110 000	460 000
修理费	5 000	5 200	5 000	5 800	21 000
折旧	60 000	60 000	60 000	60 000	240 000
保险费	15 000	15 000	15 000	16 400	61 400
财产税	3 000	3 000	3 000	3 000	12 000
小计	193 000	203 200	203 000	195 200	794 400
合计	241 750	262 870	273 980	273 980	1 052 580
减：折旧	60 000	60 000	60 000	60 000	240 000
现金支出	181 750	202 870	213 980	213 980	812 580

变动制造费用分配率=258 180÷39 720=6.5（元/小时）

固定制造费用分配率=794 400÷39 720=20（元/小时）

（六）产品成本预算及期末存货成本预算

产品成本由直接材料、直接人工和制造费用三项构成。编制产品成本预算和期末存货成本预算的主要依据是：销售预算、直接材料预算、直接人工预算和制造费用预算等。其计算公式为：

$$\frac{预计单位}{产品成本}=\frac{预计单位产品}{直接材料成本}+\frac{预计单位产品}{直接人工成本}+\frac{预计单位产品}{变动制造费用}+\frac{预计单位产品}{固定制造费用}$$

期末产成品存货成本=期初产成品存货成本+本期预计产品成本-本期销售产品成本

上式中，期初产成品存货成本和本期销售产品成本应根据具体的存货计价方法确定。

确定期末产成品存货成本后，可以与预计期末直接材料成本汇总，一并在期末存货预算中予以反映。

【例5-10】D公司期初产成品存货单位成本为296元，期初、期末在产品存货均为零。

产成品存货采用先进先出法计价。根据有关资料编制D公司20×1年的甲产品成本预算及期末存货成本预算，见表5-13和表5-14。

表5-13　20×1年甲产品成本预算　金额单位：元

成本项目	单价（元/千克或小时）	单位用量（千克或小时）	单位成本	生产成本（6 620件）	资料来源
直接材料	15	5	75	496 500	表5-10
直接人工	10	6	60	397 200	表5-11
变动制造费用	6.5	6	39	258 180	
固定制造费用	20	6	120	794 400	
预计产品生产成本			294	1 946 280	
预计产品销售成本	100×296+6 400×294=1 911 200				表5-8

表5-14　20×1年期末存货成本预算　金额单位：元

项目	单位成本	期末存货量（件）	总成本	资料来源
产成品存货	294	220	64 680	表5-9、表5-13
原材料存货	15	950	14 250	表5-10
合　计			78 930	

（七）销售费用预算

销售费用预算是为规划一定预算期内在销售阶段组织产品销售预计发生各项费用水平而编制的一种业务预算。销售费用预算以销售预算为基础。企业在编制销售费用预算时，应对过去的销售费用进行分析，考察过去销售费用支出的必要性和效果，并以此作为参考。

销售费用预算的编制方法与制造费用预算的编制方法比较接近，通常需要按照成本性态将销售费用项目划分为变动销售费用和固定销售费用两类。另外在编制销售费用预算时，也应编制该销售费用现金支出预算，为编制现金预算提供资料。

重要提示

销售费用预算以销售预算为基础，在分析销售收入、销售利润与销售费用关系的基础上，力求实现销售费用的最低。

【例5-11】 D公司的变动销售费用按销售收入的一定比例计算，各项变动销售费用均于当季以现金支付。固定销售费用总额在上期基础上按照预算期的变化适当调整，确定其预算总额，并按季度平均分配。根据有关资料编制D公司20×1年的销售费用预算，见表5-15。

表5-15　20×1年销售费用预算　单位：元

项　目	第1季度	第2季度	第3季度	第4季度	全年
预计销售量收入（见表5-8）	480 000	600 000	720 000	800 000	2 600 000
变动销售费用：					
销售佣金（销售收入的1.5%）	7 200	9 000	10 800	12 000	39 000
其他费用（销售收入的1%）	4 800	6 000	7 200	8 000	26 000
小　计	12 000	15 000	18 000	20 000	65 000
固定销售费用：					
销售人员工资	10 000	10 000	10 000	10 000	40 000
广告费	15 000	15 000	15 000	15000	60 000
办公费	3 750	3 750	3 750	3 750	15 000
保险费	2 500	2 500	2　500	2 500	10 000
折旧	5 000	5 000	5 000	5 000	20 000
小　计	36 250	36 250	36 250	36 250	145 000
合　计	48 250	51 250	54 250	56 250	210 000
减：折旧	5 000	5 000	5 000	5 000	20 000
现金支出	43 250	46 250	49 250	51 250	190 000

随堂测5-7

【多选题】销售预算的编制依据是（　　）。

A.科学的销售预测　　B.合理的计划销售单价

C.适合的收款条件　　D.科学的生产计划

（八）管理费用预算

管理费用预算是指为规划一定预算期内企业管理部门管理和组织经营活动预计发生的各项费用水平而编制的一种业务预算。

在编制管理费用预算时，要结合企业业务绩效实际和一般经济状况，务必做到预算合理化。另外，为方便现金预算的编制，还需按季度编制管理费用现金支出预算。在假定管理费用均为固定费用的条件下，每季度预计管理费用现金支出为全年现金支出的平均数。

【例5-12】根据有关资料编制D公司20×1年管理费用预算，见表5-16。

表5-16　20×1年管理费用预算　单位：元

费用项目	金额
管理人员工资	55 000
办公费	35 000
业务招待费	25 000
折旧	30 000
保险费	15 000
合计	160 000
减：折旧	30 000
现金支出	130 000
每季现金支出平均数=130 000÷4=32 500	

二、专门决策预算编制

专门决策预算通常是指与项目投融资决策相关的专门预算，编制依据是企业作出的长期投资项目决策、筹资决策及其相关资料。它往往涉及长期建设项目的资金投放与融资，并且经常跨越多个年度。

案例

A公司的投资决策预算

专门决策预算的要点是准确反映项目资金投资支出与筹资计划，同时也是编制现金预算和预计资产负债表的依据。

【例5-13】D公司20×1年第2季度拟购置一台机器设备，预计需支出80 000元，第三季度对原有一台旧设备进行改造，预计需支出20 000元。根据有关资料编制D公司20×1年的专门决策预算，见表5-17。

表5-17　20×1年专门决策预算　单位：元

季　度	第1季度	第2季度	第3季度	第4季度	全年
购置设备一台		80 000			80 000
改造设备一台			20 000		20 000
借入长期借款	100 000				100 000

三、财务预算编制

(一) 现金预算的编制

现金预算又称现金收支预算，是以经营预算和专门决策预算为基础编制的，反映预算期企业预计现金收支情况，以及为满足理想现金金额而进行筹资或资金运用等的预算。

由于现金预算提供了较为详细的预算期企业现金收支情况，所以，可以使企业加强预算期现金收支的控制，合理使用、调度、筹集资金，保证企业财务活动正常进行。现金预算一般包括以下四部分内容：

1.可供使用现金

该项目主要指预算期初的现金余额和预算期内预计发生的现金收入，如销售现金收入和应收账款的收回等。

2.现金支出预算

该项目主要指预算期内可能发生的各项现金支出，如支付材料采购货款、工资、制造费用、销售费用及管理费用、财务费用、偿还应付账款、资本预算中的现金支出以及发放股息和上缴所得税等现金支出。

3.现金余缺

该项目主要指预算期内现金收入预算和现金支出预算相抵后的差额。如果收入大于支出，其差额为正数，说明在预算期内现金有剩余，企业应对剩余现金作出合理安排；如果现金收入小于现金支出，其差额为负数，则表明企业在预算期内现金不足，企业应进行资金筹集。

4.资金筹措与运用

该项目反映预算期内因资金不足而向银行借款、发放短期商业票据、收回投资等而引起的现金收入，及资金多余时归还借款本金、支付利息、进行短期投资而引起的现金支出。

各业务部门的分项预算编制完成以后，财务部门就可以根据各分项预算编制现金预算。现金预算的编制基础是业务预算和资本预算。它应按年分季（或分月）进行编制，以便对现金流量在预算期内进行控制。其主要计算公式如下：

可动用现金=期初现金余额+本期现金收入

某期现金余缺=可动用现金-本期现金支出

期末现金余额=现金余缺+现金筹措-现金运用

重要提示

明确现金预算的编制依据，有利于促进企业现金预算的可靠性和一致性，避免现金预算编制过程中的随意性和不完整性。

【例5-14】D公司20×1年年初的现金余额为200 000元，每季季末现金余额最低限额为300 000元，当现金余额不足最低限额时，则应采用银行借款、发放短期商业票据等方式筹集资金，取得款项是10 000元的倍数；当现金余额高于限额时，应归还借款或购买有价证券等，从而使现金余额降至最低限额。假定借款为每季季初，还款为每季季末，短期借款年利率为10%，长期借款年利率为12%，借款利息按季支付。估计每季预交所得税12 500元。根据表5-8至表5-17以及其他相关资料，编制D公司20×1年现金预算，见表5-18。

表 5-18　20×1 年现金预算　单位：元

季　度	第 1 季度	第 2 季度	第 3 季度	第 4 季度	合计
期初现金余额	200 000	302 965	300 950	304 700	200 000
加：现金收入（见表 5-8）	436 000	564 000	684 000	776 000	2 460 000
可供使用的现金	636 000	866 965	984 950	1 080 700	2 660 000
减：现金支出					
直接材料（见表 5-10）	85 035	106 845	129 570	145 560	467 010
直接人工（见表 5-11）	75 000	91 800	109 200	121 200	397 200
制造费用（见表 5-12）	181 750	202 870	213 980	213 980	812 580
销售费用（见表 5-15）	43 250	46 250	49 250	51 250	190 000
管理费用（见表 5-16）	32 500	32 500	32 500	32 500	130 000
所得税费用（估计）	12 500	12 500	12 500	12 500	50 000
购置及改造设备（见表 5-17）		80 000	20 000		100 000
现金支出合计	430 035	572 765	567 000	576 990	2 146 790
现金余缺	205 965	294 200	417 950	503 710	513 210
资金筹措与运用：					
借入长期借款	100 000				100 000
取得短期借款		10 000			10 000
归还短期借款			10 000		10 000
短期借款利息（年利率 10%）		250	250		500
长期借款利息（年利率 12%）	3 000	3 000	3 000	3 000	12 000
归还长期借款				100 000	100 000
购买有价证券（年利率 15%）			100 000	100 000	200 000
期末现金余额	302 965	300 950	304 700	300 710	300 710

重要提示

在实际工作中，利润表预算中的“所得税费用”项目是在利润规划时估计的，并已列入现金预算，它通常不是根据“利润”和所得税税率计算出来的，因为有诸多纳税调整事项存在。此外，从预算编制程序上看，如果根据“本年利润”和税率重新计算所得税，就需要修改“现金预算”，引起信贷计划修订，进而改变“利息”，最终又要修改“本年利润”，从而陷入数据的循环修改。

（二）预计利润表的编制

预计利润表是综合反映企业在预算期的预计经营成果的预算。它是控制企业经营活动和财务收支的依据，是企业最主要的财务预算表之一。通过编制预计利润表，可以了解企业预期的盈利水平，也为企业财务控制提供依据。

编制预计利润表的主要依据是经营预算和现金预算。预计利润表通常是按年编制，但也可以根据企业管理需要分季度编制。预计利润表的内容、格式与财务会计的利润表基本相同。

由于税法的规定与会计处理方法不完全相同，有些费用按税法规定不能列作税前费用，而可以在会计处理上列作税前费用。因此，会计上的税前利润与税法规定的应纳税所得额往往不一致，应交所得税额一般不等于税前利润与所得税税率的乘积。所以，在编制预计利润表时，所得税额通常为估计值。

【例 5-15】根据销售预算、产品成本预算、销售费用预算及管理费用预算、现金预算等资料，编制 D 公司 20×1 年度的预计利润表，见表 5-19。

表 5-19　　20×1年度预计利润表　　单位：元

项　目	金额
销售收入（见表5-8）	2 600 000
减：销售成本（见表5-13）	1 911 200
销售毛利	688 800
减：销售费用（见表5-15）	210 000
管理费用（见表5-16）	160 000
财务费用（见表5-18）	12 500
利润总额	306 300
减：所得税费用（估计）	50 000
净利润	256 300

（三）预计资产负债表的编制

预计资产负债表是反映企业预算期末预计财务状况的预算。它是以预算期开始日的资产负债表为基础，结合预算期经营预算、专门决策预算、现金预算和预计利润表进行编制。它是企业全面预算编制的终点。企业编制预计资产负债表的目的，在于判断预算反映的财务状况的稳定性和流动性。如果通过对预计资产负债表的分析，发现某些财务比率不佳，必要时可修改有关预算，以便改善财务状况。

【例5-16】D公司按预计净利润的10%提取盈余公积。以预算期初的资产负债表为基础，结合D公司20×1年经营预算、专门决策预算、现金预算和预计利润表及其他有关资料，编制该公司20×1年预计资产负债表，见表5-20。

表 5-20　　20×1年预计资产负债表　　单位：元

资　产	年初余额	年末余额	资料来源及计算过程说明
流动资产：			
货币资金	200 000	300 710	年初年末货币资金余额均来自现金预算表，见表5-18
交易性金融资产	0	200 000	年末交易性金融资产来自现金预算，见表5-18
应收账款	100 000	240 000	年初应收账款余额来自表5-8的“上年应收账款”，年末余额240 000=800 000×30%，见表5-8
存货	43 100	78 930	年初存货成本43 100=900×15+100×296，期末存货成本78 930=950×15+220×294，见表5-9、表5-10、表5-14
流动资产合计	343 100	819 640	
非流动资产：			
固定资产原值	800 000	900 000	固定资产年初余额来源于D公司上年年末的资产负债表（略）；年末固定资产余额900 000=800 000+100 000，见表5-17
减：累计折旧	80 000	370 000	累计折旧年初余额来源于D公司上年年末的资产负债表（略），本年累计折旧370 000=80 000+240 000+20 000+30 000，见表5-12、表5-15、表5-16
固定资产净值	720 000	530 000	
非流动资产合计	720 000	530 000	
资产总计	1 063 100	1 349 640	
负债及所有者权益			
流动负债：			
短期借款	0	0	
应付账款	30 000	60 240	应付账款期初余额来自表5-10的“上年应付账款”，年末余额60 240=150 600×40%
流动负债合计	30 000	60 240	

续表

资 产	年初余额	年末余额	资料来源及计算过程说明
非流动负债：			
长期借款	350 000	350 000	长期借款年初余额来源于D公司上年年末资产负债表（略）。本年增加长期借款100 000元，本年第四季度末归还长期借款100 000元，期末长期借款余额为350 000元
非流动负债合计	350 000	350 000	
负债合计	380 000	410 240	
所有者权益：			
实收资本	600 000	600 000	
资本公积	53 100	53 100	
盈余公积	30 000	55 630	年末盈余公积55 630=30 000+256 300×10%，见表5-19
未分配利润	0	230 670	年末未分配利润230 670=256 300−25 630
所有者权益合计	683 100	939 400	
负债和所有者权益总计	1 063 100	1 349 640	

素养提升

预算不仅是企业年度经营目标，也是企业经营活动的控制标准。企业在日常经营活动过程中，应将实际执行情况与预算进行对比，发现偏差，查找分析原因，及时采取有效措施予以纠正，以保证预算目标的实现。因此，财务人员不仅应具备能够灵活运用各种预算方法为企业编制预算的能力，更要具有高度的责任心和敬业精神。对待预算中的每一个数字、每一个细节，都要做到一丝不苟、精益求精。只有这样，才能保证预算工作的质量，才能在实际工作中避免出现误差和疏漏，才能有效使用资源，提高经营效率和效果。大学是人生中一个非常重要的阶段，也是一个充满挑战和机遇的时期。同学们在校不仅要学习知识，同时也在培养以后在职场工作的各项能力和职业素养。

任务四 预算执行、分析与考核

一、预算执行

预算编制完成后，应按照相关法律法规及企业章程的规定报经企业预算决策机构审议批准，以正式文件形式下达执行。企业预算一经批复下达，各预算执行单位应认真组织实施，将预算指标层层分解，从横向和纵向落实到各部门、各单位、各环节和各岗位，形成全方位的预算执行责任体系。预算执行一般应按照预算的控制、预算的调整等程序进行。

（一）预算控制

预算的控制是指企业以预算为标准，通过预算分解、过程监督、差异分析等促使日常经营不偏离预算标准的管理活动。

企业应建立预算控制授权制度，强化预算责任，严格预算控制。企业应建立预算执行的监督、分析制度，提高预算管理对业务的控制能力。企业应按照权、责、利相匹配的原则将预算分解至各责任中心，既公平合理，又有利于企业实现预算目标。

企业应将预算作为预算期内组织、协调各项经营活动的基本依据，将年度预算细分至更具体的时间段，如季度、月度乃至旬等，以便分期实施预算控制，确保年度预算目标的实现。

企业应强化现金流量的预算管理，按时组织预算资金的收入，严格预算外的项目支出，调节资金收付平衡，控制支付风险。对于预算内的资金拨付，按照授权审批程序执行；对于预算外的项目支出，应当按预算管理制度规范支付程序；对于无合同、无凭证、无手续的项目支出，不予支付。

企业应严格执行销售、生产和成本费用预算，努力完成利润指标。在日常控制中，企业应当健全凭证记录，完善各项管理规章制度，严格执行生产经营月度计划和成本费用的定额、定率标准，加强实时监控。

企业应建立预算报告制度，要求预算执行单位定期报告预算的执行情况。对于预算执行出现的异常情况，企业财务管理部门以及预算管理委员会应当责成有关预算执行单位查找原因、提出解决办法。

企业应通过信息系统展示、会议、报告、调研等多种途径及其形式，及时监督、分析预算执行情况，分析预算执行差异的原因，并提出解决的对策和建议。

（二）预算调整

预算的调整是指在预算执行时，由各预算责任主体根据经营管理要求、环境或政策变化，提出预算目标调整申请，经审批后，对预算进行修订的过程。

企业正式下达的预算应保持稳定，一般不予调整。企业应在制度中严格明确预算调整的条件、主体、权限和程序等事宜。当预算执行单位在预算执行中由于内外战略环境发生重大变化或突发重大事件等，导致预算编制的基本假设发生重大变化时，或导致预算执行结果产生重大偏差的，可进行预算调整。

案例

A公司精益化预算管理

企业应当建立内部弹性预算机制，对于不影响预算目标的业务预算、资本预算、筹资预算之间的调整，企业可以按照内部授权批准制度执行，鼓励预算执行单位及时采取有效对策，保障预算目标的实现。

企业预算调整，应当由预算执行单位逐级向企业预算管理委员会提出书面报告，阐述预算执行的具体情况、客观因素变化情况及其对预算执行造成的影响程度，提出预算指标的调整幅度。

企业财务管理部门应当对预算执行单位的预算调整报告进行审核分析，集中编制企业年度预算调整方案，提交预算管理委员会以及企业董事会或经理办公会审议批准，然后下达执行。

对于预算执行单位提出的预算调整事项，企业进行决策时，一般应当满足以下要求：

其一，预算调整事项不能偏离企业发展战略。

其二，预算调整方案应当在经济上实现最优化。

其三，预算调整重点应当放在预算执行中出现的重要的、非正常的、不符合常规的关键性差异方面。

随堂测5-8

【单选题】预算调整的基本程序是（　　）。

A.执行单位提出申请　　B.预算管理部门审议

C.上报上级管理部门　　D.相关权力机构审批

二、预算分析与考核

（一）预算分析

企业应当建立预算分析制度，由预算管理委员会定期召开预算执行分析会议，全面掌握预算的执行情况，研究、解决预算执行中存在的问题，纠正预算执行偏差。

开展预算执行分析，企业管理部门及各预算执行单位应当充分收集有关财务、业务、市场、技术、政策、法律等方面的信息资料，根据不同情况分别采用比率分析、比较分析、因素分析、平衡分析等方法，从定量定性两个层面充分反映预算执行单位的现状、发展趋势及发展潜力。

针对预算的执行偏差，企业财务管理部门及各预算执行单位应当充分、客观地分析产生的原因，提出相应的解决对策或建议，提交董事会或经理办公会研究决定。

企业预算管理委员会应当定期组织预算审计，纠正预算执行中存在的问题，充分发挥内部审计的监督作用，维护预算管理的严肃性。

预算审计可以采用全面审计或者抽样审计。在特殊情况下，企业也可组织不定期的专项审计。审计工作结束后，企业内部审计机构应当形成书面审计报告，直接提交预算管理委员会或经理办公会，作为预算调整、改进内部经营管理和财务考核的一项重要参考。

（二）预算考核

预算年度终了，预算管理委员会应当向董事会或者经理办公会报告预算执行情况，并依据预算完成情况和预算审计情况对预算执行单位进行考核。企业内部预算执行单位上报的预算执行报告，应经本部门、本单位负责人按照内部议事规范审计通过，作为进行预算考核的依据。企业预算按调整后的预算执行，预算完成情况以企业年度财务会计报告为准。

案例

X地铁集团预算考核

1.预算考核的方法

企业预算考核是指为了实现预算目标，运用定性和定量考核指标，采用特定方法，对各预算责任主体的预算执行情况进行的考核与评价。

企业预算考核主要针对定量指标进行考核，是企业绩效考核的重要组成部分。企业应建立健全预算考核制度，并将预算考核结果纳入绩效考核体系，与预算执行单位负责人的奖惩挂钩，并作为人力资源管理的参考，切实做到有奖有惩、奖惩分明。

2.预算考核的主体

预算考核主体和考核对象的界定应坚持上级考核下级、逐级考核、预算执行与预算考核相互分离的原则。按照企业预算管理组织结构，预算考核主体一般分为两个层次：

第一层次，是指预算管理委员会组织的预算考核小组，成员主要由财务、审计、计划和人力资源等相关部门的专业人员构成。对于企业预算的执行情况，预算管理委员会所属预算考核小组作为最高级别的考核主体行使其考核职责。

第二层次，是指企业内部各级部门。这是按照逐级负责制原则，由上级对下级的预算执行情况进行逐级考核与评价，其考核对象是下级各责任部门和相关负责人。

在预算考核体系中，处于中间层的各个部门既是上级考核主体的考核对象，又是下级部门的考核主体。

预算考核的具体对象是各预算执行单位（责任中心），以及各责任中心的管理团队和员工。

3.预算考核的原则

（1）公开、公平、公正原则

预算考核应以客观事实为依据，考核结果客观公正。预算考核必须公开，包括考核标准公开、考核方法公开、考核程序公开、考核结果公开及奖惩办法公开等。预算考核必须公平、公正，只有这样才有利于提高员工满意度和工作积极性。否则，会挫伤员工积极性，使其产生不满情绪，消极怠工。

（2）目标性原则

实施全面预算管理的目标要明确。在预算考核时，如果没有特殊原因，未能完成预算目标就说明预算执行者未能有效地执行预算。这是实施预算管理考评的首要原则。

（3）可控性原则

预算考核既是预算执行结果的责任归属过程，也是企业内部预算执行主体间的利益分配过程。因此，各预算主体以其责权范围为限，仅对其可以控制的预算差异负责。

（4）适时性原则

预算考核要讲究时效性，当期预算执行结果要在预算期一结束就立即进行考核，不能“秋后算账”，否则就失去了考核的意义。只有对预算执行结果及时考核评价，并与企业奖惩制度密切结合，及时兑现，才有助于提高预算管理水平，确保预算目标实现。

素养提升

同学们，如果只上课而不考试，那么部分同学可能丧失学习动力，而老师也很难得知同学们的学习效果和学习中存在的问题。类似地，企业如果只编制预算而不进行预算考核，那么预算就可能成为摆设而失去其应有的作用。但是，考核只是一种手段，不是目的。所以，我们要以积极的心态看待考核，从中学习、总结，培养自己的批判性思维，提高学习和工作的积极性和主动性，培养和提升自己的综合能力。

数字技能拓展

【拓展主题】**利用Power BI完成销售预算编制**

【相关资料】A公司预计20×4年各季度的某产品销售量分别为1 200件、1 200件、1 100件、1 200件，20×5年第1季度销售量预计为1 300件。预计销售单价为5 000元。第1季度期初应收账款为零。公司销售收款政策为每季商品销售的60%是现销，40%的赊销部分下年度收回。销售预算格式见表5-21。

表5-21 销售预算

季　度	1	2	3	4	全年
预计销售量（件）					
销售单价（元/件）					
预计销售金额（元）					
其中：预计现金收入合计					

【拓展任务】通过Power BI工具，根据以上资料，编制20×5年销售预算。

首先，要基于20×4年销售变动率来预估20×5年的销售量，将整理好的20×5年预计销售量作为基础数据导入Power BI中；其次，基于预计销售量计算应收账款情况与预计现金收入合计情况。

微课

利用Power BI完成销售预算编制

【任务实施】

步骤1：基于销售预算编制思路，构建适用于Power BI平台的基础数据。

A公司预计20×4年各季度的某产品销售量分别为1 200件、1 200件、1 100件、1 200件，第2、3、4季度增长率分别为0%、-8.33%、9.09%，20×5年第1季度销售量预计为1 300件，那么可以推算出20×5年第2、3、4季度预计销售量分别为1 300件、1 192件、1 300件。构建好的基础数据表如图5-7所示。

C13　fx

	A	B	C	D	E	F
1	季度	1	2	3	4	
2	预计销售量（件）	1300	1300	1192	1300	

图5-7　构建好的基础数据表

原图

项目五

步骤2：将基础数据导入Power BI平台，点击“转换数据”，进入Power Query界面，如图5-8所示。

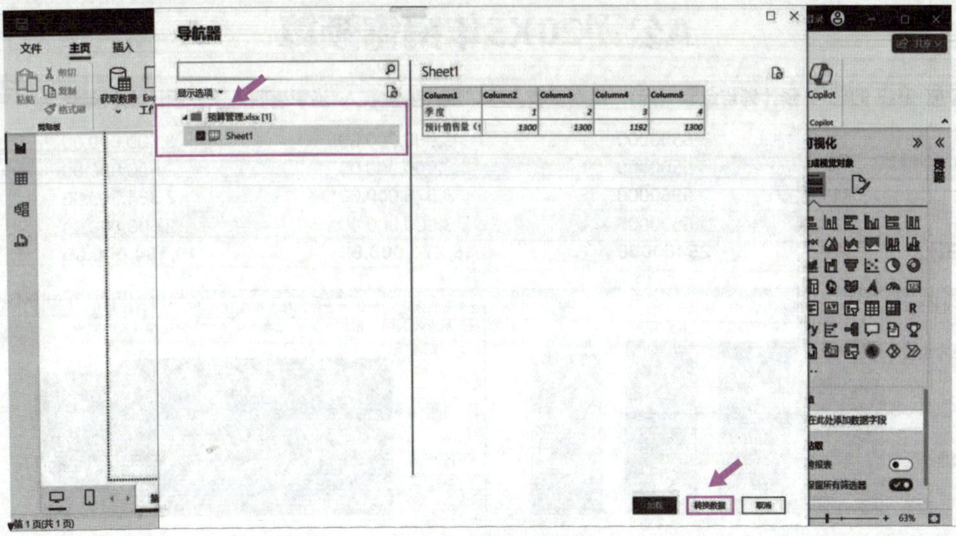

图5-8　获取数据

步骤3：在Power Query中，进行数据清洗，使数据规范化，如图5-9所示。完成数据清洗后，点击左上角的“关闭并应用”，进入Power BI界面。

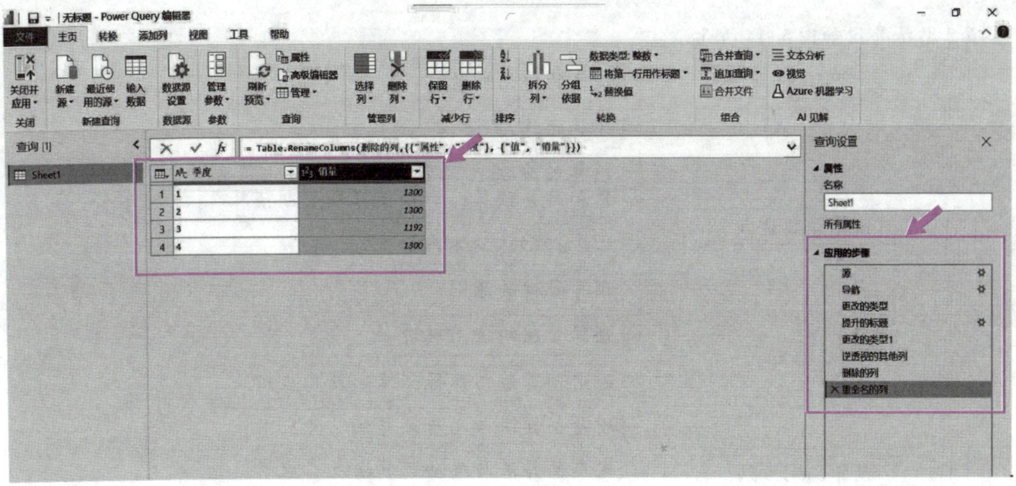

图5-9　数据清洗

步骤4：新建度量值，计算当季度预计销售金额，如图5-10所示。

```
1  预计销售金额（元） = SUM(Sheet1[销量])*5000
```

图5-10　新建度量值“预计销售金额（元）”

步骤5：新建度量值，计算当季度预计现金收入合计、预计应收账款合计，如图5-11、图5-12所示。

```
1  当季度收入中：预计现金收入 = [预计销售金额（元）]*0.6
```

图5-11　新建度量值“当季度收入中：预计现金收入”

```
1  当季度收入中：预计应收账款 = [预计销售金额（元）]*0.4
```

图5-12　新建度量值“当季度收入中：预计应收账款”

步骤6：将预算编制结果进行可视化展现，如图5-13所示。

A公司20X5年销售预算

季度	销量 的总和	预计销售金额（元）	当季度收入中：预计现金收入	当季度收入中：预计应收账款
1	1300	6500000	3,900,000.00	2,600,000.00
2	1300	6500000	3,900,000.00	2,600,000.00
3	1192	5960000	3,576,000.00	2,384,000.00
4	1300	6500000	3,900,000.00	2,600,000.00
总计	**5092**	**25460000**	**15,276,000.00**	**10,184,000.00**

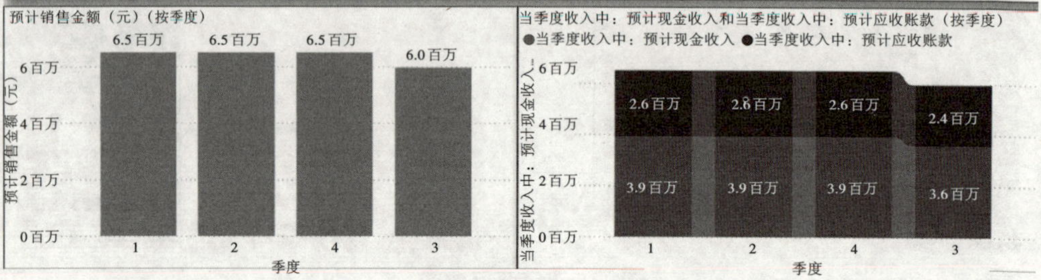

图5-13 销售预算可视化

本项目思维导图

本项目思维导图如图5-14所示。

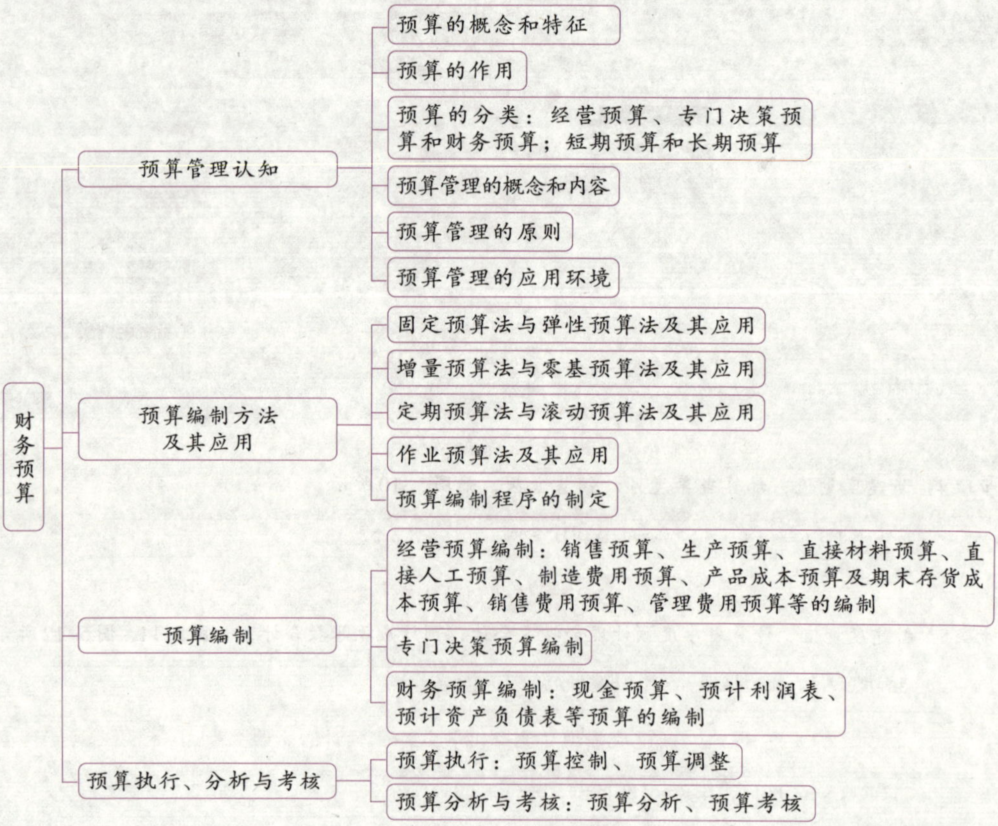

图5-14 本项目思维导图

岗课赛证同步训练

一、单项选择题

1.下列有关预算的表述中，错误的是（　　）。

A.预算是企业未来一定时期目标的数量说明

B.预算能使企业战略具体化、系统化、定量化

C.企业各种预测是编制预算的唯一可靠依据

D.财务预算是企业全面预算体系中的最后环节，也称总预算

2.企业预算编制的起点是（　　）。

A.销售预算　　B.生产预算　　C.采购预算　　D.财务预算

3.预算管理的融合性原则主要体现在（　　）。

A.预算管理应以企业战略为导向，引导各预算责任主体聚焦战略、专注执行、达成绩效

B.预算管理应以业务为先导、以财务为协同，嵌入企业经营管理活动的各个领域、各环节

C.预算管理应平衡长短期目标、整体利益和局部利益、收入与支出、结果与动因关系

D.预算管理应刚性与柔性相结合，并根据内外环境的变化适时调整预算

4.下列各项费用预算项目中，适宜采用零基预算编制方法的是（　　）。

A.直接人工预算　　B.职工培训费预算　　C.直接材料预算　　D.销售费用预算

5.下列关于生产预算的表述中，错误的是（　　）。

A.生产预算是一种业务预算　　B.生产预算以销售预算为基础

C.生产预算不涉及业务量指标　　D.生产预算是直接材料预算的编制依据

6.根据全面预算体系的分类，下列预算中属于财务预算的是（　　）。

A.销售预算　　B.现金预算　　C.材料采购预算　　D.直接人工预算

7.下列各项中，能够适应多种业务量水平并能克服固定预算法缺点的是（　　）。

A.弹性预算法　　B.增量预算法　　C.零基预算法　　D.滚动预算法

8.可能导致无效费用开支项目不能得到有效控制的预算方法是（　　）。

A.静态预算法　　B.增量预算法　　C.零基预算法　　D.定期预算法

9.以预算期内正常的、可实现的某一业务量水平为基础编制预算的方法称为（　　）。

A.零基预算　　B.定期预算　　C.滚动预算　　D.固定预算

10.随着预算执行不断补充预算，但预算期始终保持固定预算期长度，并能够保持预算的连续性和完整性的预算方法是（　　）。

A.零基预算　　B.弹性预算　　C.滚动预算　　D.定期预算

二、多项选择题

1.根据业务活动领域的不同，企业预算可分为（　　）。

A.经营预算　　B.专门决策预算　　C.财务预算　　D.总预算

2.预算最主要的特征是（　　）。

A.数量化　　B.综合性　　C.执行性　　D.强制性

3.相对固定预算而言，弹性预算的优点有（　　）。

A.预算成本低　　B.预算可比性强　　C.预算工作量小　　D.预算范围宽

4.运用公式“y=a+bx”编制弹性成本预算，字母x所代表的业务量可能有（　　）。

A.生产量　　B.销售量　　C.库存量　　D.材料消耗量

5.与零基预算法相比，增量预算法的主要缺点有（　　）。

A.可能不加分析地保留或接受原有成本项目

B.可能使成本费用得不到有效控制，造成预算上的浪费

C.容易使不必要的开支合理化

D.增加了预算编制的工作量，容易顾此失彼

6.下列各项中，属于滚动预算优点的有（　　）。

A.能够保持预算的持续性，有利于结合企业长短期目标，考虑未来业务活动

B.使预算随时间的推进不断加以调整和修正，使预算与实际更适应

C.预算期始终保持一个固定长度，能使预算期间与会计期间相对应

D.有利于充分发挥预算的指导和控制作用

7.在下列各项中，被纳入现金预算的有（　　）。

A.经营性现金收入　　B.经营性现金支出　　C.资本性现金支出　　D.现金余缺

8.在预算执行过程中，可能导致预算调整的情形有（　　）。

A.主要产品市场需求大幅下降

B.税收政策的变化导致公司税负大幅下降

C.重大公共卫生事件严重影响公司正常营业

D.公司进行重大战略调整导致实际与预算发生重大偏差

9.对于预算执行单位提出的预算调整事项，企业进行决策时，一般应当满足的要求有（　　）。

A.预算调整事项不能偏离企业发展战略

B.预算调整方案应当在经济上能够实现最优化

C.预算调整重点应当放在预算执行中出现的重要的、非正常的、不符合常规的关键性差异方面

D.预算调整方案必须经过企业股东表决通过方可执行

10.预算考核应遵循的原则有（　　）。

A.目标性原则　　B.可控性原则

C.适时性原则　　D.公平、公开、公正原则

三、判断题

1.企业董事会或类似机构应当为企业预算的管理工作负总责。（　　）

2.现金预算是反映企业预算期内现金收支详细情况的预算。（　　）

3.弹性预算的特点是能够使预算期始终保持在一个固定时期，随时间推进结合实际执行情况及时调整和修正，因此富有一定弹性。（　　）

4.生产预算是日常业务预算中唯一仅以实物量作为计量单位的预算。（　　）

5.企业在采用零基预算法编制预算时，需要以现有的费用项目为依据，但不以现有的费用水平为基础。（　　）

6.定期预算以不变的会计期间作为预算期，能够使预算期间与会计期间相对应，便于将实际数与预算数进行比较。（　　）

7.财务预算作为全面预算体系中的最后环节，可以从价值方面总括地反映经营期决策预算与业务预算的结果。（　　）

8.为确保预算的严肃性，无论出现什么情况，对企业正式下达执行的预算都不予调整。（　　）

9.专门决策预算主要反映项目投资与筹资计划，是编制现金预算和预计资产负债表的主要依据之一。（　　）

10.预算考核主体和考核对象的界定应坚持上级考核下级、逐级考核、预算执行与预算考核相互分离的原则。（　　）

四、计算题

1.永兴公司在预算期只生产销售甲产品，其销售单价为60元，每季度销售额当期收取60%，剩余在下季度收讫。公司预算期初应收账款余额为35 000元，预算期内预计销售量总计5 500件，其中，第一季

度1 000件、第二季度1 500件、第三季度1 800件、第四季度1 200件。

要求：根据上述资料编制永兴公司预算年度的销售预算。

2.恒通公司是一家小型家电生产企业，生产销售台式电风扇。预计20×1年台式电风扇各季度销售量分别为10 000台、8 000台、13 000台和12 000台。该产品期末无在产品存货，其产成品存货各季度末存量为下季度销售量的10%，年初产成品存货为800台，年末预计存货量为1 500台。

要求：根据上述资料编制恒通公司20×1年度台式电风扇的生产预算。

3.大兴公司20×1年制造费用预算的明细项目见表5-22。

表5-22　大兴公司制造费用预算的明细项目

业务量范围	3 000～6 000（工时）	
费用项目	固定成本（元/月）	单位变动成本（元/工时）
人工费用	3 000	0.80
物料费用		0.35
水电费用	1 000	0.30
维护费用	2 000	0.05
油料费用	1 500	0.25
折旧费用	3 000	
合计	10 500	1.75

要求：根据上述资料，利用列表法为大兴公司编制一套能够适应多种业务量的制造费用弹性预算，工时的相关范围为3 000～6 000工时（间隔1 000工时）。

4.鸿源公司生产销售电暖气，该公司自20×1年起开始编制全面预算。公司全面预算体系由业务预算、专门决策预算和财务预算构成。公司每季末的理想现金余额为6 000元，当现金不足时可向银行借款（借款发生在期初），年利率为10%，取得借款额为1 000的整倍数，现金多余时可归还借款（归还借款发生在期末）或购买短期有价证券。根据公司20×1年的业务预算和专门决策预算，财务人员已基本完成20×1年现金预算表，见表5-23。

表5-23　现金预算表　单位：元

项目	第1季度	第2季度	第3季度	第4季度	全年
期初现金余额	10 000	C	6 000	6 000	I
加：现金收入	A	94 000	120 000	112 500	415 500
可供使用的现金	99 000	D	126 000	118 500	J
减：现金支出					
直接材料	26 000	30 000	32 000	23 000	111 000
直接人工	20 000	25 000	28 000	22 000	95 000
制造费用	34 000	30 000	35 550	30 000	129 550
销售费用	2 000	3 000	4 000	4 500	13 500
购置设备	19 000	11 000	10 000	13 000	53 000
支付股利	4 000	4 000	4 000	4 000	16 000
现金支出合计	105 000	103 000	F	G	418 050
现金余缺	-6 000	E	12 450	22 000	7 450
资金筹措与运用					
取得银行借款（期初）	B=12 000	9 000	—	—	21 000
归还借款本息（期末）	—	—	6 450	H	16 125
购买有价债券				6 325	6 325
期末现金余额	6 000	6 000	6 000	6 000	6 000

要求：计算填列鸿源公司20×1年现金预算表中字母处的数据。

五、综合实训

实训任务　财务预算的编制

实训目的：熟练掌握财务预算的编制。

实训资料：某公司生产和销售A产品，计划编制20×2年度的全面预算。经预测，该公司20×2年预期资料如下：

（1）各季度预计销售量分别为3 000件、3 600件、4 000件、3 800件，单位售价为50元/件。每季度销售收入的60%于当季度收回，其余于下季度收回。20×2年年初应收账款余额为40 000元。

（2）上年年末A产品存货量为180件，预计20×2年年末存货量为210件，各季度的期末存货量按下季度销售量的10%计算。

（3）上年度末材料存货量为800千克，预计20×2年年末材料库存量为920千克。各季度材料期末库存量按下季度材料耗用量的20%计算。单位产品耗用量为2千克/件，单位采购成本为5元/千克。

（4）每季度采购材料款的50%于当季度支付，其余于下季度支付。20×2年年初应付账款余额为10 000元。

（5）单位A产品直接人工工时定额为5小时/件，小时工资率为3元/小时。

（6）变动制造费用按直接人工小时分摊，预计变动制造费用分配率为1.5元/小时。固定制造费用预计每季20 000元，其中折旧为5 000元。

（7）销售及管理费用变动部分按预计销售量分摊，预计单位变动费用为3元/件；固定部分每季度为15 000元。所有销售及管理费用均以现金支付。

（8）预计20×2年第1季度购买固定资产需花费20 000元。预计每季度缴纳所得税3 000元。预计每季度向股东支付利润2 000元。

（9）该企业20×2年年初现金余额为8 500元，预计20×2年各季度末最低现金余额为10 000元，现金不足时向银行借款，现金多余时归还借款并支付利息（年利率为10%）。借款额为1 000元的整倍数，借款时间为季初，归还借款时间为季末。

实训要求：根据上述资料编制该公司20×2年销售预算、生产预算、直接材料预算、直接人工预算、制造费用预算、产品成本预算、销售费用预算、管理费用预算和现金预算。

项目六
财务控制

■知识目标

1.了解财务控制的原则、条件、特征

2.理解财务控制、责任中心、标准成本、作业成本的含义

3.掌握责任中心、标准成本、作业成本的基本内容与考核指标

■能力目标

1.能够完成责任中心各项考核指标的计算

2.能够完成标准成本的制定并进行分析

3.能够完成作业成本的制定并进行分析

4.能够将AI人工智能、大数据技术用于财务控制

■素养目标

1.培养学生财务管理的基本思维，涵育学生对财务控制的认知

2.培养学生科学理财的财务自信，树立学生责权利相统一的责任观念

3.培养学生诚实守信的财务品质，厚植学生建立健全财务控制的责任意识

项目导读

2020年开业的安徽ML民宿酒店是安徽省首家民营特色文化酒店，在当地旅游业独占鳌头，口碑极佳。ML民宿酒店生意为什么如此红火呢？该酒店对于财务控制有着怎样的措施和方法？

ML民宿酒店在原材料控制方面尤其可圈可点，其控制内容主要包括以下四个方面：(1) 实行定量采购核定：各厨房主厨须在当天收市后根据原料的剩余情况、次日预定用量、淡旺季状况、菜肴受欢迎程度，拟出次日原料申请单，报行政总厨审批后于次日按量采购。(2) 实施责任成本控制：酒店设有项目经理责任中心、技术责任中心、物资设备责任中心等七个成本中心。(3) 实行专业标准，做好配送成本控制。酒店制作标准菜谱，详细记录每道菜肴制作所需的各种原料的数量，也是标准成本计算的基础。在实际运用中，严格按照规定的用量配送原料。这是食品耗量控制中较关键的一环。(4) 应用标准成本分析法有效控制成本：标准成本按成本控制子系统中的标准成本管理程序计算。调用当日销售菜肴的标准食谱卡，根据当日菜肴销售量，计算当日各种原料的标准耗用量，进而计算当日标准成本，并形成标准成本完成情况分析报表，找出差距，对于差距较大的原料耗费，查找原因，缩小实际成本与标准成本的差距，从而实现成本的有效控制。

工作中应如何运用更多的财务控制方法做好财务控制呢？学完本项目内容，你将能通过责任中心控制、标准成本控制、作业成本控制等方法很好地胜任这项工作。

任务一 财务控制认知

一、财务控制的概念与特征

财务控制是指对企业财务管理的资金投入及收益过程和结果进行衡量与校正，目的是确保企业目标以及为达到此目标所制订的财务计划得以实现。现代财务理论认为企业财务管理的目标以及它所反映的企业目标是企业价值最大化。财务控制总体目标是在确保法律法规和规章制度贯彻执行的基础上，优化企业整体资源综合配置效益，厘定资本保值和增值的委托责任目标与其他各项绩效考核标准来制定财务控制目标，是企业理财活动的关键环节，也是确保实现财务目标的根本保证，所以财务控制将服务于企业的财务管理目标。

财务控制作为企业财务管理工作的重要环节，是内部控制的一个重要组成部分，是内部控制的核心，是内部控制在资金和价值方面的体现，具有以下特征：

（一）价值控制

价值控制是指按照一定的程序与方法，确保企业及其内部机构和人员全面落实和实现财务预算的过程。它以价值形式为控制手段，以不同岗位、部门和层次的不同经济业务为综合控制对象，以控制日常现金流量为主要内容。

（二）综合控制

财务控制以价值作为手段，通过将不同部门、不同层次、不同岗位、不同业务活动联系并加以综合，建立和实施目标控制。

二、财务控制应具备的条件

做好财务控制需要从多个方面着手，首先需要建立组织机构，其次应建立责任会计核算体系，最后还应该制定奖罚制度，引导和规范员工的行为朝着符合企业需求方向发展。这些工作构成了财务控制应具备的基本条件。

（一）建立财务控制组织机构

企业建立的财务控制组织机构如图6-1所示。

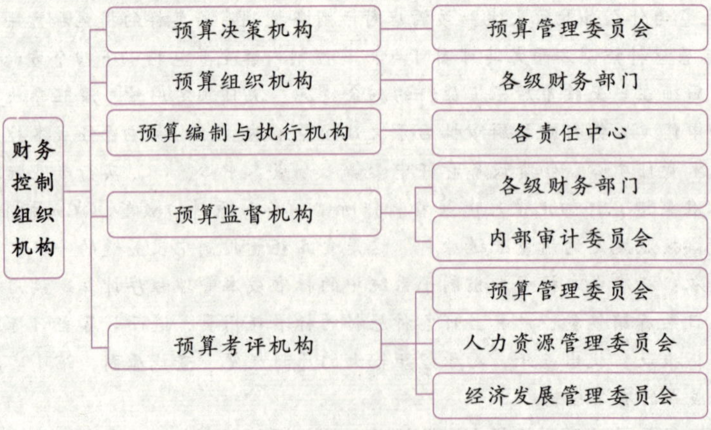

图6-1 财务控制组织机构

一般情况下，企业首先需要在期初编制财务预算，建立预算决策机构；在此基础上，为了做好日常财务控制，需要建立预算组织机构、预算编制与执行机构、预算监督机构；

最终，为了考核预算的执行情况，还需要建立相应的预算考评机构。实际工作中，这些机构可以根据企业需要将其职能归并到企业其他常设机构。同时，财务预算通常需要层层分解到分属的多个部门和层次执行，因此还需要为此建立各种执行预算的责任中心。

重要提示

企业要建立完善的财务控制体系，首要任务就是要构筑起结构合理、配置科学、程序严密，既能相互制衡、又能防止权责脱节的财务控制组织结构体系。

（二）建立责任会计核算体系

企业财务预算通过一个个责任中心形成责任预算，但是不管是企业总预算还是每一个责任预算都必须以会计核算为基础和前提。责任会计是以管理组织架构为基础，建立对管理业务单元进行责任预算和业绩评价考核为目的的会计体系。构建全面的责任会计核算体系，将责任会计核算与财务会计核算有机结合，在财务核算的基础上，围绕责任主体，独立建立责任会计账户和报表体系，对各项收益和费用（成本）进行分析调整，制作责任会计凭证，登记责任会计账簿，依据责任会计账簿记录制作责任会计报表，为提高企业财务控制水平继而作出正确财务决策提供依据。

（三）制定奖惩制度

从心理学的角度讲，业绩评价和奖惩制度是通过一系列正刺激和负刺激的作用，引导和规范员工的行为朝着符合企业需求的方向发展。绩效考评体系应根据公司的发展，用一定的量化标准对员工的业绩进行衡量。企业奖惩制度的科学实施，是企业目标实现的保证。奖惩制度的制定一定要体现公平、合理、有效，将过程考核与结果考核有机结合，切实发挥奖惩制度在企业财务控制中的重要作用。

案例

谷歌的Growth Mindest
绩效评估

三、财务控制的基本原则

财务控制的基本原则包括：

（一）目的性原则

企业应该根据财务管理的目标要求，有目的地针对具体目标，有效组织企业日常控制。

（二）经济性原则

实施财务控制必然发生一定的成本支出，只有当财务收益大于为实施控制花费的代价时，这种财务控制对企业而言才是必要的、可行的，才符合经济性原则。

（三）特殊性原则

企业财务控制涉及经营活动的各个方面，财务控制制度制定者需要将注意力集中在那些重要的、不正常的、非常规的预算执行差异之上。通过对特殊控制事项的管理，一方面分析实际脱离预算控制的原因，不断调整控制制度从而达到日常控制的目的；另一方面可以在运行中检验预算制定得是否符合企业实际、是否科学合理。

随堂测 6-1

【判断题】实施财务控制必然发生一定的成本支出，但是对特殊控制事项的管理只有其财务收益大于为实施控制花费的代价时，对企业而言才是必要和可行的。　　（　　）

四、财务控制的方法

实施财务控制的方法很多，常见的有防护控制法、反馈控制法等。防护控制法是指在财务活动前制定一系列制度、规定，以通过对实际财务活动的分析，预测可能出现的偏差，并采取措施予以排除的控制方法。反馈控制法是指通过财务活动实际数据与计划标准的对比，发现实际脱离标准的差异，并采取措施予以排除的控制方法。

随堂测 6-2

【单选题】"亡羊补牢"这句成语贴切地描述了下列控制方式中的（　　）。

A.事先控制　　B.实时控制　　C.反馈控制　　D.前馈控制

五、财务控制的工作程序

实施财务控制的工作程序如下：

（1）制定控制标准，即将计划任务以标准或指标的形式分解落实到各级、各部门，以使每个单位和个人的责任落实、要求明确，并便于以后的检查考核。

（2）执行标准，即按标准或指标开展各项财务活动。

重要提示

控制标准的制定和执行必须考虑员工的实际情况，包括他们的能力、使用的工具等。如果标准过高，员工将因根本无法实现而放弃努力；如果标准过低，员工的潜力又会得不到充分发挥。

（3）记录数据，即记录财务活动的实际执行情况。

（4）分析和消除差异，即通过实际数据与标准的对比，确定实际脱离标准的差异，并通过调整、研究，分析差异产生的原因，找出消除差异的措施，调整实际过程（或调整标准）。

（5）考核奖惩，即考核标准的执行结果，评价执行人的业绩，并根据其业绩给予奖惩。

素养提升

财务控制中的业绩评价和奖惩制度是通过一系列正刺激和副刺激，引导和规范员工的行为朝着符合企业需求的方向发展。不管是生活中还是工作中，同学们都需要学会赞美别人。人类本性最深的需要是渴望别人的欣赏、接纳和赞美。一句称赞，就是一点温暖，这个世界多了点赞美，也会变得可爱。正如歌德说得那样，"赞美别人就是把自己放在同他人一样的水平上。"以欣赏的目光去看待他人，也会让我们看到更美的风景。

任务二　责任中心控制

责任中心是指承担一定经济责任，并享有一定权利的企业内部（责任）单位，是一个责权利相结合的实体。责任中心是实施责任会计的始点和基础，有明确的决策权限，并据此考核业绩。划分责任中心的标准是：无论大小，凡是可以划清管理范围、明确经济责任、单独进行业绩考核的内部单位都可以成为责任中心。

责任中心控制就是对企业内部划分的各个责任中心，明确责任成本，并根据各责任中心的权、责、利关系来考核各中心工作业绩的一种成本管理模式。责任中心控制流程如图6-2所示。

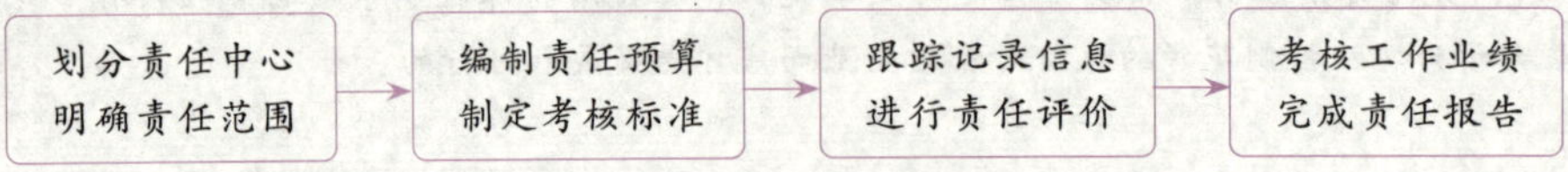

图6-2　责任中心控制流程

按照权限范围及业务活动特点不同，责任中心可以划分为成本中心、利润中心和投资中心。

一、成本中心及其考核

（一）成本中心的含义与类型

成本中心是指对成本或者费用承担责任的责任中心。成本中心通常是有权发生并控制成本的单位，一般不会产生收入，只计量考核发生的成本，是责任中心中应用最为广泛的一种形式。

重要提示

成本中心是应用最为广泛的一种责任中心形式。任何发生成本的责任领域，都可以确定为成本中心，上至企业，下至车间、工段、班组，甚至个人都可以划分为成本中心。成本中心的规模不一，一个成本中心可以由若干个更小的成本中心组成，因而在企业可以形成一个逐级控制，并层层负责的成本中心体系。

成本中心有广义和狭义之分。其中，广义的成本中心有标准成本中心和费用中心两种类型。

标准成本中心是以实际产出量为基础，并按标准成本进行成本控制的成本中心。通常，制造业工厂、车间、工段、班组等是典型的标准成本中心。在产品生产中，这类成本中心的投入与产出有着明确的函数对应关系，它不仅能够计量产品产出的实际数量，而且每个产品因有明确的原材料、人工和制造费用的数量标准和价格标准，从而对生产过程实施有效的弹性成本控制。实际上，任何一项重复性活动，只要能够计量产出的实际数量，并且能够建立起投入与产出之间的函数关系，都可以作为标准成本中心。

费用中心是指产出物不能以财务指标衡量，或者投入与产出之间没有密切关系的有费用发生的单位，通常包括一般行政管理部门、研究开发部门及某些销售部门。一般行政管理部门的产出难以度量，研究开发和销售活动的投入量与产出量没有密切的联系。费用中心的费用控制应重在预算总额的审批上。

狭义的成本中心是将标准成本中心划分为基本成本中心和复合成本中心两种。前者没有下属的成本中心，属于较低层次的成本中心；后者有若干个下属成本中心，属于较高层次的成本中心。

（二）成本中心的责任成本和可控成本

由成本中心承担责任的成本就是责任成本，它是该中心的全部可控成本之和。基本成本中心的责任成本就是其可控成本；复合成本中心的责任成本既包括本中心的责任成本，也包括下属成本中心的责任成本，各成本中心的可控成本之和即是企业的总成本。

可控成本是指责任单位在特定时期内，能够直接控制其发生的成本。可控成本必须同时具备以下条件：

第一，责任中心能够通过一定的方式预知成本的发生；

第二，责任中心能够对发生的成本进行计量；

第三，责任中心能够通过自己的行为对这些成本加以调节和控制；

第四，责任中心可以将这些成本的责任分解落实。

凡不能同时满足上述条件的成本就是不可控成本。对于特定成本中心来说，它不应当承担不可控成本的相应责任。

随堂测6-3

【多选题】关于成本中心，下列说法中正确的有（　　）。

A.成本中心是责任中心中应用最为广泛的一种形式

B.成本中心不考核收入，只考核成本

C.成本中心需要对所有成本负责

D.责任成本是成本中心考核和控制的主要内容

正确判断成本的可控性是成本中心承担责任成本的前提。从整个企业的空间范围和较长时间来看，所有的成本都是人的某种决策或行为的结果，都是可控的。但是，对于特定的人或时间来说，则有些是可控的，有些是不可控的。所以，对成本的可控性理解应注意以下几个方面：

1.成本的可控性总是与特定责任中心相关，与责任中心所处管理层次的高低、管理权限及控制范围的大小有直接关系

同一成本项目，其可控性因责任中心层次高低而不同。就整个企业而言，所有的成本都是可控成本；而对于企业内部的各部门、车间、工段、班组和个人来讲，则既有其各自的可控成本又有其各自的不可控成本。有些成本对于较高层次的责任中心来说属于可控成本，而对于其下属的较低层次的责任中心来讲，可能就是不可控成本，比如，车间主任的工资，尽管要计入产品成本，但不是车间的可控成本，而它的上级则可以控制该成本。反之，属于较低层次责任中心的可控成本，一定是其所属较高层次责任中心的可控成本。至于下级责任中心的某项不可控成本对于上一级的责任中心来说，就有两种可能，要么仍然属于不可控成本，要么属于可控成本。

成本的可控性要受到管理权限和控制范围的约束。同一成本项目，对于某一责任中心来讲是可控成本，而对于处在同一层次的另一责任中心来讲却是不可控成本。比如广告费，对于销售部门是可控的，但对于生产部门却是不可控的；又如直接材料的价格差异，对于采购部门来说是可控的，但对于生产耗用部门却是不可控的。

2.成本的可控性要联系时间范围考虑

一般说来，在消耗或支付的当期，成本是可控的，一旦被消耗或支付就不再可控了。如折旧费、租赁费等成本，是过去决策的结果，这在添置设备和签订租约时是可控的，而在使用设备或执行契约时就无法控制了。成本的可控性是一个动态概念，随着时间推移，成本的可控性还会随企业管理条件的变化而变化。如某成本中心的管理人员工资，过去是不可控成本，但随着用工制度的改革，该责任中心既能决定工资水平，又能决定用工人数，则该成本就转化为可控成本了。

3.成本的可控性与成本性态和成本可辨认性的关系

一般来讲，一个成本中心的变动成本大都是可控成本，固定成本大都是不可控成本。直接成本大都是可控成本，间接成本大都是不可控成本。但实际上也并不如此，需要结合有关情况具体分析。如广告费、科研开发费、教育培训费等酌量性固定成本是可控的；某个成本中心所使用的固定资产的折旧费是直接成本，但不是可控成本。

（三）成本中心的责任成本和产品成本

作为产品制造的标准成本中心，必然会同时面对责任成本和产品成本两个问题，承担责任成本还必须了解这两个成本的区别与联系。责任成本和产品成本的主要区别有：

1.成本归集的对象不同

责任成本是以责任成本中心为归集对象；产品成本则以产品为对象。

2.遵循的原则不同

责任成本遵循“谁负责谁承担”的原则，承担责任成本的是“人”；产品成本则遵循“谁受益谁负担”的原则，负担产品成本的是“物”。

3.核算的内容不同

责任成本的核算内容是可控成本；产品成本的构成内容是指应归属于产品的全部成本，它既包括可控成本，又包括不可控成本。

4.核算的目的不同

责任成本的核算目的是实现责权利的协调统一，考核评价经营业绩，调动各个责任中心的积极性；产品成本的核算目的是反映生产经营过程的耗费，规定配比的补偿尺度，确定经营成果。

重要提示

责任成本和产品成本的联系是：两者内容同为企业生产经营过程中的资金耗费。就一个企业而言，一定时期发生的广义产品成本总额应当等于同期发生的责任成本总额。

（四）成本中心考核指标

由于成本中心只对成本负责，对其评价和考核的主要内容是责任成本，即通过各责任成本中心的实际成本与预算责任成本的比较，以评价各成本中心责任预算的执行情况。成本中心考核指标包括成本（费用）变动额和成本（费用）变动率，计算公式为：

成本（费用）变动额＝实际责任成本（或费用）－预算责任成本（或费用）

成本（费用）变动率＝成本（费用）变动额÷预算责任成本（费用）×100%

在进行成本中心指标考核时，如果预算产量与实际产量不一致，应按弹性预算的方法先行调整预算指标，然后再按上述指标进行计算。

【例6-1】某企业内部某车间为成本中心，生产甲产品，预算产量5 000件，单位成本200元；实际产量5 500件，单位成本185元。要求：计算该成本中心的成本变动额和变动率。

解：成本变动额=185×5 500－200×5 000=17 500（元）

成本变动率=17 500÷（200×5 000）×100%=1.75%

计算结果表明，该成本中心的成本超支额为17 500元，超支幅度为1.75%。

（五）成本中心责任报告

成本中心责任报告是以实际产量为基础，反映责任成本预算实际执行情况，揭示实际责任成本与预算责任成本差异的内部报告。成本中心通过编制责任报告，以反映、考核和评价责任中心责任成本预算的执行情况。

【例6-2】某成本中心的责任报告见表6-1。

由表6-1中的计算可知，该成本中心实际责任成本比预算责任成本增加230元，上升了0.8%，主要在于本成本中心的可控成本增加130元和下属责任中心转来的责任成本增加100元所致，究其主要原因是设备维修费超支100元和甲班组责任成本超支400元，没有完成责任成本预算。乙班组责任成本减少300元，初步表明责任成本控制有成效。

表 6-1　　某成本中心的责任报告　　单位：元

项目	实际	预算	差异
下属责任中心转来的责任成本			
甲班组	11 400	11 000	+400
乙班组	13 700	14 000	−300
合计	25 100	25 000	+100
本成本中心的可控成本			
间接人工	1 580	1 500	+80
管理人员工资	2 750	2 800	−50
设备维修费	1 300	1 200	+100
合计	5 630	5 500	+130
本责任中心的责任成本合计	30 730	30 500	+230

重要提示

收入中心是对收入负责的责任中心，此类责任中心一般是创造收入的部门。其特点是所承担的经济责任只有收入，不对成本负责，因此，对收入中心只考核其收入实现情况。收入中心的考核指标主要包括特定财务期间内的销售收入目标完成百分比、销售回款率和坏账发生率等指标，并据此评估收入中心的目标达成效果。

二、利润中心及其考核

利润中心是既能控制成本，又能控制收入，对利润负责的责任中心，它是处于比成本中心高一层次的责任中心，其权利和责任相对都比较大。

重要提示

并不是说可以计量利润的组织单位都是真正意义上的利润中心。从根本目的上看，利润中心是指管理人员有权对其供货的来源和市场的选择进行决策的单位。

利润中心一般具有以下特征：

①独立性。利润中心对外虽无法人资格，但对内却是独立的经营个体，在产品售价、采购来源、人员管理及设备投资等方面，均享有高度的自主性。

②获利性。每一个利润中心都会有一张独立的利润计算表，并以其盈亏金额来评估其经营绩效。所以每一个利润中心都有一定的收入与支出。非属对外的营业部门，就需要设定内部交易和服务的收入，以便计算其利润。

（一）利润中心的类型

利润中心分为自然利润中心和人为利润中心两种。

自然利润中心是指自然形成的，直接对外提供劳务或销售产品以取得收入从而给企业带来收益的利润中心。这类责任中心一般具有产品销售权、价格制定权、材料采购权和生产决策权，具有很大的独立性。

人为利润中心是人为设定的，不能直接对外销售产品或者提供劳务，只能通过企业内部各责任中心按照内部结算价格（内部转移价格）相互提供产品或者劳务，取得内部销售收入。大多数成本中心都可以转化为人为利润中心，这类责任中心一般也具有相对独立的经营管理权，即能自主决定本利润中心生产的产品品种和产量、作业方法、人员调配和资金使用等，但这些部门提供的产品或劳务主要在企业内部转移，很少对外销售。

重要提示

常见的自然利润中心和人为利润中心有哪些呢？某些公司采用事业部制，每个事业部均有销售、生产、采购的职能，有很大的独立性，这些事业部就是自然的利润中心。人为的利润中心则主要在公司内部按照内部转移价格出售产品，例如，大型钢铁公司分成采矿、炼铁、炼钢、轧钢等几个部门，这些生产部门的产品主要在公司内部转移，它们只有少量对外销售，或者全部对外销售由专门的销售机构完成，这些生产部门可视为利润中心，并称为人为的利润中心。再如，公司内部的辅助部门，包括修理、供电、供水、供气等部门，可以按固定的价格向生产部门收费，它们也可以确定为人为的利润中心。

（二）利润中心的业绩考核指标

由于利润中心既对其发生的成本负责，又对其发生的收入和实现的利润负责。所以，利润中心业绩评价和考核的重点是边际贡献和利润。但对于不同范围的利润中心来说，其指标的表现形式也不相同。如某公司采用事业部制，其考核指标可采用以下几种形式：

指标一：部门边际贡献=部门销售收入总额-部门变动成本总额

指标二：部门经理可控利润=部门边际贡献-部门经理可控固定成本

指标三：部门可控利润=部门经理可控利润-部门经理不可控固定成本

指标四：部门税前利润=部门可控利润-分配的公司管理费用

其中，指标一“部门边际贡献”是利润中心考核指标中的一个中间指标，反映该利润中心的盈利能力，对业绩评价没有太大的作用。指标二“部门经理可控利润”又称可控边际贡献，它反映了部门经理在其权限范围内有效使用资源的能力。部门经理可控制收入，以及变动成本和部分固定成本，因而可以对可控利润承担责任。该指标主要用于评价部门经理的经营业绩。这里的主要问题是，要将各部门的固定成本进一步区分为可控成本和不可控成本，这是因为有些费用虽然可以追溯到有关部门，却不为部门经理所控制，如广告费、保险费等。因此，在考核部门经理业绩时，只扣减部门经理可控固定成本，而不考虑部门经理不可控固定成本。指标三“部门可控利润”，主要用于对部门的业绩评价和考核，用以反映该部门补偿共同性固定成本后对企业利润所作的贡献。如果要决定该部门的取舍，部门可控利润是有重要意义的信息。指标四“部门税前利润”，用以反映部门提供的可控利润抵补总部分配的公司管理费用后的盈利情况。总部分配的公司管理费用是利润中心必须承担的一项不可控费用，部门经理可集中精力增加收入并降低可控成本，为企业实现预期的利润目标作出应有的贡献。

重要提示

指标二衡量部门经理有效运用其控制下的资源的能力，是评价利润中心管理者业绩的理想指标，但忽略了应追溯但又不可控的生产能力成本，不能全面反映该利润中心对整个公司所作的经济贡献。指标三反映了部门为企业利润和弥补与生产能力有关的成本所作的贡献，因此用于评价部门业绩而不是该利润中心管理者的业绩。

随堂测6-4

【多选题】下列属于利润中心的业绩考核指标的有（　　）。

A.部门边际贡献　　B.部门经理可控利润

C.部门可控利润　　D.部门税前利润

【例6-3】某企业的某部门（利润中心）的有关指标资料见表6-2。

表6-2 **某利润中心的相关指标资料** 单位：万元

相关指标	金额
部门销售收入	100
部门销售产品的变动生产成本和变动性销售费用	70
部门经理可控固定成本	10
部门经理不可控固定成本	5
分配的公司管理费用	3

根据上述资料，该部门的各级利润考核指标分别为：

部门边际贡献=100-70=30（万元）

部门经理可控利润=30-10=20（万元）

部门可控利润=20-5=15（万元）

部门税前利润=15-3=12（万元）

（三）利润中心责任报告

利润中心通过编制责任报告，可以集中反映利润预算的完成情况，并对其产生差异的原因进行具体分析。

【例6-4】某利润中心的责任报告见表6-3。

表6-3 **某利润中心的责任报告** 单位：万元

项目	实际	预算	差异
销售收入	260	250	+10
减：变动成本	195	188	+7
其中：变动生产成本	160	150	+10
变动销售成本	35	38	-3
边际贡献	65	62	+3
减：固定成本	35	34.5	+0.5
其中：直接发生的固定成本	20	19	+1
上级分配的固定成本	15	15.5	-0.5
营业利润	30	27.5	+2.5

由表6-3中的计算可知，该利润中心的实际利润超额完成预算2.5万元，如果剔除上级分配来的固定成本这一因素，利润超额完成2万元。

三、投资中心及其考核

投资中心是指既要对成本、利润负责，又要对投资效果负责的责任中心。投资中心与利润中心的主要区别是：利润中心没有投资决策权，需要在企业确定投资方向后组织具体的经营；而投资中心则不仅在产品生产和销售上享有较大的自主权，而且具有投资决策权，能够相对独立地运用其所掌握的资金，有权购置或处理固定资产，扩大或削减现有的生产能力。投资中心是最高层次的责任中心，具有最大的决策权，也承担最大的责任。一般而言，大型集团所属的子公司、分公司、事业部往往都是投资中心。

案例

如何分析投资报酬率和加权平均净资产收益率?

投资中心拥有投资决策权和经营决策权，同时各投资中心在资产和权益方面应划分清楚，以便准确地算出各投资中心的经济效益，对其进行正确的评价和考核。

（一）投资中心的考核指标

投资中心评价与考核的内容是利润及投资效果，反映投资效果的指标主要是投资报酬率和剩余收益。

1.投资报酬率

投资报酬率是投资中心所获得的利润占投资额（或经营资产）的比率，可以反映投资中心的综合盈利能力。其计算公式为：

投资报酬率=净利润（或息税前利润）÷投资额（或平均经营资产）×100%

投资报酬率指标可分解为：

投资报酬率=投资（或经营资产）周转率×销售利润率

其中：平均经营资产=（期初经营资产+期末经营资产）÷2

投资报酬率是个相对数正指标，数值越大越好。目前，有许多企业采用投资报酬率作为评价投资中心业绩的指标。

该指标的优点是投资报酬率能反映投资中心的综合盈利能力，且剔除了因投资额不同而导致的利润差异的不可比因素，因而具有横向可比性，有利于判断各投资中心经营业绩的优劣；此外，投资利润率可作为选择投资机会的依据，有利于优化资源配置。

这一评价指标的不足之处是缺乏全局观念。当一个投资项目的投资报酬率低于某投资中心的投资报酬率而高于整个企业的投资报酬率时，虽然企业希望接受这个投资项目，但该投资中心可能拒绝它；当一个投资项目的投资报酬率高于该投资中心的投资报酬率而低于整个企业的投资报酬率时，该投资中心可能只考虑自己的利益而接受它，而不顾企业整体利益是否受到损害。

【例6-5】假设某个部门现有资产200万元，年净利润44万元，投资报酬率为22%。部门经理目前面临一个投资报酬率为17%的投资机会，投资额为50万元，每年净利8.5万元。企业投资报酬率为15%。请计算投资报酬率并说明意见。

投资报酬率=（44+8.5）÷（200+50）×100%=21%

尽管对整个企业来说，该项目投资报酬率高于企业投资报酬率，企业应当利用这个投资机会，但投资该项目却使这个部门的投资报酬率由过去的22%下降到21%，该部门可能拒绝它。

当使用投资报酬率作为业绩评价标准时，部门经理可以通过加大公式分子或减少公式的分母来提高这个比率。这样做，会失去不是最有利但可以扩大企业总净利的项目。从引导部门经理采取与企业总体利益一致的决策来看，投资报酬率并不是一个很好的指标。

为了使投资中心的局部目标与企业的总体目标保持一致，弥补投资报酬率这一指标的不足，可以采用剩余收益指标来评价、考核投资中心的业绩。

2.剩余收益

剩余收益是指投资中心获得的利润扣减投资额按预期最低投资报酬率计算的投资报酬后的余额。其计算公式为：

剩余收益=利润-投资额×预期最低投资报酬率

=投资额×（投资利润率-预期最低投资报酬率）

以剩余收益作为投资中心经营业绩评价指标，各投资中心只要投资利润率大于预期最低投资报酬率，即剩余收益大于零，该项投资项目就是可行的。剩余收益是个绝对数正指标，这个指标越大，说明投资效果越好。

【例6-6】某企业有若干个投资中心，平均投资报酬率为15%，其中，甲投资中心的投资报酬率为20%，该中心的经营资产平均余额为150万元。预算期甲投资中心有一追加投资的机会，投资额为100万元，预计利润为16万元，投资报酬率为16%。

要求：

（1）假定预算期甲投资中心接受了上述投资项目，分别用投资报酬率和剩余收益指标来评价考核甲投资中心追加投资后的工作业绩；

（2）分别从整个企业和投资中心的角度，说明是否应当接受这一追加投资项目。

根据以上资料计算和分析如下：

（1）甲投资中心接受投资后的评价指标分别为：

投资报酬率=（150×20%+16）÷（150+100）×100%=18.4%

剩余收益=16−100×15%=1（万元）

从投资报酬率指标看，甲投资中心接受投资后的投资报酬率为18.4%，低于该中心原有的投资报酬率20%；追加投资后，甲投资中心的投资报酬率指标下降了1.6%。从剩余收益指标看，甲投资中心接受投资后可增加剩余收益1万元，大于零，说明追加投资使甲投资中心有利可图。

（2）如果从整个企业的角度看，该追加投资项目的投资报酬率为16%，高于企业的投资报酬率15%；剩余收益为1万元，大于零。结论是：无论从哪个指标看，企业都应当接受该项追加投资。

如果从甲投资中心看，该追加投资项目的投资报酬率为16%，低于该中心的投资报酬率20%，若仅用这个指标来考核投资中心的业绩，则甲投资中心不会接受这项追加投资（因为这将导致甲投资中心的投资报酬率指标由20%降低为18.4%）；但若以剩余收益指标来考核投资中心的业绩，则甲投资中心会因为剩余收益增加了1万元，而愿意接受该项追加投资。

通过上例可以看出，利用剩余收益指标考核投资中心的工作业绩，能使个别投资中心的局部利益与企业整体利益达成一致，避免投资中心本位主义倾向。

需要注意的是，以剩余收益作为评价指标，所采用的投资报酬率的高低对剩余收益的影响很大，通常应以整个企业的平均投资报酬率作为最低报酬率。

随堂测6-5

【多选题】既能反映投资中心的投入产出关系，又可使个别投资中心的利益与企业整体利益保持一致的考核指标是（　　）。

A.可控成本　　B.利润总额

C.剩余收益　　D.投资报酬率

（二）投资中心责任报告

投资中心责任报告的结构与成本中心和利润中心类似。通过编制投资中心责任报告，可以反映该投资中心投资业绩的具体情况。

【例6-7】某投资中心的责任报告见表6-4。

表6-4　某投资中心的责任报告　金额单位：万元

项目		实际	预算	差异
营业利润	①	600	450	+150
平均经营资产	②	3 000	2 500	+500
投资报酬率	③=①÷②	20%	18%	+2%
按最低投资报酬率15%计算的投资报酬	④=②×15%	450	375	+75
剩余收益	⑤=①−④	150	75	+75

由表6-4中的计算可以看出，该投资中心的投资报酬率和剩余收益指标都超额完成了预算，表明该投资中心投资业绩比较优秀。

【例6-8】甲公司为某企业集团的一个投资中心，W是甲公司下设的一个利润中心，其相关资料如下：

资料一：20×4年W利润中心的营业收入为250万元，变动成本为170万元，该利润中心负责人可控固定成本为20万元，该利润中心负责人不可控但应由该利润中心负担的固定成本为15万元。

资料二：甲公司20×4年年初已投资1 500万元，预计可实现利润200万元，现有一个投资额为600万元的投资机会，预计可获利润90万元。该企业集团要求的最低投资收益率为10%。要求：

（1）根据资料一，计算W利润中心20×4年度的部门边际贡献；

（2）根据资料二，计算甲公司接受新投资机会前的投资收益率和剩余收益；

（3）根据资料二，计算甲公司接受新投资机会后的投资收益率和剩余收益；

（4）根据（2）（3）的计算结果，从企业集团整体利益的角度，分析甲公司是否应接受新投资机会，并说明理由。

根据以上资料计算如下：

（1）部门边际贡献=250−170−20−15=45（万元）

（2）接受新投资机会前的投资收益率=200÷1 500×100%=13.33%

接受新投资机会前的剩余收益=200−1 500×10%=50（万元）

（3）接受新投资机会后的投资收益率=（200+90）÷（1 500+600）×100%=13.81%

接受新投资机会后的剩余收益=（200+90）−（1 500+600）×10%=80（万元）

（4）从企业集团整体利益角度，甲公司应该接受新投资机会。因为接受新投资机会后，甲公司的剩余收益增加了。

素养提升

对于财务控制，责任中心是指承担一定经济责任，并享有一定权利的企业内部（责任）单位，是一个责权利相结合的实体，是实施责任会计的始点和基础。工作与生活中，我们同样需要责任与担当。责任承载着能力，一个充满责任感的人，才有机会充分展现自己的能力，而担当则是一种态度，亦是一种责任感。责任是一个人应当做某些事情或者不应当做某些事情；责任产于社会关系之中的承诺；担当就是接受并负起责任；担当就是一种勇于接受的态度，更是一种敢于负责的行动。在企业中，保障长期生存发展就要求其加强对财务工作的标准化建设，同时每一位员工的内心应时刻谨记自己的责任，从而对企业健康发展和控制起到积极作用。同学们要做一个有责任、敢担当的人。

任务三 标准成本控制

一、标准成本的含义与类型

（一）标准成本的含义

标准成本是运用科学方法，在正常的生产技术水平和有效的经营管理条件下，企业经过努力应达到的目标单位成本（直接材料、直接人工、制造费用），是预算控制系统的基准成本。

（二）标准成本的类型

管理人员在确定企业成本控制标准时，通常有以下三类标准可供选择：

1.理想的标准成本

理想的标准成本是一种理论标准，是指在现有条件下所能达到的最优成本水平，即在生产过程无浪费、机器无故障、人员无闲置、产品无废品的假设条件下制定的成本标准。这一标准由于太完美，一般企业员工无论怎样努力都难以达到，会抑制员工的积极性，所以，企业很少采用这一标准。

2.历史的标准成本

历史的标准成本是根据过去若干时期实际成本的资料，计算其平均值，并结合未来的变动趋势制定的标准成本。这一标准一般经过努力较易达到，但实际成本中往往包含了浪费和低效，所以这一标准比较“松弛”，以其作为控制目标不尽合理。

随堂测6-6

【判断题】理想标准成本考虑了生产过程中不能避免的损失、故障和偏差，属于企业经过努力可以达到的成本标准。（　）

3.现实的标准成本

现实的标准成本也是正常的标准成本，是指在现有的生产技术水平和正常生产经营能力情况下，企业经过努力应该达到的成本标准。这一标准考虑了生产过程中不可避免的原料浪费、机器偶然故障和人员闲置等低效与失误，具有客观性、现实性和激励性，比理想标准成本更现实，在实践中得到广泛运用。

重要提示

单位产品的标准成本与实际产量下的标准成本：

（1）单位产品的标准成本（适用于标准成本制定），计算公式为：

单位产品的标准成本=直接材料标准成本+直接人工标准成本+制造费用标准成本

$=\sum$(用量标准 × 价格标准)

（2）实际产量下的标准成本（适用于成本差异分析），计算公式为：

实际产量下标准成本=实际产量×单位产品的标准成本

=实际产量×用量标准×价格标准

=实际产量下的标准用量×价格标准

二、标准成本制定

产品标准成本是由直接材料标准成本、直接人工标准成本和制造费用标准成本三部分构成的，有关标准的制定要讲究科学性和艺术性，由企业各部门参与并支持，包括会计人员、采购人员、技术人员、生产人员及管理人员。制定标准成本时，往往需要利用历史的实际成本资料，但必须对其作出相应的调整，使得制定的标准成本保持现实可行性。

微课

标准成本的制定

（一）直接材料标准成本

直接材料标准成本是由价格和用量两项标准决定的，其计算公式如下：

直接材料标准成本=单位产品材料用量标准×单位材料价格标准

材料用量标准一般由生产部门负责，会同技术、财务、信息等部门制定；单位材料价格标准来自企业编制的计划价格，通常是以订货合同的价格为基础计算的。

【例6-9】红心公司生产A型号办公家具耗用的木蜡油原料的价格标准确定过程如下：

每千克的买价	10元
每千克的运输成本	0.50元
每千克的运输途中合理损耗	0.10元
购货折扣	-0.05元
每千克的标准价格	10.55元

红心公司生产A型号办公家具所耗用的木蜡油原料的消耗定额的确定过程如下：

材料	1.50千克
正常损耗	0.01千克
单位产品的原料消耗定额	1.51千克

由此：该产品的直接材料标准成本=10.55×1.51=15.93（元）

重要提示

材料的价格常常受到企业外在因素等不可控因素的影响，制定时以订货合同的价格为依据，与采购部门的人员充分合作，结合未来市场情况的变动来确定。

如果该产品生产需要耗用多种原料，应将各种原料的标准成本加总，得到单位产品的直接材料成本：

单位产品标准成本=∑（单位产品材料用量标准 × 单位材料价格标准）

（二）直接人工标准成本

直接人工标准成本是由单位小时工资率标准和单位产品工时标准决定的，其计算公式如下：

直接人工标准成本=单位小时工资率标准×单位产品工时标准

式中：单位小时工资率标准=标准工资总额÷标准总工时

重要提示

标准总工时通常根据一定时期的预算产量确定，即“预算产量下标准总工时”，或称“预算总工时”。工时标准由生产部门负责，会同技术、财务、信息等部门确定；工资率标准一般由人事部门负责。

【例6-10】红心公司生产A型号办公家具耗用的直接人工标准成本制定如下：

单位小时工资率	8.8元
附加福利工资率	1.2元
直接人工工资率标准	10元
单位产品基本工时	2小时
机器停工、清理工时	0.2小时
工人休息时间	0.5小时
单位产品标准工时	2.7小时

由此：该产品的直接人工标准成本=10×2.7=27（元）

重要提示

直接人工工时标准即单位产品的工时消耗定额，一般由企业的工程技术部门制定。在制定工时消耗定额时，应该包括工人必要的休息时间，以及机器停工、清理等不可控制的时间。

（三）制造费用标准成本

制造费用标准成本是由制造费用分配率标准和工时用量标准决定的。

制造费用标准成本=制造费用分配率标准×工时用量标准

1.制造费用分配率标准

制定制造费用分配率标准时，首先应将制造费用按照成本性态进行分类，分为变动制造费用和固定制造费用；其次，编制弹性预算，估计不同作业水平的制造费用预算总额；然后，按照下列公式确定制造费用分配率标准：

$$制造费用分配率标准=\frac{标准制造费用总额}{标准总工时}$$

式中：标准制造费用总额一般选择预算产量下的标准制造费用总额，标准总工时选择预算产量下的标准总工时。

2.制造费用工时用量标准

制造费用如果按照直接人工的工时比例进行分配，工时标准一般可以借用直接人工工时标准。

制造费用标准成本通常分为变动制造费用标准成本和固定制造费用标准成本两部分。相关计算公式如下：

$$变动制造费用标准成本=变动制造费用标准用量\times变动制造费用标准价格$$

$$固定制造费用分配率=\frac{固定制造费用标准成本}{预算产量下的标准总工时}$$

重要提示

变动制造费用“标准用量”可以是单位产量的燃料、动力、辅助材料等标准用量，也可以是产品的直接人工标准工时，或者是单位产品的标准机器工时，“标准价格”可以是燃料、动力、辅助材料等标准价格，也可以是小时标准分配率等。固定制造费用一般按照费用的构成项目实行总量控制，也可以根据需要计算标准分配率。计算分配率的“固定制造费用标准成本”一般是预算产量下固定制造费用预算总额。

【例6-11】红心公司生产A型号办公家具制造费用的标准成本计算如下：

生产量（千克）	1 000
直接人工工时（小时）	2 350
变动制造费用（元）	4 700
固定制造费用（元）	2 350

变动制造费用分配率标准=4 700÷2 350=2（元/小时）

固定制造费用分配率标准=2 350÷2 350=1（元/小时）

单位产品变动制造费用标准成本=2×2.7=5.4（元）

单位产品固定制造费用标准成本=1×2.7=2.7（元）

单位产品制造费用标准成本=5.4+2.7=8.1（元）

产品成本中直接材料、直接人工、制造费用项目的标准成本确定好后，可以编制该产品标准成本单。

现将上述红心公司A型号办公家具标准成本的有关资料进行汇总，制作的产品标准成本单见表6-5。

表6-5 A型号办公家具产品标准成本单

成本项目	价格标准（元）	数量标准	标准成本（元）
直接材料	10.55	1.51千克	15.93
直接人工	10	2.70小时	27
变动制造费用	2	2.70小时	5.40
固定制造费用	1	2.70小时	2.70
单位产品标准成本	—	—	51.03

三、成本差异计算及分析

（一）成本差异分析的意义

成本差异分析是对企业一定时期内生产产品发生的实际成本与标准成本之间差异原因的分析，通过差异分析，可以进一步揭示实际执行结果与标准不同的深层原因。

成本差异的分析立足于企业弹性预算的基础上，它分为变动制造成本差异分析和固定制造成本差异分析两部分，差异的基本模式也略有不同。变动制造成本差异分析包括直接材料成本差异、直接人工成本差异、变动制造费用成本差异；固定制造成本差异分析即固定制造费用差异分析。通过前面的学习可以看到，任何一项费用的标准成本都是由两个因素，即价格（分配率）和用量（工时）决定的，因此，成本差异分析应该从价格差异和用量差异两个方面进行。

实际成本小于标准成本，二者差异称为有利差异；反之，则为不利差异。这两类差异都对企业经营业绩产生影响，需要详细分析。

随堂测6-7

【单选题】某公司月成本考核例会上，各部门经理正在讨论、认定直接材料价格差异的主要责任部门。根据你的判断，该责任部门应是（　　）。

A.采购部门　　B.销售部门　　C.劳动人事部门　　D.管理部门

（二）成本差异的计算与分析

1.直接材料成本差异计算与分析

直接材料成本差异是指直接材料的实际总成本与实际产量下标准总成本之间的差异，可以进一步分解为直接材料价格差异和直接材料用量差异。其计算公式如下：

由“变动成本=用量×价格”，可得：

直接材料成本差异=实际产量下实际成本−实际产量下标准成本

=实际产量下实际用量×实际价格−实际产量下标准用量×标准价格

=直接材料用量差异+直接材料价格差异

直接材料用量差异=（实际产量下实际用量−实际产量下标准用量）×标准价格

=（实际产量下实际用量−实际产量×标准用量）×标准价格

直接材料价格差异=实际产量下实际用量×（实际价格−标准价格）

=实际产量下实际成本−实际产量下实际用量×标准价格

【例6-12】甲公司采用标准成本制度核算产品成本。本月实际产量为225件产品，生产实际领用原材料32 000千克，其实际成本为20 000元。该产品直接材料的标准消耗量为200千克/件，标准单价为0.6元/千克，则：

直接材料实际产量下标准成本=（225×200）×0.6=27 000（元）

直接材料成本差异=20 000−27 000=−7 000（元）（节约）

直接材料用量差异=（32 000−225×200）×0.6=−7 800（元）（节约）

直接材料实际单价=20 000÷32 000=0.625（元/千克）

直接材料价格差异=32 000×（0.625−0.6）=20 000−32 000×0.6=800（元）（超支）

计算结果表明，直接材料成本总差异为有利差异7 000元，其中，价格差异为不利差异800元，用量差异为有利差异7 800元。

直接材料价格差异由企业采购部门负责，直接材料用量差异主要由生产部门负责。

重要提示

直接材料成本差异的原因和责任归属：

（1）数量差异：有生产部门原因，也有非生产部门原因，如产品设计结构、原料质量、工人的技术熟练程度、废品率的高低等；主要由生产部门承担责任。应该注意的是，较大金额的有利差异有可能是价廉质次的原料采购，对企业是一个不利因素。

（2）价格差异：形成原因包括市场价格受供求关系的影响、供货厂商的变动、运输方式导致的运输费变化、采购批量等的变动；主要由采购部门承担责任。

2.直接人工成本差异计算与分析

直接人工成本差异是直接人工实际总成本与实际产量下标准成本总额的差异，可分为直接人工工资率差异和直接人工效率差异两部分。直接人工工资率差异即直接人工价格差异，是每单位实际工资率与标准工资率之间的差异；直接人工效率差异即直接人工用量差异，是实际工时与标准工时之间的差异。其计算公式如下：

直接人工成本差异=实际人工总成本−标准人工总成本

=直接人工工资率差异+直接人工效率差异

直接人工工资率差异（价格差异）=（实际工资率−标准工资率）×实际工时

直接人工效率差异（用量差异）=（实际工时−实际产量下标准工时）×标准工资率

【例6-13】甲公司本月实际产量为225件产品，生产该产品本月消耗实际工时1 500小时，实际工资额为12 600元，该产品直接人工的工时标准为5小时/件，标准工资率为8元/小时，则：

直接人工实际产量下标准成本=（225×5）×8=9 000（元）

直接人工成本差异=12 600−9 000=3 600（元）（超支）

直接人工效率差异=（1 500−225×5）×8=3 000（元）（超支）

直接人工实际工资率=12 600÷1 500=8.4（元/小时）

直接人工工资率差异=1 500×（8.4−8）=12 600−1 500×8=600（元）（超支）

计算结果表明，直接人工成本为不利差异3 600元，是由直接人工效率的不利差异3 000元和直接人工工资率的不利差异600元引起的。

重要提示

直接人工成本差异的原因和责任归属：

（1）效率差异：工人技术状况、工作环境和设备条件的好坏等，均导致实际工时偏离标准工时；主要由生产部门承担责任。

（2）工资率差异：工资制度的变动、工人的升降级、加班或临时工的增减等，导致实际工资率偏离标准工资率；主要由劳动人事部门承担责任。直接人工价格差异一般较少产生，因为企业制定的工资率标准很少变动，除非整体工资水平调整。

3.变动制造费用成本差异计算与分析

变动制造费用成本差异是实际发生的变动制造费用总额与实际产量下标准变动制造费用总额之间的差额，是由变动制造费用耗费差异（价格差异）和变动制造费用效率差异（用量差异）构成的。其计算公式如下：

变动制造费用成本差异=变动制造费用耗费差异+变动制造费用效率差异

变动制造费用耗费差异=（变动制造费用实际分配率−变动制造费用标准分配率）×实际工时

=实际变动制造费用总额−变动制造费用标准分配率×实际工时

变动制造费用效率差异=（实际工时−实际产量下标准工时）×变动制造费用标准分配率

变动制造费用效率差异的形成原因与直接人工效率差异基本相同。

【例6-14】甲公司本月实际产量为225件产品，生产该产品本月消耗实际工时1 500小时，实际变动制造费用发生额为6 450元，该产品变动制造费用的工时标准为5小时/件，标准分配率为4元/小时，则：

实际产量下标准变动制造费用=（225×5）×4=4 500（元）

变动制造费用成本差异=6 450-4 500=1 950（元）（超支）

变动制造费用效率差异=（1 500-225×5）×4=1 500（元）（超支）

变动制造费用实际分配率=6 450÷1 500=4.3（元/小时）

变动制造费用耗费差异=1 500×（4.3-4）=6 450-1 500×4=450（元）（超支）

计算结果表明，变动制造费用总差异为不利差异1 950元，是由变动制造费用耗费的不利差异450元和变动制造费用效率的不利差异1 500元构成的。

4.固定制造费用成本差异计算与分析

固定制造费用成本差异是固定制造费用实际发生总额与实际产量下标准数额之间的差异。其计算公式为：

固定制造费用成本差异=实际产量下实际固定制造费用-实际产量下标准固定制造费用

=实际产量下实际工时×实际分配率-实际产量下标准工时×标准分配率

由于固定制造费用与变动成本的习性不同，其差异分析模式也不一样，通常分为两差异分析法和三差异分析法。

（1）两差异分析法

两差异分析法是将固定制造费用成本差异分为耗费差异和能量差异。

耗费差异也称开支差异或者预算差异，是指固定制造费用的实际金额与预算金额之间的差额。固定制造费用与变动成本不同，它不随业务量的变动而变动，在考核时不考虑业务量的变动，而是以原来的预算数作为标准，实际数超过预算数即视为耗费过多。其计算公式为：

固定制造费用耗费差异=实际产量下实际固定制造费用-预算产量下标准固定制造费用

=实际产量下实际固定制造费用-预算产量×标准工时×标准分配率

能量差异是指固定制造费用预算数与固定制造费用标准成本之间的差额，或者说是实际业务量的标准工时与生产能量的差额用标准分配率计算的金额。它反映实际产量标准工时未能达到生产能量而造成的损失。其计算公式如下：

固定制造费用能量差异=预算产量下标准固定制造费用-实际产量下标准固定制造费用

=预算产量下标准工时×固定制造费用标准分配率-实际产量下标准工时×固定制造费用标准分配率

=（预算产量下标准工时-实际产量下标准工时）×固定制造费用标准分配率

（2）三差异分析法

三差异分析法是将两差异分析法下的能量差异进一步分解为产量差异和效率差异，即固定制造费用成本差异分为耗费差异、产量差异和效率差异三部分，涉及“预算产量下标准工时”“实际产量下实际工时”“实际产量下标准工时”三者之间的比较。其计算公式为：

耗费差异=实际产量下实际固定制造费用-预算产量下标准固定制造费用

=实际产量下实际固定制造费用-预算产量×标准工时×标准分配率

产量差异=（预算产量下标准工时－实际产量下实际工时）×标准分配率

效率差异=（实际产量下实际工时－实际产量下标准工时）×标准分配率

【例6-15】甲公司本月预算产量为 304 件，实际产量为 225 件，固定制造费用预算总额（即预算产量下标准固定制造费用）为 15 200 元，实际固定制造费用发生额为 16 000 元。该产品的工时标准为 5 小时/件，生产该产品本月消耗实际工时 1 500 小时。则：

预算产量下标准工时=304×5=1 520（小时）

实际产量下标准工时=225×5=1 125（小时）

固定制造费用标准分配率=15 200÷1 520=10（元/小时）

实际产量下标准固定制造费用=1 125×10=11 250（元）

根据上述有关资料，计算甲公司本月固定制造费用成本差异如下：

（1）两差异分析法。实际成本 16 000 元、预算成本 15 200 元、标准成本 11 250 元之间的比较。

耗费差异=16 000－15 200=800（元）（超支）

能量差异=15 200－11 250=3 950（元）（超支）

或 能量差异=（1 520－1 125）×10=3 950（元）（超支）

（2）三差异分析法。即预算产量下标准工时 1 520 小时、实际产量下实际工时 1 500 小时、实际产量下标准工时 1 125 小时之间的比较。

耗费差异=16 000－15 200=800（元）（超支）

产量差异=（1 520－1 500）×10=200（元）（超支）

效率差异=（1 500－1 125）×10=3 750（元）（超支）

素养提升

企业需要制定标准成本进行成本控制，社会与国家亦如此。同学们应该树立标准意识，若没有标准，或有标准没有执行，每个员工就只能按照自己的理解、自己的经验来操作，而不同的人有不同的立场、经验、观点等，从而导致问题处理的结果五花八门，这必然导致混乱。因此，没有标准化的过程就没有标准，反过来说，有了标准，没有标准化的过程使之实施和改进，标准也就形同虚设，失去了意义。国家设立标准更加有利于促进行业的进步，以及推广行业的认知，促进全行业共同繁荣进步，另外，标准对于个人以及组织也是十分重要的，标准是一把尺子，对外衡量工作，衡量如何做人；对内，衡量内心，衡量自我；对公司，衡量何可做，何不可为。统一的标准能提高效率，这就是标准的价值所在。

任务四 作业成本控制

一、作业成本法的基本概念

微课

认识作业成本法

作业成本法（Activity-based Costing，ABC）的产生最早可以追溯到20世纪30年代末40年代初期，由杰出的会计大师埃里克·科勒最早提出。20世纪80年代，美国哈佛大学库伯和卡普兰两位教授撰写了一系列关于作业成本法的案例、论文和著作，引起西方会计界的普遍重视。20世纪末，以美、英等国家为代表的西方会计界开始对作业成本法的理论和实践产生了广泛的研究兴趣，许多会计学者发表和出版了大量研究探讨作业成本法的论文和专著，作业成本法已成为人们广泛接受的一个概念和术语，作业成本法的理论亦日趋完善，并已在一些企业中得到了推广应用，更促进了作业成本法的发展。

对作业成本计算法的认识，应从以下几个基本概念着手：

（一）作业与作业中心

“作业”是作业成本法下最基本的概念，是进行作业成本计算的核心和基础。一般认为，作业是企业为了提供一定产量的产品或劳务所消耗的人力、原材料、方法和环境的集合体。通俗地讲，作业也就是基于一定目的，以人为主体、消耗一定资源的特定范围内的工作。常见的作业可以分为以下四类：单位级作业、批次级作业、品种级（产品级）作业、生产维持级作业。作业中心又称成本库，是指构成一个业务过程的相互联系的作业集合，是用来汇集业务过程及其产出的成本。

（二）作业价值链

作业价值链，简称价值链，是指企业为了满足顾客需要而建立的一系列有序的作业及其价值的集合体。这样，作业成本法就在计算产品成本的同时，确定了产品与成本之间具有因果联系的结构体系，它是由诸多作业构成的链条，即作业链和各种作业所创造的价值相应形成价值链的一个集合。

重要提示

通过作业价值链的分析，能够明确各项作业，并计算最终产品增值的程度。按照作业成本法的原理，“产品消耗作业，作业消耗资源”，一项作业转移为另一项作业的过程，同时也伴随着价值量的转移，由此形成作业价值链。

（三）成本动因

成本动因理论是由库珀和卡普兰于1987年在《成本会计怎样系统地歪曲了产品成本》一文中提出来的。该理论认为，作业是组织内消耗资源的某种活动或事项。作业是由产品引起的，而作业又引起资源的消耗，成本是由隐藏其后的某种推动力引起的。这种隐藏在成本之后的推动力就是成本动因。或者说，成本动因就是引起成本发生的因素。

重要提示

成本动因有两种形式：

①资源动因，是指决定一项作业所耗费资源的因素，反映作业量与资源耗费间的因果关系。

②作业动因，是将作业中心的成本分配到产品或劳务、顾客等成本目标中的标准，它也是将资源消耗与最终产出相沟通的中介。

（四）成本库或作业中心

成本库或作业中心是指作业所发生的成本的归集。在传统的成本会计中，以部门进行各类制造费用的归集，而在作业成本法中，将每一个作业中心所发生的成本或消耗的资源归集起来作为一个成本库。一个成本库是由同质的成本动因组成，它对库内同质费用的耗费水平负有责任。

二、作业成本法的应用步骤

作业成本法应用的具体步骤主要有四步，依次是作业认定、作业成本库设计、资源成本分配到作业和作业成本分配到成本对象。

（一）作业认定

作业认定是指企业识别由间接或辅助资源执行的作业集，确认每一项作业完成的工作以及该作业所耗费的资源费用，并据以编制作业清单的过程。作业认定需要对每项消耗资源的作业进行定义，识别每项作业在生产活动中的作用、与其他作业的区别，以及每项作业与耗用资源的联系。

作业认定的具体方法一般包括调查表法和座谈法。调查表法是指通过向企业全体员工发放调查表，并通过分析调查表来认定作业的方法；座谈法是指通过与企业员工面对面交谈，来认定作业的方法。企业应将两种方法结合使用，以保证全面、准确地认定全部作业。

企业对认定的作业应加以分析和归类，按顺序列出作业清单或编制出作业字典。表6-6是一个以制造业企业为背景的作业清单示例。需要说明的是，这只是一个示例，实际上对一个企业在产品生产过程中认定作业数量的多少，取决于该企业自身的产品生产特点。

表6-6　某制造业企业作业清单

序号	作业名称	作业说明
1	材料订购	包括选择供应商、签订合同、明确供应方式等
2	材料检验	对每批购入的材料进行质量、数量检验
3	生产准备	每批产品投产前，进行设备调整等准备工作
4	发放材料	每批产品投产前，将生产所需材料发往各生产车间
5	材料切割	将管材、圆钢切割成适于机加工的毛坯工件
6	车床加工	使用车床加工零件（轴和连杆）
7	铣床加工	使用铣床加工零件（齿轮）
8	刨床加工	使用刨床加工零件（变速箱外壳）
9	产品组装	人工装配变速箱
10	产品质量检验	人工检验产品质量
11	包装	用木箱将产品包装
12	车间管理	组织和管理车间生产、提供维持生产的条件

（二）作业成本库设计

作业认定后，将认定的所有作业按照一定的标准进行分类，形成不同的作业成本库，作为资源费用追溯或分配对象的过程。企业可以按照受益对象、层次和重要性，将作业分为单位级作业、批次级作业、品种级作业和生产维持级作业等四类，并分别设计相应的成本库。

1.单位级作业

单位级作业是指每一单位产品至少要执行一次的作业，明确为个别产品实施的。单位级作业的成本与产量呈正比例变动。例如，加工机器的动力消耗与其加工的产品数量直接相关，则加工机器就是单位水平作业。这类作业的成本包括直接材料、直接人工工时、机器成本和直接能源消耗等。

单位级作业成本是直接成本，可以追溯到每个单位产品上，即直接计入成本对象的成本计算单。

2.批次级作业

批次级作业是指生产每批产品而从事的作业，如对每批产品的机器准备、订单处理、检验等。批次级作业的成本与产品批数呈正比例变动。当生产批数越多时，机器准备成本就越多，与产量多少无关。

批次级作业成本需要单独进行归集，计算每一批次的成本，然后分配给不同批次，最后根据产品的数量在单个产品之间进行分配。

3.品种级（产品级）作业

品种级（产品级）作业是指为生产和销售某种产品实施的，使该种产品的每个单位都受益的作业，其数量与生产产品品种的多少呈正比例变动，但独立于实际产量或批量。例如，对一种产品编制材料清单、产品研发等。

4.生产维持级作业

生产维持级作业是指为提供生产产品的基本能力而实施的作业。此类作业是开展业务的基本条件。例如，针对企业整体的广告活动等。它们是为了维护生产能力而进行的作业，不依赖于产品的数量、批次和种类。

（三）资源成本分配到作业

资源成本借助于资源成本动因分配到各项作业。资源成本动因和作业成本之间一定要存在因果关系。资源动因是决定作业消耗资源的因素，反映作业对资源的消耗情况，是将资源价值分配到各作业成本库的依据。常用的资源成本动因见表6-7。

表6-7 作业的资源成本动因

作　业	资源成本动因
机器运行作业	机器小时
安装作业	安装小时
清洁作业	平方米
材料移动作业	搬运次数、搬运距离、吨公里
人事管理作业	雇员人数、工作时间
能源消耗	电表、流量表、装机功率和运行时间
制作订单作业	订单数量
顾客服务作业	服务电话次数、服务产品品种、服务时间

（四）作业成本分配到成本对象

在确定了作业成本之后，根据作业成本动因计算单位作业成本，再根据作业量计算成本对象应负担的作业成本。

单位作业成本=本期作业成本库归集的总成本÷作业量

作业量的计量单位（即作业成本动因）有三类，即业务动因、持续动因和强度动因。

1.业务动因

业务动因通常以执行的次数作为作业动因，并假定执行每次作业的成本（包括耗用的时间和单位时间耗用的资源）相等，如前面我们所说的检验完工产品质量作业的次数就属于业务动因的范畴。

分配率=归集期内作业总成本÷归集期内总作业次数

某产品应分配的作业成本=分配率×该产品耗用的作业次数

2.持续动因

持续动因是指执行一项（或次）作业所需的时间标准。在不同产品所需作业量差异较大的情况下，例如，检验不同产品所耗用的时间长短差别较大，则不宜采用业务动因作为分配成本的基础，而应改用持续动因作为分配的基础，否则，会直接影响作业成本分配的准确性。持续动因的假设前提是，执行作业的单位时间内耗用的资源是相等的。以持续动因为分配基础，分配不同产品应负担的作业成本，其计算公式如下：

分配率=归集期内作业总成本÷归集期内总作业数量

某产品应分配的作业成本=分配率×该产品耗用的作业数量

【例 6-16】确定“产品质量检验作业”中所含的“电力成本”。根据“产品质量检验作业”需要消耗电力资源，可以选择“消耗的电力度数”作为资源动因，进而将电力成本（资源库价值）分配给产品质量检验作业（作业中心）。假设“产品质量检验作业”消耗的资源是1 000度电（资源动因数量），每度电的成本是0.55元（资源动因分配率），则我们可以确定“产品质量检验作业”中所含的“电力成本”为：

“产品质量检验作业”中所含的“电力成本”=1 000×0.55 =550（元）

3.强度动因

强度动因是在某些特殊情况下，将作业执行中实际耗用的全部资源单独归集，并将该项单独归集的作业成本直接计入某一特定的产品。强度动因一般适用于某一特殊订单或某种新产品试制等，用产品订单或工作单记录每次执行作业时耗用的所有资源及其成本，产品订单或工作单记录的全部作业成本也就是应计入该订单产品的成本。

在上述三类作业动因中，业务动因的精确度最差，但其执行成本最低；强度动因的精确度最高，但其执行成本最高；而持续动因的精确度和成本则居中。作业成本驱动产品成本，是作业成本法最主要的创新，同时也是作业成本法中最耗费时间和精力的部分。

三、作业成本法的应用

以下通过两个案例来进一步学习作业成本法的运用。

【例 6-17】假设某纺织厂主要生产被套、床单和枕套，作业成本划分汇集见表6-8。

表6-8 作业成本划分汇集

作业中心	消耗的资源费用或次要作业	作业类别
裁剪坯布成布块	坯布、人力人工	次要作业
裁剪装饰花边	装饰花边、人力人工	次要作业
生产被套	布块、装饰花边、人力人工、辅料	主要作业
生产床单	布块、人力人工、辅料	主要作业
生产枕套	布块、人力人工、辅料	主要作业

假设该纺织厂消耗坯布总额200 000元，发生人工总成本为500 000元，假设各个作业平均分摊人工费用100 000元（500 000÷5），将坯布裁剪成为布块以用于生产被套、床单和枕套，共获得4 000平方米布块，其中，2 000平方米布块用于生产被套，1 200平方米布块用于生产床单，800平方米布块用于生产枕套，共生产出800个枕套（假定本例辅料成本忽略不计）。

以生产枕套为例，采用作业成本法进行的成本分配具体过程如下：

第一步：次要作业成本分配至主要作业成本

（1）裁剪作业成本分配率=次要作业总成本÷该作业动因量

=（200 000+100 000）÷4 000=75

（2）生产枕套消耗的裁剪成本=生产枕套耗用的次要作业动因量×裁剪作业成本分配率

=800×75=60 000（元）

（3）生产枕套作业的总成本=生产枕套直接耗用的人工成本+生产枕套消耗的裁剪成本

=100 000+60 000=160 000（元）

（4）生产枕套作业单位成本=160 000÷800=200（元）

第二步：主要作业成本分配至成本对象（枕套只消耗一项主要作业——生产枕套）

（1）生产枕套作业单位成本= 200元（根据第一步可知）

（2）枕套消耗的生产枕套作业的成本=200×800=160 000（元）

（3）枕套的总成本= 160 000 元

（4）枕套的单位成本=160 000÷800=200（元）

【例6-18】某公司主要生产数码相机和单反相机。最近，财务经理对传统成本法计算出的结果进行分析，认为制造费用的分配存在问题，于是决定采用作业成本法对数码相机和单反相机的制造费用重新进行分配。有关的产品成本资料以及作业中心相关资料见表6-9、表6-10。

表6-9 产品成本资料

成本项目	数码相机	单反相机
产量（台）	10 000	8 000
直接人工工时（小时）	35 000	30 000
单位直接材料和人工成本（元/台）	2 200	1 350
制造费用总额（元）	10 400 000	

表6-10 作业中心相关资料

作业中心	成本动因	数码相机	单反相机	作业成本（元）
生产准备	生产调整次数	40次	10次	30 000
机器运行	机器小时	17 000小时	32 000小时	9 800 000
设备维护	人工工时	3 600小时	2 400小时	120 000
质量检验	检验次数	50次	40次	450 000

要求：采用作业成本法，分别计算数码相机和单反相机的制造费用和单位成本。

作业成本法下，作业成本分配率计算见表6-11。

表6-11 作业成本分配率计算表

作业中心	作业成本（元）①	成本动因合计数 ②	分配率 ③=①÷②
生产准备	30 000	50次	600元/次
机器运行	9 800 000	49 000小时	200元/小时
设备维护	120 000	6 000小时	20元/小时
质量检验	450 000	90次	5 000元/次

数码相机和单反相机分配的制造费用计算见表6-12。

表6-12 作业成本法下制造费用分配表

作业中心	分配率 ③	数码相机 ④=③×数码相机成本动因数	单反相机 ⑤=③×单反相机成本动因数
生产准备	600元/次	24 000	6 000
机器运行	200元/小时	3 400 000	6 400 000
设备维护	20元/小时	72 000	48 000
质量检验	5 000元/次	250 000	200 000
合计	—	3 746 000	6 654 000

作业成本法下数码相机和单反相机的单位成本计算见表6-13。

表6-13 作业成本法下产品单位成本计算表

项目	数码相机=④÷产量	单反相机=⑤÷产量
单位直接材料和人工成本（元/台）	2 200	1 350
单位制造费用（元/台）	374.6	831.75
单位成本（元/台）	2 574.6	2 181.75

四、作业成本管理

（一）含义

作业成本管理是基于作业成本法，以提高客户价值、增加企业利润为目的的一种新型管理方法，包含两个维度的含义：

作业成本管理下的成本分配观，是指以“成本对象引起作业需求，而作业需求引起资源需求”为基本依据，将资源成本追溯到作业，再将作业成本追溯到成本对象。

以流程观维度进行的流程价值分析关心的是作业的责任，包括成本动因分析、作业分析和业绩考核三个部分。

成本分配观和流程观的工作原理如图6-3所示。

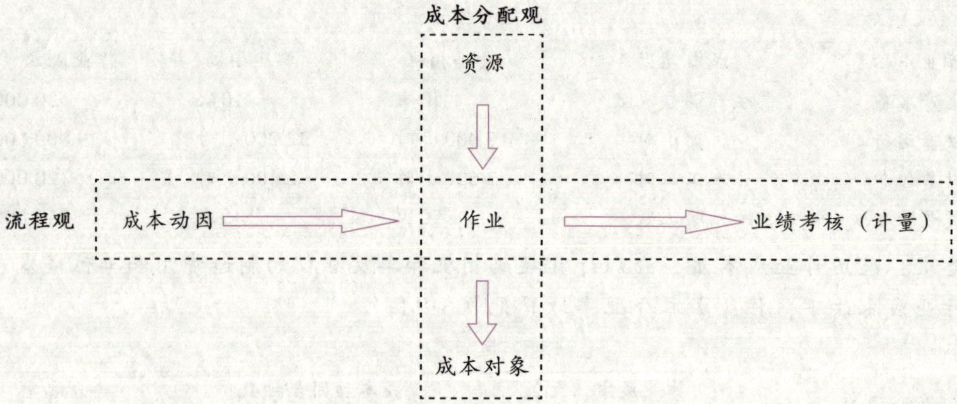

图6-3 成本分配观和流程观的工作原理

（二）流程价值分析

流程价值分析关心的是作业的责任，基本思想是以作业来识别资源，将作业分为增值作业和非增值作业，并把作业和流程联系起来，确认流程的成本动因，计量流程的业绩，从而促进流程的持续改进，具体包括：成本动因分析、作业分析、作业业绩考核。

1.成本动因分析

找出形成作业成本的根本原因，采取相应的措施改善作业。

每项作业都有投入和产出，作业投入是为取得产出而由作业消耗的资源，作业产出是一项作业的结果或产品。但产出量指标不一定是作业成本发生的根本原因。

2.作业分析

（1）增值作业与非增值作业（对顾客价值所作的贡献）

增值作业是指顾客认为可以增加其购买的产品或服务的有用性，有必要保留在企业中的作业。增值作业需同时满足三个条件：①该作业导致了状态的改变；②该状态的变化不能由其他作业来完成；③该作业使其他作业得以进行。

非增值作业是指即便消除也不会影响产品对顾客服务的潜能的、不必要的或可消除的作业。

【例 6-19】服装厂的裁剪、缝纫、熨烫、质量检验、不合格品返工等作业中：裁剪、缝纫、熨烫属于增值作业。我们以缝纫作业为例：

该作业能够带来加工对象状态的改变——由裁片变成衣服；

该改变只能由该作业实现，不能由其他作业实现——不能由裁剪、熨烫作业实现；

该作业使价值链中其他作业得以执行——使熨烫作业得以进行。

成品服装的质量检验作业则为非增值作业，因为它不能改变加工对象的状态。

（2）增值成本和非增值成本

增值成本是指以完美效率执行增值作业所发生的成本，即高效增值作业的成本。非增值成本是指增值作业中因为低效率所发生的成本。

（3）降低成本的途径

降低成本的途径主要包括：①作业消除，即消除非增值作业或不必要的作业，降低非增值成本；②作业选择，即对所有能够达到同样目的的不同作业，选取其中最佳的方案；③作业减少，即以不断改进的方式降低作业消耗的资源或时间；④作业共享，即利用规模经济来提高增值作业的效率。

随堂测 6-8

【多选题】降低成本的途径主要包括（　　）。

A.作业消除　　B.作业选择　　C.作业减少　　D.作业共享

3.作业业绩考核

作业业绩考核可以通过财务指标和非财务指标进行考核。实施作业成本管理，其目的在于找出并消除所有非增值作业，提高增值作业的效率，削减非增值成本。当利用作业成本计算系统识别出流程中的非增值作业及其成本动因后，就为业绩改善指明了方向。若要评价作业和流程的执行情况，必须建立作业业绩指标，可以是财务指标，也可以是非财务指标，以此来评价是否改善了流程。财务指标主要集中在增值成本和非增值成本上，可以提供增值与非增值报告，以及作业成本趋势报告。而非财务指标主要体现在效率、质量和时间三个方面，如投入产出比、次品率和生产周期等。

素养提升

任何资源的耗费最后总会增加成本。近年来，我国十分重视资源节约型、环境友好型社会的建设，同学们应该增强节约意识，养成绿色生活方式。对国家和社会而言，节约资源也是发展生产力，是最有效的环境保护措施，是统筹人与自然和谐发展的重大举措。节约发展、清洁发展、安全发展，对于我国这样人多地少的国家具有重要意义。对同学们个人而言，勤俭节约精神是修身之基。古人云："俭，德之共也；侈，恶之大也。""俭则约，约则百善俱兴；侈则肆，肆则百恶俱纵。"勤俭节约倡导的是一种适度、合理、节用的生活理念，蕴含的是以节俭惜物为荣、以奢靡浪费为耻的道德品质，于个体而言，既体现着一种"待物之德"，也内蕴着一种"修养之道"。

数字技能拓展

【拓展主题】使用Power BI完成财务控制

【相关资料】某公司本月所投产的甲、乙两种产品当月全部完工，两种产品的成本资料及作业中心相关资料，见表6-14、表6-15。

表6-14　产品成本资料

项　目	甲产品	乙产品
产量（件）	440.00	220.00
直接人工工时（小时）	4 400.00	1 980.00
单位产品直接材料成本（元/件）	18.00	18.00
单位产品直接人工成本（元/件）	10.00	9.00
制造费用总额（元）	51 700.00	

表6-15　作业中心相关资料

作　业	成本动因	成本动因数			作业成本（元）
		甲产品	乙产品	合计	
机器调整准备	准备次数（次）	100.00	50.00	150.00	12 000.00
产品检验	检验次数（次）	60.00	40.00	100.00	10 000.00
设备维修	维修次数（次）	50.00	30.00	80.00	8 000.00
材料订单	订单份数（份）	35.00	15.00	50.00	5 000.00
生产订单	订单份数（份）	60.00	40.00	100.00	12 500.00
生产协调	协调次数（次）	8.00	13.00	21.00	4 200.00
合　计					51 700.00

【拓展任务】使用Power BI平台，结合财务控制相关知识，完成甲、乙两种成本的成本管理与控制。

在此过程中，需要构建作业成本管理与控制计算模型。

计算步骤为：1.计算作业成本分配率；2.计算作业成本法下制造费用分配金额；3.计算作业成本法下产品成本；4.将计算结果予以可视化展现。

微课

使用Power BI完成财务控制

【任务实施】

步骤1：将相关资料中的表格导入Power BI平台，选中两张表，点击“转换数据”，如图6-4所示，进入Power Query界面。

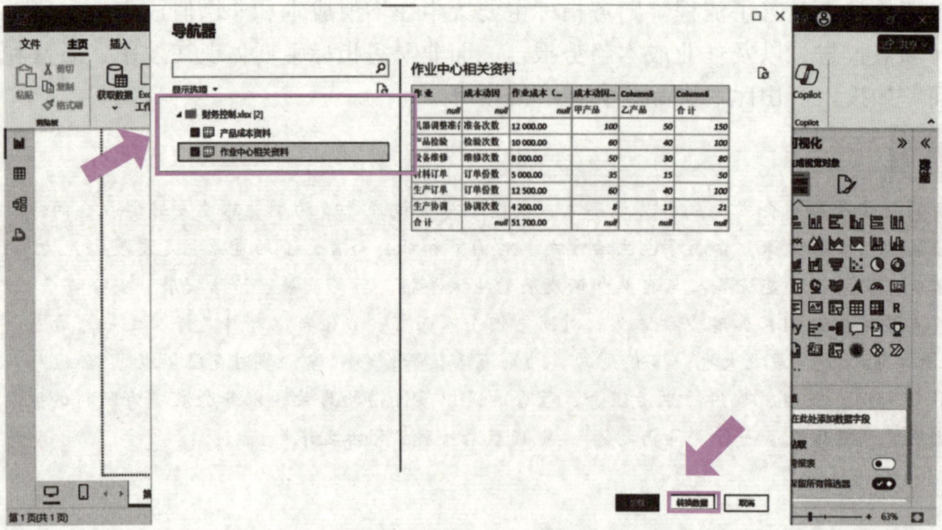

图6-4　获取数据

原图

项目六

步骤2：在Power Query中依次对两表数据进行清洗，如图6-5、图6-6所示，使得数据最终变为可供Power BI处理的规范数据。

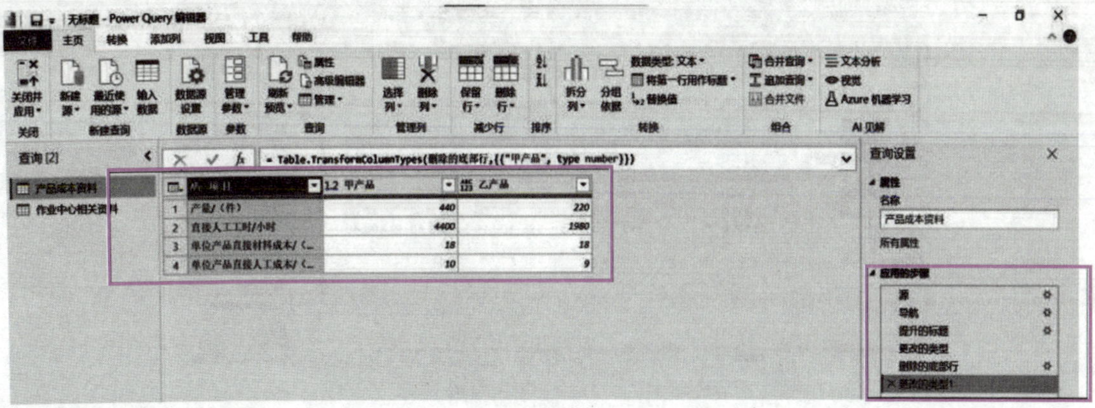

图6-5　数据清洗1

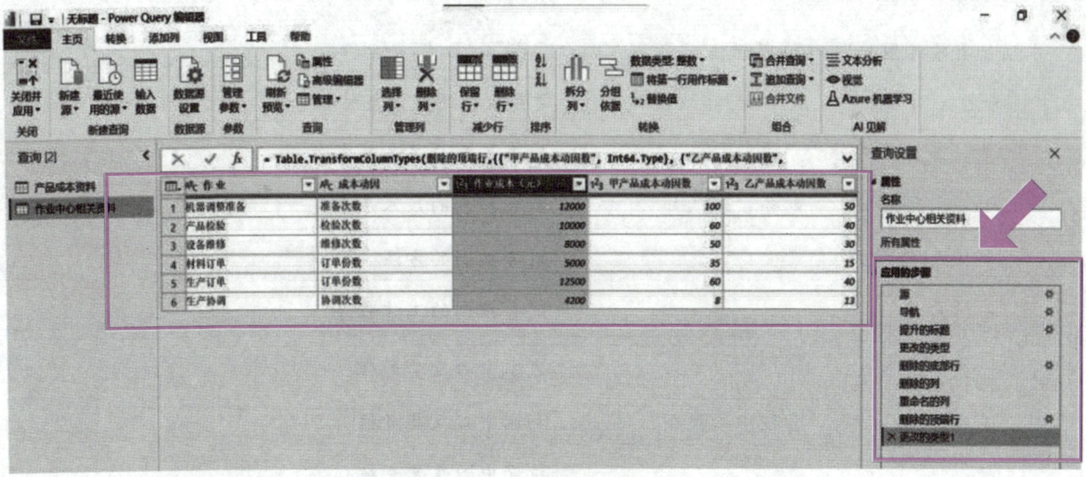

图6-6　数据清洗2

步骤3：新建度量值，计算作业分配率，如图6-7所示。

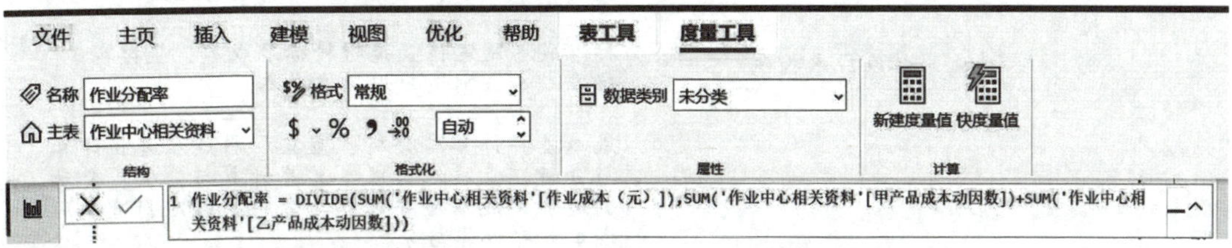

图6-7　新建度量值“作业分配率”计算作业分配率

步骤4：分别新建度量值计算甲产品、乙产品应分摊的作业成本，如图6-8、图6-9所示。

图6-8　新建度量值“甲产品作业成本”计算甲产品分摊的作业成本

图6-9　新建度量值“乙产品作业成本”计算乙产品分摊的作业成本

步骤5：将计算结果利用矩阵实现可视化，如图6-10所示。

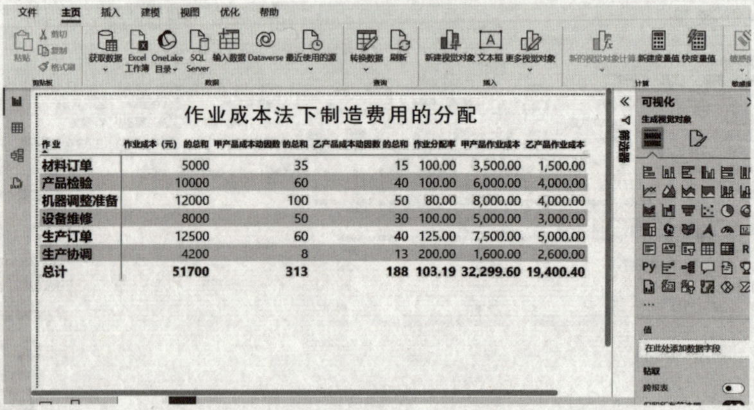

作业	作业成本（元）的总和	甲产品成本动因数 的总和	乙产品成本动因数 的总和	作业分配率	甲产品作业成本	乙产品作业成本
材料订单	5000	35	15	100.00	3,500.00	1,500.00
产品检验	10000	60	40	100.00	6,000.00	4,000.00
机器调整准备	12000	100	50	80.00	8,000.00	4,000.00
设备维修	8000	50	30	100.00	5,000.00	3,000.00
生产订单	12500	60	40	125.00	7,500.00	5,000.00
生产协调	4200	8	13	200.00	1,600.00	2,600.00
总计	51700	313	188	103.19	32,299.60	19,400.40

图6-10　制造费用分配可视化

本项目思维导图

本项目思维导图如图6-11所示。

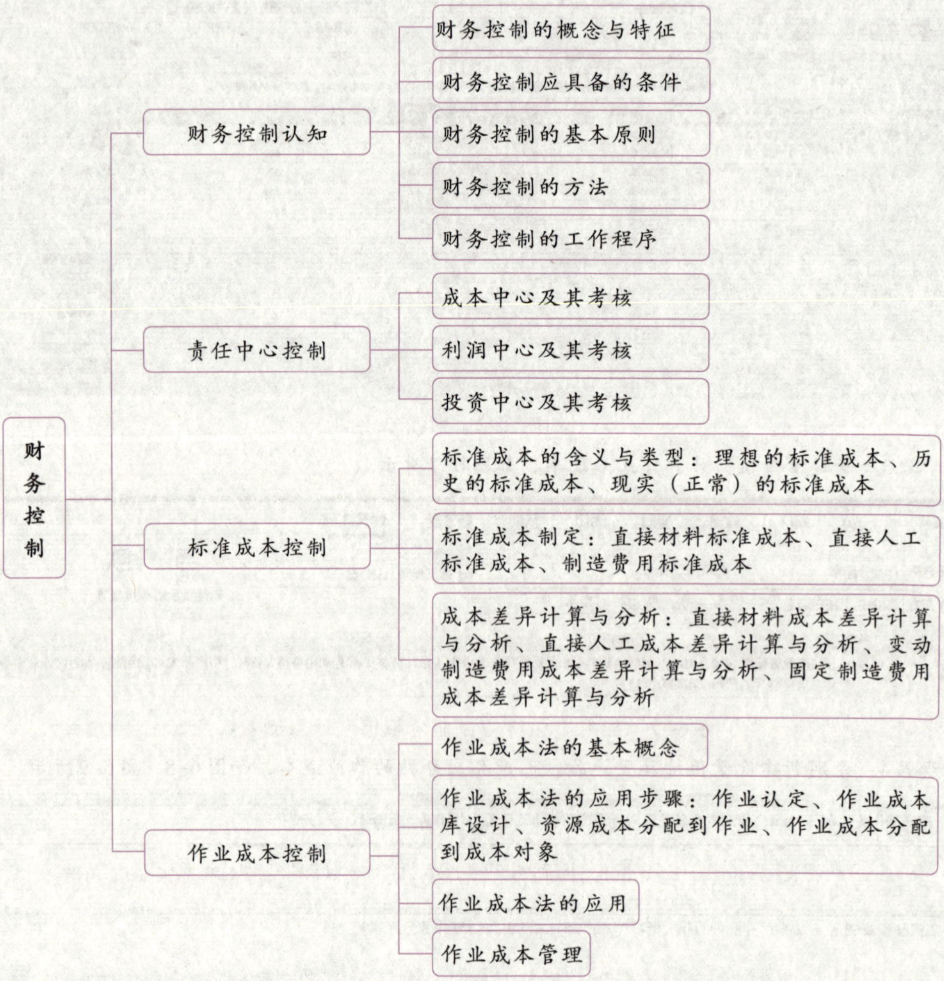

图6-11　本项目思维导图

岗课赛证同步训练

一、单项选择题

1.公司采用协商价格作为内部转移价格时，协商价格的下限一般为（　　）。

A.完全成本加成　　B.市场价格

C.单位变动成本　　D.单位完全成本

2.以成本为基础制定内部转移价格的下列各项中，不适合作为内部转移定价基础的是（　　）。

A.变动成本　　B.固定成本

C.变动成本加固定制造费用　　D.完全成本

3.对于成本中心而言，某项成本成为可控成本的条件不包括（　　）。

A.该成本是成本中心可以计量的　　B.该成本的发生是成本中心可以预见的

C.该成本是总部向成本中心分摊的　　D.该成本是成本中心可以调节和控制的

4.在责任绩效评价中用于评价利润中心管理者业绩的理想指标是（　　）。

A.部门税前利润　　B.可控边际贡献　　C.边际贡献　　D.部门边际贡献

5.某利润中心本期销售收入为 7 000 万元，变动成本总额为 3 800 万元，中心负责人可控的固定成本为 1 300 万元，其不可控但由该中心负担的固定成本为 600 万元，则该中心的可控边际贡献为（　　）万元。

A.1 900　　B.3 200　　C.5 100　　D.1 300

6.下列关于投资中心业绩评价指标的说法中，错误的是（　　）。

A.使用投资收益率和剩余收益指标分别进行决策可能导致结果冲突

B.采用投资收益率指标可能因追求局部利益最大化而损害整体利益

C.在不同规模的投资中心之间进行比较时不适合采用剩余收益指标

D.计算剩余收益指标所使用的最低投资收益率一般小于资本成本

7.下列因素中，一般不会导致直接人工工资率差异的是（　　）。

A.工资制度的变动　　B.工作环境的好坏

C.工资级别的升降　　D.加班或临时工的增减

8.在作业成本法下，划分增值作业与非增值作业的主要依据是（　　）。

A.是否有助于提升企业技能　　B.是否有助于增加产品功能

C.是否有助于增加顾客价值　　D.是否有助于提高产品质量

9.根据作业成本管理原理，某制造业企业的下列作业中，属于增值作业的是（　　）。

A.产品运输作业　　B.次品返工作业　　C.产品检验作业　　D.零件组装作业

10.流程观维度进行的流程价值分析关心的是作业的责任，不包括（　　）。

A.成本动因分析　　B.作业分析　　C.作业业绩考核　　D.作业需求分析

二、多项选择题

1.下列各项关于作业成本法的表述中，正确的有（　　）。

A.它是一种财务预算的方法　　B.它以作业为基础计算成本

C.它是一种成本控制的方法　　D.它是一种准确无误的成本计算方法

2.下列有关作业的说法中，不正确的有（　　）。

A.作业是指企业中特定组织重复执行的任务或活动

B.一项作业指的是一项非常具体的活动

C.由若干个具体作业组成的作业集合，称为作业中心

D.执行任何一项作业都需要消耗一定的资源，任何一项产品的形成都要消耗一定的作业

3.影响直接材料的标准成本的因素有（　　）。

A.单位产品的标准用量　　B.单位产品的标准工时

C.材料的标准价格　　D.标准工资率

4.固定性制造费用差异包括（　　）。

A.效率差异　　B.耗费差异　　C.工时差异　　D.生产能力利用差异

5.标准成本包括（　　）。

A.理想标准　　B.基本标准　　C.正常标准　　D.现实标准

6.投资中心业绩考核的主要指标是（　　）。

A.毛利　　B.剩余收益　　C.边际贡献　　D.投资报酬率

7.属于收入中心的评价指标的有（　　）。

A.销售收入完成百分比　　B.销货款回收平均天数

C.坏账发生率　　D.平均资金利润率

8.作业成本计算法的成本计算对象包括（　　）几个层次。

A.资源　　B.作业　　C.作业中心　　D.批次

9.作业成本法下的资源包括（　　）。

A.货币资源　　B.信息资源　　C.材料资源　　D.人力资源

10.下列关于作业成本计算法的说法中，正确的有（　　）。

A.作业成本计算法基于资源耗费的因果关系进行成本分配

B.作业成本法以“作业消耗资源、产出消耗作业”为原则

C.一项作业指的是一项非常具体的业务或活动

D.根据作业活动耗用资源的情况，将资源消耗分配给作业

三、判断题

1.理想标准成本考虑了生产过程中不可避免的损失、故障和偏差，属于企业经过努力可以达到的成本标准。（　　）

2.在标准成本控制与分析中，一般产品成本所出现的不利或有利差异均应该由生产部门负责。（　　）

3.在作业成本法下，一个作业中心只能包括一种作业。（　　）

4.作业成本法的基本原理是生产导致作业的发生，作业消耗资源并导致成本的发生，产品消耗作业。（　　）

5.一项作业仅指一项非常具体的任务或活动，不可以是一类任务或活动。（　　）

6.在责任会计体系中，投资中心必然是利润中心。（　　）

7.剩余收益指标是相对数指标。（　　）

8.激励原则是建立责任会计制度应遵循的基本原则之一。（　　）

9.利润中心可以分为自然利润中心和人为利润中心。（　　）

10.在不同规模的投资中心之间进行业绩比较时，企业使用剩余收益指标往往会优于投资报酬率指标。（　　）

四、计算题

1.某企业采用标准成本法，A产品的正常生产能力为1 000件，单位产品标准成本如下：

直接材料：0.1（千克）×150（元/千克）=15（元）

直接人工：5（小时）×4（元/小时）= 20（元）

制造费用，其中：

变动性制造费用：6 000（元）÷1 000（件）= 6（元/件）

固定性制造费用：5 000（元）÷1 000（件）= 5（元/件）

单位产品标准成本：46元

本月生产A产品800件，实际单位成本如下：

直接材料：0.11（千克）×140（元/千克）=15.4（元）

直接人工：5.5（小时）×3.9（元/小时）=21.45（元）

制造费用，其中：

变动性制造费用：4 000（元）÷800（件）=5（元/件）

固定性制造费用：5 000（元）÷800（件）=6.25（元/件）

单位产品实际成本：48.1元

根据上述资料，要求：

(1) 计算直接材料成本差异；

(2) 计算直接人工成本差异；

(3) 计算变动性制造费用差异；

(4) 计算固定性制造费用差异。

2.资料：某企业生产甲、乙两种产品，其中，甲产品900件，乙产品300件。其作业基本资料见表6-16。

表6-16　作业基本资料　金额单位：元

作业中心	资源耗费	动因	动因量（甲产品）	动因量（乙产品）	合计
材料处理	18 000	移动次数	400次	200次	600
材料采购	25 000	订单件数	350件	150件	500
使用机器	35 000	机器小时	1 200小时	800小时	2 000
设备维修	22 000	维修小时	700小时	400小时	1 100
质量控制	20 000	质检次数	250次	150次	400
产品运输	16 000	运输次数	50次	30次	80
合计	136 000				

要求：按作业成本法计算甲、乙两种产品的成本，并填制表6-17。

表6-17　作业成本法下甲、乙产品的成本

作业中心	成本库（元）	动因量	动因率	甲产品	乙产品
材料处理					
材料采购					
使用机器					
设备维修					
质量控制					
产品运输					
合计总成本					
单位成本					

五、综合实训

实训任务　利润中心和投资中心业绩考核

实训目的：加深对投资报酬率和剩余收益指标优缺点的认识，树立企业整体观念。

实训资料：甲公司为某企业集团的一个投资中心，Y是甲公司下设的一个利润中心，相关资料如下：

资料一：20×2年Y利润中心的营业收入为120万元，变动成本为72万元，该利润中心主任可控固定

成本为10万元，不可控但应由该利润中心负担的固定成本为8万元。

资料二：甲公司20×3年年初已投资700万元，预计可实现利润98万元，现有一个投资额为300万元的投资机会，预计可获利润36万元，该企业集团要求的最低投资报酬率为10%。

实训要求：

（1）根据资料一，计算Y利润中心20×2年度的部门边际贡献。

（2）根据资料二，计算甲公司接受新投资机会前的投资报酬率和剩余收益。

（3）根据资料二，计算甲公司接受新投资机会后的投资报酬率和剩余收益。

（4）根据上述（2）和（3）的计算结果，从企业集团整体利润的角度，分析甲公司是否应接受新投资机会，并说明理由。

项目七
财务分析

■知识目标

1.了解财务分析的含义、作用和目的

2.辨析不同财务分析方法的适用环境

3.掌握各种财务指标的含义和计算公式

4.掌握撰写财务分析报告的要求和技巧

■能力目标

1.能够获取及梳理财务分析所需的各种信息

2.能够运用财务分析方法分析评价财务状况

3.能够灵活运用财务指标综合评价企业绩效

4.能够撰写条理清楚、简明扼要的财务分析报告

5.能够熟练运用现代信息技术工具进行财务分析

■素养目标

1.培养学生独立分析的思维，塑造企业财务分析的逻辑框架

2.培养学生自主学习的动力，探究企业经营管理的漏洞风险

项目导读

巴菲特说："只有你愿意花时间学习如何分析财务报表，才能够独立地选择投资目标。"巴菲特认为，如果你不能从财务报表中看出上市公司是真是假、是好是坏，就别在投资圈里混了。不管你是一个企业的投资者、债权人还是经营管理者，当一张张会计报表摆在你面前时，你能把握住这个企业的关键所在吗？你能更透彻地了解这个企业真实的财务状况吗？它的偿债能力、盈利能力、资产利用效率以及发展能力如何呢？它是不是一个值得信赖的企业呢？

本项目的学习可以帮助我们了解企业，更好地为企业提高效益和理性决策提供服务。

任务一　财务分析认知

一、财务分析的概念和特点

（一）财务分析的概念

财务分析是企业的利益相关者以企业财务报表及其他相关资料为主要依据，采用专门方法，对企业的财务状况和经营成果进行系统评价和剖析，反映企业在营运过程中的利弊得失、发展趋势，从而为改进企业财务管理工作和优化经济决策提供重要财务信息的一种

财务管理方法。

（二）财务分析的依据

财务分析是以企业财务报表及其他相关资料为主要依据来进行财务分析的。财务报表是综合反映一定时期财务状况和经营成果的文件，是财务会计报告的重要组成部分，是企业向外传递会计信息的主要途径。财务报告主要包括资产负债表、利润表、现金流量表、所有者权益变动表、财务报表附注及其他非财务信息。

1.财务报表

微课

财务报表的真相

资产负债表是反映企业在某一特定日期财务状况的财务报表。该报表能提供企业拥有或者控制的资源及其分布、财务结构、资产的变现能力、偿债能力和企业适应环境变化的能力等方面的信息。

利润表是反映企业在一定会计期间经营成果的财务报表。该报表能提供企业利润的形成渠道、企业的获利能力、成本费用情况等方面的信息。

现金流量表是反映企业在一定会计期间现金和现金等价物流入和流出状况的财务报表。该报表能提供企业经营活动、投资活动和筹资活动等所产生的现金流量等方面的信息。

所有者权益变动表是反映企业构成所有者权益各组成部分当期增减变动情况的财务报表。该报表能提供所有者权益的来源渠道、结构变动及其原因等方面的信息。

重要提示

财务分析的主要依据是财务报表。资产负债表、利润表和现金流量表三大报表是核心载体，不管是什么样的企业都需要这三张财务报表。利润表用来描述企业的经营活动成果；资产负债表体现了企业的家底和资本结构；现金流量表则揭示企业能否生存下去暗含的财务风险。这三张表体现了两个不同的维度，第一维度是现金流量表以风险的视角，揭示企业的财务风险和持续经营能力；第二维度是资产负债表和利润表以收益的视角，展示了企业收益情况和财务状况的全貌。

所有者权益变动表全面反映某一期间企业所有者权益各组成部分的增减变化，为资产负债表所有者权益项目的期初、期末余额变化进一步提供详细描述和增量信息。与其他三张报表相比，该报表的分析价值和意义相对有限，不作为本部分财务报表分析的研究对象，在此略过。

2.财务报表附注

财务报表附注是对财务报表中列示项目所作的进一步说明，以及对未能在报表中列示项目的补充说明等。这些信息有助于报表使用者进一步理解和分析企业的财务状况、经营成果、现金流量以及所有者权益变动情况等信息。

3.非财务信息资料

在进行财务分析时往往需要了解企业各项具体业务情况，比如公司的业务特点和经营环境，公司的管理结构和人员组织，公司的社会责任和环保情况，公司的产品品质和市场口碑等，这些都是以非数字化的形式存在，但对于评估企业的财务状况、经营成果及未来发展至关重要。

（三）财务分析的特点

财务分析的最基本功能是将大量的报表数据转换成支持决策的有用信息，减少决策的不确定性。财务报表分析的起点是财务报表，分析使用的数据大都来源于公开发布的财务报表。因此，财务报表分析的前提是全面正确地理解财务报表。财务分析的特点主要表现在以下几个方面：

1.财务分析是个综合分析过程

分析是把研究对象划分成较简单的组成部分，找出这些部分的本质属性和彼此之间的相互关系，以达到认识对象本质的目的。综合是把分析过的对象的各个部分、各种属性联合成一个统一的整体来全面考虑，以把握全局。而财务分析是将企业偿债能力、营运能力和盈利能力等方面的分析纳入一个有机的分析系统中，对企业财务状况、经营状况等进行剖析，从而对企业经济效益及未来发展趋势进行综合评价和判断。

2.财务分析是对企业再认识的过程

通过财务分析，企业可以更好地认识自身的综合经营情况，包括财务状况、资本结构、现金流状况及盈利能力，重新梳理对企业再认识的过程及分析结果并以此决定未来发展方向，支持科学合理的战略决策，了解企业业务效益的优势、预算执行情况及投融资管理风险，助推企业高质量发展。

3.财务分析还是一个判断过程

财务分析的基本目标之一是识别在趋势、数量及其关系等方面的主要变化（即转折点），并了解这些变化的原因。通常一个转折点可能就是企业成功与失败重大转变的前期警报。判断过程可能通过经验和分析方法的应用而得到改善。

二、财务分析的内容和作用

（一）财务分析的内容

财务分析信息的需求者主要包括企业所有者、企业债权人、企业经营决策者和政府等。不同主体出于不同的利益考虑，对财务分析信息有着各自不同的要求。企业所有者作为投资人，对其资本的保值和增值状况比较关心，因此更重视企业的获利能力指标分析。企业债权人因不能参与企业剩余收益分享，首先关注的是其投资的安全性，因此更重视企业偿债能力指标。企业经营决策者必须对企业经营理财的各个方面，包括营运能力、偿债能力、获利能力及发展能力的全部信息予以详尽地了解和掌握。政府兼具多重身份，既是宏观经济管理者，又是国有企业的所有者和重要的市场参与者，因此政府对企业财务分析的关注点因所具身份不同而异。

财务分析的内容主要包括：偿债能力分析、营运能力分析、盈利能力分析、发展能力分析、获现能力和收益质量分析等。

（二）财务分析的作用

1.财务分析是企业提高经营管理水平、实现理财目标的重要手段

财务分析是评价财务状况和衡量经营业绩的重要依据，揭示企业经营活动中存在的矛盾和问题，为改善经营管理提供方向和线索。

2.帮助投资者和债权人进行科学决策

企业的投资者和债权人为进行合理决策，都必须掌握一定的会计信息，以了解被投资企业和债务单位的经营状况、盈利状况和偿债能力，而这些信息的取得主要来自财务会计报告。

3.反映管理者的经营业绩和经营责任

财务分析是利益相关者进行相关决策的重要依据，检查企业预算完成情况，考核经营管理人员的业绩，为完善合理的激励机制提供帮助。

4. 帮助企业分析过去和预测未来的财务信息

企业要评估和预测企业未来的财务状况，就需要对过去和现在的财务信息加以研究。同时，通过对信息的加工、整理、汇总，可以为企业将来的发展提供合理化建议，改善现状的不足，保障企业健康发展。

三、财务分析的目的

财务分析的目的一般可概括为：评价企业过去的经营业绩、衡量现在的财务状况、预测未来的发展趋势。具体来讲，由于财务分析主体不同，关注点不同，分析目的也各有侧重。

（一）投资者

评估企业的投资价值和回报率，关注企业的资产状况、盈利能力以及经营风险，注重企业资产盈利水平、战略决策、市场竞争能力及未来发展方向。

（二）企业债权人

企业债权人不能参与企业剩余收益分享，最关注其债权的安全性。因此，债权人在决定是否给企业发放贷款时，需要了解企业的债务偿还能力、资本结构和财务风险。

（三）企业管理层

关注企业的经营策略、资源配置、盈利状况、成本控制、流程设计及综合经营状况，优化企业运营的各个方面，为满足不同利益相关者的需要，协调各部门的关系，需要管理层对企业内部和外部的所有问题进行广泛关注。

（四）国家行政管理和监管者

关注企业法规、政策制度的执行，如政府考核企业的纳税情况、遵守法律法规情况、职工收入情况、就业状况及经营状况，预测财政收入，调配社会资源，衡量企业对社会的贡献程度，最终为宏观决策提供依据。

（五）客户、供应商

客户决定是否与企业建立长期合作关系，需要分析企业持续经营能力和售后服务能力。同理，供应商在决定是否与企业建立长期合作关系时，需要分析企业的盈利状况和现金流是否充足；决定是否赊销，还需要关注企业的短期资金营运情况。

四、财务分析的方法

财务分析的方法很多，主要有水平分析法、结构分析法、趋势分析法、因素分析法、比率分析法等五种。

（一）水平分析法

水平分析法又称横向分析法，是指将反映企业报告期财务状况的信息（特别指会计报表信息资料）与反映企业前期或历史某一时期财务状况的信息进行对比，研究企业各项经营业绩或财务状况的发展变动情况的一种财务分析方法，可以揭示各报表项目在这段时期内所发生的绝对值增减变动情况和增减变动率情况。

1. 绝对值增减变动

绝对值变动数=分析期某项指标实际数–基期同项指标实际数

2. 增减变动率

变动率=绝对值变动数÷基期实际数

【例7–1】以上市公司A公司发布的年度财报为基础数据。A公司20×4年度营业收入为 1 681.99 亿元，20×3 年度为 1 981.53 亿元，通过计算可知，20×4 年度营业收入较 20×3 年度绝对值下降了 299.54 亿元，增减变动率为：

营业收入变动率=−299.54÷1 981.53×100%=−15.12%

（二）结构分析法

结构分析法又称纵向分析法或垂直分析法，是指同一期间财务报表中不同项目占总体比重的比较与分析，揭示出各个项目数据在公司财务总体中的相对比重，便于不同规模的企业之间进行比较。其计算步骤如下：

第一，确定报表中各项目占总体的比重或比率；

第二，通过各项目的比重，分析各项目在企业经营中的重要性；

第三，将分析各项目的比重与前期同项目比重进行对比，研究各项目的比重变化。

对于利润表，各个项目在利润表中分别占总收入比重的多少就是利润表的结构；从收入到利润的过程中，每一个步骤都损耗了多少，这就是对利润表进行结构分析的结果。对于资产负债表，同样列明各项目在企业总资产中所占的比重。通过对利润表的结构分析，企业可以得知从收入到利润是怎样一步步实现的；而通过对资产负债表进行结构分析，可以揭示企业资产结构面貌和资金来源渠道。

【例 7–2】以利润表为例，使所有项目都除以营业收入，再乘以 100%，就能获得这些项目在营业收入中的占比，具体见表 7–1。

表 7–1　　利润表及其结构分析　　金额单位：元

项目	金额	占比
营业收入	43 000	100%
减：营业成本	31 000	72.09%
销售费用	2 500	5.81%
管理费用	2 000	4.65%
财务费用	1 300	3.02%
营业利润	6 200	14.42%
加：营业外收入	100	0.23%
利润总额	6 300	14.65%
减：所得税费用	1 000	2.32%*
净利润	5 300	12.33%

*尾数调整。

通过表 7–1，我们可以直观地看到该企业利润表的结构，营业成本占营业收入的 72.09%，三项期间费用占营业收入的 13.48%，所得税费用占营业收入的 2.32%，这就是该企业从营业收入转化为 12.33% 的净利润过程。

（三）趋势分析法

趋势分析法是指根据企业连续几年或几个时期的分析资料，将企业的实际财务数据，与不同时期财务报表中同类指标的历史数据进行比较，从而确定财务状况、经营成果和现金流量的变化趋势及变化规律的一种探究方法。该方法既可以用于会计报表的整体分析，也可以用于某些主要指标的具体分析。其计算步骤为：

1. 计算趋势比率或指标

（1）定基动态比率

定基动态比率是指标以某一时期的数额为固定的基期数额而计算出来的动态比率。其计算公式为：

$$定基动态比率=\frac{分析期数额}{固定基期数额}\times 100\%$$

（2）环比动态比率

环比动态比率是指标以每一分析期的前期数额为基数数额而计算出来的动态比率。其计算公式为：

$$环比动态比率=\frac{分析期数额}{前期数额}\times 100\%$$

2. 根据指标计算结果，评价与判断企业各项指标的变动趋势及其合理性

【例 7–3】以上市公司A公司发布的年度财报为基础数据，具体计算结果见表7–2。

表 7–2　A公司20×0—20×4年资产总额趋势分析明细表

年份	资产总额（亿元）	定基比率（20×0年为固定基期）	环比比率
20×4年	2 792.18	53.10%	–1.33%
20×3年	2 829.72	55.16%	12.69%
20×2年	2 511.16	37.69%	16.82%
20×1年	2 149.68	17.87%	17.87%
20×0年	1 823.74	—	—

结论：

20×4年较20×3年资产总额下降了1.33%，较20×0年增长了53.1%。

20×3年较20×2年资产总额增长了12.69%，较20×0年增长了55.16%。

20×2年较20×1年资产总额增长了16.82%，较20×0年增长了37.69%。

20×1年较20×0年资产总额定基增长率和环比增长率相等，均为17.87%。

随堂测 7–1

【判断题】第一年至第三年的净利润分别是4 000万元、5 000万元和5 600万元。如果以第一年为基期，这三年的定基动态比率为100%、125%、112%。（　　）（2021年卷Ⅲ）

（四）因素分析法

因素分析法是依据分析指标与其影响因素之间的关系，按照一定的程序和要求，从数值上测定各因素对有关经济指标差异影响程度的各种具体方法的总称。通过因素分析法，可以衡量各项因素影响程度的大小，有利于分清原因和责任，使分析结果更有说服力，并可作为采取一定措施、挖掘潜力的参考。目前有两种分析方法：一是连环替代法；二是差额分析法。

1. 连环替代法的具体操作步骤

第一步，确定分析指标与其影响因素之间的关系；

第二步，根据分析指标的报告期值与基期数值列出两个关系式或指标体系，确定分析对象；

第三步，连环顺序替代，计算替代结果；

第四步，比较各因素的替代结果，确定各因素对分析指标的影响程度；

第五步，检验分析结果。

2. 差额分析法的计算程序

第一步，确定各因素的实际数与基数的差额。

第二步，以各因素造成的差额，乘以计算公式中该因素前面的各因素的实际数，以及列在该因素后面的其余因素的基数，就可求得各因素的影响值；将各因素的影响值相加，其代数和应同该项经济指标的实际数与基数之差相符。

【例 7-4】甲产品材料费用资料见表 7-3，试分别运用连环替代法和差额分析法对其材料费用总额实际数较计划数增加 1 260 元作出分析。

表 7-3　材料费用资料

项目	计划数	实际数
产品产量（件）	100	120
单位产品材料消耗量（千克）	9	8
材料单价（元）	5	6
材料费用（元）	4 500	5 760

运用连环替代法，计算各因素变动对材料费用总额的影响程度如下：

计划指标：100×9×5=4 500（元）　①

第一次替代：120×9×5=5 400（元）　②

第二次替代：120×8×5=4 800（元）　③

第三次替代：120×8×6=5 760（元）　④

② - ① =5 400 - 4 500 = 900（元）（产量增加的影响）

③ - ② =4 800 - 5 400 = -600（元）（材料节约的影响）

④ - ③ =5 760 - 4 800 = 960（元）（价格提高的影响）

全部因素对材料的影响为：900-600+960=1 260（元）

运用差额分析法，计算各因素变动对材料费用总额的影响程度如下：

由于产量增加对材料费用的影响为：(120-100) ×9×5=900（元）

由于材料单耗节约对材料费用的影响为：(8-9) ×120×5=-600（元）

由于价格提高对材料费用的影响为：(6-5) ×120×8=960（元）

全部因素对材料费用的影响为：900-600+960=1 260（元）

随堂测 7-2

【计算题】有关资料见表 7-4，将净资产收益率指标依次分解为营业净利率、总资产周转率和权益乘数三个因素相乘，计算 2018 年与 2017 年净资产收益率之间的差额，并运用连环替代法，计算权益乘数变化对净资产收益率变化的影响。(2019 年)

表 7-4　相关资料表

项目	2017 年	2018 年
营业净利率	12%	9%
总资产周转率	1.5	2.4
权益乘数	2.5	2.25
净资产收益率	45%	48.6%

采用因素分析法时，应注意以下几点：①因素分解的关联性。即客观上须存在着因果关系，要能够反映形成该项指标差异的内在构成原因。②因素替代的顺序性。须按照各因素的依存关系，排列成一定的顺序并依次替代，不可随意加以颠倒。③顺序替代的连环性。在计算每一个因素变动的影响时，须在前一次计算的基础上进行，并采用连环比较的方法确定因素变化影响结果。④计算结果的假定性。其计算因素变动的影响数，

会因替代计算顺序的不同而有所差别，因而不可能使每个因素计算的结果，都达到绝对的准确。

（五）比率分析法

比率分析法，是通过计算各种比率指标来确定财务活动变动程度的方法。比率指标的类型主要有构成比率、效率比率和相关比率三类。

1.构成比率

构成比率又称结构比率，是某项财务指标的各组成部分数值占总体数值的百分比，反映部分与总体的关系。其计算公式为：

$$构成比率=\frac{某个组成部分数值}{总体数值}\times 100\%$$

比如，企业资产中流动资产、固定资产和无形资产占资产总额的百分比（资产构成比率），企业负债中流动负债和非流动负债占负债总额的百分比（负债构成比率）等，利用这些构成比率，可以考察总体中某个部分的形成和安排是否合理，以便协调各项财务活动。

2.效率比率

效率比率是某项财务活动中所费与所得的比率，反映投入与产出的关系。利用效率比率指标，可以进行得失比较，考察经营成果，评价经济效益。

比如，将利润项目与营业成本、营业收入、资本金等项目加以对比，可以计算出成本利润率、营业利润率和资本金利润率等指标，从不同角度观察比较企业盈利能力的高低及其增减变化情况。

随堂测7-3

【单选题】下列财务比率中，属于效率比率指标的是（　）（2017年）

A.成本利润率　　B.速动比率

C.资产负债率　　D.资本积累率

3.相关比率

相关比率是以某个项目和与其有关但又不同的项目加以对比所得的比率，反映有关经济活动的相互关系。利用相关比率指标，可以考察企业相互关联的业务安排是否合理，以保障经营活动顺畅进行。比如，将流动资产与流动负债进行对比，计算出流动比率，可以判断企业的短期偿债能力；将负债总额与资产总额进行对比，可以判断企业长期偿债能力。

采用比率分析法时，应当注意以下几点：①对比项目的相关性；②对比口径的一致性；③衡量标准的科学性。

重要提示

财务分析从总体上分析评价企业各项财务活动的相互联系和协调情况，评价企业的经营业绩，揭示企业财务活动方面的优势和薄弱环节。其分析的目的不仅是揭示结果，更重要的是为“结果”给出更为充分的分析依据，从而改善企业经营管理水平，减少决策的主观性与盲目性。但财务分析也有一定的局限性，主要表现为资料来源的局限性、分析方法的局限性以及分析指标的局限性等。其中，资料来源的局限性包括数据缺乏可比性、缺乏可靠性和存在滞后性等。

五、财务分析报告

财务分析报告是在财务分析的基础上，对企业经营状况、资金运作的综合概括和高度总结形成的书面报告。实务中，财务分析报告常见的问题主要有：①立足点不清，把报告写成下级对上级的汇报；②机械套用财务分析模板，把握不住重点，没能重点揭示重要问题；③揭示出的问题与对应报表专项分析不能呼应；④就数字论数字，没有挖掘业务层面的原因；⑤定性描述多，定量分析少；⑥任务表述不清晰，改进措施泛泛，定位不明确；⑦预测的准确性差。

一份合格的财务分析报告至少应满足以下四点：①报告写作前，要明确报告对象，并建立清晰的逻辑框架和分析思路，要有一条中心线，把整个分析贯穿起来。②分析过程要完整，内容细致具体，文字力求精练；整个报告要有因有果，提出问题，分析原因，给出建议措施，言简意赅。③分析报告要首尾呼应，前面提出了问题，后面就要有针对这个问题的具体任务，要落实责任人，落实时间节点。④财务分析报告要紧密结合公司业务，深刻洞察数据背后的业务背景，通过对财务数据敏感性的职业判断，探究经济业务发生的合理性、合规性，由此得出的分析报告才能真正为信息使用者提供决策有用信息。

素养提升

2017年，中国共产党第十九次全国代表大会首次提出“高质量发展”表述，表明中国经济由高速增长阶段转向高质量发展阶段。2022年10月16日，在中国共产党第二十次全国代表大会开幕会上，习近平总书记提出：“高质量发展是全面建设社会主义现代化国家的首要任务。”企业财务分析与现实资本、市场经济紧密相关，随着世界多极化、经济全球化和数字技术的不断发展，作为企业财务管理者，应以企业高质量发展的内涵为前提，构建科学合理的财务分析体系，全面评价企业在效率、效益及风险等方面的管理状况。

任务二 基本财务分析

基本财务分析的内容主要包括：偿债能力分析、营运能力分析、盈利能力分析、发展能力分析、获现能力分析和收益质量分析等。本节的基本财务分析以上市公司A公司为案例，各项财务指标的计算以该公司20×3至20×4年的资产负债表、利润表和现金流量表为主要依据。

表7-5、表7-6、表7-7是A公司20×0年至20×4年的资产负债表、利润表和现金流量表的摘要简表。

表7-5 资产负债表（简）

编制单位：A公司　　　　单位：亿元①

项　目	20×4年末	20×3年末	20×2年末	20×1年末	20×0年末
流动资产：					
货币资金	1 364.13	1 254.01	1 150.23	996.1	957.54
交易性金融资产	3.71	9.55	10.12	6.02	—
应收账款	87.38	84.4	76.42	58.14	28.24
应收账款融资	209.73	282.26	343	不适用	不适用
应收票据	—	—	—	322.56	299.63
预付账款	31.29	23.96	21.62	37.18	18.15
其他应收款	1.47	1.59	2.9	2.53	2.45
其他流动资产	156.17	230.91	189.13	103.42	19.93
存货	278.8	240.85	200.12	165.68	90.25
流动资产合计②	2 136.33	2 133.64	1 995.25	1 715.35	1 429.15

续表

项目	20×4年末	20×3年末	20×2年末	20×1年末	20×0年末
非流动资产：					
发放贷款和垫款	52.74	144.24	90.82	66.73	47.37
长期股权投资	81.2	70.64	22.51	1.1	1.04
其他权益工具投资	77.88	46.45	11.45	不适用	不适用
债权投资	不适用	不适用	不适用	21.75	13.84
固定资产	189.91	191.22	183.86	174.67	176.82
在建工程	40.16	24.31	16.64	10.21	5.82
无形资产	58.78	53.06	52.05	36.04	33.55
非流动资产合计②	655.85	696.08	515.91	434.33	394.59
资产总计	2 792.18	2 829.72	2 511.16	2 149.68	1 823.74
短期借款	203.04	159.44	221.98	186.46	107.01
应付票据	214.27	252.85	108.35	97.67	91.27
应付账款	316.05	416.57	389.87	345.53	295.41
合同负债	116.78	73.12	不适用	不适用	不适用
预收账款	—	—	97.92	141.43	100.22
应付职工薪酬	33.65	34.31	24.73	18.77	17.03
应交税费	23.01	37.04	48.48	39.09	31.26
其他应付款	23.79	27.13	30.84	26.04	22.24
其他流动负债	643.82	660.95	648.9	609.12	597.33
流动负债合计②	1 584.79	1 695.68	1 576.86	1 474.91	1 268.52
长期借款	18.61	0.47	0	0	0
递延所得税负债	14.11	9.28	5.36	4.03	2.8
非流动负债合计②	38.59	13.56	8.33	6.42	5.7
负债合计	1 623.38	1 709.24	1 585.19	1 481.33	1 274.22
股本	60.16	60.16	60.16	60.16	60.16
资本公积	1.22	0.93	0.93	1.04	1.83
减：库存股	51.82	0	0	0	0
其他综合收益	73.96	62.6	-6.2	-0.92	-2.21
盈余公积	35	35	35	35	35
未分配利润	1 028.42	937.95	818.91	557.4	442.27
股东权益合计②	1 168.8	1 120.48	925.97	668.35	549.52
负债和股东权益总计	2 792.18	2 829.72	2 511.16	2 149.68	1 823.74

注：①表中所有数据均已四舍五入，转化为以亿元为单位。

②本表仅列示与任务分析有关的项目数据，不涉及的项目及金额未列示，故流动资产合计、非流动资产合计、流动负债合计、非流动负债合计、股东权益合计与报表列示项目之和不等。

表7-6　　利润表（简）

编制单位：A公司　　单位：亿元①

项目	20×4年度	20×3年度	20×2年度	20×1年度	20×0年度
一、营业总收入	1 704.97	2 005.08	2 000.24	1 500.20	1 101.13
其中：营业收入	1 681.99	1 981.53	1 981.23	1 482.86	1 083.03
利息收入	22.96	23.51	18.99	17.32	18.10
手续费收入	0.02	0.04	0.02	0.02	
二、营业总成本②	1 462.61	1 707.24	1 695.89	1 246.99	914.84
其中：营业成本	1 242.29	1 434.99	1 382.34	995.63	728.86
税金及附加	9.65	15.43	17.42	15.13	14.30

续表

项　目	20×4 年度	20×3 年度	20×2 年度	20×1 年度	20×0 年度
销售费用	130.43	183.10	189.00	166.60	164.77
管理费用	36.04	37.96	43.66	60.71	54.86
研发费用	60.52	58.91	69.88	—	—
财务费用③	−19.37	−24.27	−9.48	4.31	−48.45
其中：利息费用	10.88	15.98	10.68	8.19	3.11
利息收入	37.08	36.98	23.84	22.05	14.84
加：其他收益	11.64	9.36	4.09	4.02	
投资收益、公允价值变动净损益、资产减值损失等项目（略）④	6.44	−11.15	1.53	4.04	
三、营业利润	260.44	296.05	309.97	261.27	175.04
加：营业外收入	2.87	3.46	3.18	5.11	10.93
减：营业外支出	0.22	5.98	0.41	0.21	0.24
四、利润总额	263.09	293.53	312.74	266.17	185.73
减：所得税费用	40.3	45.26	48.95	41.08	30.07
五、净利润	222.79	248.27	263.79	225.09	155.66

注：①表中所有数据均已四舍五入，转化为以亿元为单位。

②仅列示分析中涉及的项目及金额，故该行金额不等于以下几列加总，下同。

③财务费用除了表中列示的利息收入及利息费用外，还涉及银行手续费等项目，由于金额较小，在此不再进行单独列示。

④是指财务报告中投资收益、公允价值变动损益、资产减值损失、信用减值损失、资产处置收益等项目，由于金额较小，在此不作为具体分析对象，因此将其合并列示。

表 7-7　现金流量表（简）

编制单位：A公司　　单位：亿元①

项目	20×4 年度	20×3 年度	20×2 年度	20×1 年度	20×0 年度
一、经营活动产生的现金流量					
经营活动现金流入小计	1 638.93	1 751.96	1 462.1	1 136.61	755.16
经营活动现金流出小计	1 446.54	1 473.02	1 192.69	973.23	606.56
经营活动产生的现金流量净额	192.39	278.94	269.41	163.38	148.6
二、投资活动产生的现金流量					
投资活动现金流入小计	141.55	84.46	99.49	40.03	34.41
投资活动现金流出小计	140.58	197.21	317.95	662.56	226.87
投资活动产生的现金流量净额	0.97	−112.75	−218.46	−622.53	−192.46
三、筹资活动产生的现金流量					
筹资活动现金流入小计	376.15	215.95	276.39	218.81	144.91
筹资活动现金流出小计	587.26	408.17	251.25	241.30	202.44
筹资活动产生的现金流量净额	−211.11	−192.22	25.14	−22.49	−57.53
四、三项活动现金流量总净额②	−17.75	−26.03	76.09	−481.64	−101.39
加：汇率变动对现金及现金等价物的影响	−3.72	2.04	−1.97	−17.97	40.95
五、现金及现金等价物净增加额	−21.47	−23.99	74.12	−499.61	−60.44
加：期初现金及现金等价物余额	263.72	287.72	213.60	713.21	773.65
六、期末现金及现金等价物余额	242.25	263.73	287.72	213.60	713.21

注：①表中所有数据均已四舍五入，转化为以亿元为单位。

②该项目不属于原报表项目，该项目为现金流量中经营活动产生的现金流量净额、投资活动产生的现金流量净额、筹资活动产生的现金流量净额三项活动资金流之和。

一、偿债能力分析

偿债能力分析是针对企业资本结构、短期资本的流动性和现金流量等方面的财务比率计算分析。由于债务按到期时间分为短期债务和长期债务，所以偿债能力分析包括短期偿债能力分析和长期偿债能力分析两部分。

（一）短期偿债能力分析

短期偿债能力是指公司流动资产对流动负债及时、足额偿还的保证程度，是衡量公司当前的财务能力，特别是流动资产变现能力的重要标志。

分析短期偿债能力的常用指标有流动比率、速动比率和现金比率等。

1.流动比率

流动比率是流动资产与流动负债的比率，它表明企业每1元流动负债有多少流动资产作为偿还保证，反映企业可在短期内转变为现金的流动资产偿还到期流动负债的能力。其计算公式为：

$$流动比率=\frac{流动资产}{流动负债}$$

一般情况下，流动比率越高，反映企业短期偿债能力越强，债权人的权益就越有保证。国际上通常认为，流动比率的下限为1，而流动比率等于2时较为适当，它表明企业财务状况稳定可靠，除了满足日常生产经营的流动资金需要外，还有足够的财力偿付到期短期债务。若流动比率过低，则表示企业可能捉襟见肘，难以如期偿还短期债务。

【例7-5】根据表7-5的资料，A公司20×4年年末与年初的流动资产分别为2 136.33亿元、2 133.64亿元，流动负债分别为1 584.79亿元、1 695.68亿元，则该公司的流动比率为：

$$20\times4年流动比率=\frac{2\ 136.33}{1\ 584.79}=1.35$$

$$20\times3年流动比率=\frac{2\ 133.64}{1\ 695.68}=1.26$$

对流动比率的分析要把握以下几点：①从短期债权人的角度看，自然希望流动比率越高越好，这样可以保证他们及时、足额收回债权本息。②虽然流动比率越高，企业偿还短期债务的流动资产保证程度越强，但这并不等于说企业已有足够的现金或存款来偿债。流动比率高也可能是存货积压、应收账款增多且收账期延长所致，而真正用来偿债的现金或存款却严重短缺。③不存在统一的、标准的流动比率数值。不同行业的流动比率，通常有明显差别。

使用流动比率指标有某些局限性，比较容易被人为操纵。该比率假设全部流动资产都可以变为现金并用于偿债，全部流动负债都需要还清。实际上，有些流动资产的账面金额与变现金额有较大差异，如产成品等存货；经营性流动资产是企业持续经营所必需的，不能全部用于偿债；经营性应付项目可以滚动存续，无须动用现金全部还清。因此，流动比率只是对短期偿债能力的粗略估计。

随堂测7-4

【单选题】某公司流动比率为1.8，如果赊购一批原材料，则流动比率的变化方向是（　　）。（2021年卷Ⅱ）

A.不变　　B.变小　　C.变大　　D.都有可能

2.速动比率

速动比率是指企业速动资产与流动负债的比率。它假设速动资产是可以用于偿债的资产，表明每1元流动负债有多少速动资产作为偿还保障。所谓速动资产，是指可以在较短时间内变现的资产，包括货币资金、交易性金融资产和各种应收款项等。另外的流动资产，包括存货、一年内到期的非流动资产及其他流动资产等，称为非速动资产。

非速动资产的变现金额和时间具有较大的不确定性：①存货的变现速度比应收账款要慢得多；部分存货可能已经报废或损失、尚未处理；存货估价有多种方法，可能与变现金额相距甚远。②一年内到期的非流动资产及其他流动资产的金额具有偶然性，不代表正常的变现能力。因此，将可偿债资产定义为速动资产，计算出的速动比率更加可信。

速动比率的计算公式为：

$$速动比率=\frac{速动资产}{流动负债}$$

$$速动资产=流动资产-存货-预付账款$$

一般情况下，速动比率越高，表明企业偿还流动负债的能力越强。国际上通常认为，速动比率等于1较为适当。若速动比率小于1，必然会使企业面临很大的偿债风险；若速动比率大于1，尽管债务偿还的安全性很高，但却因为企业现金及应收账款资金占用过多而大大增加企业的机会成本。

【例7-6】根据表7-5的资料，A公司20×4年年末与年初的流动资产分别为2 136.33亿元、2 133.64亿元，存货余额分别为278.8亿元、240.85亿元，预付账款余额分别为31.29亿元、23.96亿元，流动负债分别为1 584.79亿元、1 695.68亿元，则该公司的速动比率为：

$$20×4年速动比率=\frac{2\,136.33-278.8-31.29}{1\,584.79}=1.15$$

$$20×3年速动比率=\frac{2\,133.64-240.85-23.96}{1\,695.68}=1.10$$

对速动比率的分析要把握以下几点：①由于从流动资产中剔除了存货等变现能力较弱且不稳定的资产，因此，与流动比率相比，速动比率能够更加准确、可靠地评价企业资产的流动性及其偿还短期债务的能力。②一般情况下，如果速动比率比较低，必使企业面临较大的偿债风险；如果速动比率比较高，尽管偿还债务的安全性很高，但却会因企业现金及应收账款资金占用过多而大大增加企业的机会成本。③与流动比率一样，不同行业的速动比率差别很大。

重要提示

有两家商店，甲商店采取现销方式，乙商店则大量赊销，具体资料见表7-8。假设乙商店的应收账款收回的可能性极小，请判断哪家商店的短期偿债能力更强。

表7-8 速动比率计算表 金额单位：万元

项目	甲商店	乙商店
速动资产	100	150
其中：现金	100	50
应收账款	0	100
流动负债	200	200
速动比率	50%	75%

从速动比率角度可以看出，乙商店大于甲商店，简单分析出乙商店的短期偿债能力似乎比甲商店要强，但由于乙商店账面上的应收账款变现能力弱，所以凭借速动比率对短期偿债能力进行评价就不

一定非常可靠。因此，应收账款的变现能力是影响速动比率的可信性重要因素。

3.现金比率

现金比率是指现金资产与流动负债的比率，它表明1元流动负债有多少现金资产作为偿还保障。其计算公式为：

$$现金比率=\frac{货币资金+交易性金融资产}{流动负债}$$

速动资产中，流动性最强、可直接用于偿债的资产，称为现金资产，包括货币资金、交易性金融资产等。与其他速动资产不同，现金资产可以直接用于偿还债务，而其他速动资产需要等待不确定的时间，才能转换为不确定数额的现金。

【例7-7】根据表7-5的资料，A公司20×4年年末与年初货币资金余额分别为1 364.13亿元、1 254.01亿元，交易性金融资产余额分别为3.71亿元、9.55亿元，流动负债分别为1 584.79亿元、1 695.68亿元，则该公司的现金比率为：

$$20×4年现金比率=\frac{1\ 364.13+3.71}{1\ 584.79}=0.86$$

$$20×3年现金比率=\frac{1\ 254.01+9.55}{1\ 695.68}=0.75$$

与流动比率和速动比率相比较，用现金比率来衡量企业的短期偿债能力更加谨慎。现金比率越高，企业的短期偿债能力越强。但是，现金比率并非越高越好，越高意味着企业拥有过多的获利能力较低的现金资产，因此，现金比率要适度，一般经验值为0.25。既要保证偿还短期债务的需要，又要尽可能降低持有过多现金资产产生的机会成本。

随堂测7-5

【单选题】下列财务指标中，最能反映企业即时偿付短期债务能力的是（　　）。(2018年)

A.资产负债率　　B.流动比率　　C.权益乘数　　D.现金比率

4.营运资金

营运资金是指流动资产超过流动负债的部分。其计算公式为：

营运资金=流动资产-流动负债

【例7-8】根据表7-5的资料，A公司20×4年年末与年初的流动资产分别为2 136.33亿元、2 133.64亿元，流动负债分别为1 584.79亿元、1 695.68亿元，则该公司营运资金为：

20×4年营运资金=2 136.33-1 584.79=551.54（亿元）

20×3年营运资金=2 133.64-1 695.68=437.96（亿元）

当流动资产大于流动负债时，营运资金为正，说明企业的财务状况稳定，不能偿债的风险较小。反之，当流动资产小于流动负债时，营运资金为负，此时，企业部分非流动资产作为流动负债的资金来源，企业不能偿债的风险很大。因此，企业必须保证正向的营运资金，以避免流动负债的偿债风险。

营运资金是绝对数，不便于不同企业之间的比较。因此，实务中直接使用营运资金作为偿债能力的衡量指标受到局限，偿债能力更多地通过比率指标来评价。

随堂测7-6

【多选题】企业采取的下列措施中，能够减少营运资金需求的有（　　）。(2020年卷Ⅰ)

A.加速应收账款周转　　B.加速存货周转

C.加速固定资产周转　　D.加速应付账款的偿还

（二）长期偿债能力分析

企业筹集资金的渠道主要是两类：一是股权融资，不需要还本付息，企业没有资金流需求的压力，但却要与其他股东分享对企业的控制决策权和分红收益，融资成本高，但财务风险小。二是债务融资，由于本金和利息的支付存在硬性支出，如果未能按时还本付息，财务风险高，但融资成本低，股东不会失去对企业的控制决策权。因此，长期偿债能力分析本质上是资本结构的分析和把控。

高负债一定是高风险吗？——负债之超能力

分析长期偿债能力的常用指标有资产负债率、权益乘数、产权比率和利息保障倍数等。

1.资产负债率

资产负债率是企业负债总额与资产总额的比率，也称为负债比率，它反映企业的资产总额中有多少是通过举债而得到的。其计算公式为：

$$\text{资产负债率} = \frac{\text{负债总额}}{\text{资产总额}} \times 100\%$$

【例 7-9】根据表 7-5 的资料，A 公司的资产负债率为：

$$20\times4\text{年资产负债率} = \frac{1\,623.38}{2\,792.18} \times 100\% = 58.14\%$$

$$20\times3\text{年资产负债率} = \frac{1\,709.24}{2\,829.72} \times 100\% = 60.4\%$$

资产负债率反映企业偿还债务的综合能力，一般情况下该比率越高，企业偿还债务的能力越差；反之，偿还债务的能力越强。同时也能在一定程度上反映企业举债经营的能力。

重要提示

利用资产负债率进行财务分析时，往往应当考虑行业和战略的差异。一些特殊的行业企业往往会呈现一个较高或者较低的负债率，重资产企业需要资金，同时也拥有大量的非流动资产可用来抵押贷款，所以具有很强的借债能力，如资产负债率高达 80% 的航空类企业比比皆是。而一些新媒体或轻资产企业，由于资金充足且体现较低的资产负债率，平均行业的资产负债率不到 35%。

2.权益乘数

股东权益比率的倒数，称为权益乘数，即资产总额是股东权益的多少倍。其计算公式为：

$$\text{权益乘数} = \frac{\text{资产总额}}{\text{股东权益总额}}$$

【例 7-10】根据表 7-5 的资料，A 公司的权益乘数为：

$$20\times4\text{年权益乘数} = \frac{2\,792.18}{1\,168.8} = 2.39$$

$$20\times3\text{年权益乘数} = \frac{2\,829.72}{1\,120.48} = 2.53$$

权益乘数越大，表明股东投入的资本在资产中所占比重越小，企业负债程度越高；反之，该比率越小，表明所有者投入企业的资本占全部资产的比重越大，企业的负债程度越低，债权人权益受保护的程度也越高。

3.产权比率

产权比率是衡量企业长期偿债能力的指标之一。它是企业财务结构稳健与否的重要标志。该指标表明由债权人提供的和由投资者提供的资金来源的相对关系，反映企业基本财务结构是否稳定。产权比率高意味着企业是高风险、高报酬的财务结构，产权比率低表明企业自有资本占总资产的比重大，财务风险低，长期偿债能力相对较强。其计算公式为：

$$产权比率=\frac{负债总额}{股东权益总额}$$

【例7-11】 根据表7-5的资料，A公司的产权比率为：

$$20×4年产权比率=\frac{1\ 623.38}{1\ 168.8}=1.39$$

$$20×3年产权比率=\frac{1\ 709.24}{1\ 120.48}=1.53$$

产权比率越低，表示企业的长期偿债能力越强，债权人得到的保障程度越高，债权人就越有安全感；反之，产权比率越高，表示企业长期偿债能力越弱，债权人的安全感越低。因此，这个指标的评价标准一般是应小于1。但是，产权比率并不是越低越好，产权比率越低，企业长期偿债能力提高，企业不能充分发挥财务杠杆的效应。所以，企业在评价产权比率适当与否时，应从提高获利能力和增强偿债能力两个方面综合进行，即在保障债务偿还安全的前提下，尽可能提高产权比率。

随堂测7-7

【单选题】产权比率越高，通常反映的信息是（　　）。(2015年)

A.财务结构越稳健　　B.长期偿债能力越强

C.财务杠杆效应越强　　D.股东权益的保障程度越高

4.利息保障倍数

利息保障倍数，又称已获利息倍数，是企业息税前利润与全部利息费用之间的比率，用以衡量偿付借款利息的能力。该倍数越高，企业支付利息的能力就越强。因此，债权人常常使用该指标来衡量债权的安全程度。其计算公式为：

$$利息保障倍数=\frac{息税前利润}{利息费用+资本化利息}=\frac{净利润+利息费用+所得税费用}{利息费用+资本化利息}$$

【例7-12】 根据表7-5、表7-6的资料，A公司的利息保障倍数为：

$$20×4年利息保障倍数=\frac{222.79+10.88+40.3}{10.88}=25.18$$

$$20×3年利息保障倍数=\frac{248.27+15.98+45.26}{15.98}=19.37$$

长期债务不仅需要每年还本，还需要每年付息。利息保障倍数反映了企业的经营所得支付债务利息的能力。如果这个比率太低，说明企业难以保证经营所得来按时按量支付债务利息，这会引起债权人的担心。一般来说，企业的利息保障倍数至少要大于1，否则，就难以偿付债务及利息，长此以往，甚至会导致企业破产倒闭。

对企业和所有者来说，也并非简单地认为利息保障倍数越高越好。如果较高的利息保障倍数不是由于高利润带来的，而是低利息导致的，则说明企业没有很好地利用财务杠杆作用，未能充分利用举债经营的优势。利息保障倍数的国际标准值为3，下限为1。

重要提示

严格地讲，利息费用指实际支出的借款利息、债券利息等，而企业全部的利息费用既包括计入财务费用的利息，也包括资本化利息。但在实际计算过程中，由于很多企业并不单独披露资本化利息支出，因此只能简单使用费用化的利息支出作为替代，从而导致利息保障倍数被高估。

随堂测 7-8

【单选题】已知利润总额为 700 万元，利润表中的财务费用为 50 万元、资本化利息为 30 万元，则利息保障倍数为（ ）。(2020 年)

A.9.375　　B.15　　C.8.75　　D.9.75

（三）现金流偿债风险分析

现金流量表是根据企业的三项业务活动揭示现金流的来龙去脉。充足的现金流能有效预防资金链断裂带来的风险，因此，对企业现金流与负债的相关性分析，可以帮助企业识别和把控财务风险。常用的指标有现金流动负债比率、现金债务总额比率等。

1.现金流动负债比率

现金流动负债比率是指一定时期内经营活动产生的现金流量净额与流动负债的之比。该比率是反映企业经营活动产生的现金流量净额对企业流动负债的保障程度。该指标越高，表明企业短期偿债能力越强。其计算公式如下：

$$现金流动负债比率=\frac{经营活动产生的现金流量净额}{流动负债}$$

该指标中的流动负债应采用期末流动负债数据或期初期末平均值。

【例 7-13】根据表 7-5、表 7-7 的资料，A 公司的现金流动负债比率为：

$$20×4年现金流动负债比率=\frac{192.39}{1\ 584.79}=0.12$$

$$20×3年现金流动负债比率=\frac{278.94}{1\ 695.68}=0.16$$

2.现金债务总额比率

现金债务总额比率是指一定时期内经营活动产生的现金流量净额与负债总额之比。该比率反映企业在正常经营活动中偿还债务总额的实际能力。其计算公式如下：

$$现金债务总额比率=\frac{经营活动产生的现金流量净额}{负债总额}$$

该指标越高，说明企业目前抵御财务风险的能力越强，偿还长期债务的能力越强。

【例 7-14】根据表 7-5、表 7-7 的资料，A 公司的现金债务总额比率为：

$$20×4年现金债务总额比率=\frac{192.39}{1\ 623.38}=0.12$$

$$20×3年现金债务总额比率=\frac{278.94}{1\ 709.24}=0.16$$

（四）影响偿债能力的其他因素

1.可动用的银行贷款指标或授信额度

当企业存在可动用的银行贷款指标或授信额度时，这些数据不在财务报表内反映，但由于可以随时增加企业的支付能力，因此可以提高企业的偿债能力。

2.资产质量

在财务报表内反映的资产金额为资产的账面价值，但由于财务会计的局限性，资产的账面价值与实际价值可能存在差异，如资产可能被高估或低估，一些资产无法进入到财务报表等。此外，资产的变现能力也会影响偿债能力。如果企业存在很快变现的非流动资产，会增强企业的短期偿债能力。

3.或有事项和承诺事项

如果企业存在债务担保或未决诉讼等或有事项，会增加企业的潜在偿债压力。同样各种承诺支付事项，也会加大企业偿债义务。

4.经营租赁

当企业存在经营租赁时，意味着企业要在租赁期内分期支付租赁费用，即有固定的、经常性的支付义务。但是经营租赁的负债未反映在资产负债表中，因此经营租赁作为一种表外融资方式，会影响企业的偿债能力，特别是经营租赁期限较长、金额较大的情况。因此，如果企业存在经营租赁时，应考虑租赁费用对偿债能力的影响

二、营运能力分析

企业的投资回报取决于效益和效率两个方面。效益可以用净利润和毛利率表示，效率则通过资产的周转快慢来表现。营运能力分析是对企业资产利用效果的能力分析，即分析企业运用各项资产赚取利润的能力。资产运用效率标志着资产的运行状态及其管理效果的好坏，这对企业的偿债能力和获利能力都会产生重要影响。因此，不论是股东、债权人还是经营者都十分注重企业营运能力的分析。分析营运能力的常用指标有资产的周转率和周转期。

（一）存货周转率

存货周转率是企业一定时期内的营业成本与平均存货余额的比率。它是反映企业流动资产流动性的一个指标，也是衡量企业生产经营各环节中存货运营效率的一个综合性指标。其计算公式为：

$$存货周转率（周转次数）=\frac{营业成本}{平均存货余额}$$

$$存货周转期（周转天数）=\frac{平均存货余额\times 360}{营业成本}=\frac{360}{存货周转率}$$

$$平均存货余额=\frac{存货余额年初数+存货余额年末数}{2}$$

【例7-15】根据表7-5、表7-6的资料，A公司的存货周转率为：

$$20\times4年存货周转率（周转次数）=\frac{1\ 242.29}{(278.8+240.85)\div 2}=4.78（次）$$

$$20\times4年存货周转天数=\frac{360}{4.78}=75.31（天）$$

$$20\times3年存货周转率（周转次数）=\frac{1\ 434.99}{(240.85+200.12)\div 2}=6.51（次）$$

$$20\times3年存货周转天数=\frac{360}{6.51}=55.3（天）$$

存货周转率说明了一定时期内企业存货周转的次数，可以用来测定企业存货的变现速度，衡量企业的销售能力及存货是否过量。存货周转率反映了企业的销售效率和存货使用效率。在正常情况下，如果企业经营顺利，存货周转率越高，说明存货周转得越快，企业的销售能力越强，营运资金占用在存货上的金额也会越少。但是，存货周转率过高，也可能说明企业管理方面存在一些问题，如存货水平太低，甚至经常缺货，或者采购次数过于频繁，批量太小等。

在计算和使用存货周转率时，应把握好以下问题：①存货计价方法对存货周转率具有

较大的影响，因此，在分析企业不同时期或不同企业的存货周转率时，应注意存货计价方法的口径是否一致。②分子、分母的数据应注意时间上的对应性。周转率计算公式中的分母之所以采用“平均存货余额”，是因为分子中的“营业成本”来自利润表，它是时期数；而分母中的“存货”来自资产负债表，它是时点数，直接进行计算，时间上不对应，无法进行比较，所以需要采用平均值进行换算。因此在计算营运能力的指标中，为了遵从可比性原则，分母资产类项目均采用“平均”值，下同。③应注意应付账款、存货和应收账款（或销售）之间的关系。一般来说，销售增加会拉动应收账款、存货、应付账款增加，不会引起周转率的明显变化。但是，当企业接到一个大订单时，通常要先增加存货，然后推动应付账款增加，最后才引起应收账款增加。因此，在该订单没有实现销售以前，先表现为存货周转天数增加。这种周转天数增加，没有什么不好。与此相反，预见到销售会萎缩时，通常会先减少存货，进而引起存货周转天数下降。这种周转天数下降，不是什么好事，并非资产管理改善。因此，任何财务分析都以认识经营活动本质为目的，不可根据数据高低作简单结论。

（二）应收账款周转率

应收账款周转率是指企业一定时期内营业收入与平均应收账款余额的比率。它反映了企业应收账款在一定时间内（通常为一年）转化为现金的平均次数。其计算公式为：

$$应收账款周转率（周转次数）=\frac{营业收入}{平均应收账款余额}$$

$$应收账款周转期（周转天数）=\frac{平均应收账款余额\times 360}{营业收入}=\frac{360}{应收账款周转率}$$

$$平均应收账款余额=\frac{应收账款余额年初数+应收账款余额年末数}{2}$$

应收账款周转率说明了应收账款流动的速度，用时间表示的周转速度是周转天数，也即平均应收账款回款期或平均收现期，表示企业从取得应收账款的权利到收回款项、转换为现金所需要的时间。应收账款周转率越高，说明企业催收账款速度越快，可以减少坏账损失，而且资产的流动性强，企业的短期偿债能力也会增强。

【例 7-16】根据表 7-5、表 7-6 的资料，A 公司的应收账款周转率为：

$$20\times4年应收账款周转率（周转次数）=\frac{1\,681.99}{(87.38+84.4)\div 2}=19.58（次）$$

$$20\times4年应收账款周转天数=\frac{360}{19.58}=18.39（天）$$

$$20\times3年应收账款周转率（周转次数）=\frac{1\,981.53}{(84.4+76.42)\div 2}=24.64（次）$$

$$20\times3年应收账款周转天数=\frac{360}{24.64}=14.61（天）$$

在计算和使用应收账款周转率时，应注意以下问题：①公式中的应收账款包括会计核算中的“应收账款”和“应收票据”等全部赊销账款在内。②营业收入的赊销比例问题。从理论上讲，应收账款是由赊销引起的，其对应的流量是赊销额，而非全部营业收入。因此，计算时应使用赊销额而非营业收入。但是，外部分析人员无法取得赊销数据，只好直接使用营业收入计算。实际上是假设现销是收现时间等于零的应收账款。③应收账款的减值准备问题。财务报表上列示的应收账款是已经计提减值准备后的净额，而营业收入并未相应减少。其结果是，计提的减值准备越多，应收账款周转天数越少。这种周转天数的减少不是业绩改善的结果，反而说明应收账款管理欠佳。如果减值准备的金额较大，就应进行调整，使用未计提减值准备的应收账款计算周转天数。报表附注中披露的应收账款减值信息，可作为调整的依据。

随堂测7-9

【单选题】某公司上期营业收入为1 000万元，本期期初应收账款为120万元，本期期末应收账款为180万元，本期应收账款周转率为8次，则本期的营业收入增长率为（　　）。（2020年卷Ⅰ）

A.20%　　B.12%　　C.18%　　D.50%

（三）流动资产周转率

流动资产周转率是指企业一定时期营业收入与平均流动资产余额的比率。它反映的是全部流动资产的利用效率。其计算公式为：

$$流动资产周转率（周转次数）=\frac{营业收入}{平均流动资产余额}$$

$$流动资产周转期（周转天数）=\frac{平均流动资产余额\times 360}{营业收入}=\frac{360}{流动资产周转率}$$

$$平均流动资产余额=\frac{流动资产余额年初数+流动资产余额年末数}{2}$$

【例7-17】根据表7-5、表7-6的资料，A公司的流动资产周转率为：

$$20\times4年流动资产周转率（周转次数）=\frac{1\,681.99}{(2\,136.33+2\,133.64)\div 2}=0.79（次）$$

$$20\times4年流动资产周转天数=\frac{360}{0.79}=455.70（天）$$

$$20\times3年流动资产周转率（周转次数）=\frac{1\,981.53}{(2\,133.64+1\,995.25)\div 2}=0.96（次）$$

$$20\times3年流动资产周转天数=\frac{360}{0.96}=375（天）$$

流动资产周转率反映了流动资产周转的速度。周转次数越多，周转天数越少，表明流动资产周转速度越快，可以节约企业运营资金，提高资金利用效率。

（四）固定资产周转率

固定资产周转率是企业一定时期营业收入与平均固定资产净值的比率。它是衡量固定资产利用效率的一项指标。其计算公式为：

$$固定资产周转率（周转次数）=\frac{营业收入}{平均固定资产净值}$$

$$固定资产周转期（周转天数）=\frac{平均固定资产净值\times 360}{营业收入}=\frac{360}{固定资产周转率}$$

$$平均固定资产净值=\frac{固定资产净值年初数+固定资产净值年末数}{2}$$

【例7-18】根据表7-5、表7-6的资料，A公司的固定资产周转率为：

$$20\times4年固定资产周转率（周转次数）=\frac{1\,681.99}{(189.91+191.22)\div 2}=8.83（次）$$

$$20\times4年固定资产周转天数=\frac{360}{8.83}=40.77（天）$$

$$20\times3年固定资产周转率（周转次数）=\frac{1\,981.53}{(191.22+183.86)\div 2}=10.57（次）$$

$$20\times3\text{年固定资产周转天数}=\frac{360}{10.57}=34.06\text{（天）}$$

该指标反映企业固定资产的周转情况，衡量固定资产的利用效率，指标越高，表明企业利用固定资产创收的能力越强，固定资产的利用效果就越好；反之，说明企业的固定资产未得到充分利用，应考虑是否有闲置的固定资产并及时清理。

（五）总资产周转率

总资产周转率是企业一定时期营业收入与平均资产总额的比率。它是衡量企业全部资产利用效率的指标。其计算公式为：

$$\text{总资产周转率（周转次数）}=\frac{\text{营业收入}}{\text{平均资产总额}}$$

$$\text{总资产周转期（周转天数）}=\frac{\text{平均资产总额}\times360}{\text{营业收入}}=\frac{360}{\text{总资产周转率}}$$

$$\text{平均资产总额}=\frac{\text{资产总额年初数}+\text{资产总额年末数}}{2}$$

【例7-19】根据表7-5、表7-6的资料，A公司的固定资产周转率为：

$$20\times4\text{年总资产周转率（周转次数）}=\frac{1\,681.99}{(2\,792.18+2\,829.72)\div2}=0.6\text{（次）}$$

$$20\times4\text{年总资产周转天数}=\frac{360}{0.6}=600\text{（天）}$$

$$20\times3\text{年总资产周转率（周转次数）}=\frac{1\,981.53}{(2\,829.72+2\,511.16)\div2}=0.74\text{（次）}$$

$$20\times3\text{年总资产周转天数}=\frac{360}{0.74}=486.49\text{（天）}$$

总资产周转率是综合评价企业全部资产的经营质量和利用效率的重要指标。该指标越高，表明企业全部资产的使用效率越高，反映企业的销售能力越强；反之，如果该指标较低，则说明企业利用全部资产进行经营的效率较差，最终会影响企业的盈利能力。

三、盈利能力分析

不论是投资人、债权人还是经理人员，都会非常重视和关心企业的盈利能力。盈利能力是企业获取利润、实现资金增值的能力。分析盈利能力常用的指标有：毛利率、营业净利率、总资产报酬率、净资产收益率。

（一）毛利率

毛利率是评价公司盈利能力的最核心指标。毛利是营业收入与营业成本的差额。影响毛利率高低的直接因素是产品售价和产品成本。产品售价取决于市场定价权和销售策略等；产品成本取决于原材料价格和生产技术水平等。因此，毛利率贯穿了一家公司的“产、供、销”等核心业务环节，反映了公司业务转化为利润的核心能力，是公司的竞争力强弱的直接体现。

$$\text{毛利率}=\frac{\text{营业收入}-\text{营业成本}}{\text{营业收入}}\times100\%$$

【例7-20】根据表7-6的资料，A公司的毛利率为：

$$20\times4\text{年毛利率}=\frac{1\,681.99-1\,242.29}{1\,681.99}\times100\%=26.14\%$$

$$20\times3\text{年毛利率}=\frac{1\,981.53-1\,434.99}{1\,981.53}\times100\%=27.58\%$$

一家公司的毛利率，受其所处行业情况、自身经营情况以及自身财务情况的共同综合影响。对于任何一家企业，毛利率绝对值的高低是没有意义的，比如一家制药公司的毛利率可达80%，一家餐饮公司的毛利率可达60%，一家建筑工程公司的毛利率不到20%，因此，我们不能单单通过毛利率这一个指标的高低来判定一家企业盈利能力的强弱。

重要提示

巴菲特曾说："只有具备某种可持续性竞争优势的公司才能在长期运营中一直保持盈利。"他发现，比起缺乏长期竞争力的公司，那些拥有良好的长期经济源动力和竞争优势的公司往往具有持续较高的毛利率。

公司的可持续性竞争优势能够创造高毛利率，因为这种竞争优势可以让企业对其产品或服务进行自由定价，让售价远远高于产品成本。倘若缺乏持续竞争优势，公司只能通过降低产品及服务价格来保持竞争力。

资料来源　巴菲特，克拉克．巴菲特教你读财报［M］．李凤，译．北京：中信出版社，2009.

（二）营业净利率

营业净利率（或销售净利率）是反映企业盈利能力的一项重要指标。"营业收入"和"净利润"都是利润表中的数字，两者相除可以概括企业的全部经营成果。它表明每1元营业收入与其成本费用之间可以"挤"出来的净利润。该比率越大，表明企业盈利能力越强。

$$营业净利率=\frac{净利润}{营业收入}\times 100\%$$

【例7-21】根据表7-6的资料，则该公司的营业净利率为：

$$20\times4年营业净利率=\frac{222.79}{1\,681.99}\times 100\%=13.25\%$$

$$20\times3年营业净利率=\frac{248.27}{1\,981.53}\times 100\%=12.53\%$$

一家企业的营业净利率越高，说明在从营业收入到利润转化过程中的成本费用越少。一家企业无论从事怎样的经营活动，都可以被理解为资金运转的增值循环：随着企业的正常运转经营，股东投入的原始资金转化为各种各样的资产形式，随着企业将生产加工后的完工产品出售，又赚取了资金。每转一圈，企业就会获得一笔收入的资金。那么在一年内，资产转圈的次数就会影响企业的盈利能力，这就是我们即将列示的下一个关键分析指标。

（三）总资产报酬率

总资产报酬率是指企业息税前利润与平均资产总额的比率，是用以评价企业运用全部资产的总体获利能力，可以衡量股东和债权的总投资所获取的综合回报。判断一家企业的盈利能力如何，不仅要立足于效益，还要立足于效率。总资产报酬率就是立足于效率衡量一家企业盈利能力的重要分析指标。

$$总资产报酬率=\frac{息税前利润}{平均资产总额}\times 100\%$$

【例7-22】根据表7-5、表7-6的资料，A公司的总资产报酬率为：

$$20\times4年总资产报酬率=\frac{222.79+10.88+40.3}{(2\,792.18+2\,829.72)\div 2}\times 100\%=9.75\%$$

$$20\times3年总资产报酬率=\frac{248.27+15.98+45.26}{(2\,829.72+2\,511.16)\div 2}\times 100\%=11.59\%$$

（四）净资产收益率

净资产收益率也叫净资产报酬率，是指净利润额与平均股东权益总额的比率，体现了自有资本获得净收益的能力。该指标越高，说明给股东带来的收益越高；反之，则说明企业股东的获利能力越弱。

$$净资产收益率=\frac{净利润}{平均股东权益总额}\times 100\%$$

【例7-23】根据表7-5、表7-6的资料，A公司的净资产收益率为：

$$20\times4年净资产收益率=\frac{222.79}{(1\,168.8+1\,120.48)\div 2}\times 100\%=19.46\%$$

$$20\times3年净资产收益率=\frac{248.27}{(1\,120.48+925.97)\div 2}\times 100\%=24.26\%$$

重要提示

如果一个企业的净利润大于0，这个企业就一定是赚钱的吗？

事实上，我们在计算净利润时，只考虑了债权人的资金成本，因为债权人的资金成本就是企业的财务费用。但是，我们并没有考虑股东的资金成本，想想看，股东投入企业的资金对股东来说是有机会成本的，如果企业的净利润小于股东的资金成本，这背后的经济含义则是：这个企业虽然表面上有利润，但它并没有为股东赚到钱，因为股东把钱投到别处要比投到这个企业更有利可图，同时也意味着，这个公司在它所处的行业属于下游企业，达不到行业的平均盈利水平，因此在实务中我们往往将股东的资金成本量化为行业平均盈利水平。

四、获现能力分析

获现能力分析主要是对经营活动产生的现金流量净额与净利润之间的比率关系作出评价。由于应收账款的存在以及会计利润的可操作性，企业利润与现金流之间往往表现出不一致的情况，很多企业利润丰厚，但资金量却很紧张，因此评价企业的收益质量能够更严谨地反映企业的获现能力。分析获现能力的常用指标有盈利现金比率、营业现金比率、每股经营活动现金净流量、全部资产现金回收率等。

（一）盈利现金比率

盈利现金比率是评价净收益质量的重要指标，主要衡量当期净利润中实现现金净流量的程度。一般该比率越高，表明净利润中已经收到现金的程度越高，利润质量越好。其计算公式为：

$$盈利现金比率=\frac{经营活动产生的现金流量净额}{净利润}$$

【例7-24】根据表7-6、表7-7的资料，A公司的盈利现金比率为：

$$20\times4年盈利现金比率=\frac{192.39}{222.79}=0.86$$

$$20\times3年盈利现金比率=\frac{278.94}{248.27}=1.12$$

（二）营业现金比率

营业现金比率反映企业通过经营活动获取现金的能力，用于衡量当期营业收入的资金收现情况。它反映了企业每实现1元销售收入所取得现金流量净额的能力，从本质上说明利润的实现程度。其计算公式为：

$$营业现金比率=\frac{经营活动产生的现金流量净额}{营业收入}$$

【例7-25】根据表表7-6、表7-7的资料，A公司的营业现金比率为：

$$20\times4\text{年营业现金比率}=\frac{192.39}{1\,681.99}=0.11$$

$$20\times3\text{年营业现金比率}=\frac{278.94}{1\,981.53}=0.14$$

该指标越大，反映企业从销售到实现获得现金的能力越强。

（三）每股经营活动现金净流量

每股经营活动现金净流量是指一定时期内企业经营活动产生的现金流量净额与普通股股数的比率。它反映了企业分派现金股利的能力。其计算公式为：

$$\text{每股经营活动现金净流量}=\frac{\text{经营活动产生的现金流量净额}}{\text{普通股股数}}$$

【例7-26】20×4年A公司在外发行的普通股加权平均数约为60亿股，20×3年在外发行的普通股加权平均数约为60.4亿股，根据表7-5至表7-7的资料，A公司的每股经营活动现金净流量为：

$$20\times4\text{年每股经营活动现金净流量}=\frac{192.39}{60}=3.21$$

$$20\times3\text{年每股经营活动现金净流量}=\frac{278.94}{60.4}=4.62$$

每股经营活动现金净流量反映企业分派现金股利的最大能力。当每股股利超过该指标时，说明现金分派过多了，可能是借款分红。该指标越大，表明企业进行资本支付和股利支付的能力越强。

（四）全部资产现金回收率

全部资产现金回收率是指一定时期内经营活动产生的现金流量净额与平均资产总额之比。它反映了企业运用资产变现的能力。

$$\text{全部资产现金回收率}=\frac{\text{经营活动产生的现金流量净额}}{\text{平均资产总额}}$$

$$\text{平均资产总额}=\frac{\text{资产总额年初数}+\text{资产总额年末数}}{2}$$

【例7-27】根据表7-5至表7-7的资料，A公司的全部资产现金回收率为：

$$20\times4\text{年全部资产现金回收率}=\frac{192.39}{(2\,792.18+2\,829.72)\div2}=0.07$$

$$20\times3\text{年全部资产现金回收率}=\frac{278.94}{(2\,829.72+2\,511.16)\div2}=0.1$$

该指标反映每使用1元资产产生现金流量的能力，适用于企业间的横向比较。该指标越大，表明企业利用资产产生现金流的能力则越强。

五、收益质量分析

收益质量是指会计收益与公司业绩之间的相关性。如果会计收益能如实反映公司业绩，则表明其收益质量较高；反之，则表明其收益质量不高。分析收益质量的常用指标有净收益营运指数、现金营运指数等。

（一）净收益营运指数

净收益营运指数越小，表明非经营收益所占比重越大，收益质量越差。

$$\text{净收益营运指数}=\frac{\text{经营净收益}}{\text{净利润}}$$

经营净收益 = 净利润 − 非经营净收益

【例 7-28】A 公司 20×4 年度现金流量表补充资料简表见表 7-9，净利润 222.79 亿元，非经营净收益为−27.41 亿元，则净收益营运指数为：

$$20\times4\text{年净收益营运指数} = \frac{222.79 + 27.41}{222.79} = 1.12$$

表 7-9　　现金流量补充资料（简）　　单位：亿元

补充资料	本期金额	说明
将净利润调节为经营活动现金流量：		
净利润	222.79	非付现费用 38.61 亿元，这类费用会影响会计收益但不会影响现金流量。少计提这类费用会使收益质量下降
加：资产减值准备	2.73	
固定资产折旧、油气资产折耗、生产性生物资产折旧	33.77	
无形资产摊销	2.11	
处置固定资产、无形资产和其他长期资产的损失（收益以“−”号填列）	−0.03	非经营性净收益为−27.41 亿元，这部分净收益若为正，则代表企业有非日常性的现金收益，所以此处越低说明企业越依赖主营业务，企业的收益质量越高
固定资产报废损失（收益以“−”号填列）	0.08	
公允价值变动损失（收益以“−”号填列）	−2	
财务费用（收益以“−”号填列）	−31.17	
投资损失（收益以“−”号填列）	−7.13	
递延所得税资产减少（增加以“−”号填列）	8.01	
递延所得税负债增加（减少以“−”号填列）	4.83	
存货的减少（增加以“−”号填列）	−37.34	经营性资产减少 115.09 亿元，说明企业收入转换为现金的能力较强
经营性应收项目的减少（增加以“−”号填列）	152.43	
经营性应付项目的增加（减少以“−”号填列）	−184.81	无息负债净减少 156.67 亿元，收益不变而现金减少
其他	28.12	
经营活动产生的现金流量净额	192.39	

随堂测 7-10

【判断题】净收益营运指数越大，收益质量越差。（　　）（2017 年）

（二）现金营运指数

现金营运指数大于 1，说明收益质量较好；现金营运指标小于 1，说明收益质量较差。

$$\text{现金营运指数} = \frac{\text{经营活动产生的现金流量净额}}{\text{经营所得现金}}$$

经营现金所得 = 经营净收益 + 非付现费用

【例 7-29】A 公司 20×4 年度现金流量表补充资料简表见表 7-9，经营活动产生的现金流量净额为 192.39 亿元，非付现费用为 38.61 亿元，则现金营运指数为：

$$20\times4\text{年现金营运指数} = \frac{192.39}{222.79 + 27.41 + 38.61} = 0.67$$

六、发展能力分析

发展能力是企业在生存的基础上，扩大规模、壮大实力的潜在能力。分析发展能力的常用指标有营业收入增长率、所有者权益增长率、资本保值增值率、总资产增长率、净利润增长率等。

（一）营业收入增长率

营业收入增长率是企业本年营业收入增长额与上年营业收入总额的比率。它反映企业营业收入的增减变动情况，是评价企业成长状况和发展能力的重要指标。其计算公式为：

$$营业收入增长率=\frac{本年营业收入增长额}{上年营业收入总额}\times 100\%$$

本年营业收入增长额=本年营业收入总额-上年营业收入总额

【例7-30】根据表7-5、表7-6的资料，A公司的营业收入增长率为：

$$20\times4年营业收入增长率=\frac{1\,681.99-1\,981.53}{1\,981.53}\times 100\%=-15.12\%$$

$$20\times3年营业收入增长率=\frac{1\,981.53-1\,981.23}{1\,981.23}\times 100\%=0.02\%$$

营业收入增长率是衡量企业经营成果和市场占有能力、预测企业经营业务拓展趋势的重要标志。不断增加的营业收入，是企业生存的基础和发展的条件。该指标若大于0，表示企业本年的营业收入有所增长，指标值越高，表明增长速度越快，企业市场前景越好；若该指标小于0，则说明产品或服务不适销对路、质次价高，或是在售后服务等方面存在问题，市场份额萎缩。

该指标在实际操作时，应结合企业历年的营业收入水平、企业市场占有情况、行业未来发展及其他影响企业发展的潜在因素进行前瞻性预测，或者结合企业前三年的营业收入增长率作出趋势性分析判断。

（二）所有者权益增长率

所有者权益增长率是企业本年所有者权益增长额与年初所有者权益的比率。它反映企业当年资本的积累能力，是评价企业发展潜力的重要指标。其计算公式为：

$$所有者权益增长率=\frac{本年所有者权益增长额}{年初所有者权益}\times 100\%$$

本年所有者权益增长额=所有者权益年末数-所有者权益年初数

【例7-31】根据表7-5、表7-6的资料，A公司的所有者权益增长率为：

$$20\times4年所有者权益增长率=\frac{1\,168.8-1\,120.48}{1\,120.48}\times 100\%=4.31\%$$

$$20\times3年所有者权益增长率=\frac{1\,120.48-925.97}{925.97}\times 100\%=21.01\%$$

所有者权益增长率是企业当年所有者权益总计的增长率，反映了企业所有者权益在当年的变动水平，体现了企业资本的积累情况，是企业发展强盛的标志，是企业扩大再生产的源泉，展示了企业的发展潜力。该指标越高，表明企业的资本积累越多，应对风险、持续发展的能力越强。

（三）资本保值增值率

资本保值增值率是扣除客观增减因素（如企业实收资本的增加，资本溢价、资产评估增值、接受捐赠引起的资本公积变动）后所有者权益的期末总额与期初总额的比率。它主要反映企业资本的运营效益与安全状况。其计算公式为：

$$资本保值增值率=\frac{期初所有者权益+净利润}{期初所有者权益}\times 100\%$$

【例7-32】根据表7-5、表7-6的资料，假设不考虑所有者权益客观因素的增减变动的影响，A公司的资本保值增值率为：

$$20\times4\text{年资本保值增值率}=\frac{1\,120.48+222.79}{1\,120.48}\times100\%=119.88\%$$

$$20\times3\text{年资本保值增值率}=\frac{925.97+248.27}{925.97}\times100\%=126.81\%$$

随堂测7-11

【单选题】下列各项财务分析指标中，能反映企业发展能力的是（ ）。（2018年）

A.权益乘数 B.资本保值增值率 C.现金营运指数 D.净资产收益率

（四）总资产增长率

总资产增长率是企业本年总资产增长额同年初资产总额的比率。它反映企业本期资产规模的增长情况。其计算公式为：

$$\text{总资产增长率}=\frac{\text{本年总资产增长额}}{\text{年初资产总额}}\times100\%$$

本年总资产增长额=资产总额年末数-资产总额年初数

【例7-33】根据表7-5、表7-6的资料，A公司的总资产增长率为：

$$20\times4\text{年总资产增长率}=\frac{2\,792.18-2\,829.72}{2\,829.72}\times100\%=-1.33\%$$

$$20\times3\text{年总资产增长率}=\frac{2\,829.72-2\,511.16}{2\,511.16}\times100\%=12.69\%$$

总资产增长率是从企业资产总量扩张方面衡量企业的发展能力，表明企业规模增长水平对企业发展后劲的影响。该指标越高，表明企业一定时期内资产经营规模扩张的速度越快。但在实际分析时，应注意考虑资产规模扩张的质和量的关系，以及企业的后续发展能力，避免资产盲目扩张。

（五）净利润增长率

净利润增长率是企业当期净利润增长额与上期净利润的比率。其计算公式为：

$$\text{净利润增长率}=\frac{\text{本年度净利润增长额}}{\text{上年度净利润}}\times100\%$$

其中，本年度净利润增长额是指本年度净利润与上年度净利润的差异。

【例7-34】根据表7-6的资料，A公司的净利润增长率为：

$$20\times4\text{年净利润增长率}=\frac{222.79-248.27}{248.27}\times100\%=-10.26\%$$

$$20\times3\text{年净利润增长率}=\frac{248.27-263.79}{263.79}\times100\%=-5.88\%$$

素养提升

中央财经大学财经研究所教授刘姝威荣获2002年感动中国人物。在对2001年10月9日蓝田公司所提供的财经报告进行深入的研究分析后，刘姝威敏锐地发现该公司在财务管理中的破绽。刘姝威认为，蓝田已经成了一个空壳，但银行和广大股民的钱却仍然源源不断地流入该公司账户，这样下去，国家将面临更大的经济损失。刘姝威凭着一个知识分子的良知，即使面对蓝田股份（现已退市）高层的斥责，面对邮箱里一封封令人毛骨悚然的恐吓信，也丝毫没有畏惧，在国内机密级刊物《金融内参》上对蓝田股份的真实财务状况进行了披露，并告诫银行不应该继续给蓝田股份提供贷款，于是，有了轰动全国的“蓝田事件”。历年来，上市公司财务造假事件时有发生，同学们要树立正确的法治观、道德观和价值观，做到遵纪守法，拒绝诱惑，严守职业准则。

七、上市公司特殊财务指标分析

（一）每股收益

每股收益是反映企业普通股股东持有每一股份所能享有企业利润或承担企业亏损的业绩评价指标。该指标有助于投资者、债权人等信息使用者评价企业或企业之间的盈利能力、预测企业成长潜力，进而作出科学决策。其计算公式为：

$$每股收益=\frac{归属于普通股股东的当期净利润}{发行在外的普通股加权平均数}$$

【例7-35】20×4年A公司在外发行的普通股加权平均数约为60亿股，20×3年在外发行的普通股加权平均数约为60.4亿股。根据表7-5、表7-6的资料，A公司的每股收益为：

$$20\times4年每股收益=\frac{222.79}{60}=3.71（元/股）$$

$$20\times3年每股收益=\frac{248.27}{60.4}=4.11（元/股）$$

每股收益越高，说明每股获利能力越强，投资者的回报越多；每股收益越低，说明每股获利能力越弱。该指标是衡量上市公司盈利能力时最常用的财务分析指标，需要注意的是，如果分析对象是上市公司的合并报表，计算该指标时，应采用利润表中归属于母公司所有者的净利润这一数据，即扣减少数股东损益后的余额，而不应直接采用合并报表中的净利润。

（二）市盈率

市盈率是指上市公司普通股每股市价与每股收益的比率。其计算公式为：

$$市盈率=\frac{每股市价}{每股收益}$$

【例7-36】假设20×4年A公司每股股价为55.98元，20×3年为61.90元，根据表7-5、表7-6的资料，A公司的市盈率为：

$$20\times4年市盈率=\frac{55.98}{3.71}=15.09（倍）$$

$$20\times3年市盈率=\frac{61.90}{4.11}=15.06（倍）$$

市盈率是反映股份公司获利能力的一个重要财务比率，投资者对这个比率十分重视。投资者购买某一家公司的股票实际上是在购买该公司未来的盈利能力，股东更关心该公司在未来较长时期能够取得多少具有持续性的收益。它反映了投资者为获得每1元钱的净利润而愿意支付的价格，该比率是投资者作出投资决策的重要参考因素之一。

一般来说，市盈率高，说明投资者对该公司的发展前景看好，愿意出较高的价格购买该公司股票，所以一些成长性较好的高科技公司股票的市盈率通常要高一些。但是，也应注意，如果某一种股票的市盈率过高，则也意味着这种股票具有较高的投资风险。

重要提示

对于每股收益是负数的公司，根据上述公式计算出的市盈率指标是没有任何意义的。

一家公司的市盈率到底为多少才是合理的？这其实是一个很难回答的问题。这取决于投资者对宏观环境、行业前景、公司运营等多方面作出的判断。对于未来几年能够实现每股收益数十倍增长的公司，当前100倍的市盈率也并不算高，但对于盈利趋于稳定甚至出现萎缩的公司，20倍的市盈率已经算很高了。因此，股票估值归根结底取决于投资者对公司前景的预判。

随堂测 7-12

【判断题】市盈率是反映股票投资价值的重要指标，该指标数值越大，表明投资者越看好该股票的投资预期。（ ）（2014年）

（三）每股净资产

每股净资产又称每股账面价值，是指企业期末普通股净资产与期末在外发行的普通股股数之间的比率。其计算公式为：

$$每股净资产=\frac{期末所有者权益}{期末在外发行的普通股股数}$$

【例 7-37】假设20×4年A公司发行在外的普通股加权平均数约为60亿股，20×3年发行在外的普通股加权平均数约为60.4亿股。根据表7-5、表7-6的资料，A公司的每股净资产为：

$$20×4年每股净资产=\frac{1\,168.8}{60}=19.48（元）$$

$$20×3年每股净资产=\frac{1\,120.48}{60.4}=18.55（元）$$

（四）市净率

市净率是公司股票的每股市场价格除以每股净资产所得出的比率。该指标从每股净资产的账面价值出发，衡量股票市场价格的高低。其计算公式为：

$$市净率=\frac{每股市价}{每股净资产}$$

【例 7-38】假设20×4年A公司每股股价为55.98元，20×3年为61.90元，A公司的市净率为：

$$20×4年市净率=\frac{55.98}{19.48}=2.87$$

$$20×3年市净率=\frac{61.90}{18.55}=3.34$$

随堂测 7-13

【单选题】某上市公司股票市价为20元，普通股数量为100万股，净利润为400万元，净资产为500万元，则市净率为（ ）。（2020年卷Ⅰ）

A.4　　B.2.86　　C.10　　D.20

重要提示

市盈率与市净率是股票估值中常用的两个财务比率，两者都将股票价格与财务数据有机地结合起来，但不同的是，一个是以每股收益为基础，一个是以每股净资产为基础。

在股价持续上涨的“牛市”，投资者对公司未来发展前景较为乐观，预期公司盈利（每股收益）增长潜力巨大，用以这种乐观态度预估出来的每股收益为基础去判断股票价格的合理性，有助于增强投资者的信心。从行业来看，高科技、制药、互联网等轻资产公司，由于核心竞争力在于公司的研发能力，往往不体现在账面资产上，每股收益的变化通常能够更好地代表公司的未来发展趋势，因此采用以每股收益为基础的市盈率法进行股票估值更为合理。

在股市持续低迷的“熊市”中，投资者常常较为悲观，对很多公司的预期收益并不看好，甚至预计一些公司会持续亏损，也有可能发生破产清算，此时使用市净率指标进行股票估值能够较好地体现股票投资的稳健性（投资者较为保守地假定上市公司在发生破产清算的情况下，利用公司账面净资产收回投资成本的可能）。对于同一只股票，市净率越低，投资的稳健性越高，投资者获利的可能性越大。

对于那些周期性波动比较明显的公司，每股收益可能随着行业景气度出现大幅波动，这会对使用市盈率指标进行股票估值产生较大干扰。而公司的净资产包括股东投入的资本及企业累计盈亏利润结果，无论行业景气与否，每股净资产的波动范围都要比每股收益小得多。因此，市净率指标更趋稳定，在估值上有更高的参考价值。

任务三 综合财务分析

财务分析的最终目的在于全面、准确、客观地揭示与披露企业财务状况和经营情况，并借以对企业经济效益优劣作出合理的评价。显然，要达到这一个目的，仅仅测算几个简单、孤立的财务比率或者将一些孤立的财务分析指标堆砌在一起，彼此毫无联系地考察，不可能得出正确而全面的结论。而综合分析的意义在于能够全面、正确地评价企业的财务状况和经营成果，因为局部不能代替整体，个别指标的优劣好坏无法评判整个企业的经济效益。

综合财务评价是将相互联系、相互补充的各个财务指标分析得出的个别结果，运用一个简洁的综合系统予以判断和分析，全面综合地对企业财务状况和经营情况进行剖析和评价，从而说明企业整体财务状况和效益的好坏。综合财务分析的方法有杜邦分析体系、沃尔评分法、企业综合绩效评价体系、经济增加值法等。

一、杜邦分析体系

（一）杜邦分析体系的含义

杜邦分析体系（也称杜邦财务分析体系，简称“杜邦体系”）是利用各财务指标间的内在关系，对企业综合经营理财及经营效益进行系统分析评价的方法，最初由美国杜邦公司创立并成功运用而得名。该体系如图7-1所示，以净资产收益率为核心，层层分解为若干个财务指标，通过分析各分解指标的变动对净资产收益率的影响来评价企业绩效。

杜邦分析法蕴藏的财务智慧——分治策略

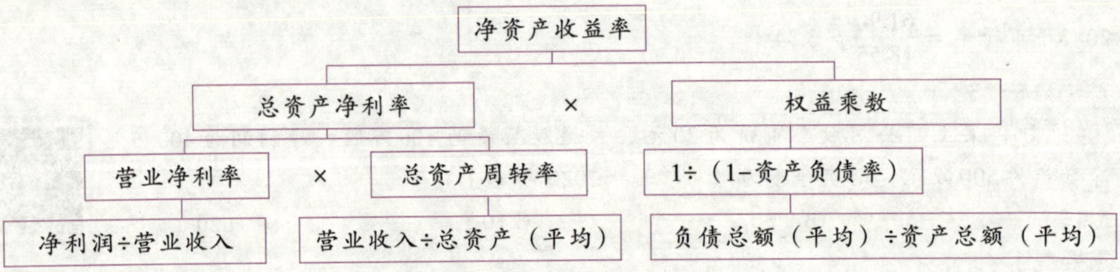

图7-1 杜邦分析体系

杜邦体系各主要指标之间的关系如下：

$$\text{净资产收益率}=\frac{\text{净利润}}{\text{营业收入}}\times\frac{\text{营业收入}}{\text{总资产}}\times\frac{\text{总资产}}{\text{所有者权益}}$$

$$=\text{营业净利率}\times\text{总资产周转率}\times\text{权益乘数}$$

（二）杜邦分析体系的作用

杜邦分析体系是通过揭示指标变动的原因和变动趋势，为企业实施下一步管理措施指明方向。杜邦分析体系实际上是从两个角度来分析企业的财务状况：一是进行内部管理因素分析；二是进行资本结构和风险分析。利用杜邦分析法，可以帮助相关人员了解和分析企业的获利能力、营运能力、资产使用状况、利润来源等相关指标增减变动的原因。这些因素构成一个相互依存的系统，只有把这个系统内的各因素的关系安排好，才能使净资产收益率达到最高，才能实现股东财富最大化。

（三）杜邦分析体系的特点

杜邦分析体系的基本思想是将企业净资产收益率逐级分解为多项财务比率的乘积，这样有助于深入分析比较企业的经营业绩。遵循自上而下及自下而上的分析，企业管理层可以更加清晰地看到净资产收益率的决定因素，以及营业净利率与资产周转率、权益乘数之间的相互关系，较好地揭示指标变动的原因和趋势，给管理层提供一张考察企业资产管理效率和股东投资回报的路线图。

1.优点

①杜邦分析体系是以净资产收益率为龙头，以总资产净利率为核心的完整财务指标分析体系。它弥补了从某一特定角度就企业经营的某一方面进行分析的弊端，能较为全面地评价企业总体财务状况和经营业绩。

②它通过若干个财务指标评价企业经营效率和财务状况并按其内在联系有机地结合起来，形成一个完整的指标体系，更为直观全面、层次清晰，从而节省了财务报表使用者分析的时间。

2.缺点

从企业绩效评价的角度来看，杜邦分析体系只包括财务方面的信息，而且是基于已经发生的业务数据作出的财务指标计算，有可能忽视长期价值的创造，未考虑非财务信息对企业评价的影响，因而不能全面反映企业的综合实力，有一定的局限性。在应用杜邦分析体系时，应根据需要并结合实际情况，克服杜邦分析体系的片面性，结合使用其他的分析方法，使分析结果更完整、更科学。

【例7-39】根据A公司财务报表数据，在杜邦分析体系下计算的有关指标见表7-10。

表7-10 20×2—20×4年杜邦分析主要比率

项目	20×4年度	20×3年度	20×2年度
净资产收益率	19.4642%	24.2633%	33.0911%
总资产净利率	7.9258%	9.2970%	11.3194%
权益乘数	2.4558	2.6098	2.9234
营业净利率	13.2456%	12.5292%	13.3145%
总资产周转率	0.5984次	0.7420次	0.8502次

运用杜邦分析体系进行综合财务分析，如图7-2所示。

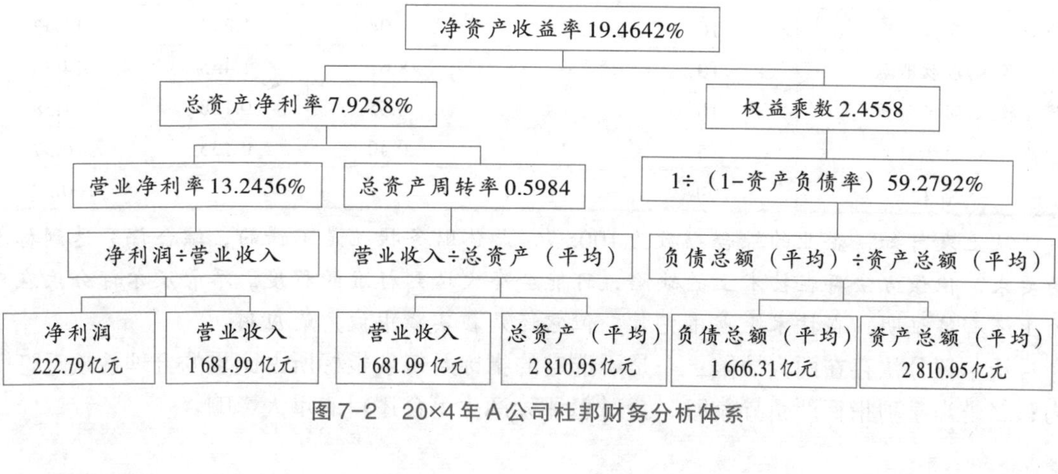

图7-2 20×4年A公司杜邦财务分析体系

如图7-2所示，A公司20×4年度与20×3年相比，净资产收益率由24.2633%下降至19.4642%，主要原因是总资产净利率下降。具体分析会发现，企业的营业净利率虽有小幅上涨，但总资产周转率下降幅度较大，营业收入降幅明显，直接导致了企业总资产净利率的下降。综上分析，在资本结构无大幅调整的情况下，企业要提高净资产收益率，应该增加收入同时控制费用，加速资产周转。

随堂测7-14

【单选题】关于杜邦分析体系所涉及的财务指标，下列表述错误的是（　　）。(2018年)

A.营业净利率可以反映企业的盈利能力　B.权益乘数可以反映企业的偿债能力

C.总资产周转率可以反映企业的营运能力　D.总资产收益率是杜邦分析体系的起点

【多选题】杜邦分析体系中所涉及的主要指标有（　　）。(2020年)

A.营业现金比率　B.权益乘数　C.营业净利率　D.总资产周转率

二、沃尔评分法

（一）沃尔评分法的定义

在进行财务分析时，人们遇到的一个主要困难是计算出财务比率之后，无法判断它是偏高还是偏低。与本企业的历史比较，也只能看出自身的变化，却难以评价其在市场竞争中的优劣地位。为了弥补这些缺陷，亚历山大·沃尔在20世纪初创立了一种财务综合分析方法——沃尔比重评分法（简称“沃尔评分法”）。在《信用晴雨表研究》和《财务报表比率分析》中，亚历山大·沃尔提出了信用能力指数的概念，把若干个有代表性的财务比率用线性关系结合起来，用以评价企业的信用水平。他选择流动比率、产权比率、固定资产比率、存货周转率、应收账款周转率、固定资产周转率和自有资金周转率等7项指标，分别给定各指标的比重，总和为100分。然后确定标准比率（以行业平均数为基础），并将实际比率与标准比率相比，评出每项指标的得分，最后求出总评分。

【例7-40】某企业是一家中型电力企业，20×4年的财务状况评分结果见表7-11。

表7-11　沃尔综合评分法

财务比率	比重 ①	标准比率 ②	实际比率 ③	相对比率 ④=③÷②	综合指数 ⑤=①×④
流动比率	25	2.00	1.66	0.83	20.75
净资产/负债	25	1.50	2.39	1.59	39.75
资产/固定资产	15	2.50	1.84	0.736	11.04
营业成本/存货	10	8	9.94	1.243	12.43
营业收入/应收账款	10	6	8.61	1.435	14.35
营业收入/固定资产	10	4	0.55	0.138	1.38
营业收入/净资产	5	3	0.40	0.133	0.67
合计	100				100.37

从上表可知，企业的综合指数为100.37，总体财务状况是不错的，综合评分达到标准的要求。但该方法存在技术上的缺陷，可能会夸大达到标准的程度。尽管沃尔评分法在理论上还有待证明，在技术上也不完善，但它还是在实践中被广泛应用。

沃尔评分法存在两大缺陷：一是所选定的指标及每项指标所占比重的合理性缺乏证明力；二是当某项指标严重异常时，会对总评分产生不合逻辑的重大影响。

重要提示

现代社会与沃尔所处的时代相比，已经发生了很大的变化。沃尔最初提出的7项指标已难以完全适应当前企业评价的需要。现在通常认为，在选择指标时，偿债能力、营运能力、盈利能力和发展能力指标均应当选到，除此之外，还应适当选取一些非财务指标作为参考。由此，现代改进后的沃尔财务比重评分法产生。

（二）沃尔财务比重评分法

沃尔财务比重评分法的基本步骤如下：

1.选择评价指标并分配指标权重

首先选择偿债能力、盈利能力、营运能力和发展能力四大类指标，各项指标的权重分配见表7-12。

表7-12 选择评价指标并分配指标权重

选择的指标	权重
一、偿债能力指标	20
1.资产负债率	12
2.已获得利息倍数	8
二、盈利能力指标	38
1.净资产收益率	25
2.总资产报酬率	13
三、营运能力指标	18
1.总资产周转率	9
2.流动资产周转率	9
四、发展能力指标	24
1.销售（营业）增长率	12
2.资本积累率	12
合计	100

2.确定各项评价指标的标准值

财务指标的标准值一般可以以行业平均数、企业历史先进数、国家相关标准或者国际公认数为基准来加以确定，具体见表7-13。

表7-13 指标标准对照表

选择的指标	标准
一、偿债能力指标	
1.资产负债率	60%
2.已获得利息倍数	3
二、盈利能力指标	
1.净资产收益率	25%
2.总资产报酬率	16%
三、营运能力指标	
1.总资产周转率	2
2.流动资产周转率	5
四、发展能力指标	
1.销售（营业）增长率	10%
2.资本积累率	15%

3.对各项评价指标计分并计算综合分数

各项评价指标的得分=各项指标的权重×（指标的实际值÷标准值）

综合分数=$\sum$各项指标评价的得分

4.形成评价的结果

假设某公司的相关财务指标实际值见表7-14。

表7-14 计算得分表

选择的指标	分配的权重 ①	指标标准值 ②	指标实际值 ③	实际得分 ④=①×（③÷②）
一、偿债能力指标	20			
1.资产负债率	12	60%	28.26%	5.65
2.已获得利息倍数	8	3	15	40
二、盈利能力指标	38			
1.净资产收益率	25	25%	16.21%	16.21
2.总资产报酬率	13	16%	20.93%	17.01
三、营运能力指标	18			
1.总资产周转率	9	2	0.93	4.19
2.流动资产周转率	9	5	2.64	4.75
四、发展能力指标	24			
1.销售（营业）增长率	12	10%	11.11%	13.33
2.资本积累率	12	15%	13.01%	10.41
综合得分	100			111.55

在最终评价时，如果综合得分大于100，则说明企业的财务状况比较好，反之，则说明企业的财务状况比同行业平均水平或本企业历史先进水平差。由于该公司综合得分为111.55，大于100，说明其财务状况较为良好。

三、企业综合绩效评价体系

企业综合绩效评价体系是指由一系列与绩效评价相关的评价制度、评价指标体系、评价方法、评价标准以及评价机构等形成的有机整体。综合绩效评价是综合分析的一种，一般是站在企业所有者的角度进行的。

综合绩效评价，是指运用数理统计和运筹学的方法，通过建立综合评价指标体系，对照相应的评价标准，定量分析与定性分析相结合，对企业一定经营期间的盈利能力、资产质量、债务风险以及经营增长等经营业绩和努力程度等各方面进行的综合评判。科学地评价企业绩效可以为出资人行使经营者的选择权提供重要依据；可以有效地加强对企业经营者的监管和约束；可以为有效激励企业经营者提供可靠依据；还可以为政府有关部门、债权人、企业职工等利益相关方提供有效的信息支持。

（一）综合绩效评价的内容

企业综合绩效评价由财务绩效定量评价和管理绩效定性评价两部分组成。

1.财务绩效定量评价

财务绩效定量评价是指对企业一定期间的盈利能力、资产质量、债务风险和经营增长四个方面进行定量对比分析和评判。

①企业盈利能力分析与评判主要通过资本及资产报酬水平、成本费用控制水平和经营现金流量状况等方面的财务指标，综合反映企业的投入产出水平、盈利质量和现金保障状况。

②企业资产质量分析与评判主要通过资产周转速度、资产运行状态、资产结构以及资产有效性等方面的财务指标，综合反映企业所占用经济资源的利用效率、资产管理水平与资产的安全性。

③企业债务风险分析与评判主要通过债务负担水平、资产负债结构、或有负债情况、现金偿债能力等方面的财务指标，综合反映企业的债务水平、偿债能力及其面临的债务风险。

④企业经营增长分析与评判主要通过销售增长、资本积累、效益变化以及技术投入等方面的财务指标，综合反映企业的经营增长水平及发展后劲。

2.管理绩效定性评价

管理绩效定性评价是指在企业财务绩效定量评价的基础上，通过采取专家评议的方式，对企业一定期间的经营管理水平进行定性分析与综合评判。

管理绩效定性评价指标包括企业发展战略的确立与执行、发展创新、经营决策、风险控制、基础管理、人力资源、行业影响、社会贡献等方面。

（二）综合绩效评价指标

综合绩效评价指标由财务绩效定量评价指标和管理绩效定性评价指标组成，见表7-15。

表7-15　企业综合绩效评价评价指标及权重

评价内容与权重		财务绩效（70%）				管理绩效（30%）	
		基本指标	权重	修正指标	权重	评议指标	权重
一、盈利能力状况	34	净资产收益率 总资产报酬率	20 14	销售（营业）利润率 利润现金保障倍数 成本费用利润率 资本收益率	10 9 8 7	1.战略管理 2.发展创新 3.经营决策 4.风险控制 5.基础管理 6.人力资源 7.行业影响 8.社会贡献	18 15 16 13 14 8 8 8
二、资产质量状况	22	总资产周转率 应收账款周转率	10 12	不良资产比率 流动资产周转率 资产现金回收率	9 7 6		
三、债务风险状况	22	资产负债率 已获利息倍数	12 10	速动比率 现金流动负债比率 带息负债比率 或有负债比率	6 6 5 5		
四、经营增长状况	22	销售（营业）增长率 资本保值增值率	12 10	销售（营业）利润增长率 总资产增长率 技术投入比率	10 7 5		

1.财务绩效定量评价指标

财务绩效定量评价指标由反映企业盈利能力状况、资产质量状况、债务风险状况和经营增长状况等方面的基本指标和修正指标构成。其中，基本指标反映企业一定期间财务绩效的主要方面，并得出财务绩效定量评价的基本结果。修正指标是根据财务指标的差异性和互补性，对基本指标的评价结果作进一步的补充和矫正。

①企业盈利能力状况以净资产收益率、总资产报酬率两个基本指标和销售（营业）利润率、利润现金保障倍数、成本费用利润率、资本收益率等四个修正指标进行评价，主要反映企业一定经营期间的投入产出水平和盈利质量。

②企业资产质量状况以总资产周转率、应收账款周转率两个基本指标和不良资产比率、流动资产周转率、资产现金回收率等三个修正指标进行评价，主要反映企业所占用经济资源的利用效率、资产管理水平与资产的安全性。

③企业债务风险状况以资产负债率、已获利息倍数两个基本指标和速动比率、现金流动负债比率、带息负债比率、或有负债比率等四个修正指标进行评价，主要反映企业的债务负担水平、偿债能力及其面临的债务风险。

④企业经营增长状况以销售（营业）增长率、资本保值增值率两个基本指标和销售

（营业）利润增长率、总资产增长率、技术投入比率等三个修正指标为依据进行评价，主要反映企业的经营增长水平、资本增值状况及发展后劲。

2.管理绩效定性评价指标

企业管理绩效定性评价指标包括战略管理、发展创新、经营决策、风险控制、基础管理、人力资源、行业影响、社会贡献等方面的指标，主要反映企业在一定经营期间所采取的各项管理措施及其管理成效。

①战略管理评价主要反映企业所制订战略规划的科学性。战略规划是否符合企业实际，员工对战略规划的认知程度，战略规划的保障措施及其执行力，以及战略规划的实施效果等方面的情况。

②发展创新评价主要反映企业在经营管理创新、工艺革新、技术改造、新产品开发、品牌培育、市场拓展、专利申请及核心技术研发等方面的措施及成效。

③经营决策评价主要反映企业在决策管理、决策程序、决策方法、决策执行、决策监督、责任追究等方面采取的措施及实施效果，重点反映企业是否存在重大经营决策失误。

④风险控制评价主要反映企业在财务风险、市场风险、技术风险、管理风险、信用风险和道德风险等方面的管理与控制措施及效果，包括风险控制标准、风险评估程序、风险防范与化解措施等。

⑤基础管理评价主要反映企业在制度建设、内部控制、重大事项管理、信息化建设、标准化管理等方面的情况，包括财务管理、对外投资、采购与销售、存货管理、质量管理、安全管理、法律事务等。

⑥人力资源评价主要反映企业人才结构、人才培养、人才引进、人才储备、人事调配、员工绩效管理、分配与激励、企业文化建设、员工工作热情等方面的情况。

⑦行业影响评价主要反映企业主营业务的市场占有率、对国民经济及区域经济的影响与带动力、主要产品的市场认可程度、是否具有核心竞争能力以及产业引导能力等方面的情况。

⑧社会贡献评价主要反映企业在资源节约、环境保护、吸纳就业、工资福利、安全生产、上缴税收、商业诚信、和谐社会建设等方面的贡献程度和社会责任的履行情况。

随堂测7-15

【多选题】企业综合绩效评价可分为财务绩效定量评价与管理绩效定性评价两部分。下列各项中，属于财务绩效定量评价内容的有（　　）。（2018年卷Ⅰ）

A.资产质量　　B.盈利能力　　C.债务风险　　D.经营增长

（三）综合绩效评价计分方法

1.财务绩效评价计分

按照功效系数法的计分原理，计算各项基本指标得分，并分别计算盈利能力、资产质量、债务风险和经营增长四部分的综合修正系数，再据此计算出修正后的分数。

2.管理绩效评价计分

管理绩效定性评价指标的计分一般通过专家评议打分形式完成，聘请的专家应不少于7名；评议专家应该在充分了解企业管理绩效状况的基础上，对照评价参考标准，采取综合分析判断法，对企业管理绩效指标作出分析评议，给出评价分数。

3.综合绩效评价计分

在得出财务绩效定量评价分数和管理绩效定性评价分数后，应当按照规定的权重，形成综合绩效评价分数。其计算公式为：

综合绩效评价分数 = 财务绩效定量评价分数 × 70% + 管理绩效定性评价分数 × 30%

在得出评价分数以后，应当计算年度之间的绩效改进度，以反映企业年度之间经营绩效的变化状况。其计算公式为：

$$\text{绩效改进度}=\frac{\text{本期综合绩效评价分数}}{\text{基期综合绩效评价分数}}$$

绩效改进度大于1，说明经营绩效上升；绩效改进度小于1，说明经营绩效下滑。

（四）综合绩效评价标准

财务绩效定量评价标准包括国内行业标准和国际行业标准。财务绩效定量评价标准按照不同行业、不同规模及不同类别，划分为优秀（A）、良好（B）、平均（C）、较低（D）、较差（E）等五个档次。

管理绩效定性评价标准具有行业普遍性和一般性，在进行评价时，应当根据不同行业的经营特点，灵活把握个别指标的标准尺度。管理绩效定性评价标准分为优秀（A）、良好（B）、平均（C）、较低（D）、较差（E）等五个档次。

随堂测7-16

【判断题】综合绩效评价体系中，在进行管理绩效的评价计分时，为保持可比性，应不分行业而设定统一的评价标准。（　　）（2021年卷Ⅱ）

四、经济增加值法

经济增加值具体是指从税后净营业利润中扣除包括股权和债务的全部投入资本成本后的所得收益，其核心是资本投入是有成本的，企业的盈利只有高于其资本成本（包括股权成本和债务成本）时才会为股东创造价值。这是一种全面评价企业经营者有效使用资本和为股东创造价值的能力，是体现企业最终经营目标的经营业绩考核工具，也是企业价值管理体系的基础和核心。其计算公式为：

经济增加值 = 税后净营业利润 − 平均资本占用 × 加权平均资本成本

经济增加值为正，表明经营者在为企业创造价值；经济增加值为负，表明经营者在毁损企业价值。

重要提示

1. 税后净营业利润衡量的是企业的经营盈利情况，营业外收支、递延税金等都要从税后净营业利润中扣除；
2. 平均资本占用反映的是企业持续投入的各种债务资本和股权资本；
3. 加权平均资本成本反映的是企业各种资本的平均成本率。

实际上，用股东的钱不仅有成本，而且成本还可能很高。这是为什么呢？在这里，我们要提到“机会成本”的概念。所有的股东在把钱投给一家公司的时候，都承担了机会成本。这是因为股东把钱投给了某一家企业，也就意味着他放弃了把这笔钱投给另一家公司的机会，那么，他在另一家公司可能赚到的钱就是他投资这家公司的机会成本。正是因为股东头上顶着机会成本的雷，所以他一定会要求自己投资这家企业所获得的收益要比他投资别家企业获得的收益多，即投资的收益大于成本。

企业一方面用了债权人的钱，另一方面也用了股东的钱，股东和债权人各有各的资本成本，那企业的资本成本则是两者的加权平均。

【例7-41】某公司的税后净营业利润为1 000万元，所有者权益总额为7 000万元，负债总额为5 000万元，加权平均资本成本为10%，假设没有需要调整的项目，则该公司的经济增加值为：

经济增加值 = 1 000 - (7 000 + 5 000) × 10% = -200（万元）

随堂测7-17

【判断题】与净资产收益率相比，经济增加值绩效评价方法考虑了全部资本的机会成本，能更真实地反映企业的价值创造。(　　)（2021年卷Ⅰ）

素养提升

习近平总书记在阐述改革方法论时提到系统思维。系统思维，简单说就是大局观和协调意识。而本节中所讲到的综合分析法和杜邦分析法的运用就蕴含了系统观念，只有将企业看成一个大系统，把报表、业务和财务指标联系起来才能对企业的整体作出全面客观的评价。

数字技能拓展

【拓展主题】利用Power BI完成财务报表分析

【相关资料】ABC公司是一家上市公司，可以从公开数据渠道获取到该公司连续五年的资产负债表数据，如图7-3所示。请对ABC公司的资产负债表进行趋势分析可视化。

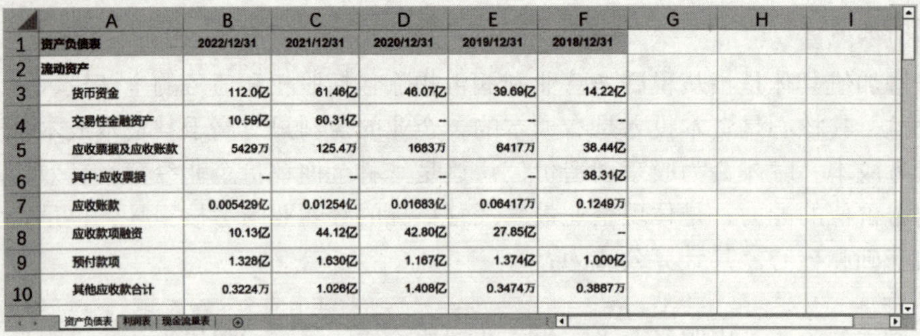

	A	B	C	D	E	F	G	H	I
1	资产负债表	2022/12/31	2021/12/31	2020/12/31	2019/12/31	2018/12/31			
2	流动资产								
3	货币资金	112.0亿	61.46亿	46.07亿	39.69亿	14.22亿			
4	交易性金融资产	10.59亿	60.31亿	--	--	--			
5	应收票据及应收账款	5429万	125.4万	1683万	6417万	38.44亿			
6	其中:应收票据	--	--	--	--	38.31亿			
7	应收账款	0.005429亿	0.01254亿	0.01683亿	0.06417万	0.1249万			
8	应收款项融资	10.13亿	44.12亿	42.80亿	27.85亿	--			
9	预付款项	1.328亿	1.630亿	1.167亿	1.374亿	1.000亿			
10	其他应收款合计	0.3224万	1.026亿	1.408亿	0.3474万	0.3887万			

资产负债表　利润表　现金流量表

图7-3　ABC公司连续五年的资产负债表数据

【拓展任务】根据本项目所学知识内容，是否可以实现财务知识与大数据技术的结合，利用新技术工具实现财务分析的计算呢？让我们一起来探究如何利用Power BI完成财务分析中的趋势分析可视化吧！

微课

利用Power BI完成财务报表分析

原图

项目七

【任务实施】

步骤1：在Excel中，将ABC公司资产负债表数据单位统一。经过观察，ABC公司资产负债表数据以“亿”为单位的数据占比较大，因此需要将以“万”为单位的数据除以10 000变成以“亿”为单位的数据，需要注意的是处理过程需要保留单位，以方便后续整体去除单位。

步骤2：新建报表，进入Power BI工作界面。利用获取数据功能将Excel文件导入到Power BI中，选择“转换数据”进入到Power Query来清洗数据，如图7-4所示。

步骤3：首先，选择第二列，点击列标题最右侧的下拉箭头，将无值显示为“null”的行取消勾选，如图7-5所示，点击确定。

其次，点击功能区域的“将第一行用作标题”，让日期成为列标题，如图7-6所示。

步骤4：选择功能区域的“拆分列”，选择“按字符数”，在弹出的“按字符数拆分列”页面中，“字符数”输入“1”，“拆分”选择“一次，尽可能靠右”，将该列的数值与单位进行拆分，如图7-7、图7-8所示。

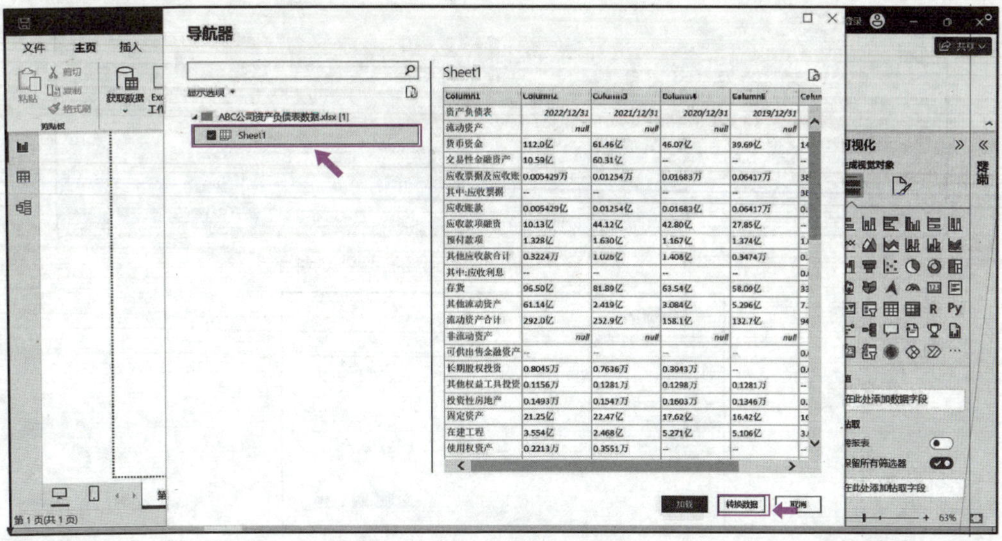

图 7-4　获取数据并选择“转换数据”进入 Query

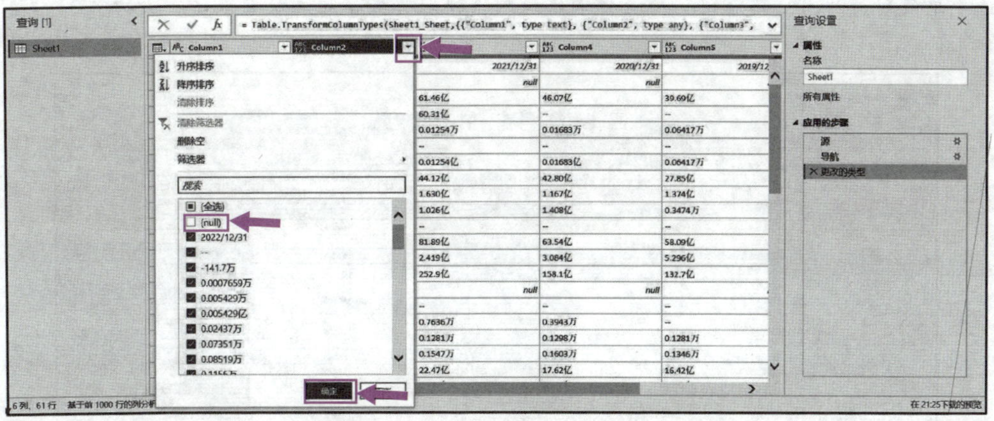

图 7-5　取消勾选显示为“null”的行

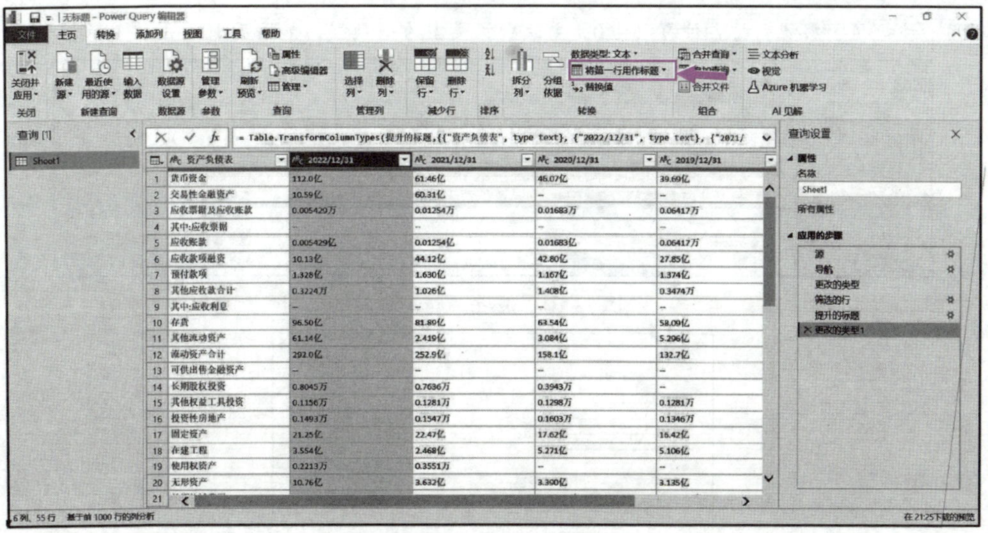

图 7-6　将第一行用作标题

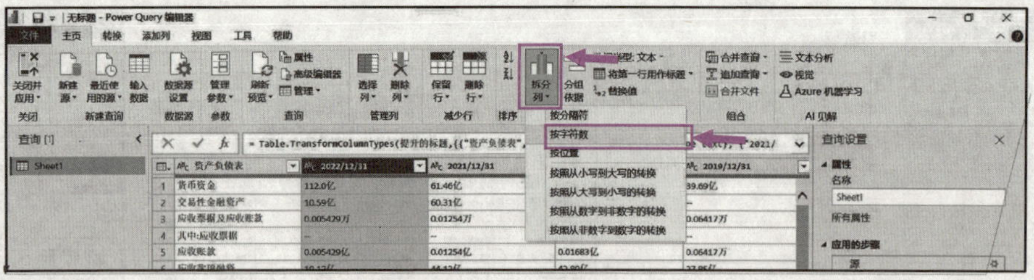

图 7-7　选择“拆分列”功能中的“按字符数”

图 7-8　按字符数拆分列

选中单位列，利用“删除列”功能将单位列删除掉。将数值列的标题双击，去掉“.1”“.2”，如图 7-9 所示。

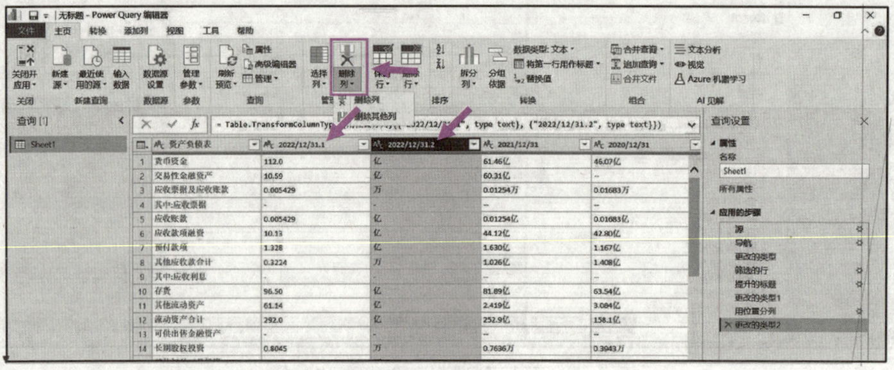

图 7-9　删除单位列

利用“替换值”功能，将占位符改为 0，更改数据类型为小数型，如图 7-10、图 7-11 所示。

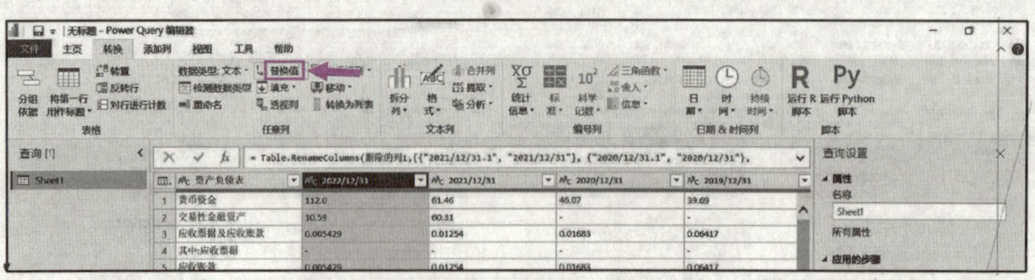

图 7-10　选择“替换值”

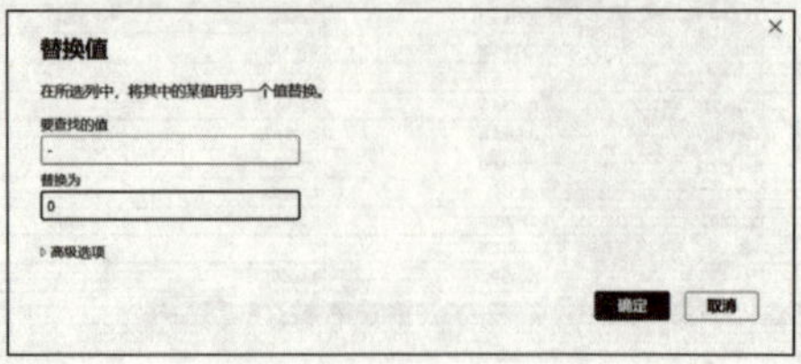

图 7-11　将占位符“-”改为“0”

重复以上操作，将所有的列都进行清洗。

步骤5：完成逆透视，将数据由二维变成一维。

选中“资产负债表”列，点击转换选项卡中的“逆透视列”，选择“逆透视其他列”，完成数据降维，如图7-12所示。

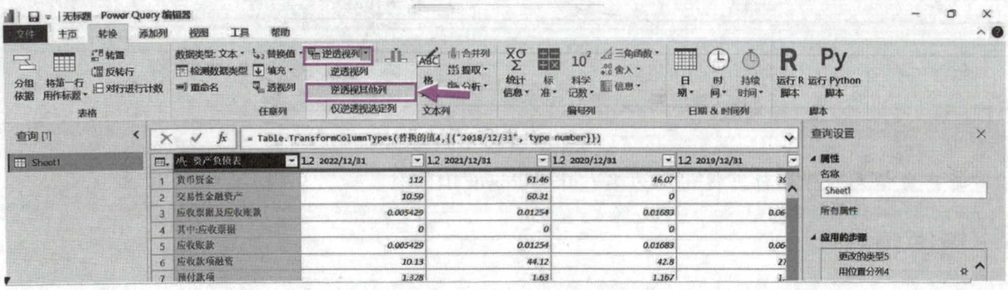

图7-12　数据降维

修改列名称、数据类型，完成数据清洗。点击主页选项卡中的“关闭并应用”，进入Power BI报表界面。

步骤6：完成资产负债表趋势分析可视化

选择可视化区域的“折线图”，选择“日期”作为X轴，“金额”作为Y轴，“资产负债表项目”作为图例项。此时折线图显示的是全部项目变动情况，如图7-13所示。

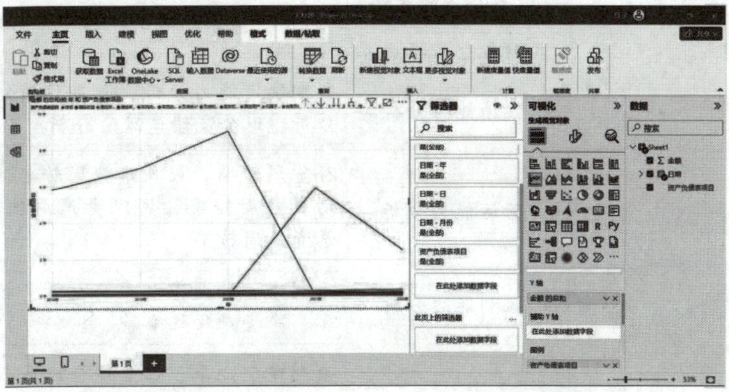

图7-13　资产负债表全部项目变动情况可视化

为了能够清晰看到某个项目的趋势变动情况，在筛选器区域资产负债表项目处进行筛选，以存货为例，筛选出存货项目，折线图显示的是存货项目的变动趋势，如图7-14所示。

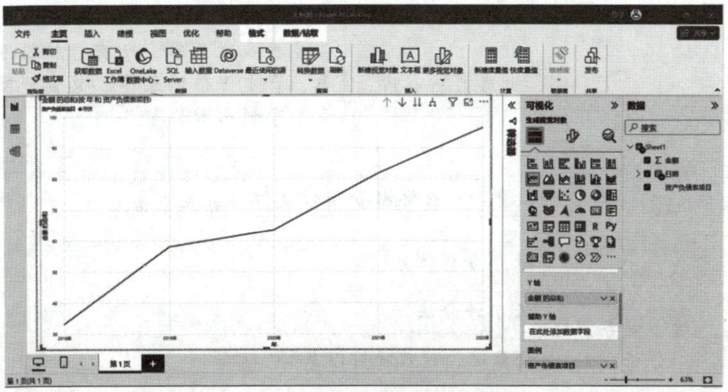

图7-14　存货项目变动趋势可视化

利用设置视觉对象格式，进行格式美化修改，如图7-15所示。

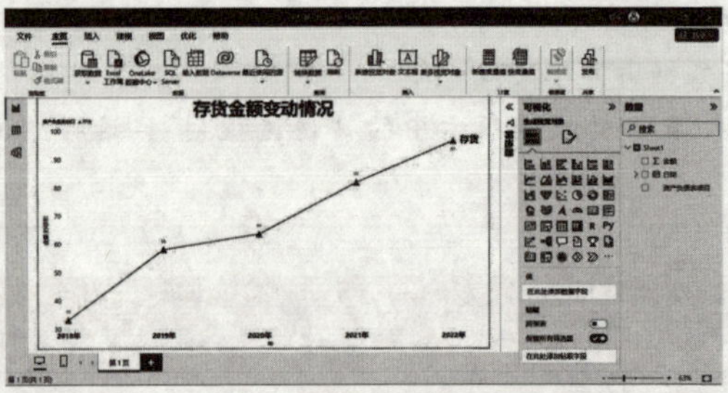

图 7-15　设置视觉对象格式

以“资产负债表趋势分析可视化”为名称保存Power BI文件。

本项目思维导图

本项目思维导图如图7-16所示。

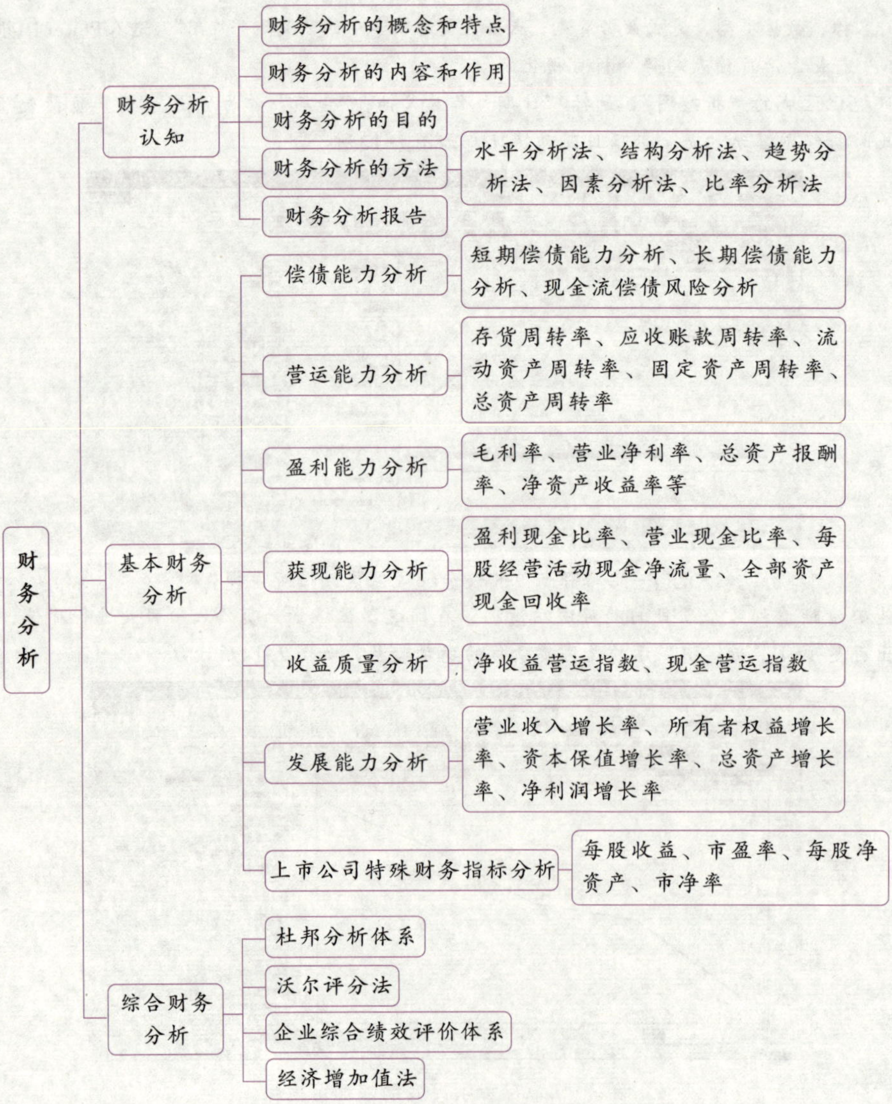

图 7-16　本项目思维导图

岗课赛证同步训练

一、单项选择题

1.企业所有者作为投资人，关心其资本的保值和增值状况，因此较为重视企业的（　　）指标。

A.偿债能力　　B.营运能力　　C.盈利能力　　D.发展能力

2.下列各项中，既不影响现金比率又不影响速动比率的是（　　）。

A.交易性金融资产　　B.货币资金　　C.短期借款　　D.存货

3.已知某企业资产负债率为50%，则该企业的产权比率为（　　）。

A.50%　　B.100%　　C.200%　　D.不能确定

4.关于获取现金能力的有关财务指标，下列表述正确的是（　　）。

A.每股营业现金净流量是经营活动现金流量净额与普通股股数之比

B.用长期借款方式购买固定资产会影响营业现金比率

C.全部资产现金回收率指标不能反映公司获取现金的能力

D.公司的销售政策由赊销调整为现销方式后，不会对营业现金比率产生影响

5.下列各项中不属于公司发展能力分析指标的是（　　）。

A.资本积累率　　B.资产净利率　　C.总资产增长率　　D.营业增长率

6.（　　）指标是一个综合性最强的财务比率，也是杜邦分析体系的核心。

A.营业利润率　　B.资产周转率　　C.权益乘数　　D.净资产收益率

7.假设某公司20×4年年初普通股股数为5 000万股，4月1日增发新股1 000万股，7月1日回购其发行在外的普通股500万股。20×4年净利润为2 200万元，则该企业基本每股收益为（　　）元。

A.0.24　　B.0.4　　C.0.88　　D.0.2

8.假设某公司20×4年度净利润为140万元，所得税费用为60万元，利息费用为40万元，资产平均余额为2 000万元，则总资产报酬率为（　　）。

A.7%　　B.8%　　C.10%　　D.12%

9.某上市公司20×4年归属于普通股股东的净利润为11 900万元，20×3年年末的股数为8 000万股，20×4年11月30日发行新股6 000万股，则20×4年该上市公司的每股收益是（　　）元。

A.1.4　　B.1.5　　C.1.6　　D.1.2

10.下列分析方法中，属于财务综合分析方法的有（　　）。

A.因素分析法　　B.差异分析法　　C.趋势分析法　　D.杜邦分析法

二、多项选择题

1.下列各项因素中，影响企业偿债能力的有（　　）。

A.经营租赁　　B.或有事项　　C.资产质量　　D.授信额度

2.下列各项中，影响应收账款周转率指标的有（　　）。

A.应收票据　　B.应收账款

C.预付账款　　D.销售折扣与折让

3.下列各项中，属于速动资产的有（　　）。

A.货币资金　　B.预收账款　　C.应收账款　　D.存货

4.下列关于应收账款周转率的说法中，正确的是（　　）。

A.应收账款与收入比可以表明1元销售收入需要的应收账款投资

B.该指标反映企业在一定时间应收账款转化为现金的平均次数

C.需要考虑企业应收账款融资政策

D.应收账款分析与销售额分析、现金分析无关

5.下列关于利息保障倍数说法中，正确的是（　　）。

A.利息保障倍数越高，企业支付利息的能力越强　B.利息保障倍数等于净利润与利息费用之比

C.该指标用来衡量债权的安全程度　D.利息保障倍数越低，企业支付利息的能力越弱

6.下列各项中，对营运资金占用水平产生影响的有（　　）。

A.货币资金　B.应收账款　C.预收账款　D.存货

7.下列财务指标中，不能用来直接反映企业长期偿债能力的有（　　）。

A.总资产净利率　B.固定资产周转率　C.资产负债率　D.净资产收益率

8.下列经济业务可能会影响产权比率的有（　　）。

A.接受所有者投资　B.给员工发工资

C.可转换债券转换为普通股　D.偿还银行借款

9.提高营业净利率的途径包括（　　）。

A.提高利润总额　B.提高负债比率　C.降低成本费用　D.提高成本费用

10.下列财务指标中，可以用来反映公司资本结构的有（　　）。

A.资产负债率　B.产权比率　C.营业净利率　D.总资产周转率

三、判断题

1.流动比率较高，说明企业有足够的现金或存款用来偿债。（　　）

2.影响速动比率可信性的最主要因素是应收账款的变现能力。（　　）

3.在资产负债率、产权比率和权益乘数中，已知其中一个指标值，就可以推算出另外两个指标值。（　　）

4.现金比率不同于速动比率之处主要在于剔除了应收账款对短期偿债能力的影响。（　　）

5.权益乘数的高低取决于企业的资本结构，当企业的负债比率越高时，权益乘数越低，财务风险越大。（　　）

6.如果某公司的资产负债率为60%，则可以推算出其产权比率为1.5。（　　）

7.市盈率越高说明投资者对企业的发展前景越看好，投资者更愿意以较高的价格购买公司股票，但是也不能说市盈率越高越好。（　　）

8.计算利息保障倍数时，"应付利息"指的是计入财务费用中的利息支出，不包括资本化利息。（　　）

9.某企业的营业净利率为20%，总资产净利率为30%，则总资产周转率为1.5。（　　）

10.净收益营运指数作为一个能反映公司收益质量的指标，可以揭示净收益与现金流量的关系。（　　）

四、计算题

1.甲公司为控制杠杆水平、降低财务风险，争取在20×4年年末将资产负债率控制在65%以内。公司20×4年年末的资产总额为4 000万元，其中，流动资产为1 800万元；公司20×4年年末的负债总额为3 000万元，其中，流动负债为1 200万元。

要求：

（1）计算20×4年年末的流动比率和营运资金；

（2）计算20×4年年末的产权比率和权益乘数；

（3）计算20×4年年末的资产负债率，并据此判断公司是否实现了控制杠杆水平的目标。

2.丁公司20×4年度营业收入为1 650万元，营业成本为990万元，净利润为220万元，应收账款年初余额为150万元，存货年初余额为260万元，所有者权益年初余额为1 000万元。该公司20×4年年末的流动比率为2.2。丁公司20×4年年末的资产负债表见表7-16。

表 7-16 资产负债表（简） 单位：万元

资产	期末余额	负债及所有者权益	期末余额
货币资金	450	短期借款	A
应收账款	250	应付账款	280
存货	400	长期借款	700
非流动资产合计	1 300	所有者权益合计	B
资产总计	2 400	负债及所有者权益合计	2 400

要求：

（1）计算上表中字母 A 和 B 所代表的项目金额。

（2）每年按 360 天计算，计算应收账款周转次数、存货周转天数和毛利率。

3. 甲公司是一家上市公司，20×4 年年初发行在外的普通股为 8 000 万股，7 月 1 日回购普通股 400 万股以备奖励员工，9 月 30 日奖励给员工 80 万股。20×4 年归属于普通股股东的净利润为 11 730 万元，20×4 年年末，公司净资产总额为 96 000 万元，普通股每股市价为 36 元。假设不考虑其他因素。

要求：

（1）计算 20×4 年基本每股收益与 2024 年年末市盈率；

（2）计算 20×4 年年末每股净资产与市净率。

4. 远东公司 20×4 年年末资产负债表的有关资料如下：

（1）资产总额为 2 000 万元，其中，现金 120 万元、应收账款 240 万元、存货 320 万元、长期待摊费用 120 万元、固定资产净额 1 200 万元。

（2）应付账款 100 万元、应付票据 220 万元、应付职工薪酬 40 万元、长期借款 400 万元、实收资本 1 000 万元、未分配利润 240 万元。

（3）该公司本年度利润表上反映的营业收入为 600 万元，净利润为 300 万元。

要求：计算下列指标，并利用计算结果结合杜邦分析体系进行应用及分析说明：

（1）流动比率；

（2）速动比率；

（3）总资产净利率和权益乘数；

（4）营业净利率和总资产周转率（总资产按年末数）；

（5）净资产收益率（净资产按年末数）。

五、综合实训

实训任务 财务综合分析——杜邦财务分析法和因素分析法的应用

实训目的：熟练掌握杜邦财务分析法和因素分析法及其应用，并能在实践应用中对其进一步改进和完善。

实训资料：甲公司近年来受宏观经济形势的影响，努力加强资产负债管理，不断降低杠杆水平，争取在 20×4 年年末将资产负债率控制在 55% 以内。为考察降杠杆对公司财务绩效的影响，现基于杜邦分析体系，将净资产收益率指标依次分解为营业净利率、总资产周转率和权益乘数，近几年有关财务指标见表 7-17。

表 7-17 甲公司近几年财务指标 单位：万元

项目	20×2 年末	20×3 年末	20×4 年末	20×3 年度	20×4 年度
资产总额	6 480	6 520	6 980		
负债总额	4 080	3 720	3 780		
所有者权益总额	2 400	2 800	3 200		
营业收入				9 750	16 200
净利润				1 170	1 458

实训要求：

（1）计算20×4年年末的资产负债率，并据以判断公司是否实现了降低杠杆的目标。

（2）计算20×3年和20×4年的净资产收益率（涉及的资产、负债、所有者权益均采用平均值计算）。

（3）计算20×3年和20×4年的权益乘数（涉及的资产、负债、所有者权益均采用平均值计算）。

（4）计算20×3年与20×4年净资产收益率之间的差额，运用差额分析法，计算营业净利率、总资产周转率和权益乘数三因素对净资产收益率变化的影响（涉及的资产、负债、所有者权益均采用平均值计算）。

模块三　实务

项目八
筹资管理

■知识目标

1. 了解企业筹资的动机、熟悉筹资管理的原则
2. 掌握资金需要量预测的方法
3. 辨析各种筹资方式的优缺点
4. 掌握各种资本成本的计算原理
5. 掌握杠杆效应与财务风险分析的原理
6. 掌握资本结构优化的方法

■能力目标

1. 能够运用资本成本比较法进行资本结构决策分析
2. 能够进行财务杠杆效应和财务风险分析
3. 能够运用每股收益无差别点法进行资本结构分析
4. 能够熟练地运用信息化管理技术手段完成筹资管理工作

■素养目标

1. 树立依法合规筹资观念，增强筹资管理法治意识
2. 树立筹资风险管理观念，提升财务风险管控能力
3. 拓展数字技术在筹资管理中的应用，提升筹资管理智能决策能力

项目导读

随着经营规模的扩大，企业对资金的需求也越来越大，以能够及时、足额满足生产经营对资金的需求。企业的资金来源为负债和所有者权益。大家可以观察上市公司的资产负债表，不同行业、不同类型企业的资金来源有很大差异。钢铁行业的负债与所有者权益占比约为2∶1，酒类制造企业的负债与所有者权益占比约为1∶3。为什么会出现这么大的差异呢？这主要取决于负债和所有者权益两种方式的不同特征。钢铁企业为重工业，需要大量的机器设备、原材料，因此资金占用量较大，需要投入大量资金，在权益筹资难以满足资金需求量的情况下，企业就需要依赖债务筹资。而酒类企业对于机器设备、材料要求相对较低，利润空间较大，因此权益筹资可以满足较大部分企业需要，对负债筹资的依赖度较低。为了能够更好地理解以上问题，就需要认真学习本项目内容，了解负债筹资与权益筹资，结合实际情况作出科学合理的筹资方式决策。

任务一　筹资管理认知

一、筹资的动机

企业筹资，是指企业为了满足经营活动、投资活动、资本结构优化和其他需要，运用一定的筹资方式，通过一定的筹资渠道，筹措和获取所需资金的一种财务活动。企业筹资的动机有多种，按筹资的具体原因归纳主要有四种，即创立性筹资动机、支付性筹资动机、扩张性筹资动机和调整性筹资动机。

(一) 创立性筹资动机

创立性筹资动机，是指企业设立时，为取得资本金并形成开展经营活动的基本条件而产生的筹资动机。企业创建时，要按照企业经营规模核定长期资本需要量和流动资金需要量，购建厂房设备等，安排一定的铺底流动资金，形成企业的经营能力。这样，就需要筹措注册资本和资本公积等股权资金，股权资金不足部分需要筹集银行借款等债务资金。

(二) 支付性筹资动机

支付性筹资动机，是指为了满足经营业务活动的正常波动所形成的支付需要而产生的筹资动机，如由于季节性生产购买原材料的大额支付、员工工资的集中发放、银行借款的提前偿还、股利的发放等。这些情况除了正常经营活动的资金投入以外，还需要通过临时性筹资来源满足经营活动的正常波动需求，维持企业的支付能力。

(三) 扩张性筹资动机

扩张性筹资动机，是指企业因扩大经营规模或对外投资需要而产生的筹资动机。企业维持简单再生产所需的资金是稳定的，通常不需要或很少追加筹资。一旦企业扩大再生产，扩张经营规模，开展对外投资，就需要大量追加筹资。

(四) 调整性筹资动机

调整性筹资动机，是指企业因调整资本结构而产生的筹资动机。资本结构调整的目的是降低资本成本，控制财务风险，提升企业价值。企业产生调整性筹资动机的具体原因一般有二：一是优化资本结构，合理利用财务杠杆效应。如债务资金比例过高时，会面临较大的财务风险；股权资本比例过高时，会承担较大的资本成本，因此企业要确定最佳资本结构，保证风险可控制，成本可承担。二是偿还到期债务，调整债务内部结构，如可以举借长期债务偿还短期债务。

二、筹资的种类

企业筹资按不同的标准可分为多种类型。

(一) 按取得资金的性质，分为权益筹资、债务筹资和混合筹资

1.权益筹资

权益筹资所筹的资金为权益资金，是指投资人投入企业的资本金以及持续经营过程中形成的留存收益，它不需要偿还，属于企业永久性资本金，故又称为企业的自有资金或股权资本。由于股权资本不需要偿还，投资者将资金投入企业享有对企业税后净利润的分配权，所以，股权资本对于企业来讲具有财务风险小、资本成本相对较高的特点。股权资本的筹资方式主要有吸收直接投资、发行股票和内部积累等。

2.债务筹资

债务筹资所筹的资金为企业负债，是指企业所承担的能以货币计量、需以资产或劳务偿付的债务。对债务资金，企业负有到期归还本金和利息的法定责任和义务；若到期无力偿还债务，则要冒破产的风险。因此，债务资金对于企业而言，具有财务风险大、资本成本相对较低的特点。债务资金的筹集方式主要有发行债券、向银行借款、利用商业信用、融资租赁等。

3.混合筹资

混合筹资筹集的资金为混合性资金，即兼具股权资本和债务资金的特征。我国上市公司目前取得的混合性资金的方式主要有优先股、可转换债券和认股权证。

（二）按筹集资金的使用期限，分为短期性筹资和长期性筹资

1.短期性筹资

短期性筹资所筹的资金为短期资金，是指使用期限在1年以内的资金，如银行短期借款获取的资金。

2.长期性筹资

长期性筹资所筹的资金为长期资金，是指使用期限在1年以上的资金，如银行长期借款、发行公司债券等所筹资金。

（三）按筹集资金的来源方向，分为内部筹资和外部筹资

1.内部筹资

内部筹资是指资金直接来源于企业内部，又称为内源性筹资。内部筹资主要是通过计提折旧和留存收益而形成的资金，一般不会发生筹资费用。

2.外部筹资

外部筹资是指资金直接来源于企业外部，又称为外源性筹资。外部筹资是企业资金最主要的来源形式。

（四）按筹集资金是否以金融机构为媒介，分为直接筹资和间接筹资

1.直接筹资

直接筹资是指不通过银行等金融机构，直接通过社会取得资金的筹资方式。直接筹资的方式主要有发行股票、发行债券、吸收直接投资等。

2.间接筹资

间接筹资是指借助于银行和非银行金融机构等筹集资金的筹资方式。间接筹资的方式主要有银行借款、公开间接发行股票、融资租赁等。

三、筹资管理的原则

（一）合法性原则

合法性原则要求企业无论选择何种筹资方式来筹集资金，都应遵守国家的法律法规，合法合规地为企业筹集所需资金，并要依法披露相关信息，维护各方的合法权益。

（二）适当性原则

适当性原则要求企业筹资一方面要保持合理的筹资规模，若资金短缺，会影响企业正常生产经营的进行，若资金过剩，则会造成资金的闲置浪费，可能导致机会成本增加；另一方面要保持合理的资本结构，有效控制财务风险。

（三）及时性原则

及时性原则要求企业在筹集资金时，要按照资金投放使用的时间来合理安排，使筹资与用资在时间上相衔接，避免筹资滞后而贻误投资的有利时机，也要防止取得资金过早而造成投放前的资金闲置。

（四）经济性原则

企业筹集资金的渠道与方式有许多，但其难易程度、资本成本和财务风险等各不相同。经济性原则要求企业在筹资时，要综合考虑各种因素的影响，力求以最低资本成本获得企业所需要的资金。

（五）合理性原则

企业筹资管理要综合考虑各种筹资方式的优劣，不断优化资本结构。合理性原则要求企业在筹资时，既要考虑权益资金与债务资金的关系，又要兼顾长期资本和短期资本的关系，还要考虑内源筹资和外源筹资的关系，合理安排资本结构，保持一定的偿债能力，有效防范企业财务风险。

四、筹资渠道和筹资方式

《支持小微企业融资的若干措施》

（一）筹资渠道

筹资渠道是企业资金来源的通道和方向。我国企业筹资渠道主要有国家财政资金、银行信贷资金、非银行金融机构资金、其他企业资金、居民个人资金、企业内部留存收益等。

（二）筹资方式

筹资方式是企业筹集资金所采取的具体形式。权益筹资的方式主要有吸收直接投资、发行股票、留存收益等；债务筹资的方式主要有发行债券、向金融机构借款、融资租赁、商业信用等。

重要提示

随着经济发展和金融政策的完善，我国企业筹资实务不断创新，融资方式和筹资渠道逐步呈现多元化趋势，如商业票据融资、中期票据融资、股权众筹融资、资产证券化融资、供应链融资、绿色信贷等。企业应在国家法律法规许可的范围内，结合自己的实际作出最优筹资决策。

一种筹资渠道并非所有的筹资方式都适用，一般意义上讲，一定的筹资方式可能只适用于某一特定的筹资渠道，但是同一渠道的资金往往可采用不同的方式去取得，如非银行金融机构资金可通过发行股票、发行债券、租赁等多种方式取得。

素养提升

无论是企业还是家庭、个人，在进行筹资决策时都需要具备风险意识，要学会运用“适度”原则。随着时代的发展，筹资的方式越来越多样化，筹资的渠道也在不断增加。因此，我们要学会辨别不同筹资方式下的风险，要学会识别不确定性，识别“陷阱”，避免让企业、家庭或个人陷入危机。因此，树立正确的风险观念就显得尤为重要。企业、家庭或个人在日常财务活动中必须居安思危，树立风险观念，强化风险意识，认真分析财务管理的宏观环境变化情况，在生产经营和理财活动中能保持灵活的适应能力；提高风险价值观念，不断提高财务管理人员或家庭成员、个体的风险意识。

任务二 筹资方式比较

一、权益筹资方式

权益筹资的方式主要有：吸收直接投资、发行股票、利用留存收益等。

(一) 吸收直接投资

吸收直接投资是指企业按照“共同投资、共同经营、共担风险、共享收益”的原则，吸收国家、法人、个人和外商投入资金的一种筹资方式。出资人以其合法财产向企业进行投资后，即成为企业的所有者，对企业具有经营管理权，按出资比例分享利润，以出资额为限承担责任。企业通过吸收直接投资获取的资金属于权益资本，企业具有永久的使用权。吸收直接投资是新设企业的重要筹资方式。

1.吸收直接投资的出资形式

吸收直接投资的出资形式可以是货币资金、实物资产、无形资产、土地使用权、特定债权等。

(1) 货币资金出资

货币资金出资指投资者以货币资金进行投资，是吸收直接投资中一种最重要的出资方式。我国《公司法》规定，股东可以用货币出资。股东以货币出资的，应当将货币出资足额存入公司在银行开设的账户。

(2) 实物资产出资

实物资产出资是指投资者以厂房、建筑物、设备等固定资产和原材料、商品等流动资产所进行的投资。企业吸收的实物投资应符合如下条件：确为企业科研、生产、经营所需；技术性能比较好；作价公平合理。

(3) 无形资产出资

无形资产出资是指投资者以专有技术、商标权、专利权等所进行的投资。企业吸收的无形资产投资应符合如下条件：能帮助企业研究和开发新的高科技产品；能帮助企业生产适销对路的高科技产品；能帮助企业改进产品质量，提高生产效率；能帮助企业大幅度降低各种能耗；作价比较合理。吸收无形资产出资的风险较大，因为以无形资产出资，实际上是把有关技术予以资本化了，把技术的价值固定化了。而技术具有时效性，会因其不断老化而导致价值不断减少甚至完全丧失。因此，企业在吸收无形资产投资时应特别谨慎，需认真进行可行性研究。

(4) 土地使用权出资

土地使用权是指按有关法规和合同的规定使用土地的权利。投资者可以用土地使用权来进行投资。企业吸收土地使用权投资应符合以下条件：为适合企业科研、生产、经营、研发活动的需要；交通、地理条件比较适宜；作价公平合理。

(5) 特定债权出资

特定债权是指企业依法发行的可转换债券以及按照国家有关规定可以转作股权的债权。

2.吸收直接投资的基本程序

(1) 确定合理的筹资数额

根据企业的生产经营规模和供销条件等来核定筹资规模，筹资数量应与资金需要量相适应。

(2) 寻找最佳投资单位

企业既要广泛了解有关投资者的资信、财力和投资意向，又要通过信息交流和宣传，使出资方了解企业的经营能力、财务状况以及未来预期，以便于公司从中寻找最合适的合作伙伴。

(3) 协商投资数额及出资方式

找到合适的投资伙伴后，双方进行具体协商，确定出资数额和出资方式、资产作价以及出资时间。

(4) 签订投资协议

当出资数额、资产作价确定后，双方签署投资协议或合同，以明确双方的权利和责任。

(5) 取得所筹资金

签署投资协议后，企业应按规定或计划取得资金。

3.吸收直接投资筹资的优缺点

吸收直接投资筹资的优点主要有：

①有利于增强企业信誉。筹集的资金属于企业权益资金，与债务融资相比，吸收直接投资能够提高企业的资信程度和借款能力，有利于扩大企业经营规模，壮大企业实力。

②有利于尽快形成生产能力。吸收直接投资不仅可以取得部分货币资金，而且通常能够直接获得企业所需要的先进设备和技术，有利于尽快形成生产力。

③财务风险较低。吸收直接投资没有固定的还本付息压力，视企业经营状况向投资者支付报酬，企业经营状况好，可向投资者多付报酬，否则，可少付或暂不付报酬。

吸收直接投资筹资的缺点主要有：

①资本成本较高。因为企业要从税后净利润中向投资者支付的报酬一般高于债务资金的利息，所以吸收直接投资方式融资所需负担的资本成本较高。

②容易分散企业的控制权。投资者作为企业所有者一般都要求获得与投资份额相当的经营管理权，若吸收直接投资较多，则会稀释原有股东对企业的控制权。

③不利于产权交易。由于吸收直接投资筹资方式没有证券为媒介，不便于产权交易。

(二) 发行股票

1.股票的特点

股票是股份公司为筹集权益资金依法发行的具有平等权利和义务的有价证券，是持有人拥有公司股份的凭证。它代表持有人在公司所拥有的所有权，股票持有人即为公司的股东。股票具有永久性、流通性、风险性、参与性等特点。

(1) 永久性

永久性是指发行股票所筹集的资金属于权益资金，没有期限，不需归还。

(2) 流通性

流通性是指股票作为一种有价证券，在资本市场可以自由转让、买卖和流通，也可以继承、赠送或作为抵押品。

(3) 风险性

风险性是指由于发行股票所筹资金的永久性，股东成为企业风险的主要承担者。风险的表现形式一般有：股票价格的波动性、股利的不确定性、破产清算时股东处于剩余财产分配的最后顺序等。

（4）参与性

参与性是指股东作为股份公司的所有者，拥有经营者选择权、重大决策权、财务监督权、获取收益权等权利，同时承载着有限责任、遵守公司章程等义务。

2.股票的种类

（1）按股东的权利和义务不同，可分为普通股和优先股

普通股是指股份公司发行的代表股东享有平等的权利和义务、不加特别限制、股利不固定的股票。它是股份公司权益资金的最基本组成部分。普通股股东具有公司管理权、分享盈余权、出让股份权、优先认股权和剩余财产分配请求权。

优先股是股份有限公司发行的、在分配股利和剩余财产时比普通股具有优先权的股票。从法律上讲，企业对优先股不承担法定的还本义务，是企业自有资金的一部分。一般情况下，优先股股东没有参与公司管理的权利。

（2）按股票是否记名，可分为记名股票和无记名股票

记名股票是指在股票票面上记载股东的姓名或者名称，并将股东的姓名或名称记入公司股东名册的股票。无记名股票，是指在股票票面上不记载股东的姓名或者名称，股东的姓名或名称也不记入公司股东名册的股票，公司只记载股票的数量、编号和发行日期。

我国《公司法》规定，公司的股份采取股票的形式。股票是公司签发的证明股东所持股份的凭证。公司发行的股票，应当为记名股票

（3）按发行对象和发行地点，可分为A股、B股、H股、N股、S股等

A股即人民币普通股票，由我国境内公司发行，境内上市交易，以人民币标明面值，以人民币认购和交易；B股即人民币特种股票，由我国境内公司发行、境内上市交易，以人民币标明面值，以外币认购和交易；H股为在我国香港上市的股票；N股是在纽约上市的股票；S股是在新加坡上市的股票。

3.股东的权利

股东的基本权利是按投入公司的股份额，依法享有公司收益权、公司重大决策参与权和选举公司管理者的权利，并以其所持股份为限对公司承担责任。

（1）公司管理权

股东对公司的管理权主要体现在重大决策参与权、经营者选择权、财务监控权、公司经营的建议和质询权、股东大会召集权等方面。

（2）收益分享权（分享盈余权）

股东通过股利方式获取公司税后利润，利润分配方案由董事会提出，并经过股东大会批准。

（3）股份转让权（出让股份权）

股东有权将其所持有的股份出售或转让。

（4）优先认股权

原有股东拥有优先认购本公司增发股票的权利。

（5）剩余财产分配请求权

当公司解散、清算时，股东有对剩余财产的索取权。

4.股份有限公司首次公开发行股票的程序

IPO是什么?

①发行人董事会应当依法就本次股票发行的具体方案、本次募集资金使用的可行性及其他必须明确的事项作出决议，并提请股东大会批准。

②发行人股东大会就本次发行股票作出的决议，至少应当包括下列事项：本次发行股票的种类和数量；发行对象；价格区间或者定价方式；募集资金用途；发行前滚存利润的分配方案；决议的有效期；对董事会办理本次发行具体事宜的授权；其他必须明确的事项。

③发行人应当按照中国证监会的有关规定制作申请文件，由保荐人保荐并向中国证监会申报。特定行业的发行人应当提供管理部门的相关意见。在提交申请文件后，应当按照证监会的规定预先披露有关申请文件。

④中国证监会收到申请文件后，在5个工作日内作出是否受理的决定。

⑤中国证监会或授权部门依照法定条件负责证券发行申请的注册。

⑥中国证监会在初审过程中，将征求发行人注册地省级人民政府是否同意发行人发行股票的意见。

⑦中国证监会依照法定条件对发行人的发行申请作出予以注册或者不予注册的决定，并出具相关文件。证券发行申请经注册后，发行人应当依照法律、行政法规的规定，在证券公开发行前公告公开发行募集文件，并将该文件置于指定场所供公众查阅。

⑧发行注册决定作出后、股票发行结束前，发行人发生重大事项的，应当暂缓或者暂停发行，并及时报告中国证监会，同时履行信息披露义务。影响发行条件的，应当重新履行核准程序。

⑨股票发行申请未获核准的，自中国证监会作出不予核准决定之日起6个月后，发行人可再次提出股票发行申请。

5.股票的发行方式

（1）公开间接发行

公开间接发行是指股份公司通过中介机构向社会公众公开发行股票的方式。采用募集设立方式成立的股份有限公司，向社会发行股票时，必须由有资格的证券经营机构（如证券公司、信托投资公司等）承销。

（2）不公开直接发行

不公开直接发行是指股份公司只向少数特定对象直接发行股票，不需要中介机构承销。采用发起设立方式成立和向特定对象募集方式发行新股的股份有限公司，向发起人和特定对象发行股票，采用直接将股票销售给认购者的自销方式。

6.股票上市、暂停上市、终止上市的条件

（1）股票上市的条件

我国《证券法》规定，申请证券上市交易，应当符合证券交易所上市规则规定的上市条件。以上海证券交易所为例，发行条件为：

①持续经营满3年；

②公开基础规范，内控制度健全；

③业务完整，具有直接面向市场独立持续经营的能力；

④经营合法合规。

（2）股票暂停上市的条件

上市公司有下列情形之一的，由证券交易所决定暂停其股票上市交易：

①公司股本总额、股权分布等发生变化不再具备上市条件；

②公司不按照规定公开其财务状况，或者对财务会计报告作虚假记载；

③公司有重大违法行为；

④公司最近3年连续亏损；

⑤证券交易所上市规则规定的其他情形。

（3）终止股票上市的条件

上市公司有下列情形之一的，由证券交易所决定终止其股票上市交易：

①未能在法定期限内披露其暂停上市后第一个半年报告的；

②在法定期限内披露了恢复上市后的第一个年度报告，但公司仍然出现亏损的；

③未能在法定期限内披露恢复上市后的第一个年度报告的；

④恢复上市申请未被受理的或者申请未被核准的；

⑤证券交易所上市规则规定的其他情形。

7.发行普通股筹资的优缺点

发行普通股筹资的优点主要有：

①普通股股本没有到期日，无须偿还本金。这对于保证公司对资金的最低需求，促进公司长期、持续、稳定经营具有重要意义。

②没有固定的股利负担。股利的支付与否和支付多少视企业盈利情况而定，多盈多分，少盈少分，现金支付灵活，财务压力较小，因而筹资风险较小。

③增强公司社会信誉，提高举债能力。发行普通股筹集的资金是企业权益资金的来源，权益资金的多少，反映了企业的实力，较多的权益资金为债权人提供了坚实的信用基础和保障，可增强公司的举债能力。

发行普通股筹资的缺点主要有：

①资本成本高。发行股票手续繁杂，筹资费用较高；企业要从税后净利中向股东支付高于债务利息的股利，所以资本成本高。

②容易分散公司的控制权。利用普通股筹资会增加新股东，从而稀释原有股东对公司的控制权，导致股权分散。

③有可能导致股价的下跌。一方面，公司若过度依赖普通股融资，会被投资者视为消极的信号，从而引起股票价格下跌；另一方面，新股东对公司未发行新股前累积的盈余具有分享权。

（三）利用留存收益

1.留存收益的特点

留存收益是企业税后利润形成的，包括盈余公积和未分配利润。其主要特点是属于所有者权益，无到期日，无须还本，可供企业长久使用。

2.利用留存收益筹资的优缺点

利用留存收益筹资的优点主要有：

①资本成本较普通股低。利用留存收益筹资不发生任何筹资费用，与普通股相比，资本成本较低。

②不会分散公司控制权。留存收益属于普通股股东所有，这种方式筹资，不会增加新的股东，不改变原有股权结构，不会稀释原有股东的控股权。

③增强企业信誉。留存收益筹资能够使企业保持较大的可支配的现金流，既可解决企业经营发展的资金需要，又能提高企业举债能力。

利用留存收益筹资的缺点主要是筹资数额有限。留存收益来自企业当期净利润和年初未分配利润，其最大数额不会突破这两项之和，所以，其筹资数额有限。

随堂测 8-1

【判断题】留存收益在实质上属于股东对企业的追加投资，因此留存收益资金成本的计算也应像普通股筹资一样考虑筹资费用。（　　）（2019年）

二、债务筹资方式

债务资金是指企业从银行或非银行金融机构、个人及其他企业借入的、依借贷合同规定、按期支付利息、到期归还本金的资金。企业对债务资金负有到期归还本金和利息的法定责任。若企业无力偿还到期债务，则要冒破产的风险。所以，企业债务资金比例要适当。

目前我国企业债务资金筹集方式主要有：银行借款、发行公司债券、融资租赁、利用商业信用等。债务资金筹集方式的主要优点是：债务利息具有抵税作用，筹资成本低；主要缺点是：资金有到期日，企业要按期支付利息，到期归还本金，财务风险大。

（一）银行借款

1.银行借款的种类

（1）按照借款偿还期限，分为长期借款和短期借款

偿还期限超过1年的为长期借款，偿还期限不足1年的为短期借款

（2）按提供贷款的机构，分为政策性银行贷款、商业银行贷款和其他金融机构贷款

政策性银行贷款是指执行国家政策性贷款业务的银行，向企业发放的贷款，通常为长期贷款，如国家开发银行贷款、中国进出口银行贷款、中国农业发展银行贷款等。

商业银行贷款是指由各商业银行（如中国工商银行、中国建设银行、中国农业银行、中国银行等）向工商企业提供的贷款，用以满足企业生产经营的资金需要，包括短期贷款和长期贷款。

（3）按机构对贷款有无担保要求，分为信用贷款和担保贷款

信用贷款是指以借款人的信誉或保证人的信用为依据而获得的贷款。担保贷款是指由借款人或第三方依法提供担保而获得的贷款。

（4）企业取得贷款的用途，分为基本建设贷款、专项贷款和流动资金贷款

基本建设贷款是指企业因从事新建、改建、扩建等基本建设项目需要资金而向银行申请借入的款项。

专项贷款是指企业因为专门用途而向银行借入的款项。

流动资金贷款是指企业为了满足流动资金的需求而向银行申请借入的款项，包括流动资金借款、生产周转借款、临时借款、结算借款等。

2.银行借款的程序

（1）提出申请，银行审批

企业根据筹资需求向银行提出书面申请，按银行要求的条件和内容填报借款申请书。

银行按照有关政策和贷款条件，对借款企业进行信用审查，核准公司申请的借款金额和用款计划。银行审查的主要内容包括：公司的财务状况、信用情况、盈利的稳定性、发展前景、借款投资项目的可行性、抵押品和担保情况。

（2）签订合同，取得借款

借款申请获批后，银行与企业进一步协商贷款的具体条件，签订正式的借款合同，规定贷款的数额、利率、期限和一些约束性条款。借款合同签订后，企业在核定的贷款指标范围内，根据用款计划和实际需要，一次或分次将贷款转入公司的存款结算账户，以便使用。

3.长期借款

长期借款是指企业向银行或其他非银行金融机构借入的、期限超过1年、需要还本付息的款项。

（1）长期借款筹资的优点

①筹资速度快。金融机构对企业进行全面调查分析后，企业的借款项目报待审部门审议，通过后可以立即办理贷款手续，获取借款。

②筹资弹性大。企业在需要资金时可与借款人商定借入时间、数量和条件等，在资金充裕时可商定提前还本付息，或变更偿还时间，灵活性较强。

③筹资成本低。借款筹资没有太繁杂的手续，筹资费用比较低，而且就目前我国情况来看，借款利息率比发行债券的利息率低。

④发挥财务杠杆作用。债务资金具有财务杠杆作用。当企业资本利润率超过负债利息率时，债务资金可为企业带来差额收益，提高自有资金收益水平，从而增加股东财富。

（2）长期借款筹资的缺点

①筹资风险大。借款需要还本付息，在筹资数额较大的情况下，企业资金调度不周，就有可能无力按期偿付本金和利息，甚至导致破产。

②限制条款较多。企业与银行签订的借款合同中，一般都会有一些限制性条款，这些条款可能会限制企业的经营活动。

③筹资数量有限。银行一般不愿借出巨额长期借款，在企业需要大量资金时，采用这种方法可能达不到筹资目的。

（二）发行公司债券

1.债券的种类

债券是经济主体为筹集资金而发行的，用以记载和反映债权债务关系的有价证券。由企业发行的债券称为企业债券或公司债券；由政府发行的债券称为政府债券；由金融机构发行的债券称为金融债券。这里所说的债券，指的是期限超过1年的公司债券，其发行目的通常是为建设大型项目筹集大笔长期资金。公司债券一般可按以下标准分类：

（1）按债券是否记名，可分为记名债券和无记名债券

发行记名债券的，应当在券面上注明债权人姓名或名称，同时在公司债券存根簿上载明下列事项：债券持有人的姓名或者名称及住所；债券持有人取得债券的日期及债券的编号；债券总额，债券的票面金额、利率、还本付息的期限和方式；债券的发行日期。发行无记名公司债券的，债券票面不注明债权人姓名或名称，也不用在债权人名册上登记债权人姓名或名称，但应当在公司债券存根簿上载明债券总额、利率、偿还期限和方式、发行日期及债券的编号。

（2）按债券能否转换为公司股票分为可转换债券和不可转换债券

可转换债券是指一定时期内，可以按规定的价格或一定比例，由持有人自由地选择转换为普通股的债券。不可转换债券是指不可以转换为普通股的债券。

（3）按有无特定的财产担保，可分为信用债券和抵押债券

信用债券是指仅凭债券发行者的信用发行的、没有抵押品作抵押或也无担保人作出担保的债券。抵押债券是指以一定抵押品作抵押而发行的债券。抵押债券按抵押物的不同，又可分为不动产抵押债券、设备抵押债券和证券信托债券。

2.发行债券的条件

我国企业发行公司债券，必须符合《公司法》《证券法》等有关法律、法规规定的条件。公开发行公司债券，应当符合下列条件：

①具备健全且运行良好的组织机构；

②最近3年平均可分配利润足以支付公司债券1年的利息；

③国务院规定的其他条件。

发行公司存在下列情形之一的，不得再次公开发行公司债券：

①对已公开发行的公司债券或者其他债务有违约或者延迟支付本息的事实，仍处于继续状态；

②违反《证券法》规定，改变公开发行公司债券所募资金用途。

3.发行债券的程序

公司发行债券的程序与发行股票的程序基本相同，由发行公司作出发行债券的决议，向有关部门提出债券发行申请，证监会或国家授权部门审批，经审批后公司制定募集办法并予以公告，发售公司债券筹集借款。

重要提示

公开发行公司债券筹集的资金，必须按照公司债券募集办法所列资金用途使用，不得用于弥补亏损和非生产性支出。

4.债券发行价格的计算

债券发行价格通常有三种：平价、溢价和折价。平价是指以债券的票面金额为发行价格；溢价是指以高出债券票面金额的价格为发行价格；折价是指以低于债券票面金额的价格为发行价格。

债券发行价格受诸多因素影响，其中主要是票面利率与市场利率的一致程度。债券的票面金额、票面利率在债券发行前即已参照市场利率和发行公司的具体情况确定下来，并载明于债券之上。但在发行债券时已确定的票面利率不一定与当时的市场利率一致。为了协调债券购销双方在债券利息上的利益，就要调整发行价格，即当票面利率高于市场利率时，以溢价发行；当票面利率低于市场利率时，以折价发行；当票面利率与市场利率一致时，以平价发行。债券发行价格的计算公式为：

$$P=\sum_{t=1}^{n}\frac{M\times r}{(1+i)^{t}}+\frac{M}{(1+i)^{n}}$$

式中：P——债券发行价格；M——票面金额；r——票面利率；i——债券发行时的市场利率；n——债券期限；t——付息期数。

【例8-1】某公司计划发行面值1 000元、票面利率8%、期限5年的债券，每年年末

付息一次，到期按面值归还本金。计算市场利率分别为7%、8%、9%时的债券发行价格。

当市场利率为7%时，票面利率高于市场利率，债券溢价发行，其发行价格为：

P=1 000×8%×（P/A，7%，5）+1 000×（P/F，7%，5）

=80×4.1002+1 000×0.7130=1 041.02（元）

当市场利率为8%时，票面利率等于市场利率，债券平价发行，其发行价格为：

P=1 000×8%×（P/A，8%，5）+1 000×（P/F，8%，5）

=80×3.9927+1 000×0.6806=1 000（元）

当市场利率为9%时，票面利率低于市场利率，债券折价发行，其发行价格为：

P=1 000×8%×（P/A，9%，5）+1 000×（P/F，9%，5）

=80×3.8897+1 000×0.6499=961.08（元）

5.债券偿还方式

债券偿还按其实际偿还时间与规定的到期日之间的关系，分为提前偿还与到期偿还两种。

（1）提前偿还

提前偿还又称提前赎回，是指在债券尚未到期之前就予以偿还。只有在企业发行债券的契约中明确规定了有关允许提前偿还的条款，企业才可以进行此项操作。提前偿还所支付的价格通常要高于债券的面值，并随到期日的临近而逐渐下降。具有提前偿还条款的债券给企业融资带来了较大的弹性，当企业资金有结余时，可提前赎回债券；当预测利率下降时，也可提前赎回债券，然后以较低的利率来发行新债券。

（2）到期偿还

到期偿还是指当债券到期后还清债券所载明的义务。到期偿还又包括分批偿还和一次偿还两种。

6.债券筹资的优缺点

（1）发行债券筹资的优点

①资本成本较低。因为债券的发行费用较低，债券利率一般要低于股票股利率，加之债券的利息在税前支付，具有抵税作用，所以利用债券筹资的成本要比股票筹资的成本低。

②保证公司控制权。债券仅代表一种债权债务关系，持券者只享有到期收回本金和利息的权利，没有参与企业经营管理权。发行债券筹资，不会改变原有的股权结构，更不会分散原有股东对公司的控制权。

③可以产生财务杠杆作用。由于债券利息固定，在企业投资效益良好的情况下，能给股东带来更多的收益，增加股东财富，或留归企业以扩大经营。

（2）发行债券筹资的缺点

①筹资风险高。发行债券所筹资金属于企业债务资金，企业承担着还本付息的法定义务。当企业经营不景气时，向债券持有人还本付息会给企业带来更大的困难，甚至导致破产。

②限制条件多。债券的契约中往往有一些限制性条款，这种限制比优先股及短期债务严得多，可能会影响企业的正常发展和以后的筹资能力。

③筹资额有限。利用债券筹资有一定的限度，当公司负债比率超过一定程度后，债券

筹资的成本迅速上升，有时甚至会发行不出去。

随堂测 8-2

【多选题】与普通股筹资相比，下列各项中，属于银行借款筹资优点的有（　　）。(2021年)

A.公司的财务风险较低　　B.可以发挥财务杠杆作用

C.资本成本较低　　D.筹资弹性较大

（三）融资租赁

1.融资租赁的种类

融资租赁是指由租赁公司按照承租单位的要求融资购买设备，并在契约或合同规定的较长期限内提供给承租企业使用的融资信用业务。融资租赁的具体形式有直接租赁、售后租回、杠杆租赁等。

（1）直接租赁

直接租赁是指承租人向出租人租入所需要的资产，并支付租金。直接租赁是融资租赁的典型形式。

（2）售后租回

售后租回是指制造企业按照协议先将其资产卖给租赁公司，再作为承租企业将所售资产租回使用，并按期向租赁公司支付租金。采用这种方式，承租企业会因出售资产而获得一笔资金，同时因将其租回而保留了资产的使用权。

（3）杠杆租赁

杠杆租赁一般涉及承租人、出租人和贷款人三方当事人。杠杆租赁方式下，出租人只垫支购买资产所需资金的20%～40%，其余部分以该资产为担保向贷款人借资支付，租赁公司既是出租人又是借款人，因此既要收取租金又要偿还债务；但是对承租人来讲，杠杆租赁与其他融资租赁形式并没有区别。这种融资租赁形式，由于租赁收益一般大于借款成本支出，出租人借款购买资产出租可获得财务杠杆利益，故被称为杠杆租赁。

2.融资租赁的特点

融资租赁的特点主要表现在以下几个方面：

①一般由承租企业向租赁公司提出正式申请，由租赁公司融资购进设备出租给承租企业使用；租赁期限较长，大多为租赁资产寿命的75%以上。

②租赁合同比较稳定，在规定的租期内非经双方同意，任何一方不得中途解约，这有利于维护双方的权益。

③由承租企业负责设备的维修和保养，但无权自行拆卸改装。

④租赁期满时，按事先约定的办法处置设备，一般有退租、续租、留购三种选择，通常由承租企业留购。

3.融资租赁的程序

（1）选择租赁公司

企业决定采用租赁方式取得某项设备时，首先需了解各家租赁公司的经营范围、业务能力、资信情况，以及与其他金融机构如银行的关系，取得租赁公司的融资条件和租赁费率等资料，并加以分析比较，择优选择。

（2）办理租赁委托

企业选定租赁公司后，便可向其提出申请，办理委托。这时，承租企业需填写《租赁申请书》，说明所需设备的具体要求，同时还要向租赁公司提供财务状况文件，包括资产负债表、利润表和现金流量表等资料。

（3）签订购货协议

由承租企业与租赁公司的一方或双方合作组织选定设备供应厂商，并与其进行技术和商务谈判，在此基础上签订购货协议。

（4）签订租赁合同

租赁合同由承租企业与租赁公司签订。它是租赁业务的重要文件，具有法律效力。融资租赁合同的内容可分为一般条款和特殊条款两部分。

（5）办理验货、付款与保险

承租企业按购货协议收到租赁设备时，要进行验收，验收合格后签发交货及验收证书，并提交租赁公司，租赁公司据以向供应厂商支付设备价款。同时，承租企业向保险公司办理投保事宜。

（6）支付租金

承租企业在租期内按合同规定的租金数额、支付方式等，向租赁公司支付租金。

（7）合同期满处理设备

融资租赁合同期满时，承租企业根据合同约定，对设备退租、续租或留购。

4.融资租赁租金的计算

（1）租金的构成

融资租赁的租金包括设备价款、利息和租赁手续费等。其中，设备价款主要包括设备的买价、运杂费和途中保险费、安装调试费等；利息是指租赁公司为承租企业购置设备垫付资金所应支付的利息；租赁手续费是指租赁公司承办租赁设备所发生的业务费用和必要的利润。

（2）租金的支付方式

租金的支付方式按支付间隔期长短，分为年付、半年付、季付和月付等；按每期支付金额，分为等额支付和不等额支付。租金按支付时期先后，分为先付租金和后付租金。

（3）计算融资租赁租金

我国融资租赁实务中，租金的计算大多采用等额年金法。等额年金法下，通常要根据利率和租赁手续费确定一个租赁费率，作为折现率。

后付租金，即于每年年末支付等额租金，计算公式为：

$A=P/(P/A,i,n)$

先付租金，即于每年年初支付等额租金，计算公式为：

$A=P/[(P/A,i,n-1)+1]$

【例8-2】某公司于20×4年1月1日从租赁公司租入价值为500万元的机器设备一台，租期5年，租赁期满有残值5万元，归租赁公司。假设双方商定以12%作为折现率，租金每年年末支付一次。则每年的租金为：

每年租金=［500−5×（P/F，12%，5）］/（P/A，12%，5）=137.92（万元）

5.融资租赁的优点

（1）融资租赁的优点

①迅速获得所需资产。融资租赁集“融资”与“融物”于一身，比起先筹措资金再购

置设备节省了时间，可尽快形成生产能力。

②筹资限制较少。企业运用股票、债券、长期借款等筹资方式，都受到资格条件等诸多限制，而融资租赁筹资的限制条件很少。

③财务风险较小。全部租金通常在整个租期内分期支付，可适当降低不能偿付到期债务的风险。如果承租方选择退租，还可免遭设备陈旧过时的风险。

④具有财务杠杆作用。由于租金费用固定不变，当承租企业息税前利润变动时，每股收益会有更大幅度的变化。

（2）融资租赁的缺点

①筹资成本较高，租金总额通常要高于设备价值的30%。

②承租企业在财务困难时期，支付的固定租金也将成为一项沉重的负担。

③如不能享有设备残值，也可视为承租企业的一种机会损失。

随堂测8-3

【单选题】甲企业20×4年1月1日向乙租赁公司租入一台设备，价值1 000万元，合同约定租赁期满时残值10万元归乙租赁公司所有，租期5年，年利率10%，租赁手续费2%。若采用现付租金方式，则平均每年年初支付的租金为（　　）万元。

A.246.28　　B.247.69　　C.327.37　　D.329.24

三、混合筹资方式

我国上市公司目前取得混合性资金的主要方式是发行可转换债券、优先股、认股权证等。

（一）发行可转换债券

可转换债券是指股份公司发行的赋予持有者可以按事先约定的价格转换为公司普通股的债券。可转换债券的持有人在一定期间内，可以按约定的价格或一定比例，自由行使将其债券转换为普通股的权利。在转换权行使之前，债券持有者是发行公司的债权人，行使权利之后则成为发行公司的股东。因此，公司利用发行可转换债券筹到的资金具有债权资金和股权资金的双重性质。

1.可转换债券的基本要素

可转换债券的要素主要包括标的股票、票面利率、转换价格、转换比率、转换期限、赎回条款、回售条款、强制性转换条款等。

（1）标的股票

可转换债券的标的物，一般是发行公司自己的普通股，也可以是其他公司的股票，如该公司的上市子公司的股票。

（2）票面利率

可转换债券的票面利率通常会低于普通债券，有时甚至还会低于同期银行存款利率。因为其持有人除了拥有债券的收益外，还附加了一种特殊的选择权。

（3）转换价格

转换价格是指可转换债券在转换期内转换成普通股而给付的每股价格。可转换债券的转换价格一般高于发行当时相关股票价格的10%～30%。我国《可转换公司债券管理办法》规定，上市公司向不特定对象发行可转换公司债券的价格，应当不低于认购邀请书发出前20个交易日发行人股票均价和前一交易日均价，且不得向下修正。

（4）转换比率

转换比率是指每张可转换债券能够转换的普通股股数。其计算公式如下：

转换比率=债券面值÷转换价格

如在可转换债券面值为500元、转换价格为50元的情况下，该可转换债券的转换比率就是10，即每张债券可转换为10股普通股。

（5）转换期限

转换期限是指可转换债券转换成股票的起始日至结束日的期间。该转换期限可以与债券的期限相同，也可以短于债券的期限。

（6）赎回条款

赎回条款是指发行公司有权在某一预定的期限内按事先约定的价格买回尚未转股的债券的规定。赎回条款通常包括：不可赎回期（是可转换债券自发行日开始，不能被赎回的期限）；赎回期（是发行公司可以赎回债券的期限，在不可赎回期之后）；赎回价格（是事先规定的发行公司赎回债券的出价，一般高于可转换债券的面值）；赎回条件（是对发行公司赎回债券的情况要求，即需要在什么样的情况下才能赎回债券，分为有条件赎回与无条件赎回）等。

如果发行公司打算赎回债券，一般要给债券持有人一个宽限期。在宽限期内，债券持有人有三种选择：按转换比率将债券转换为普通股；在市场上出售该可转换债券；将该债券出售给发行公司。

（7）回售条款

回售条款是指当发行公司股价在一定时期内连续低于转换价格达到某种程度时，债券持有人可以按事先约定的价格将债券出售给发行公司的有关规定。设置回售条款，是为了保护债券投资者的利益，降低债券投资的风险。

（8）强制性转换条款

强制性转换条款是指在某些条件具备之后，债券持有人必须将可转换债券转换为股票，无权要求偿还债券本金的条件规定。可转换债券发行之后，其股票价格可能出现巨大波动。如果股价长期表现不佳，又未设计回售条款，投资者就不会转股。公司可设置强制性转换条款保证可转换债券顺利转换成股票，防止投资者到期集中挤兑引发公司破产的悲剧。

2.可转换债券的发行条件

按照上海证券交易所《上市公司注册管理办法》，发行可转换债券的公司必须满足以下基本条件：

①具备健全且运行良好的组织机构。

②最近三年平均可分配利润足以支付公司债券年利息。

③具有合理的资产结构和正常的现金流量。

④上市公司发行可转换债券，还应当符合公开发行股票的条件。

3.可转换债券的优缺点

（1）可转换债券的优点

①节约利息支出。可转换债券的利率大大低于普通债券，发行公司在转换之前所支付

的利息较低，转换之后又节约了股票发行费用。

②稳定股票市价。由于可转换债券的转换价格通常高于发行时公司股票市价，因此公司在当前股票融资时机不佳时，通过发行可转换债券可以延迟当前低价股票融资；同时，可转换债券的转换期一般较长，对公司股价的影响较小，也有利于公司股价的稳定。

③增强融资灵活性。发行可转换债券不影响公司偿还其他债务的能力，对公司其他债权人不构成威胁；同时，其持有者是公司的潜在股东，与公司利益冲突较少。

（2）可转换债券的缺点

①存在一定的财务压力。发行可转换债券之后，如果公司股价长期低迷，持券者到期未能转股，会导致公司集中兑付债券本金的财务压力，或债券转股后公司股价大幅度下跌，两者都会影响公司的声誉，恶化公司的财务形象。

②存在财务风险。可转换债券如果由于某种原因未能如期转股，会增加公司偿债压力，加大公司的财务风险。特别是在订有回售条款的情况下，公司短期内集中偿还债务的压力会更明显。

③丧失低息优势。可转换债券转股之后，其原有的低息优势不复存在，公司将要承担较高的普通股成本，从而导致公司加权平均资本成本上升。

（二）发行优先股

优先股是股份有限公司发行的、在分配股利和剩余财产时优先于普通股的一种股票。相对于普通股而言，优先股的股利收益是事先约定的，也是相对固定的。但在参与公司决策方面，优先股的权利受到一定的限制。

1.优先股的种类

（1）固定股息率优先股和浮动股息率优先股

固定股息率优先股是指股息率在股权存续期内不作调整；浮动股息率优先股是指股息率根据约定的计算方法进行调整。优先股采用浮动股息率的，在优先股存续期内票面股息率的计算方法在公司章程中事先明确。

（2）强制分红优先股和非强制分红优先股

强制分红优先股是指公司在有可供分配税后利润时必须向优先股股东分配利润，否则即为非强制分红优先股。

（3）累积优先股和非累积优先股

累积优先股是指公司在某一时期所获盈利不足，导致当年可分配利润不足以支付优先股股息时，则将应付股利累积到次年或以后某一年盈利时，在普通股的股利发放之前，连同本年优先股股息一并发放。非累积优先股是指公司不足以支付优先股的全部股息时，对所欠股息部分，优先股股东不能要求公司在以后年度补发。

（4）参与优先股和非参与优先股

参与优先股是指优先股股东不仅能取得固定股利，还可与普通股股东一同参与剩余利润分配的优先股。非参与优先股是指优先股股东只能获取一定股息但不能参加公司额外分红的优先股。

（5）可转换优先股和不可转换优先股

可转换优先股是指在规定的时间内，优先股股东或发行人可以按照一定的转换比率把优先股换成该公司普通股；否则为不可转换优先股。

（6）可回购优先股和不可回购优先股

可回购优先股是指允许发行公司按发行价加上一定比例的补偿收益回购的优先股。不附有回购条款的优先股，则被称为不可回购优先股。

根据《优先股试点管理办法》（2023年修正），优先股每股票面金额为100元，上市公司不得发行可转换为普通股的优先股，但商业银行可根据商业银行资本监管规定，向特定对象发行触发事件发生时强制转换为普通股的优先股，并遵守有关规定。上市公司向不特定对象发行优先股应当在公司章程中规定以下事项：①采取固定股息率；②在有可分配税后利润的情况下必须向优先股股东分配股息；③未向优先股股东足额派发股息的差额部分应当累积到下一会计年度；④优先股股东按照约定的股息率分配股息后，不再同普通股股东一起参与剩余利润分配。商业银行发行优先股补充资本的，可就第②项和第③项另行约定。

2.优先股筹资的优缺点

发行优先股筹资的主要优点有：

①财务风险小。因为优先股没有固定的到期日，不用偿还本金，并且优先股股利支付并不构成公司法定义务，如果公司财务状况不佳，可以暂时不支付优先股股利。当财务状况较差时，通过发行优先股筹集权益资金，可以提高公司的资信度。

②保证普通股股东对公司的控制权。优先股股东对公司享有有限的管理权，不会威胁原有普通股股东的控制权。

③具有一定的财务杠杆作用。优先股股利与债务资金的利息类似，是固定的，因而优先股股利也具有一定的财务杠杆作用，有利于提高普通股的收益率。

发行优先股筹资的主要缺点有：

①资本成本相对于债务较高。优先股成本虽然低于普通股成本，但由于优先股股利要从税后利润支付，不会使公司享有抵减所得税的好处，而债务利息可以抵减所得税。所以，一般情况下其资本成本高于债务资本成本。

②可能给公司带来一定的财务压力。优先股股利支付虽然没有法律约束，但相对于普通股股利具有固定性。针对固定股息率优先股、强制分红优先股、累积优先股而言，股利支付的固定性可能会成为公司的一项财务负担，给公司带来一定的财务压力。

（三）发行认股权证

认股权证是一种由上市公司发行的证明文件，持有人有权在一定时间内以约定价格认购该公司发行的一定数量的股票。

1.认股权证的基本性质

（1）认股权证的期权性

认股权证本质上是一种股票期权，属于衍生金融工具，具有实现融资和股票期权激励的双重功能。但认股权证本身是一种认购普通股的期权，它没有普通股的红利收入，也没有普通股相应的投票权。

（2）认股权证是一种投资工具

投资者可以通过购买认股权证获得市场价与认购价之间的股票差价收益，因此，它是一种具有内在价值的投资工具。

2. 认股权证的种类

（1）按履约时间分为美式认股权证和欧式认股权证

美式认股权证是指权证持有人在到期日前，可以随时提出履约要求，买进标的股票。欧式认股权证是指权证持有人只能在到期日当天，才可买进标的股票。

（2）按认股权证的发行方式分为单独发行认股权证与附带发行认股权证

单独发行认股权证是指认股权证与公司债券、优先股、普通股等有价证券分开，单独在市场自由买卖的认股权证；附带发行认股权证是指依附于债券、优先股、普通股等有价证券而发行的认股权证，两者自发行至交易均合二为一，不得分开转让。

（3）按允许购买的期限长短分为长期认股权证与短期认股权证

长期认股权证认股期限通常在90天以上，更有甚者可长达数年或永久；短期认股权证的认股期限一般在90天以内。

3. 认股权证的筹资特点

（1）认股权证是一种融资促进工具

认股权证的发行人是发行标的股票的上市公司。认股权证通过以约定价格认购公司股票的契约方式，能保证公司在规定的期限内完成股票发行计划，顺利实现融资。

（2）有助于改善上市公司的治理结构

采用认股权证进行融资，融资的实现是缓期分批实现的。上市公司及其大股东的利益，与投资者是否在到期之前执行认股权证密切相关。因此，在认股权证有效期间，上市公司管理层及其大股东任何有损公司价值的行为，都可能降低上市公司的股价，从而降低投资者执行认股权证的可能性，这将损害上市公司管理层及其大股东的利益。所以，认股权证能够约束上市公司的行为，并激励他们更加努力地提升上市公司的市场价值。

（3）有利于推进上市公司的股权激励机制

认股权证是常用的员工激励工具，通过给予管理者和重要员工一定的认股权证，可以把管理者和员工的利益与企业价值成长紧密联系在一起，建立一个管理者与员工通过提升企业价值实现自身财富增值的利益驱动机制。

4. 认股权证筹资的优缺点

（1）认股权证筹资的优点

①筹集额外资金。认股权证不论是单独发行还是附带发行都是有偿发行，都会为发行公司筹得一笔额外资金。

②促进其他筹资方式的运用。由于认股权证具有价值，因而附带发行认股权证的债券票面利率和优先股股利率通常较低，可以促进其所依附证券的发行效率。单独发行的认股权证则有利于将来发售股票。

（2）认股权证筹资的缺点

①稀释每股收益。投资者持认股权证购买的是发行公司新发行的股票，而并非二级市场的股票。这样，当认股权证行使时，普通股股份增多，会导致每股收益下降。

②容易分散企业的控制权。发行公司为了吸引投资者，其认股权证通常随有价证券一起发售，当认股权证行使时，企业的股权结构会发生改变，会稀释原有股东的控制权。

随堂测 8-4

【单选题】下列各项中，不属于债务筹资优点的是（　　）。（2018年）

A.可形成企业稳定的资本基础　　B.筹资弹性较大

C.筹资速度较快　　D.筹资成本负担较轻

素养提升

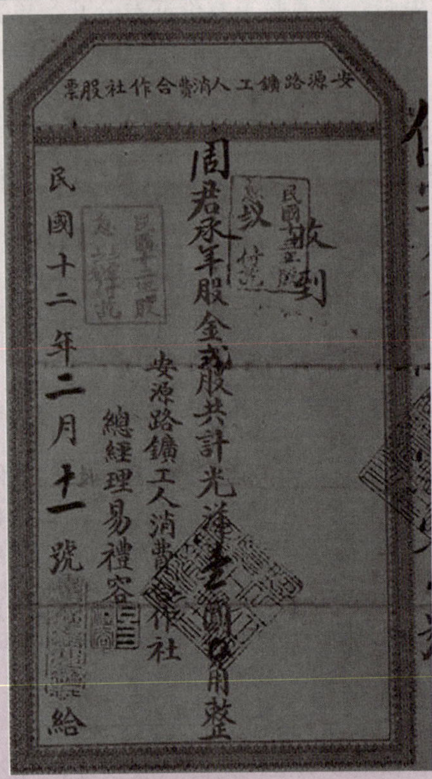

左侧展现在大家眼前的，是一张红色股票，它是中国共产党发行的第一张股票，是毛泽民同志在江西安源工作时留下的一件文物。这张红色股票，不但见证了毛泽民对安源工友的朴素情怀，也见证了毛泽民在开创党的金融事业道路上，迈出的第一步。

为解决资金不足、货物有限的问题，使合作社能及时补充货物、工人能买到自己急需的东西，毛泽民起草了《招股简章》，向组织上提出了发行股票的建议。第一张红色股票诞生了。股票的发行，立刻得到了工人的支持，他们争相购买，股金一下子就达到了八千元。资金的问题解决了，货物充足了，工人脸上露出了满意的笑容。在毛泽民的努力下，合作社想工人之所想、急工人之所急，办得热火朝天，有声有色。它不但解决了工人的燃眉之急，减轻了工人的生活负担，更开创了中国共产党金融事业的先河，为党的金融事业的发展奠定了基础。这张浸透了毛泽民心血和智慧的红色股票，既没有战争炮火的惊天动地，也没有壮士赴难的慷慨激昂，但它以朴实无华的话语向人们讲述着毛泽民开拓创新的精神，传颂着革命先辈为革命事业殚精竭虑、默默奉献的崇高风范，更体现了共产党人心系劳苦大众、始终为人民谋求幸福的生命宗旨。

原图

红色股票

任务三　资本成本计算

一、资本成本的概念

资本成本是指企业筹集和使用资金而付出的代价，通常包括筹资费和用资费。筹资费是指企业在筹集资金过程中为取得资金而发生的各项费用，如银行借款手续费，发行股票、债券等有价证券而支付的印刷费、评估费、公证费、宣传费及承销费等。筹资费在企业筹集资金时一次性发生，在资金使用过程中不再发生，可作为筹资额的减项扣除。

资本成本具有广义和狭义之分。广义的资本成本既包括短期资本成本又包括长期资本成本；狭义的资本成本仅指长期资本成本。由于短期资金规模较小、时间较短、游离程度较高，其成本的高低对企业财务决策影响不大，因此，通常意义上的资本成本主要指狭义资本成本，即长期资本成本。

二、资本成本的作用

资本成本是衡量资本结构优化程度的标准，也是对投资获得经济效益的最低要求。资本成本的作用主要表现在以下几方面：

（一）资本成本是选择筹资方式的重要依据

个别资本成本是指各种不同筹资方式的资本成本。企业的筹资方式是多元化的，评价各种筹资方式的标准也是多种多样的，如对企业控制权的影响、对投资者的吸引力大小、财务风险的大小、资本成本的高低等。其中，资本成本是一个极为重要的因素。在其他条件基本相同或对企业影响不大时，应选择资本成本最低的筹资方式。

（二）资本成本是进行资本结构决策的重要依据

企业进行资本结构决策通常以加权平均资本成本（率）最低为基本标准。加权平均资本成本（率）是指以各项个别资本在企业全部资本中所占比重为权数，对个别资本成本（率）进行加权平均而得到的平均资本成本（率），也称综合资本成本（率）。财务管理目标是企业价值最大化，当加权平均资本成本（率）最低时，企业价值最大，此时的资本结构是企业理想的最佳资本结构。

（三）资本成本是选择追加筹资方案的重要依据

边际资本成本是指资金每增加一个单位其成本的增加额。通常情况下，企业筹资数额越大，资本成本越高；当资金的边际成本超过企业的承受能力时，企业就不能再增加筹资数量。因此，可以通过计算边际资本成本的大小来作出是否追加筹资的决策。

（四）资本成本是评价投资项目可行性的主要依据

资本成本是投资人对投入资本所要求的必要报酬率，即最低报酬率。如果备选的多个投资项目相互独立，则只要预期投资报酬率大于资本成本，投资项目就具有财务可行性；相反，则不可行。若备选的多个投资项目都是可行的，则应将各方案的投资报酬率与其对应的资本成本相比较，其中正差额最大的项目是效益最高的，应作为首选。因此，资本成本被认为是投资项目的“取舍率”。

（五）资本成本是评价企业整体业绩的重要依据

资本成本是用资企业支付给资金出让方的报酬，是使用资金应获得收益的最低界限。一定时期资本成本的高低不仅反映了财务经理的管理水平，还可用于衡量企业整体的经营业绩。

三、资本成本的计算

资本成本可用资本成本额和资本成本率两种形式表达。资本成本额是绝对数，但当筹资额不同时，可比性较差；资本成本率是相对数，当筹资额不同时，也具有较强的可比性。因此，资本成本通常用相对数——资本成本率来表示。其一般计算公式为：

$$\text{资本成本率}=\frac{\text{年用资费用}}{\text{筹资总额}-\text{筹资费用}}\times 100\%$$

$$=\frac{\text{年用资费用}}{\text{筹资总额}\times(1-\text{筹资费率})}\times 100\%$$

$$\text{筹资费率}=\text{筹资费用}\div\text{筹资总额}\times 100\%$$

企业在进行资本结构决策时，不仅需要计算个别资本成本，而且需要计算加权平均资本成本。

微课

个别资本成本的计算及其应用

（一）个别资本成本的计算

1.长期借款资本成本

$$\text{长期借款资本成本率}=\frac{\text{借款总额}\times\text{年利率}\times(1-\text{所得税税率})}{\text{借款总额}\times(1-\text{筹资费率})}\times 100\%$$

如果长期借款的筹资费很低，甚至可以忽略不计时，上式可简化为：

长期借款资本成本率 = 年利率×（1-所得税税率）

【例 8-3】 某公司 20×4 年拟从银行取得一笔 3 年期长期借款 1 000 万元，年利率为 10%，每年付息一次，到期还本，借款手续费是借款总额的 0.3%。该公司适用的所得税税率为 25%，则该项长期借款的资本成本率为：

$$长期借款资本成本率 = \frac{1\,000 \times 10\% \times (1-25\%)}{1\,000 \times (1-0.3\%)} \times 100\% = 7.52\%$$

2. 债券资本成本

$$债券资本成本率 = \frac{年利息 \times (1-所得税税率)}{债券筹资总额 \times (1-筹资费率)} \times 100\%$$

重要提示

在计算债券资本成本率时，分子中的年利息按债券面值和票面利率计算，分母中的债券筹资总额按发行价格计算。

【例 8-4】 某公司 20×4 年拟平价发行总额为 1 000 万元、票面利率 12%、5 年期的债券，发行费率为 0.5%。该公司适用的所得税税率为 25%，则该债券的资本成本率为：

$$债券资本成本率 = \frac{1\,000 \times 12\% \times (1-25\%)}{1\,000 \times (1-0.5\%)} \times 100\% = 9.05\%$$

假设上述债券溢价发行总额为 1 100 万元，其他条件不变，则该债券的资本成本率为：

$$债券资本成本率 = \frac{1\,000 \times 12\% \times (1-25\%)}{1\,100 \times (1-0.5\%)} \times 100\% = 8.22\%$$

假设上述债券折价发行总额为 950 万元，其他条件不变，则该债券的资本成本率为：

$$债券资本成本率 = \frac{1\,000 \times 12\% \times (1-25\%)}{950 \times (1-0.5\%)} \times 100\% = 9.52\%$$

3. 普通股资本成本

普通股资本成本主要是向股东支付的各期股利。由于各期股利并不一定固定，股票的市场价格也会经常变化，因此估算普通股资本成本率存在较大困难。在假设各期股利的变化呈一定规律性变化的情况下，可按股利折现模型估算其资本成本率。如果是上市公司普通股，其资本成本还可以根据该公司股票收益率与市场收益率的相关性，按资本资产定价模型法估计。

（1）股利折现模型

$$P = \sum_{t=1}^{n} \frac{D_t}{(1+K_s)^t}$$

式中：P——普通股筹资净额，即发行价格扣除发行费用；D_t——普通股第 t 年的股利；K_s——折现率，即普通股资本成本。

在普通股发行价格已知的条件下，如果能确定普通股每年股利就可以反求出普通股成本，而普通股年股利额的高低则会因公司股利政策不同而不同。

①采用固定股利政策。

如果公司采用固定股利政策，即每年分派相等的现金股利，则普通股资本成本率的计算公式为：

$$普通股资本成本率 = \frac{普通股年股利}{普通股筹资总额 \times (1-筹资费率)} \times 100\%$$

②采用固定股利增长率政策。

如果公司采用固定股利增长率政策，即未来各期股利按固定增长率增长。则普通股资本成本率的计算公式为：

$$普通股资本成本率=\frac{预计第一年股利}{普通股筹资总额\times(1-筹资费率)}\times100\%+股利增长率$$

【例 8-5】某公司20×4年准备增发普通股300万股，每股发行价格为10元，筹资费率为3%，上年每股分派现金股利1.5元，预计以后每年每股股利增长5%，则普通股资本成本率为：

$$普通股资本成本率=\frac{1.5\times(1+5\%)}{10\times(1-3\%)}\times100\%+5\%=21.24\%$$

（2）资本资产定价模型

假定资产市场有效，股票市场价格与价值相等，普通股资本成本率可用资本资产定价模型估算。其计算公式为：

$$K_s=R_f+\beta\cdot(R_m-R_f)$$

式中：K_s——普通股资本成本率；R_f——无风险收益率；β——股票的系统性风险程度；R_m——市场组合收益率；（R_m-R_f）——市场风险溢酬。

【例 8-6】某公司普通股的β值为1.5，市场组合收益率为10%，无风险收益率为6%，则普通股资本成本率为：

普通股资本成本率＝6%+1.5×（10%-6%）=12%

4.优先股资本成本

优先股资本成本主要是向优先股股东支付的各期股利。如果优先股股利是固定的，即各期股利相等，则优先股资本成本率的计算公式为：

$$优先股资本成本率=\frac{优先股年固定股息}{优先股发行价格\times(1-筹资费率)}\times100\%$$

【例 8-7】某公司发行面值为100元的优先股，规定的年股息率为8%。该优先股的发行价格为120元，筹资费率为发行价格的2%。则该优先股资本成本率为：

$$优先股资本成本率=\frac{100\times8\%}{120\times(1-2\%)}\times100\%=6.8\%$$

5.留存收益资本成本

留存收益属于企业内部资金积累，其所有权属于普通股股东，等同于股东对企业的追加投资。因此，留存收益资本成本率的计算与普通股资本成本率的计算基本相同，只是留存收益资本成本率没有筹资费用。

【例 8-8】依【例 8-5】的资料计算留存收益资本成本率。

$$留存收益资本成本率=\frac{1.5\times(1+5\%)}{10}\times100\%+5\%=20.75\%$$

重要提示

一般情况下，债务资本成本较小，权益资本成本较大。上述五种方式的资本成本从小到大的排序一般为：长期借款<债券<优先股<留存收益<普通股。企业可以通过计算个别资本成本对各种筹资方式进行比较，作出筹资方式的最佳选择。

（二）加权平均资本成本的计算

加权平均资本成本率是以个别资本在全部资本中所占比重为权数，对个别资本成本率进行加权平均而得到的平均资本成本率，也叫综合资本成本率。其计算公式为：

$$K_w = \sum_{j=1}^{n} K_j W_j$$

式中：K_w——加权平均资本成本率；K_j——第j种个别资本成本率；W_j——第j种个别资本在全部资本中所占的比重。

重要提示

加权平均资本成本率的计算，存在着价值权数的选择问题，即个别资本成本率按什么权数来确定资金比重。通常，可供选择的价值形式有账面价值、市场价值、目标价值等。

账面价值权数容易取得，但计算结果与资金市场现时的实际筹资成本有较大差距；市场价值权数能够反映现时的资本成本，有利于进行资本结构决策，但证券市场价格的频繁波动，给计算带来很大的不便，不适用未来的筹资决策；目标价值权数较适用于未来的筹集决策，但目标价值的确定难免具有主观性。在实际应用时应结合具体情况作出合理选择。

【例8-9】依【例8-3】【例8-4】【例8-5】的资料及资本成本率计算结果，计算该公司筹资5 000万元资金的加权平均资本成本率，见表8-1。

表8-1　加权平均资本成本率计算表

资本种类	资本总额（万元）	资本比例	个别资本成本率	加权平均资本成本率
长期借款	1 000	20%	7.52%	1.50%
公司债券	1 000	20%	9.05%	1.81%
普通股	3 000	60%	21.24%	12.74%
合　计	5 000	100%	—	16.05%

随堂测8-5

【单选题】某公司发行普通股的筹资费率为6%，当前股价为10元/股，本期已支付的现金股利为2元/股，未来各期股利按2%的速度持续增长。则该公司留存收益的资本成本为（　　）。（2021年）

A.23.70%　　B.22.4%　　C.21.2%　　D.20.4%

素养提升

数智经济时代来临，新技术不断赋能财务决策，不断应用在财务领域。财务领域中的大数据应用能够帮助企业对历史财务数据进行分析，预测未来的财务状况和盈利能力，辅助制定更科学的筹资策略。同时，大数据应用还可以帮助企业构建筹资过程中的风险管理和财务预警机制，通过对各种风险因素的训练分析，设立潜在的风险点并提供预警机制，在投资决策、筹资决策、股利分配决策等方面提供科学决策依据。在财务报告智能分析方面，可以自动生成财务报告、资产负债表等，减少人为因素对财务数据的影响，形成更加科学的筹资领域分析报告。

任务四　资本结构决策

一、杠杆效应分析

自然界中的杠杆效应，是指在合适的支点上，通过使用杠杆，可以用很小的力量移动较重物体的现象。财务管理活动中也存在着类似的杠杆效应，表现为：由于特定固定费用（固定性经营成本和固定性资本成本）的存在，导致当某一财务变量以较小幅度变动时，另一相关变量会以较大幅度变动。财务管理中的杠杆效应，主要包括：经营杠杆效应、财务杠杆效应和总杠杆效应三种。

（一）经营杠杆效应

1.经营杠杆

经营杠杆是指由于固定性经营成本的存在，而使得企业的息税前利润变动率大于业务量变动率的现象。经营杠杆反映了资产报酬的波动性，可用以评价企业的经营风险。

在一定的经营规模条件下，当其他条件不变时，固定成本总额是一个固定不变的数值，当产销量增加时，单位产品分摊的固定成本会随之下降；反之，当产销量下降时，单位产品分摊的固定成本会随之上升，这一切都会导致息税前利润以更大幅度随业务量的变动而变动，这就是经营杠杆效应。但是，当不存在固定性经营成本时，息税前利润变动率与产销业务的变动率一致。所以，只要企业存在固定性经营成本，就存在经营杠杆效应。

2.经营杠杆系数

经营杠杆系数是反映经营杠杆效应程度常用的指标，它等于息税前利润变动率与产销量变动率的比。其计算公式为：

$$\text{经营杠杆系数（DOL）}=\frac{\text{息税前利润变动率}}{\text{产销量变动率}}$$

其简化计算公式为：

$$\text{经营杠杆系数（DOL）}=\frac{\text{基期边际贡献}}{\text{基期息税前利润}}$$

【例8-10】某公司20×4年销售收入为2 000万元，变动成本为800万元，固定成本为600万元，预计下一年销售增长10%，则：

边际贡献（TCM）=2 000-800=1 200（万元）

边际贡献率=1 200÷2 000=60%

变动成本率=1-60%=40%

息税前利润（EBIT）=1 200-600=600（万元）

$$\text{经营杠杆系数（DOL）}=\frac{1\ 200}{600}=2$$

计算结果表明产生了2倍的经营杠杆效应。

预期息税前利润增长率=2×10%=20%

预计息税前利润=600×（1+20%）=720（万元）

3.经营杠杆与经营风险

经营风险是指企业由于生产经营上的原因而导致利润波动的风险。产品的市场需求、价格、成本等因素的不确定性是引起企业经营风险的主要原因，经营杠杆本身并不是利润不稳定的根源。但是，经营杠杆放大了市场和生产等因素变化对利润波动的影响。而且，经营杠杆系数越高，表明利润波动程度越大，企业经营风险也越大。其关系可表示为：

$$\text{经营杠杆系数}=\frac{\text{（基期单价－基期单位变动成本）×基期产销量}}{\text{（基期单价－基期变动成本）×基期产销量－基期固定成本}}$$

或

$$=\frac{\text{基期息税前利润＋基期固定成本}}{\text{基期息税前利润}}$$

或

$$=1+\frac{\text{基期固定成本}}{\text{基期息税前利润}}$$

上式表明，影响经营杠杆系数的因素包括：产品产销量、销售价格、成本水平等，而且，在企业不发生经营性亏损、息税前利润为正的前提下，经营杠杆系数最低为1。只要有固定经营性成本存在，经营杠杆系数总是大于1，固定成本越高，经营杠杆系数越大，企业经营风险也越大。

随堂测8-6

【多选题】下列各项中，影响经营杠杆效应的因素有（　　）。（2019年）

A.利息　　B.固定成本　　C.单价　　D.销售量

（二）财务杠杆效应

1.财务杠杆

财务杠杆是指由于债务利息、优先股股息等固定性资本成本的存在，使得企业普通股每股收益变动率大于息税前利润变动率的现象。财务杠杆反映了股权资本报酬的波动性，可用以分析企业财务风险。

在其他条件不变的情况下，企业支付的债务利息、优先股股息等资本成本是相对固定的，因而当息税前利润增长时，每1元息税前利润所负担的固定性资本成本就会减少；当息税前利润减少时，每1元息税前利润所负担的固定性资本成本就会相应增加，这一切都会导致普通股每股收益以更大幅度随息税前利润的变动而变动，这就是财务杠杆效应。当然，当企业不存在固定债务利息、优先股股息等固定性资本成本时，也就不存在财务杠杆效应了。

2.财务杠杆系数

微课

财务杠杆与财务风险分析

财务杠杆系数是反映财务杠杆效应程度常用的指标，它等于每股收益变动率与息税前利润变动率的比。其计算公式为：

$$\text{财务杠杆系数（DFL）}=\frac{\text{每股收益变动率}}{\text{息税前利润变动率}}$$

其简化计算公式为：

$$\text{财务杠杆系数（DFL）}=\frac{\text{基期息税前利润}}{\text{基期息税前利润}-\text{基期利息}-\text{基期优先股股息}/(1-\text{所得税税率})}$$

【例8-11】某公司20×4年实现的息税前利润为600万元，发生利息费用22万元，支付优先股股息为20万元，适用的所得税税率为25%，预计下一年的息税前利润增长率为20%，其财务杠杆系数为：

$$\text{财务杠杆系数（DFL）}=\frac{600}{600-22-20\div(1-25\%)}=1.09$$

预计每股收益增长率=1.09×20%=21.8%

计算结果说明该公司产生了1.09倍的财务杠杆效应，即当息税前利润增长20%时，预计每股收益增长21.8%。

3.财务杠杆与财务风险

财务风险是指企业由于筹资原因产生的固定性资本成本负担，而导致的普通股收益波动的风险。引起企业财务风险的因素有息税前利润、资本规模、企业资本结构、固定性资本成本等。在其他因素一定的情况下，固定性资本成本越高，财务杠杆系数越大，企业财务风险也越大。

（三）总杠杆效应

1.总杠杆

总杠杆也称复合杠杆，是指由于固定性经营成本和固定性资本成本的存在，而导致普通股每股收益变动率大于产销量变动率的现象。总杠杆反映经营杠杆与财务杠杆共同作用的结果，用以评价企业整体风险水平。

由于固定性经营成本存在，产生经营杠杆效应，导致息税前利润的变动幅度大于产销业务量的变动幅度；由于固定性资本成本存在，产生财务杠杆效应，又导致每股收益的变动幅度大于息税前利润的变动幅度；两种杠杆共同作用，从而导致产销量的变动引起普通股每股收益更大幅度的变动，即总杠杆效应。

2.总杠杆系数

总杠杆系数是反映总杠杆效应程度常用的指标，它等于经营杠杆系数与财务杠杆系数的乘积，是普通股每股收益变动率相当于产销量变动率的倍数。其理论计算公式为：

$$总杠杆系数(DTL)=\frac{普通股每股收益变动率}{产销量变动率}$$

其简化计算公式为：

$$总杠杆系数=\frac{基期贡献边际}{基期息税前利润-基期利息-基期优先股股息\div(1-所得税税率)}$$

总杠杆系数与经营杠杆系数、财务杠杆系数之间的关系可用下式表示：

总杠杆系数（DTL）=经营杠杆系数×财务杠杆系数

【例 8-12】依【例 8-10】和【例 8-11】的资料和计算结果，计算该公司的总杠杆系数。

$$总杠杆系数(DTL)=\frac{1\,200}{600-22-20\div(1-25\%)}=2.18$$

或 $总杠杆系数(DTL)=2\times1.09=2.18$

计算结果说明该公司产生了2.18倍的总杠杆效应。

3.总杠杆与企业风险

企业风险包括经营风险和财务风险，总杠杆系数反映了经营杠杆和财务杠杆之间的关系，用以评价企业的整体风险水平。在总杠杆系数一定的情况下，经营杠杆系数与财务杠杆系数此消彼长。

重要提示

一般来说，对于资金密集型企业，经营杠杆系数较高，经营风险较大，企业筹资主要依靠权益资金，保持较小的财务杠杆系数和财务风险；而对于劳动密集型企业，经营杠杆系数较低，经营风险较小，企业筹资主要依靠债务资金，保持较大的财务杠杆系数和财务风险。

随堂测 8-7

（单选题）在EBIT大于零的情况下，如果企业一定期间的固定性经营成本和固定性资本成本均不为零，则由上述因素共同作用导致的杠杆效应属于（　　）。

A.经营杠杆效应　　B.财务杠杆效应　　C.总杠杆效应　　D.风险杠杆效应

二、资本结构

（一）资本结构的定义

资本结构是指企业各种来源资本的构成及其比例关系。资本结构有广义和狭义之分。广义的资本结构是指企业全部债务与股东权益的构成比例；狭义的资本结构是指长期负债与股东权益的构成比例。短期债务作为营运资金来管理。本教材所指的资本结构是狭义的资本结构。

资本结构是在企业多种筹资方式下筹集资金形成的。各种筹资方式不同的组合决定着企业的资本成本及其变化。如企业利用债务资金进行举债经营具有双重作用，既可以给企业带来财务杠杆效应，也可能带来财务风险。因此，企业必须权衡财务风险和资本成本的关系，确定最佳资本结构。

（二）影响资本结构的因素

1.政府税收政策

因为利息费用可以在应税所得额中合法抵扣，即利用负债可以获得减税利益。因此，如果所得税税率越高，负债的好处越多；如果所得税税率很低，则采用举债方式筹资的减税效应就不十分明显。

2.利率水平的变动趋势

如果公司财务管理人员认为利息率暂时较低，但不久的将来有可能上升的话，便会大量举借长期债务，从而在若干年内把利率固定在较低水平上。

3.行业因素

不同行业，资本结构有很大差别。财务经理必须考虑本企业所处的行业，以便考虑最佳的资本结构。

4.贷款人和信用评级机构的影响

一般而言，大部分贷款人都不希望企业的负债比例太大。如果企业债务太多，信用评级机构可能会降低企业的信用等级，从而影响企业的筹资能力。

5.企业销售的稳定性

如果企业的销售比较稳定，则有能力负担较多的财务费用，此时可以选择债务比例较高的资本结构；如果销售和盈余有周期性，则负担固定的财务费用将冒较大的财务风险，此时应选择债务比重较小的资本结构。

6.企业的财务状况

获利能力越强、财务状况越好、变现能力越强的企业，就越有能力承担财务上的风险，其举债融资就越有吸引力。当然，也有些企业因为财务状况不好，无法顺利发行股票，只好以高利率发行债券来筹集资金。

7.资产结构

一般而言，拥有大量固定资产的企业主要通过长期负债和发行股票来筹集资金。拥有较多流动资产的企业，更多依赖流动负债来筹集资金；资产适用于抵押贷款的公司举债额较多，如房地产公司的抵押贷款就相当多；以技术研究开发为主的企业则负债很少。

8.企业决策者的态度

资本结构决策最终由企业所有者和管理人员作出，他们的态度对资本结构会产生重要影响。喜好冒险的决策者，可能会安排较高的负债比例；反之，稳健决策者则会安排较低的债务比例。

（三）最佳资本结构的定义

最佳资本结构是指在一定条件下使企业加权平均资本成本最低、企业价值最大的资本结构。从理论上讲，最佳资本结构是存在的，但由于企业内部条件和外部环境经常变化，动态地保持最佳资本结构十分困难。实践中，最佳资本结构通常是指适合企业实际的满意资本结构。

最佳资本结构是企业筹资管理追求的目标，企业应通过降低平均资本成本或提高普通股每股收益来实现资本结构优化。所以，在资本结构决策时，不仅要计算比较资本成本，分析财务风险，而且要分析影响资本结构的环境因素，并要选择合适的方法进行决策。企业进行最佳资本结构决策可使用的方法主要有：比较资本成本法、每股收益无差别点法等。

三、资本结构决策方法及其应用

（一）比较资本成本法

1.比较资本成本法的基本原理

比较资本成本法是通过比较备选筹资方案加权平均资本成本的高低来作出资本结构决策的方法。其决策的基本原理是：加权平均资本成本越低，资本结构越优。

2.比较资本成本法的应用步骤

步骤一，计算各备选方案的个别资本成本率；

步骤二，计算各备选方案的加权平均资本成本率；

步骤三，比较各备选方案的加权平均资本成本率，选择加权平均资本成本率最低的方案为最优方案。

【例 8-13】某公司 20×4 年预计筹集长期资本 10 000 万元，目前有甲、乙两个筹资方案可供选择，有关资料见表 8-2，运用比较资本成本法为该企业作出资本结构决策。

表 8-2　　甲、乙筹资方案资料表

资本种类	甲方案		乙方案	
	资本结构	个别资本成本率	资本结构	个别资本成本率
长期借款	20%	8%	25%	8%
债券	35%	11%	25%	11%
普通股	30%	16%	35%	16%
留存收益	15%	14%	15%	14%
合　计	100%	—	100%	—

甲方案加权平均资本成本率=20%×8%+35%×11%+30%×16%+15%×14%=12.35%

乙方案加权平均资本成本率=25%×8%+25%×11%+35%×16%+15%×14%=12.45%

该公司应选择甲方案筹资，因为甲方案的加权平均资本成本率低于乙方案。

（二）每股收益无差别点法

1.每股收益无差别点法的基本原理

每股收益无差别点是指两种筹资方式下普通股每股收益相等时的息税前利润或销售收入。决策的基本原理是：

①当实际或预计息税前利润大于每股收益无差别点的息税前利润时，选择债务筹资方式可获得较高的每股收益；

②当实际或预计息税前利润小于每股收益无差别点的息税前利润时，选择股权筹资方式可获得较高的每股收益；

③当实际或预计息税前利润等于每股收益无差别点的息税前利润时，选择债务筹资或权益筹资方式获得的每股收益一致，此时选择两种方式中的任何一种均可。

此决策原理也可通过图 8-1 来表示。

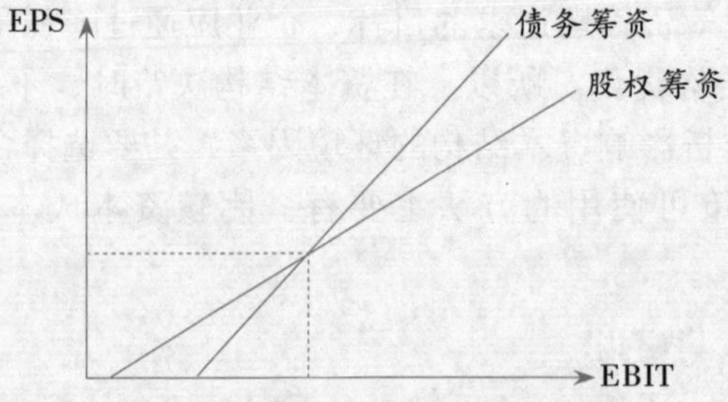

图8-1 每股收益无差别点分析图

2.每股收益无差别点法的应用步骤

步骤一，列出不同筹资方案下每股收益的计算公式：

$$EPS=\frac{(\overline{EBIT}-I)\times(1-T)}{N}$$

式中：EPS——每股收益；$\overline{EBIT}$——息税前利润；I——债务利息；T——所得税税率；N——普通股股数。

步骤二，令两种筹资方案的每股收益相等，式中息税前利润设为未知数。其计算公式为：

$$\frac{(\overline{EBIT}-I_1)\times(1-T)}{N_1}=\frac{(\overline{EBIT}-I_2)\times(1-T)}{N_2}$$

式中：$\overline{EBIT}$——每股收益无差别点的息税前利润。

解出上式中的$\overline{EBIT}$。

步骤三，比较实际或预计EBIT与$\overline{EBIT}$的大小，作出筹资方案的选择。

【例8-14】某公司目前的资本总额为10 000万元，其中，债务资金（发行公司债券）5 000万元，年利率为10%；发行普通股5 000万元（1 000万股）。为投资一新项目，该公司准备追加筹资5 000万元，现有A、B两种筹资方案可供选择：

A方案：增发普通股1 000万股，每股发行价格5元。

B方案：增发公司债券5 000万元，年利率为12%。

根据公司财务部门预测，该新项目投产后息税前利润可达到2 000万元。该公司适用的所得税税率为25%，不考虑筹资费用因素。该公司追加筹资前后资本结构变化情况，见表8-3。用每股收益无差别点法作出最优资本结构决策。

表8-3 资本结构资料表 单位：万元

筹资方式	当前资本结构	A方案资本结构	B方案资本结构
发行普通股	5 000	10 000	5 000
发行公司债券	5 000	5 000	10 000
资本总额	10 000	15 000	15 000

（1）列出方案A、B的每股收益计算公式：

A方案：$EPS_A=\frac{(\overline{EBIT}-5\,000\times10\%)\times(1-25\%)}{2\,000}$

B方案：$EPS_B=\frac{(\overline{EBIT}-5\,000\times10\%-5\,000\times12\%)\times(1-25\%)}{1\,000}$

（2）令$EPS_A=EPS_B$，解得：

$\overline{EBIT}$=1 700（万元）

（3）作出筹资方案选择：

$\overline{EBIT}$为1 700万元是两个筹资方案的每股收益无差别点，在此点上，两个方案的每股收益相等，任选一个即可。

预期的EBIT为2 000万元时，大于每股收益无差别点的息税前利润1 700万元，所以应选择B方案筹资，即发行公司债券筹资。

随堂测8-8

【单选题】下列关于最佳资本结构的表述中，错误的是（ ）。（2014年）

A.最佳资本结构在理论上是存在的

B.资本结构优化的目标是提高企业价值

C.企业平均资本成本最低时资本结构最佳

D.企业的最佳资本结构应当长期固定不变

素养提升

2022年，浙江丽水92岁“诚信奶奶”陈金英的羽绒服又开卖引发关注。陈金英80岁时公司资金链断裂，欠了2 077万元债务，但她拒绝申请破产，用10年时间还清欠款。

53岁那年，陈金英用3 000元作为启动资金，创办了专门为中老年人生产羽绒服的服装厂。

2005年，她又投资1 600多万元建了新厂。经过20余年苦心经营，陈金英的事业达到高峰期，服装厂年产值高达千万元。但后来因为资金周转不过来，陈金英欠下银行和亲戚朋友2 077万元的债务，其中，银行债务有1 850万元。自此，她的创业也不得不暂停。2011年，为了还债，她把厂房、房子都卖了，还拿出了服装厂账面上的钱，还了银行的1 800万元欠款。剩余的200多万元债务，她用了十年才还清。

有人劝过她申请破产，这样一来，剩余的债务就不用还了。但她说：“做人要诚信，不管怎么样我都不能失信于人，钱是一定会还的。做人，背可以驼，但腰不能弯。”

2012年开始，陈金英又租了小厂房，带着十几名老员工继续生产羽绒服，但因为销路不畅、库存积压，她开始在街头、公园摆摊，低价抛售羽绒服。有人问陈金英，这么大年纪了还欠着别人这么多钱会不会发愁，她却笑着说，“发愁是没有用的，只有把身体养好了，才有能力把这些钱给还了。”

十年来，陈金英正是靠着坚持卖羽绒服才还清了剩余的欠款。再谈起当年为何不申请破产而是坚持卖羽绒服还债，陈金英说出了她最朴素的想法：做生意就是要讲信用、守信用，老老实实做事情，欠别人的钱就应该还上。也正因如此，她被亲切地称为“诚信奶奶”，还获评2021年度“浙江骄傲”人物。

资料来源 戴幼卿.“诚信奶奶”陈金英靠卖羽绒服还清欠款［N］. 北京青年报，2022-12-09.

数字技能拓展

【拓展主题】**运用模型预测上市公司财务风险**

【相关资料】BAT新能源汽车公司（简称“BAT公司）是一家生产、销售新能源汽车的企业，李华是该公司财务负责人，他希望借助新技术手段预测公司的财务风险，实现更加科学合理的风险管理与风险控制。你可以帮帮他吗?

为了能够更加简便利用数据，需要提前对BAT公司2020—2024年的财务数据进行清洗，将数据变为一维数据，结果如图8-2所示。

【拓展任务】

利用Power BI工具构建BAT公司的财务杠杆系数计算模型，从而预估公司的财务风险。基于财务杠杆系数（DFL）计算的原始公式，需要先求解每股收益变动率与息税前利润变动率。

变动率=（计划期数据-基期数据）/基期数据

每股收益=基期每股收益

息税前利润=净利润+所得税费用+利息费用

基于此，请利用Power BI工具来预测BAT公司的财务风险。

	A	B	C	D	E	F
1	项目名称	金额	日期	年		
2	一、营业收入	2.16142E+11	2024/12/31	2024		
3	一、营业收入	1.56598E+11	2023/12/31	2023		
4	一、营业收入	1.27739E+11	2022/12/31	2022		
5	一、营业收入	1.30055E+11	2021/12/31	2021		
6	一、营业收入	1.05915E+11	2020/12/31	2020		
7	减：营业成本	1.87998E+11	2024/12/31	2024		
8	减：营业成本	1.4901E+11	2023/12/31	2023		
9	减：营业成本	1.25615E+11	2022/12/31	2022		
10	减：营业成本	1.28366E+11	2021/12/31	2021		
11	减：营业成本	1.01373E+11	2020/12/31	2020		
12	税金及附加	3034878000	2024/12/31	2024		
13	税金及附加	2154415000	2023/12/31	2023		
14	税金及附加	1560596000	2022/12/31	2022		
15	税金及附加	2145629000	2021/12/31	2021		
16	税金及附加	1329477000	2020/12/31	2020		
17	销售费用	6081678000	2024/12/31	2024		
18	销售费用	5055613000	2023/12/31	2023		
19	销售费用	4345897000	2022/12/31	2022		
20	销售费用	4729481000	2021/12/31	2021		
21	销售费用	4925288000	2020/12/31	2020		

利润表

图 8-2 利润表数据

【任务实施】

微课 运用模型预测上市公司财务风险

步骤1：打开Power BI，点击新建报表，进入报表视图。在报表视图下点击“Excel工作簿”，进行获取数据，如图8-3所示。

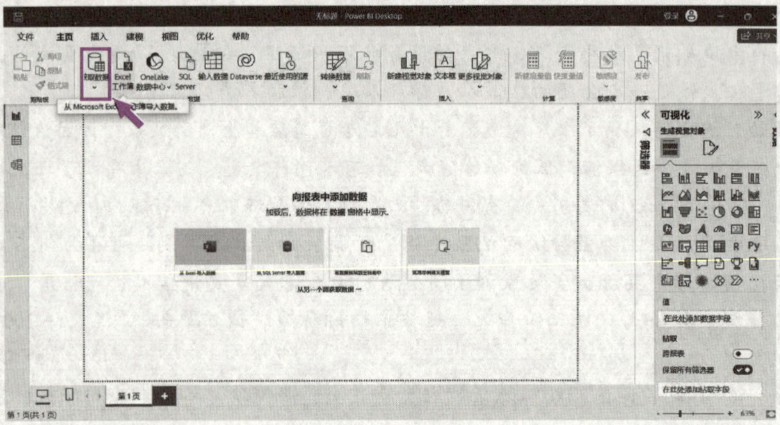

原图 项目八

图 8-3 获取数据

在“打开”对话框中，选择基础数据所存储的文件夹位置，选中“项目八 筹资管理.xlsx”文件，如图8-4所示，点击对话框右下角的“打开”按键。

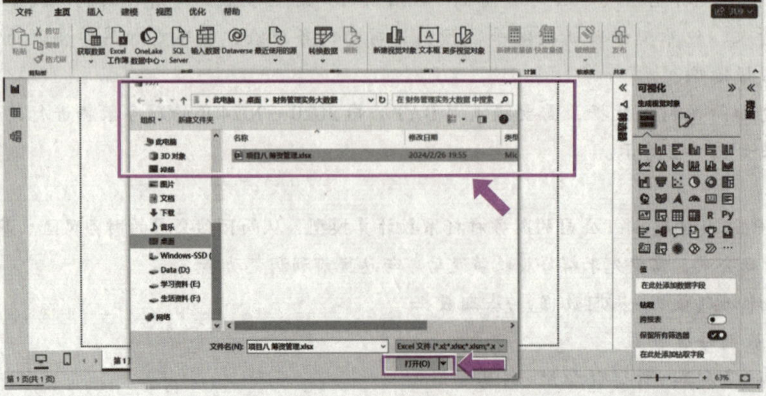

图 8-4 选择文件

进入导航器界面，勾选表名“利润表”，右侧会显示出数据视图，点击右下方“加载”，如图8-5所示，进入Power BI报表界面。

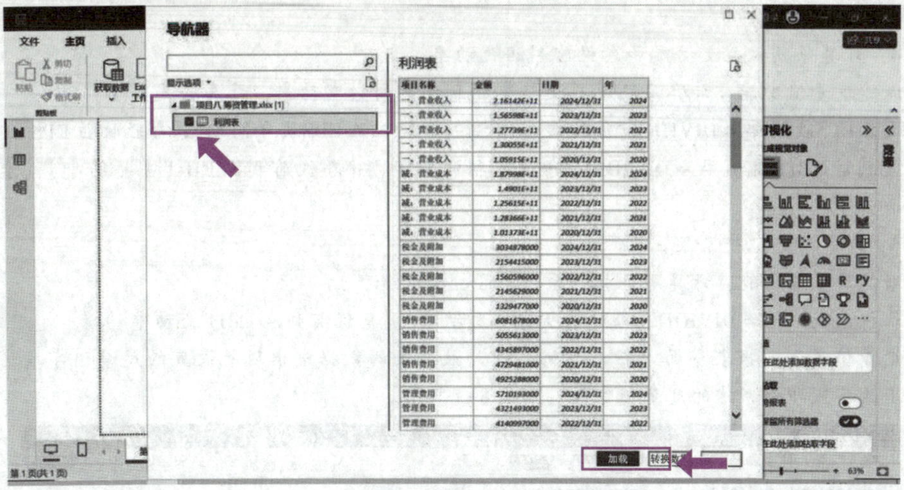

图8-5 导航器界面

步骤2：设置度量值计算每股收益。

使用新建度量值功能，输入每股收益EPS的取值公式，如图8-6所示，公式如下：

每股收益EPS = CALCULATE(sum('利润表'[金额]),'利润表'[项目名称]="基本每股收益")

公式输入完之后，点击公式前方对勾即可保存公式。

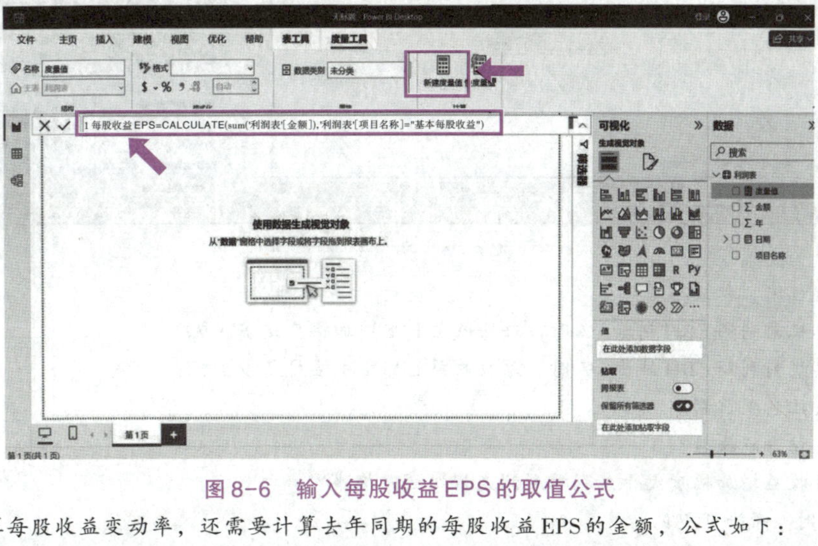

图8-6 输入每股收益EPS的取值公式

为了计算每股收益变动率，还需要计算去年同期的每股收益EPS的金额，公式如下：

每股收益EPS去年同期 = CALCULATE([每股收益EPS],SAMEPERIODLASTYEAR('利润表'[日期].[Date]))

步骤3：设置度量值计算息税前利润。

继续新建度量值，用于提取计算息税前利润所需的净利润、所得税费用和利息费用，度量值公式如下：

净利润 = CALCULATE(SUM('利润表'[金额]),'利润表'[项目名称]="四、净利润")

利息费用 = CALCULATE(SUM('利润表'[金额]),'利润表'[项目名称]="其中:利息费用")

所得税费用 = CALCULATE(SUM('利润表'[金额]),'利润表'[项目名称]="减:所得税费用")

使用刚新建的净利润度量值、利息费用度量值以及所得税费用度量值计算息税前利润，公式如下：

息税前利润EBIT＝[净利润]+[利息费用]+[所得税费用]

息税前利润EBIT去年同期＝CALCULATE([净利润]+[利息费用]+[所得税费用],SAMEPERIODLASTYEAR('利润表'[日期].[Date]))

步骤4：计算每股收益变动率和息税前利润变动率。

使用新建度量值功能，计算每股收益变动率和息税前利润变动率，计算公式如下：

每股收益EPS变动率＝DIVIDE([每股收益EPS]-[每股收益EPS去年同期],[每股收益EPS去年同期])

息税前利润EBIT变动率＝DIVIDE([息税前利润EBIT]-[息税前利润EBIT去年同期],[息税前利润EBIT去年同期])

步骤5：计算财务杠杆系数。

使用新建度量值功能，计算财务杠杆系数DFL，公式如下：

财务杠杆系数DFL＝DIVIDE([每股收益EPS变动率],[息税前利润EBIT变动率])

经过度量值设置，报表界面无任何变化，但是最右侧的数据中出现所设置的度量值字段，以计算器图标展示出的字段即为新建的度量值字段，如图8-7所示。

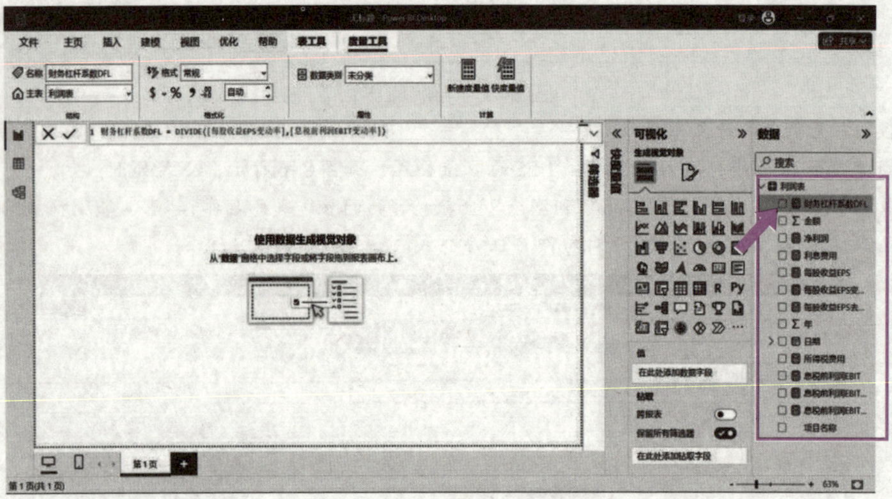

图8-7　新建度量值

在操作过程中，积极思考：

(1) 当息税前利润EBIT增加1%时，每股收益EPS增加幅度是多少呢？

(2) 当息税前利润EBIT减少1%时，每股收益EPS减少幅度是多少呢？

(3) 谁关注息税前利润？

(4) 谁关注每股收益？

(5) 每股收益增加幅度大于息税前利润是好事还是坏事？

步骤6：财务风险可视化。

为了能够清晰看到息税前利润EBIT与每股收益EPS增加幅度之间的变化，探究财务风险，需要对计算结果进行可视化。

插入文本框，输入报表标题：财务杠杆效应课堂延伸实训；字号28，居中，颜色自行设置。将此标题放置在报表页面的最上方。

添加【折线图】视觉对象，分别将度量值【息税前利润变动率】【每股收益变动率】【财务杠杆系数DFL】以及原有字段【日期】进行可视化，如图8-8所示。

对【报表】视图中的对象进行排版。利用可视化区域中的“设置视觉对象格式”功能，如图8-9所示，调整X轴、Y轴值的大小，打开标记，修改标题等，自行调整报表，保持报表美观，且易阅读。

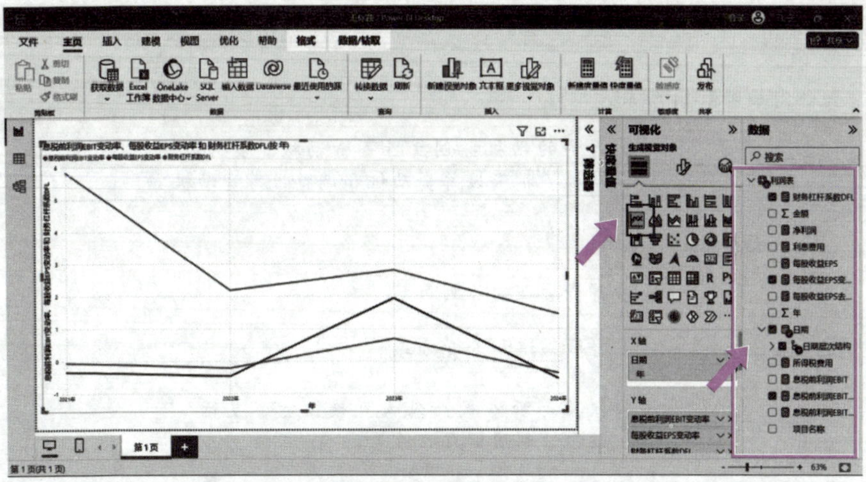

图 8-8　财务风险预测可视化

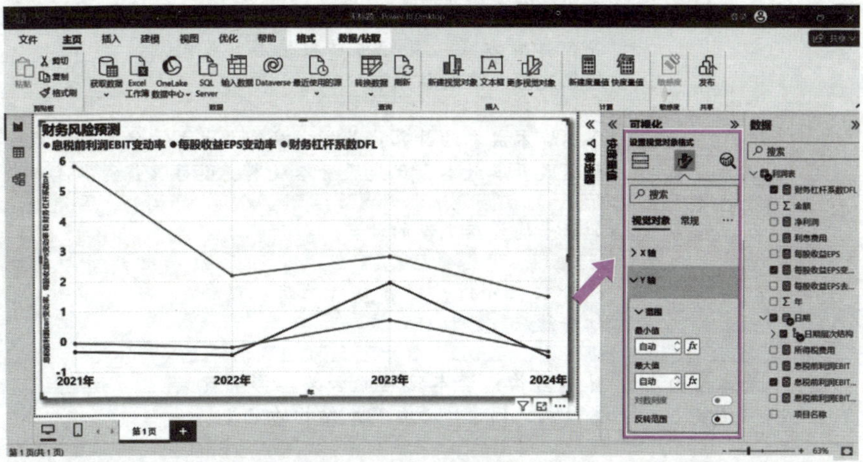

图 8-9　设置视觉对象格式

修改完成后点击左上角，设置文件名称，选择合适位置保存文件，如图 8-10 所示。

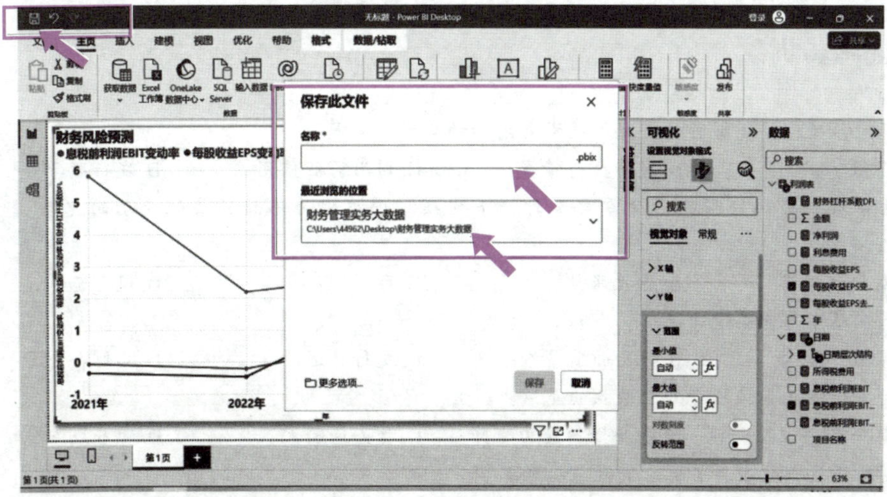

图 8-10　保存文件

本项目思维导图

本项目思维导图如图8-11所示。

- 筹资管理
  - 筹资管理认知
    - 筹资的动机：创立性筹资动机、支付性筹资动机、扩张性筹资动机和调整性筹资动机
    - 筹资的种类
    - 筹资管理的原则
    - 筹资渠道和筹资方式
  - 筹资方式比较
    - 权益筹资方式：吸收直接投资、发行股票、利用留存收益等
    - 债务筹资方式：银行借款、发行公司债券、租赁融资等
    - 混合筹资方式：发行可转换债券、发行优先股、发行认股权证等
  - 资本成本计算
    - 个别资本成本的计算：长期借款资本成本、债券资本成本、普通股资本成本、优先股资本成本、留存收益资本成本
    - 加权平均资本成本的计算
  - 资本结构决策
    - 杠杆效应分析：经营杠杆效应、财务杠杆效应、总杠杆效应
    - 资本结构：资本结构的含义、影响资本结构的因素、最佳资本结构的定义
    - 资本结构决策方法及其应用：比较资本成本法、每股收益无差别点法

图8-11 本项目思维导图

岗课赛证同步训练

一、单项选择题

1.在下列各项中，能够引起企业权益资金增加的筹资方式是（　　）。

A.融资租赁　　B.发行公司债券　　C.利用商业信用　　D.发行股票

2.采用销售百分比法预测资金需要量时，下列项目中被视为不随销售的变动而变动的资产项目是（　　）。

A.长期股权投资　　B.应收账款　　C.存货　　D.现金资产

3.下列不属于筹资渠道的是（　　）。

A.国家财政资金　　B.银行信贷资金　　C.发行普通股　　D.其他企业资金

4.下列属于吸收直接投资筹资缺点的是（　　）。

A.容易分散企业控制权　　B.企业借款能力下降　　C.财务风险大　　D.资本成本低

5.下列属于发行股票筹资优点的是（　　）。

A.不易分散企业控制权　　B.有利于增强企业信誉　　C.财务风险较高　　D.资本成本高

6.某企业经营杠杆系数为2，预计息税前利润将增长10%，在其他条件不变的情况下，销售量将增长（　　）。

A.5%　　B.10%　　C.15%　　D.20%

7.下列各项中，不属于商业信用条件的是（　　）。

A.商业票据　　B.预收货款

C.延期付款，但不涉及现金折扣　　D.延期付款，但早付款可享受现金折扣

8.当财务杠杆系数为1时，下列表述中正确的是（　　）。

A.息税前利润增长率为零　　B.息税前利润为零

C.利息与优先股股息为零　　D.固定成本为零

9.在个别资本成本的计算中，必须考虑所得税因素的是（　　）。

A.长期借款成本　　B.优先股成本　　C.留存收益成本　　D.普通股成本

10.某债券面值为1 000元，票面利率为12%，期限为6年，每年年末支付一次利息，若市场利率为14%，则该债券的发行价格（　　）。

A.大于1 000元　　B.小于1 000元　　C.等于1 000元　　D.无法计算

二、多项选择题

1.企业在筹资时要科学预测资金需要量、合理确定筹资规模，遵循的原则是（　　）。

A.来源合理　　B.筹措及时　　C.规模适当　　D.方式经济

2.融资租赁租金包括的项目有（　　）。

A.设备价款　　B.租赁公司融资成本

C.租赁手续费　　D.设备处置费

3.吸收直接投资进行筹资，出资人的出资方式主要有（　　）。

A.现金出资　　B.实物出资　　C.债权出资　　D.无形资产出资

4.下列属于可转换债券特点的有（　　）。

A.存在回售风险　　B.利率低于普通债券，可节约利息支出

C.可增强筹资灵活性，不受其他债权人约束　　D.若股价低迷，面临兑付债券本金的压力

5.放弃现金折扣的成本随（　　）。

A.折扣率的提高而降低　　B.信用期的延长而降低

C.折扣期的延长而提高　　D.折扣率的提高而提高

6.下列各项中属于筹资费用的是（　　）。

A.银行借款利息　　B.银行借款手续费　　C.债券发行费　　D.股票发行费

7.下列表达式中正确的有（　　）。

A.EBIT=边际贡献−固定成本　　B.EBIT=销售量×单位边际贡献−固定成本

C.EBIT=边际贡献+固定成本　　D.EBIT=销售收入−变动成本−固定成本

8.下列（　　）情况下，企业会倾向于债务筹资。

A.技术研究为主的企业　　B.销售稳定的企业　　C.决策者喜好风险　　D.所得税税率提高

9.企业债务成本过高时，可采用以下（　　）方式调整其资本结构。

A.利用税后利润归还债务　　B.将可转换债券转换为普通股

C.以公积金转增资本　　D.提前偿还长期债务

10.计算财务杠杆系数要考虑的因素有（　　）。

A.所得税　　B.基期利润总额　　C.基期利息　　D.净利润

三、判断题

1.筹资是指企业根据其对资金的需要，向企业外部有关单位或个人，通过一定渠道，采取适当方式，获取所需资金的一种行为。（　　）

2.根据筹资及时性原则，企业筹集资金应越早越好。（ ）

3.根据资金习性不同，可将资金划分为不变资金、变动资金和半变动资金。（ ）

4.筹资渠道解决的是资金来源问题，筹资方式解决的是通过何种方式取得资金的问题。（ ）

5.吸收直接投资、发行股票等方式筹集的资金为权益资金，利用留存收益、利用商业信用等方式筹集的资金为债务资金。（ ）

6.应付账款是一种主要的商业信用形式，其特点是不必负担成本。（ ）

7.留用利润属于企业内部积累的资金，主要包括资本公积和法定公积金。（ ）

8.吸收直接投资融资的主要缺点是筹资成本高，易分散控制权。（ ）

9.最优资本结构是指权益资金和债务资金比例达到最佳状态的资本结构。（ ）

10.资本成本是指企业为筹集资金和使用资金而付出的代价。（ ）

四、计算题

1.某公司拟筹资6 000万元，其中，按面值发行债券2 000万元，票面利率为10%，筹资费率为3%；银行借款1 000万元，年利率为6%，筹资费率为1%；发行普通股1 500万股，每股发行价格为2元，筹资费率为5%，预计第一年股利为0.5元/股，以后每年按5%递增，企业适用的所得税税率为25%。

要求：

（1）计算债券资本成本率；

（2）计算银行借款资本成本率；

（3）计算普通股资本成本率；

（4）计算加权平均资本成本率。

2.乙公司是一家上市公司，为扩大生产规模，拟筹集资金新建一条生产线，两种筹资方案如下：

方案一：增发普通股股票。预计普通股股票每股发行价格为20元，发行费用率为5%。公司目前的普通股股数为1 000万股，预计下一年度每股股利为2元，以后每年股利增长率为3%。

方案二：发行债券。公司拟发行面值为1 000元、票面年利率为6%、期限为5年的债券，每年付息一次，到期还本。债券发行价格为1 020元，发行费用率为3%。公司适用的企业所得税税率为25%。

要求：

（1）计算方案一中普通股的资本成本。

（2）计算方案二中债券的资本成本。

（3）如果公司预计下一年度的息税前利润为1 000万元，计算两种筹资方案的每股收益无差别点的息税前利润，并判断公司应选择哪种筹资方案。

（4）假设公司选择了方案二，计算债券发行后公司的财务杠杆系数。

五、综合实训

实训任务一 筹资决策分析

实训目的：熟悉各种筹资方式的优缺点，理解资本结构的含义，掌握资本成本率的计算和资本结构决策的基本原理，提高对专业知识的综合运用能力和分析问题、解决问题的能力。

实训资料：大昌公司为降低微波炉产品的辐射，董事会决定对微波炉的生产工艺流程进行改进，决定于20×4年年初投资10 000万元，请为大昌公司拟订10 000万元资金的最佳筹资组合方案。

实训要求：

（1）设计筹资方案时应重点考虑的因素有哪些，其中，哪些是有利因素，哪些是不利因素？

（2）确定最佳资本结构的标准是什么？你在设计筹资方案时是如何确保资本结构最佳的？

实训任务二 资本结构决策

实训目的：巩固每股收益无差别点法的应用。

实训资料：某公司现有普通股100万股，股本总额1 000万元，公司债券为600万元，年利率为10%。

公司拟扩大筹资规模，拟追加筹资750万元，现有两个备选方案：一是增发普通股50万股，每股价格为15元；二是平价发行公司债券750万元，债券年利率为12%，所得税税率为25%。

实训要求：

（1）计算两种筹资方式的每股收益无差别点。

（2）如果该公司预期息税前利润为400万元，对两种筹资方案作出择优决策。

（3）分组讨论每股收益无差别点的应用条件、使用范围、存在的不足，提交小组讨论总结报告。

实训任务三　杠杆效应与风险分析

实训目的：加深对杠杆效应的理解和认识，提高风险意识和风险分析能力。

实训资料：某公司20×3年销售产品20万件，单价为50元，单位变动成本为35元，固定成本总额为100万元。公司负债60万元，年利率为10%，并需每年支付优先股股利10万元，所得税税率为25%。

实训要求：

（1）计算边际贡献、净利润、保本点。

（2）计算该公司的经营杠杆系数、财务杠杆系数和总杠杆系数。

（3）分组实训。5~7人为一组，组长负责，收集一家企业最近1年的相关资料，测算其保本点和保利点。

（4）分组实训。5~7人为一组，组长负责，收集一家企业相关资料，利用财务杠杆原理对该企业的财务杠杆效应和财务风险进行分析，并完成分析报告。

项目九
投资管理

■知识目标

1.掌握现金流量的内容及计算方法
2.掌握各种项目投资决策指标的计算方法
3.了解证券投资风险的类型与内容
4.掌握债券、股票的估价模型
5.掌握债券、股票投资收益率的计算
6.掌握资本资产定价模型的基本原理及应用

■能力目标

1.能够估算项目投资方案的现金净流量
2.能够运用各种投资决策指标对项目财务可行性作出决策
3.能够估算不同模型债券、股票的内在价值并作出投资决策
4.能够估算债券、股票的投资收益率
5.能够运用资本资产定价模型测算股票必要收益率并进行投资决策

■素养目标

1.培养学生耐心细致的品格以及以工匠精神测算各财务指标的能力
2.培养学生的质量意识、环保意识、安全意识以及从大局出发评价项目的能力

项目导读

陈晓参加工作后攒了50 000元，他觉得将这钱存在银行利息率有点低，不如拿去投资债券。他看中一种债券，每张售价为112元，面值为100元，票面利率为6%，期限为3年，市场利率为5%，每年付息一次，到期还本。陈晓心想，三年中每张债券共得利息18元，加上到期的面值100元，共能取得118元，扣除购买价格112元，每张债券可以赚6元。想到这里，陈晓立即就买了债券。请问：陈晓的决策正确吗？如果不正确，问题出在哪里？学完投资管理相关知识之后，你将能轻松地回答这两个问题。

任务一　项目投资管理

一、项目投资管理概述

（一）项目投资的含义与类型

1.项目投资的含义

项目投资是直接与企业新建项目或更新改造项目有关的长期投资行为，通常包括固定

资产投资、无形资产投资和流动资金投资等内容。项目投资具有耗资大、时间长、风险大、收益高等特点，对企业长期获利能力具有决定性影响。

2.项目投资的类型

（1）单纯固定资产投资项目

单纯固定资产投资项目简称固定资产投资，其特点是在投资中只包括固定资产投资，不涉及流动资金的投入。

（2）完整工业投资项目

完整工业投资项目的特点在于其不仅包括固定资产投资，而且包括流动资金投资、无形资产投资、其他投资等内容。

（3）更新改造项目

更新改造项目是以恢复或改善生产能力为目的的内涵式扩大再生产。

（二）项目投资决策的程序

1.进行投资环境分析，寻找投资机会，提出项目投资的领域和对象

这是项目投资的起点，由企业管理当局或企业高层管理人员提出，或者由企业的各级管理部门和相关部门领导提出。

2.拟定投资项目建议书并进行可行性研究

在评价投资项目的环境、市场、技术和生产均具有可行性的基础上，通过估算项目的财务可行性决策指标，对项目投资的财务可行性作出总体评价。

3.预计资金来源渠道与方式，预测资金供应状况

预测项目投资对资金的需求数量，选择合理的筹资渠道与方式取得所需资金。

4.执行投资项目

执行投资项目即投资行为的具体实施。

5.投资项目的再评估

在投资项目执行过程中，应注意评价原来作出的投资决策是否合理。一定要随时掌握情况的变化，一旦原来的投资决策在新形势下变得不再合理，要进行是否终止投资的决策，以避免更大的损失。

二、项目投资管理的相关概念

（一）计算期

计算期是指投资项目从投资建设开始到最终清算结束所涉及的时间，包括建设期和经营期。

建设期是指从开始投资到形成生产经营能力的时间。经营期是指投产后生产、销售产品，获取收入和利润的时间。计算期如图9-1所示。

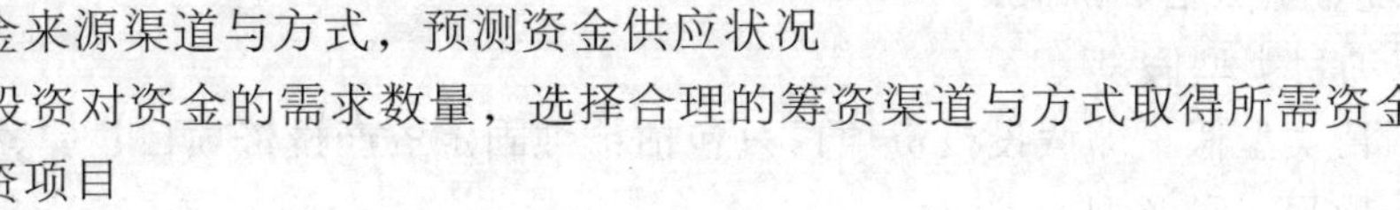

图9-1　计算期示意图

图中0点为建设起点，s为建设期末，n为终结点。0点到s点为建设期，s点到n点为经营期。计算期、建设期和经营期的关系如下：

$$n=s+p$$

（二）建设投资、原始投资和投资总额

建设投资是指发生在建设期的投资，通常包括固定资产投资、无形资产投资和其他投资等。

原始投资是指企业为使项目完全达到设计生产能力、开展正常经营而投入的全部现实资金，包括建设投资和流动资金投资。

投资总额反映投资项目的总体规模，等于原始投资与建设期资本化利息之和。其中，建设期资本化利息是指建设期发生的与购建项目所需的固定资产、无形资产等长期资产有关的借款利息。

原始投资投入的方式有集中投入和分次投入两种。集中投入是指全部投资额在建设期的某一时点一次性发生；分次投入是指全部投资额在建设期分次投放。

（三）现金流量

现金流量是指与投资项目有关的现金流入和流出的数量。这里的"现金"是广义现金，不仅包括货币资金，而且包括项目需要投入的企业现有非货币资源的变现价值。例如，一个项目需要使用原有厂房、设备和材料等，则相关现金流量是指它们的变现价值，而不是其账面成本。现金流入量与现金流出量的差额称为现金净流量，是评价投资项目的基础性指标。

三、现金流量估算的假设及应注意的问题

（一）现金流量估算的假设

1.投资项目类型假设

投资项目类型假设即假设投资项目只包括单纯固定资产投资项目、完整工业投资项目和更新改造项目三种类型。

2.财务可行性分析假设

一个方案是否可行，不仅要从企业财务方面进行考察，还应该就其技术和对国民经济的影响等方面进行分析。如果项目技术落后、重复建设、破坏环境或损害国家利益，即使从企业财务角度分析是可行的，该项目也不能实施。财务可行性假设是指假设投资项目除财务可行性有待进一步分析外，其他方面都是可行的。

3.全投资假设

全投资假设是指假设项目所需资金全部为自有资金，没有借入资金。因此，在计算项目现金流量时不需要考虑利息这样的现金流出量。

4.时点指标假设

现金流量涉及的价值指标，均假设发生在年初或年末。其中，建设投资在建设期内有关年度的年初发生；垫支的流动资金在相关经营期的期初发生；经营期各年营业收入、付现成本、折旧（摊销等）、利润、税金等项目均在年末发生；项目最终报废或清理（中途出售项目除外），回收流动资金均发生在经营期最后一年的年末。

5.确定性假设

假设与项目现金流量估算有关的价格、产销量、成本水平、所得税税率等因素均为已知常数。

（二）现金流量估算中应注意的问题

在确定项目投资的现金流量时，应遵循的基本原则是：只有增量现金流量才是与投资项目相关的现金流量。所谓增量现金流量，是指由于接受或放弃某个投资项目所引起的现金变动部分。由于采纳某个投资方案引起的现金流入增加额，才是该方案的现金流入；同理，某个投资方案引起的现金流出增加额，才是该方案的现金流出。为了正确计算投资项目的增量现金流量，要注意以下几个问题：

1.沉没成本

沉没成本是由于过去的决策所引起的支出，对当前投资决策不产生任何影响的成本。企业在进行投资决策时要考虑的是当前的投资是否有利可图，而不是过去已花掉了多少钱。

2.机会成本

在投资决策中，如果选择了某一投资项目，就会放弃其他投资项目，其他投资项目可能取得的收益就是所选项目的机会成本。机会成本作为丧失的收益，在投资决策过程中予以考虑，有利于全面分析评价所面临的各个投资机会，以便选择经济上最为有利的投资项目。

3.公司其他部门的影响

一个项目建成后，会对公司的其他部门和产品产生影响，这些影响所引起的现金流量变化应计入项目现金流量。

4.对净营运资金的影响

一个新项目投产后，存货和应收账款等流动资产的需求随之增加，同时应付账款等流动负债也会增加。这些与项目相关的新增流动资产与流动负债的差额叫作净营运资金，即前文所说的流动资金投资，应计入项目现金流量。

四、现金流量的内容及估算

（一）现金流量的内容

1.按现金流动的方向分类

①现金流入量。现金流入量是指投资项目增加的现金收入额或现金支出节约额，比如投资项目投产后，每年可增加的营业现金收入或减少的营业现金支出，固定资产报废时的净残值收入或中途的变价收入和收回的垫支流动资金。

②现金流出量。现金流出量是指投资项目在整个投资和回收过程中发生的各项现金支出额，比如固定资产投资支出、垫支流动资金支出、营业现金支出、各种税款和其他投资。

③现金净流量。现金净流量是指在项目计算期内每年现金流入量与每年现金流出量之间的差额。其计算公式为：

某年现金净流量=该年现金流入量−该年现金流出量

2.按发生的时间分类

①初始现金流量。初始现金流量是指发生在建设期的现金流量，由固定资产投资、无形资产投资、流动资产投资、其他投资和原有固定资产的变价收入构成。

固定资产投资包括固定资产的购入或建造成本、运输成本和安装成本等。

无形资产投资包括企业用于购买专利权、商标使用权、专有技术、土地使用权等的支出。

流动资产投资也称为流动资金投资或流动资金垫支，包括材料、在产品、产成品和现金等投资。

其他投资是指与长期投资有关的筹建费用、职工培训费用、注册费用、谈判费、开办费等。

原有固定资产的变价收入是指固定资产更新改造项目中原有固定资产的变现收入。

②营业现金流量。营业现金流量是指项目投入使用后，在其寿命周期内，由于生产经营所带来的现金流入量和现金流出量，一般按年计算。

营业现金流入量是指项目投产后每年实现的现金销售收入或营业收入。

营业现金流出量包括经营成本和各种税款。经营成本也就是付现成本，是指经营期内因为正常生产经营活动而用现实货币资金所支付的成本费用，不包括折旧和摊销等非付现成本。各种税款是指依法缴纳的消费税、资源税、所得税等。

③终结点现金流量。终结点现金流量是指投资项目完结时所发生的现金流量，主要包括固定资产的残值收入、回收垫支的流动资金、停止使用土地的变价收入。

需要注意的是，终结点所在年份企业依然在正常经营，所以终结点现金流量除了上述特殊流量之外，还包括正常经营所发生的现金流量。

（二）现金净流量估算

微课

现金净流量估算方法及其应用

1.初始现金净流量估算

初始现金净流量是指发生在建设期的现金流入量与现金流出量的差额。

初始现金净流量=－（固定资产投资+流动资产投资+无形资产投资+其他投资）

2.经营现金净流量估算

经营现金净流量是指经营期各年现金流入量与现金流出量的差额。

经营期某年现金净流量= 营业收入−付现成本−所得税

=息税前利润×（1−所得税税率）+非付现成本

=营业收入×（1−所得税税率）− 付现成本×（1−所得税税率）+非付现成本×所得税税率

息税前利润=营业收入−付现成本−非付现成本

3.终结点现金净流量估算

终结点现金净流量=该年正常经营现金净流量+该年回收额

回收额=收回的固定资产残值+收回先前垫支的流动资金

【例9-1】丽源公司准备购入一台设备，现有甲、乙两种方案可供选择。甲方案需投资300 000元，固定资产使用寿命为5年，采用直线法计提折旧，5年后设备无残值，5年中每年的销售收入为150 000元，付现成本为50 000元；乙方案需固定资产投资360 000元，流动资产投资30 000元，固定资产使用寿命为5年，采用直线法计提折旧，5年后设备残值收入为60 000元，5年中每年的销售收入为170 000元，付现成本第一年为60 000元，以后随着设备陈旧，逐年将增加修理费3 000元。假设所得税税率为25%，资本成本为8%。要求：计算甲、乙两种方案的现金净流量。

计算过程见表9-1和表9-2。

表 9-1　　投资项目的营业现金净流量计算表　　单位：元

项目经营期	1	2	3	4	5
甲方案					
销售收入（1）	150 000	150 000	150 000	150 000	150 000
付现成本（2）	50 000	50 000	50 000	50 000	50 000
折旧（3）	60 000	60 000	60 000	60 000	60 000
税前利润（4）	40 000	40 000	40 000	40 000	40 000
所得税（5）	10 000	10 000	10 000	10 000	10 000
税后净利（6）	30 000	30 000	30 000	30 000	30 000
现金净流量（7）	90 000	90 000	90 000	90 000	90 000
乙方案					
销售收入（1）	170 000	170 000	170 000	170 000	170 000
付现成本（2）	60 000	63 000	66 000	69 000	72 000
折旧（3）	60 000	60 000	60 000	60 000	60 000
税前利润（4）	50 000	47 000	44 000	41 000	38 000
所得税（5）	12 500	11 750	11 000	10 250	9 500
税后净利（6）	37 500	35 250	33 000	30 750	28 500
现金净流量（7）	97 500	95 250	93 000	90 750	88 500

重要提示

表 9-1 中，（4）=（1）-（2）-（3）；（7）=（1）-（2）-（5）=（3）+（6）。

表 9-2　　固定资产投资项目现金净流量计算表　　单位：元

项目计算期	0	1	2	3	4	5
甲方案						
固定资产投资	-300 000					
营业现金流量		90 000	90 000	90 000	90 000	90 000
现金净流量合计	-300 000	90 000	90 000	90 000	90 000	90 000
乙方案						
固定资产投资	-360 000					
垫支流动资金	-30 000					
营业现金流量		97 500	95 250	93 000	90 750	88 500
固定资产残值						60 000
流动资金收回						30 000
现金净流量合计	-390 000	97 500	95 250	93 000	90 750	178 500

五、项目投资决策评价指标

（一）回收期

回收期是指收回原始投资所需要的时间（年数），即未来现金净流量与原始投资相等时所经历的时间。回收期短，可以及早收回投资，承担风险少；反之，回收期长，承担风险大。因此，用回收期指标评价方案时，回收期越短越好。

1.静态回收期

静态回收期是指没有考虑时间价值，直接用未来现金净流量累计到原始投资数额时所经历的时间。

（1）未来每年现金净流量相等时

$$静态回收期 = \frac{原始投资}{未来每年现金净流量}$$

（2）未来每年现金净流量不相等时

在这种情况下，计算回收期要逐年计算累计现金净流量，分析各年尚未收回的投资额，根据累计现金净流量来确定回收期。其计算公式为：

$$静态回收期 = 累计现金净流量最后一次出现负值的年数 + \frac{当年累计现金净流量的绝对值}{下一年现金净流量}$$

【例 9-2】根据【例 9-1】的资料计算甲、乙方案的静态回收期。

甲方案未来每年的现金净流量相等，则：

甲方案的静态回收期=300 000 ÷ 90 000 =3.33（年）

乙方案原始投资 390 000元，未来每年的现金净流量不等，其各年的现金净流量及年末尚未收回的投资额见表9-3。

表 9-3 乙方案静态回收期计算表 单位：元

项目计算期	0	1	2	3	4	5
现金净流量	−390 000	97 500	95 250	93 000	90 750	178 500
累计现金净流量	−390 000	−292 500	−197 250	−104 250	−13 500	165 000

从表9-3中可以看到，乙方案的静态回收期在第4年和第5年之间，具体计算如下：

乙方案的静态回收期=4+13 500 ÷ 178 500=4+0.08=4.08（年）

2.动态回收期

动态回收期是考虑资金时间价值的回收期，是指将经营期现金净流量进行折现，以经营期现金净流量现值等于原始投资现值时所需要的时间为回收期的一种方法。动态回收期即累计折现现金净流量为零时的年限。

（1）未来现金净流量相等时

在这种情况下，对未来现金净流量求现值相当于计算普通年金现值。根据年金现值公式可知：

原始投资现值=未来每年相等的现金净流量×（P/A，i，n）

$$（P/A，i，n）= \frac{原始投资现值}{未来每年相等的现金净流量}$$

计算出年金现值系数后，通过查年金现值系数表，根据该系数和已知的折现率，利用插值法推算出动态回收期（n）。

（2）未来现金净流量不相等时

在这种情况下，应把每年的现金净流量逐一贴现并加总，根据累计现金净流量现值来确定回收期。

$$动态回收期 = 累计现金净流量现值最后一次出现负值的年数 + \frac{当年累计现金净流量现值的绝对值}{下一年贴现现金净流量现值}$$

【例 9-3】根据【例 9-1】资料计算甲、乙方案的动态回收期。

甲方案未来每年的现金净流量相等，则：

（P/A，8%，n）=300 000 ÷ 90 000=3.3333

查年金现值系数表可知：（P/A，8%，4）=3.3121，（P/A，8%，5）=3.9927。

可见回收期介于4年与5年之间，根据插值法：

期数			年金现值系数		
5	5−n	1	3.9927	0.6594	0.6806
n			3.3333		
4			3.3121		

$$\frac{5-n}{1}=\frac{0.6594}{0.6806}$$

得：n=4.03（年）

甲方案的动态回收期（n）为4.03年。

乙方案的原始投资为390 000元，未来每年的现金净流量不等，其各年的现金净流量及年末尚未收回的投资额见表9-4。

表9-4　　乙方案动态回收期计算表　　单位：元

项目计算期	0	1	2	3	4	5
现金净流量	−390 000	97 500	95 250	93 000	90 750	178 500
（P/F，8%，n）	1	0.9259	0.8573	0.7938	0.7350	0.6806
现金净流量现值	−390 000	90 275.25	81 657.83	73 823.40	66 701.25	121 487.10
累计现金净流量	−390 000	−299 724.75	−218 066.92	−144 243.52	−77 542.27	43 944.83

$$乙方案的动态回收期=4+\frac{|-77\ 542.27|}{121\ 487.1}=4.64（年）$$

3.决策标准

对于单一方案来说，回收期小于或等于基准回收期的投资项目才具有财务可行性；对于多个互斥方案来说，回收期短于基准回收期最短的方案为最优。

4.指标评价

回收期指标的优点是计算简便，容易掌握，但有两点不足：一是只考虑了未来现金流量小于等于原始投资的部分，没有考虑超过原始投资的部分。而事实上，投资回收期长的项目，其超过原始投资的现金流量并不一定比回收期短的项目少。二是静态回收期没有考虑资金时间价值。因此，回收期只能作为投资项目评价的辅助性指标。

（二）投资报酬率

投资报酬率是指投资项目经营期的年平均净利润占原始投资的百分比。

1.计算公式

$$投资报酬率=\frac{年平均净利润}{原始投资}\times100\%$$

【例9-4】根据【例9-1】的资料来说明投资报酬率的计算和应用。甲、乙方案的利润与现金净流量见表9-5。

表 9-5　　　　甲、乙方案的利润与现金净流量　　　　单位：元

项目计算期	甲方案		乙方案	
	原始投资	净利润	原始投资	净利润
0	300 000		390 000	
1		30 000		37 500
2		30 000		35 250
3		30 000		33 000
4		30 000		30 750
5		30 000		28 500
合计		150 000		165 000

要求：计算甲、乙两方案的投资报酬率。

解：甲方案投资报酬率=30 000÷300 000×100% = 10%

乙方案投资报酬率=（165 000÷5）÷390 000 ×100%=8.46%

2.决策标准

对于单一方案来说，投资报酬率指标大于或等于基准投资报酬率的项目才具有财务可行性。在多个备选方案的互斥决策中，选择投资报酬率大于基准报酬率且最大的方案为最优方案。

3.指标评价

投资报酬率的优点是简单、明了、易于掌握，并能说明各投资方案的收益水平；其缺点是没有考虑现金净流量，没有考虑资金时间价值。

（三）净现值（NPV）

净现值是指投资项目现金净流量的现值之和，即现金流入量的现值与现金流出量的现值之差，或未来现金净流量的现值与原始投资现值的差额。净现值指标是对投资项目进行动态评价的最重要的指标之一，该指标考虑了投资项目寿命期内所有的现金净流量。

微课

净现值的计算及其应用

1.计算公式

$$净现值（NPV）=\frac{NCF_0}{(1+i)^0}+\frac{NCF_1}{(1+i)^1}+\cdots+\frac{NCF_n}{(1+i)^n}$$

或 净现值（NPV）=现金流入量现值-现金流出量现值

净现值（NPV）=未来现金净流量现值-原始投资额现值

2.决策标准

采用净现值指标评价投资项目财务可行性的标准是：若净现值大于或等于零，则项目可行；若净现值小于零，则项目不可行。

【例 9-5】假定折现率为 8%，根据【例 9-1】的资料计算甲、乙方案的净现值。

NPV（甲）=90 000×（P/A，8%，5）-300 000

=90 000×3.9927-300 000

=359 343-300 000=59 343（元）

乙方案经营期现金净流量不相等，其净现值的计算见表 9-6。

表 9-6　　　　乙方案净现值计算表　　　　金额单位：元

年份	NCF （1）	现值系数（8%） （2）	现值 （3）=（1）×（2）
0	-390 000	1	-390 000
1	97 500	0.9259	90 275.25
2	95 250	0.8537	81 657.83

续表

年份	NCF (1)	现值系数（8%） (2)	现值 (3) = (1) × (2)
3	93 000	0.7938	73 823.40
4	90 750	0.7350	66 701.25
5	178 500	0.6806	121 487.10
NPV			43 944.83

计算结果显示，甲、乙方案净现值均大于零，因而都具有投资可行性。

3.指标评价

净现值指标的优点主要有：一是充分考虑了资金的时间价值；二是考虑了项目计算期内全部现金净流量信息；三是考虑了风险因素。因此，该指标是投资项目财务可行性分析的主要指标。

净现值指标的缺点主要有：一是由于净现值指标是一个绝对数值，当项目投资额不等时，仅用净现值无法确定投资项目的优劣；二是折现率的确定和现金流量的预测比较困难；三是不能揭示项目本身所能达到的实际报酬率。

目前折现率的确定主要有两种方法：一是根据资本成本率来确定；二是根据企业要求的最低投资报酬率来确定。一般来说，折现率越高，净现值越小；折现率越低，净现值越大。

（四）净现值率（NPVR）

净现值率是投资项目的净现值与原始投资现值的比率，记作NPVR。

1.计算公式

$$净现值率=\frac{投资项目的净现值}{原始投资现值}$$

【例9-6】根据【例9-1】至【例9-5】的资料计算甲、乙方案的净现值率。

NPVR（甲）=59 343÷300 000=0.1978

NPVR（乙）=43 944.83÷390 000=0.1127

2.决策标准

净现值率的决策标准是：NPVR≥0，方案可行；反之，则不可行。由上述计算可知，甲、乙方案都具有财务可行性。若存在若干净现值率均大于零的互斥项目且计算期相同，则选择净现值率最大的方案为最佳方案。

3.指标评价

净现值率的优点在于：考虑了资金时间价值；考虑了计算期内所有的现金净流量；可以从动态的角度反映项目投资的资金投入与净产出之间的关系，说明了每单位投资产生的净现值数额。其缺点是无法反映项目的实际报酬率。

（五）现值指数（PI）

现值指数也称获利指数，是投资方案未来现金净流量的总现值与原始投资现值之比。现值指数反映了每单位投资所创造的收益。

1.计算公式如下：

$$现值指数=\frac{未来现金净流量总现值}{原始投资现值}$$

重要提示

现值指数与净现值率的关系为：现值指数=1+净现值率。

2.决策标准

当投资方案的现值指数大于或等于1时，该方案具有财务可行性；反之，则不具有财务可行性。

【例9-7】根据【例9-1】至【例9-5】的资料计算甲、乙方案的现值指数。

PI（甲）=［90 000×（P/A，8%，5）］÷300 000

=［90 000×3.9927］÷300 000

=359 343÷300 000=1.1978

PI（乙）=（90 275.25+ 81 657.83+73 823.40+66 701.25+121 487.10）÷390 000

= 433 944.83÷390 000=1.1127

或根据【例9-6】和净现值率与现值指数的关系，得出：

PI（甲）=1+0.1978=1.1978

PI（乙）=1+0.1127=1.1127

3.指标评价

现值指数指标的优点在于：考虑了资金时间价值；考虑了计算期内所有的现金流量；可以从动态角度反映项目投资的资金投入与总产出之间的关系，弥补了净现值指标在投资额不同方案之间不能比较的缺陷。但其缺点是无法反映项目的实际报酬率。

（六）内含报酬率（IRR）

内含报酬率又称内部收益率，是指投资项目在计算期内各年现金净流量现值合计恰好等于零时的折现率，即投资项目净现值等于零时的折现率。显然，内含报酬率满足下列等式：

$$\sum_{t=0}^{n}[NCF_t \times (P/F, IRR, n)]=0$$

1.计算方法

（1）经营期内各年现金净流量相等，且全部投资均于建设起点一次投入，建设期为零

根据内含报酬率的定义可知：

经营期每年相等的现金净流量（NCF）×年金现值系数（P/A，IRR，n）-原始投资=0

内含报酬率的具体计算步骤如下：

第一步，计算年金现值系数。

$$(P/A, IRR, n)=\frac{原始投资}{经营期每年相等的现金净流量}$$

第二步，根据计算出来的年金现值系数与已知的期数n，查年金现值系数表。如果表中恰好有与该系数对应的利率，则该利率就是要查找的内含报酬率；如果表中没有与该系数对应的利率，则应用插值法确定内含报酬率。

【例9-8】根据表9-2的资料，甲方案的内含报酬率计算如下：

$NPV_甲$=90 000×（P/A，i，5）-300 000=0

（P/A，i，5）=3.3333

查年金现值系数表可知：（P/A，15%，5）=3.3522，（P/A，16%，5）=3.2743。

可见IRR介于15%与16%之间，根据插值法，IRR的计算如下：

折现率 年金现值系数

15% 3.3522

i x% −1% 3.3333 0.0189 0.0779

16% 3.2743

$$\frac{x\%}{-1\%}=\frac{0.0189}{0.0779}$$

x=−0.24

i=15%−（−0.24%）=15.24%

甲方案的内含报酬率（IRR）为15.24%。

（2）当经营期各年现金净流量不相等时，则可以用逐次测试法来确定内含报酬率

逐次测试法即以不同的折现率来逐次计算现金净流量的净现值，直到净现值为零为止，这时所采用的折现率就是该投资项目的内含报酬率。

逐次测试法的具体计算方法为：首先估计一个折现率代入净现值公式进行试算，如果净现值为正，说明这个折现率偏小，应提高折现率再次试算；如果净现值为负，说明这个折现率偏大，应降低折现率再次试算。经过这样多次试算，找到净现值由正到负并且比较接近于零的两个折现率。最后，根据这两个邻近的折现率用插值法计算出内含报酬率。

【例9-9】根据表9-2的资料，已知乙方案的净现值为正数，说明它的投资报酬率大于资本成本率8%，因此，应提高折现率进一步测试。假设以10%为折现率进行测试，其净现值为20 035.65元。下一步继续提高到12%重新测试，结果净现值为−1 858.99元，可见其内含报酬率在10%～12%之间，测试过程见表9-7。

表9-7 内含报酬率测试表 金额单位：元

期数	NCF	10%		12%	
		现值系数	现值	现值系数	现值
0	−390 000	1	−390 000	1	−390 000
1	97 500	0.9091	88 637.25	0.8929	87 057.75
2	95 250	0.8264	78 714.60	0.7972	75 933.33
3	93 000	0.7513	69 870.90	0.7118	66 197.40
4	90 750	0.6830	61 982.25	0.6355	57 671.63
5	178 500	0.6209	110 830.65	0.5674	101 280.90
NPV			20 035.65		−1 858.99

折现率 净现值

10% 20 035.65

i x% −2% 0 20 035.65 21 893.99

16% −1 858.99

$$\frac{x\%}{-2\%}=\frac{20\ 035.65}{21\ 893.99}$$

x=1.83

i=10%+1.83%=11.83%

乙方案的内含报酬率为11.83%。

2.决策标准

当一个投资项目的内含报酬率大于或等于企业的资本成本率或必要报酬率时，项目具有财务可行性；反之，则不具备财务可行性。在多个备选方案的互斥决策中，内含报酬率超过资本成本率或必要报酬率最多的投资项目为最优项目。

丽源公司甲、乙两个方案的内含报酬率均大于其资本成本率8%，但甲方案的内含报酬率更高，因此甲方案更优。

随堂测9-1

【单选题】下列各项中，不会影响项目投资内含报酬率大小的是（　　）。(2021年卷Ⅲ)

A.项目寿命期　　B.营业现金净流量

C.资本成本率　　D.原始投资

3.指标评价

内含报酬率指标的优点在于：一是考虑了资金时间价值，能从动态的角度直接反映投资项目的实际报酬率，且不受折现率高低的影响，比较客观，有利于对原始投资不同的项目进行决策；二是对于独立投资方案的比较决策，如果各方案原始投资现值不同，可以通过计算各方案的内含报酬率，反映各独立投资方案的获利水平。

内含报酬率指标的缺点：一是计算过程比较复杂，尤其是对于每年现金净流量不相等的项目，一般要经过若干次测试才可以算出。二是在互斥方案决策时，如果各方案的原始投资现值不相等，有时无法作出正确的决策。比如，某一方案原始投资金额低，净现值小，但内含报酬率可能较高；而另一方案原始投资金额高，净现值大，但内含报酬率可能较低。

六、寿命期不等的互斥项目投资决策

互斥方案是指互相排斥，不能并存的方案，即一组方案中的各个方案彼此可以相互代替，接受某一方案，就意味着必须拒绝另一方案，彼此之间具有排他性。例如，厂房自建还是委托外单位承建，设备自己生产还是向其他企业购买等。这些方案之间是相互排斥的。互斥方案入选的前提是各方案已完全具备或基本具备财务可行性，但入选的互斥方案能否最终被选中，还要进行下一轮的筛选。互斥方案决策要解决的问题是如何选择最优方案，在决策时，一般采用年金净流量法和最小公倍数法。下面重点介绍年金净流量法及其应用。

年金净流量（ANCF）法是指在考虑时间价值的前提下，将投资项目净现值折算为等额年金的一种方法。该方法适用于项目计算期不同时多个互斥方案的择优决策。

1.计算公式

$$ANCF=\frac{NPV}{(P/A,\ i,\ n)}$$

2.决策原则

最大的年金净流量符合企业价值最大化的目标，因此，应选择年金净流量最大的方案为最优方案。

【例9-10】丽源公司有两个互斥投资方案甲和乙，其现金净流量见表9-8。

表 9-8　　甲、乙方案现金净流量　　单位：元

项目计算期	甲方案		乙方案	
	净收益	现金净流量	净收益	现金净流量
0		-200 000		-120 000
1	20 000	120 000	16 000	56 000
2	32 000	132 000	16 000	56 000
3			16 000	56 000

要求：如果该公司期望达到的最低报酬率为10%，请作出决策。

解：（1）甲方案经营期各年现金净流量各不相同，其净现值计算见表9-9。

表 9-9　　甲方案净现值计算表　　金额单位：元

年份	NCF (1)	现值系数（i=10%） (2)	现值 (3) = (1) × (2)
0	-200 000	1	-200 000
1	120 000	0.9091	109 092
2	132 000	0.8264	109 084.8
NPV			18 176.8

乙方案经营期各年现金净流量相等，其净现值计算如下：

NPV（乙）= 56 000×（P/A，10%，3）-120 000 = 56 000×2.4869-120 000= 19 266.4（元）

（2）计算甲、乙方案的年金净流量：

$$\text{ANCF（甲）}=\frac{18\ 176.8}{(P/A,\ 10\%,\ 2)}=\frac{18\ 176.8}{1.7355}=10\ 473.52\text{（元）}$$

$$\text{ANCF（乙）}=\frac{19\ 266.4}{(P/A,\ 10\%,\ 3)}=\frac{19\ 266.4}{2.4869}=7\ 747.16\text{（元）}$$

（3）作出决策：

因为甲方案的年金净流量（10 473.52元）大于乙方案的年金净流量（7 747.16元），因此应选择甲方案。

随堂测 9-2

【判断题】某投资项目需要在第一年年初投资2 000万元，寿命期为10年，每年可带来现金净流量600万元，已知投资人要求的必要收益率为10%，则该投资项目的年金净流量计算公式为“600-2 000/（P/A，10%，10）”。（　　）

素养提升

在全球气候变暖、生态环境日益恶化的今天，保护地球家园是我们肩负的历史使命。党的二十大报告指出，要推动绿色发展，促进人与自然和谐共生。企业在选择投资项目时一定要积极稳妥推进碳达峰、碳中和，在选择投资项目时尽可能选择降碳、减污、扩绿的项目，推动绿色发展，促进人与自然和谐共生。

任务二　证券投资管理

一、证券投资的含义与目的

（一）证券的含义

证券是指根据国家有关法律法规发行的，具有一定票面金额，代表财产所有权或债

权，可以有偿转让的一种信托凭证或金融工具，如股票、债券等。

证券具有流动性、收益性和风险性三个特点。流动性又称变现性，是指证券可以随时以公平合理的价格抛售从而取得现金。收益性是指证券持有者凭借证券可以获得相应的报酬。证券收益一般由股息（利息）收益和资本利得收益构成。资本利得是指证券的买卖价差。风险性是指证券投资者达不到预期而遭受各种损失的可能性。通常证券的流动性与收益性负相关，而风险性一般与收益性正相关。

（二）证券投资的目的

证券投资是指企业为获取投资收益或特定经营目的而买卖有价证券的一种投资行为。不同企业进行证券投资的目的各不相同，主要有以下几个方面：

1.充分利用闲置资金，获取投资收益

企业正常经营过程中有时会有一些暂时的闲置资金，为了充分有效地利用这些资金，可购入一些有价证券，在价位较高时抛售，以获取较高的投资收益。

2.为了控制相关企业，增强企业竞争能力

企业有时从经营战略上考虑需要控制某些相关企业，可通过购买该企业大量股票，从而取得对被投资企业的控制权，以增强企业的竞争能力。

3.为了积累发展基金或偿债基金，满足未来的财务需求

企业如欲在将来扩建厂房或归还到期债务，可投资一些风险较小的证券，以便到时售出，满足所需的整笔资金需求。

4.多角化经营，降低企业风险

一个企业如果经营领域单一，可能会承担较大的经营风险，一旦市场发生变化，会给企业造成重大的经济损失。在这种情况下，企业可以考虑将部分资金投资于证券，以优化投资组合，降低经营风险。

二、证券投资的种类

（一）债券投资

债券是发行者为筹集债务资金，按照法定程序发行的约定在一定期限内还本付息的有价证券。债券是持券人拥有公司债权的书面证书，它代表债券持有人与发债公司之间的债权债务关系。

1.债券的基本要素

（1）债券面值

债券面值是指债券的票面金额，它代表发行人借入并且承诺于未来某一特定日期偿付给债券持有人的金额。

（2）票面利率

票面利率是指债券发行者预计一年内向投资者支付的利息占票面金额的比率。票面利率不同于实际利率。实际利率通常是指按复利计算的一年期利率。债券的计息和付息方式有多种，可能使用单利或复利计息，利息支付可以半年一次、一年一次或到期日一次支付。这就使得票面利率可能不等于实际利率。

（3）债券到期日

债券到期日是指偿还本金的日期。债券一般都规定到期日，以便到期时归还本金。

2.债券投资的种类

（1）按发行主体分类，债券可分为政府债券、金融债券和公司债券

政府债券是由政府部门发行的债券，其信用度高，利息率较低。金融债券是由银行或其他金融机构发行的债券，其信用度介于政府债券和公司债券之间。公司债券是指公司为发展业务或补充资本向社会发行的债券。相对于政府债券和金融债券，公司债券利息率较高，投资风险较大。

（2）按期限长短分类，债券可分为短期债券、中期债券和长期债券

一般而言，到期日在1年以下的债券为短期债券；到期日在1年以上10年以下的债券为中期债券；到期日在10年以上的债券为长期债券。短期债券流动性强，投资风险低，但收益率也低。长期债券流动性差，投资风险较高，但收益率也较高。

3.债券投资的特点

（1）属于债权性投资

债券投资属于债权性投资，债券是代表债权债务的凭证，债券持有人作为发行公司的债权人，定期获得利息并到期收回本金，但无权参与公司的经营管理。

（2）收益较低但稳定

债券投资收益是按票面金额和票面利率计算的利息收入及债券转让所获取的资本利得，投资收益虽低但比较稳定。

（3）本金安全性高

保本是投资的首要目标。政府发行的债券由国家财力作后盾，本金安全性高，通常视为无风险债券。公司债券持有者拥有优先求偿权，即当企业破产时，优先于股东分得破产财产，其本金损失的可能性小。

（4）购买力风险大

债券面值和利息都是固定的，当发生通货膨胀时，债券投资收益的购买力将会下降，给投资者造成损失。除购买力风险外，债券投资的其他风险相对股票而言较小。

（5）有到期日

无论长期债券还是短期债券，都有到期日，在债券存续期结束时，债务人有偿还本金及利息的义务。而股票投资没有到期日，将永续存在下去。

（二）股票投资

股票是股份有限公司为筹集股权资金而发行的有价证券，是公司签发的证明股东持有公司股份的凭证。股票作为一种所有权凭证，代表着对发行公司净资产的所有权。股票只能由股份有限公司发行。

1.股票投资的目的

（1）以获取收益为目的

以获取收益为目的的股票投资是一般意义上的证券投资，其目的是获取股利收入及股票买卖价差收益，或为了配合企业对资金的需求，调剂现金余缺，使现金余额达到合理水平，将多余资金投资于股票。

（2）以取得控制权为目的

以取得控制权为目的，是指利用购买某一企业的大量股票达到控制该企业的目的，这时考虑更多的不是股票投资报酬的高低，而是占有多少股权才能达到控制的目的。

2.股票投资的特点

相对于债券投资，股票投资具有以下特点：

（1）股票投资是股权性投资

股票投资属于股权性投资，股票是代表所有权的凭证，持有人作为发行公司的股东，有权参与公司的经营决策。

（2）股票投资的风险大

投资者购买股票后不能要求股份公司偿还本金，其收益一是股利，二是资本利得，且股利高低视发行公司盈利情况而定，发行公司盈利能力强，投资者得到的股利多，如果盈利能力弱，投资者得到的股利就少或者没有；资本利得是股票的买卖价差，投资者在转让股票时能否高价转让，除了取决于公司经营状况外，还受政治、经济、社会等多种因素的影响，因而股票价格经常处于变动之中，其变动幅度往往高于债券价格的变动幅度。因此，股票投资风险较大。

（3）股票价格的波动性大

股票价格既受发行公司经营状况影响，又受股市投机等因素的影响，波动性极大。这就决定了不宜冒险的资金最好不要用于股票投资，而应选择风险较小的债券投资。

三、证券投资的风险

进行证券投资，必然要承担一定风险，这是证券的基本特征之一。证券投资风险按其性质不同可划分为系统性风险和非系统性风险。

（一）系统性风险

系统性风险是指由于某些外部环境变化给市场上所有的证券都带来影响的风险。比如，战争、通货膨胀、经济衰退、利率变动、税收政策变化、世界能源状况的改变等几乎都会影响所有的证券，使其收益发生变动。由于系统性风险会影响整个证券市场，所以也称为市场风险；又由于这种风险无法通过投资多样化的资产组合加以避免，因此，又称为不可分散风险。系统性风险主要包括以下几种：

1.利息率风险

利息率风险是指由于利息率变动引起证券价格下跌，使投资人遭受损失的风险。一般而言，利息率下降，证券价格上升，利息率上升，证券价格下跌。不同期限的证券，利息率风险不一样，期限越长，风险越大。

2.通货膨胀风险

通货膨胀风险是指由于通货膨胀而使货币购买力下降的可能性。在物价持续上涨时，货币性资产会遭受购买力损失，证券资产是一种货币性资产，通货膨胀会使证券资产投资的本金和收益贬值。一般而言，变动收益证券比固定收益证券能更好地规避通货膨胀风险，因此普通股股票比公司债券和其他有固定收入的证券能更好地避免因通货膨胀导致的购买力风险。

3.再投资风险

再投资风险是指由于市场利率下降而造成的无法通过再投资实现预期收益的可能性。根据流动性偏好理论，长期投资的报酬率应当高于短期投资，一是因为期限越长，不确定性越强，投资者一般愿意接受短期投资；二是证券发行者喜欢发行长期证券资产，因为可以筹集长期资金，而不必经常面临筹集不到资金的困境，因此发行方愿意为长期证券资产支付较高的报酬率。

除此而外，政策波动风险、经济周期性波动风险、汇率风险等也属于系统性风险的范畴。

（二）非系统性风险

非系统性风险，也称为公司特别风险或可分散风险，是指由于发行公司自身的因素造成的只影响本公司证券收益的风险。该风险能够通过投资多样化来抵消。

根据证券之间变化趋势不同，相关关系分为正相关和负相关两种。正相关是指证券之间具有相同的发展变化趋势。如生产经营普通照相机与生产经营感光材料的企业发行的证券即为正相关证券。负相关是指证券之间具有相反的发展变化趋势。如生产经营汽车与生产经营摩托车的企业发行的证券往往为负相关关系。当人们对汽车的消费增加时，对摩托车的消费将会下降，其收益和证券价格变动的趋势一般是反方向的。完全负相关（相关系数 $r=-1$）的证券组合可以抵消全部的非系统性风险；完全正相关（相关系数 $r=1$）的证券组合将不能抵消任何风险。一般证券之间的相关关系位于+0.5 ~ +0.7，在这种情况下，两种证券的组合可以在一定程度上降低风险，但不能完全消除风险。当证券数量足够多时，几乎能把所有的非系统性风险都分散掉。非系统性风险主要包括以下几种：

1.违约风险

违约风险是指证券发行方无法按期支付利息或偿还本金的风险。一般而言，政府发行的证券违约风险小，金融机构发行的证券次之，企业发行的证券风险较大。造成企业证券违约的原因可能是发行公司经营管理不善、主要顾客流失、财务管理失误、现金周转不灵等。

2.流动性风险

流动性风险是指证券持有者无法在市场上以正常的价格平仓出货的可能性。一种资产如果能在较短期内按市价大量出售，其流动性风险较小；反之，如果一种资产不能在短期内按市价大量出售，其流动性风险较大。例如，购买不知名公司的债券，想立即将其出售比较困难，因而流动性风险较大；而购买国库券，几乎可以立即将其出售，则流动性风险小。

3.破产风险

破产风险是指在证券发行者破产清算时投资者无法收回应得权益的可能性。当证券发行者由于经营管理不善而持续亏损、现金周转不畅而无力清偿债务或其他原因难以持续经营时，可能会申请破产保护。破产保护会导致债务清偿的豁免、有限责任的退资，使得投资者无法取得应得的投资收益，甚至无法收回投资的本金。

四、债券投资决策

（一）债券价值估算

债券价值是债券投资者在持券期间所取得的现金流入量的现值。债券给投资者带来的现金流入量包括利息收入和到期归还的面值或中途转让的价款收入。一般而言，当债券价值大于债券价格时，债券具有投资可行性；反之，则不具有投资可行性。换言之，债券价值是债券发行方在制定债券价格时可以参考的上限，同时也是债券投资者在购买债券时愿意支付的最高价格。债券价值估算有以下三种模型：

1.分次付息、到期还本

分次付息、到期还本模型债券的价值由各期利息的年金现值和到期面值或中途转让价款的复利现值构成。其计算公式为：

P=I×（P/A，R，n）+M×（P/F，R，n）

式中：P——债券价值；I——每期利息（债券面值与票面利率的乘积）；M——债券面值或中途转让价款；R——市场利率或投资者要求的必要收益率；n——付息总期数。

【例9-11】大华公司发行一种面值为1 000元、票面利率为8%的3年期每年付息到期一次还本债券。丽源公司要对这种债券进行投资，如果当前市场利率分别为6%、8%、10%时，分别计算投资者丽源公司所能接受的该债券的最高价格。

（1）当市场利率为6%时：

P=1 000×8%×（P/A，6%，3）+1 000×（P/F，6%，3）

=80×2.6730+1 000×0.8396=1 053.44（元）

市场利率为6%时，丽源公司所能接受的最高价格是1 053.44元。

（2）当市场利率为8%时：

P=1 000×8%×（P/A，8%，3）+1 000×（P/F，8%，3）

=80×2.5771+1 000×0.7938=999.97≈1 000（元）

市场利率为8%时，丽源公司所能接受的最高价格是1 000元。

（3）当市场利率为10%时：

P=1 000×8%×（P/A，10%，3）+1 000×（P/F，10%，3）

=80×2.4869+1 000×0.7513=950.25（元）

当市场利率为10%时，丽源公司所能接受的最高价格是950.25元。

重要提示

债券价值随着折现率的增大而减小。对于分次付息、到期一次还本的债券，若票面利率高于市场利率，债券会溢价发行；若票面利率等于市场利率，债券会平价发行；若票面利率低于市场利率，债券会折价发行。

2.一次还本付息的债券模型

一次还本付息债券是指中途不付息，到期一次偿还本利和的债券，其价值为到期本利和的复利现值。公式模型为：

P=M×（1+i×n）×（P/F，R，n）

式中：M——债券面值，其他符号含义同前式。

【例9-12】丽源公司拟购买另一家公司的债券作为投资。该债券面值为1 000元，期限为3年，票面利率为5%，单利计息，到期一次还本付息，当前市场利率为6%，则该债券发行价格为多少时才能购买？

P=1 000×（1+5%×3）×（P/F，6%，3）=1 000×1.15×0.8396=965.54（元）

该债券的价格必须低于965.54元时才能购买。

3.贴现债券模型

贴现债券是指以折价方式发行债券，不计利息，到期按面值还本的债券。贴现债券的估价模型为：

P=M×（P/F，R，n）

公式中的符号含义同前。

【例 9-13】丙债券面值为 1 000 元，期限为 5 年，以贴现方式发行，期内不计利息，到期按面值偿还，当时市场利率为 7%，其价格为多少时，投资者购买合适？

P=1 000×（P/F，7%，5）=1 000×0.7130=713（元）

该债券的价格只有低于 713 元时，投资者购买才合适。

随堂测 9-3

【单选题】债券内在价值的计算公式中不包含的因素是（　　）。（2018 年卷Ⅰ）

A. 债券市场价格　　B. 债券面值

C. 债券期限　　D. 债券票面利率

（二）债券投资收益率计算

债券投资收益率是指按当前市场价格购买债券并持有至到期日或转让日所产生的预期报酬率。投资者在持有债券期间取得的收益包括利息收入和资本利得。其中，资本利得是指面值（或中途出售价）与购买价格的差额。投资收益率按是否考虑资金时间价值分为两种情况。

1. 不考虑资金时间价值的投资收益率

不考虑资金时间价值的投资收益率的计算公式如下：

$$投资收益率=\frac{年利息+(债券面值或转让价款-债券买价)\div 持有年限}{债券买价}$$

【例 9-14】大华公司 20×4 年 1 月 1 日购买面值为 1 000 元、票面利率为 6%、3 年期债券。该债券每半年付息一次、到期一次还本，债券的买价为 930 元。该企业于 20×4 年 10 月 1 日以每张 1 030 元的价格出售。要求：计算该债券的投资收益率。

$$投资收益率=\frac{[1\,000\times 6\%\div 2+(1\,030-930)]\div 9\times 12}{930}\times 100\%=18.64\%$$

【例 9-15】接【例 9-14】的资料，如果该债券是每年年末付息一次，其他条件不变，试计算该债券的投资收益率。

$$投资收益率=\frac{(1\,030-930)\div 9\times 12}{930}\times 100\%=14.34\%$$

2. 考虑资金时间价值的投资收益率

考虑资金时间价值的投资收益率是指能使投资者在持有期间所取得的现金流入量现值等于现金流出量现值的折现率。现金流入量包括持有期间获得的利息、到期的面值或中途转让价款；现金流出量指当初的购买价格。债券模型不同，投资收益率的计算公式也会有所不同。

（1）分次付息、到期还本债券的投资收益率

投资者持有这种债券所取得的现金流入量包括各期末取得的利息和到期面值或中途出售价格。其计算公式为：

$$P=\frac{I}{(1+R)}+\frac{I}{(1+R)^2}+\frac{I}{(1+R)^3}+\cdots+\frac{I}{(1+R)^{n-1}}+\frac{M}{(1+R)^n}$$

式中：R 为投资收益率，其他符号同上。

【例 9-16】大华公司于 20×4 年 1 月 1 日以 1 100 元的价格购入某公司于 20×3 年 1 月 1 日发行的面值为 1 000 元、票面利率为 6% 的 5 年期债券。该债券每年年末支付利息、到期一次还本。计算该债券的投资收益率。

根据上述资料：

1 000×6%×（P/A，R，4）+1 000×（P/F，R，4）-1 100=0

当取R=6%时：

60×3.4651+1 000×0.7921-1 100=-99.99<0

当取R=5%时：

60×3.5460+1 000×0.8227-1 100=-64.54<0

当取R=4%时：

60×3.6299+1 000×0.8548-1 100=27.41>0

所以：

折现率			净现值		
5%	x%	1%	-64.54	-64.54	-91.95
R			0		
4%			27.41		

$$\frac{x\%}{1\%}=\frac{-64.54}{-91.95}$$

x=0.70

R=5%-0.70%=4.30%

或直接代入公式，计算如下：

$$R=4\%+(5\%-4\%)\times\frac{27.41}{27.41+64.54}=4.30\%$$

该债券的投资收益率为4.30%。

（2）一次还本付息债券的投资收益率

一次还本付息债券是指持有期间不付息，债券到期时连本带利一并偿还的债券，也称利随本清债券。投资者持有这种债券所取得的现金流入量包括持有到期取得的利息和到期面值或中途转让价款。其计算公式为：

$$P=M\times(1+n\times i)\times(1+R)^{-n}$$

$$\therefore R=\sqrt[n]{\frac{M\times(1+n\times i)}{P}}-1$$

式中：R——投资收益率；i——票面利率；P——购买价格；M——债券面值；n——持有期限。

【例9-17】接【例9-16】资料，假定该债券还本付息方式变为到期一次还本付息，其他条件不变，试求该债券的投资收益率。

根据上述资料，有：

1 000×（1+5×6%）×（P/F，R，4）-1 100=0

（P/F，R，4）=0.8461

当取R=6%时，（P/F，6%，4）=0.7921：

1 000×（1+6%×5）×0.7921-1 100=-70.27<0

当取R=4%时，（P/F，4%，4）=0.8548：

1 000×（1+6%×5）×0.8548−1 100=11.24>0

用内插法求得：

折现率			净现值		
6%	x%	2%	−70.27	−70.27	−81.51
R			0		
4%			11.24		

$$\frac{x\%}{2\%}=\frac{-70.27}{-81.51}$$

x=1.72

R=6%−1.72%=4.28%

或直接代入内插法的计算公式，计算如下：

$$R=4\%+(6\%-4\%)\times\frac{11.24}{11.24+70.27}=4.28\%$$

或根据公式直接计算如下：

$$R=\sqrt[4]{\frac{1\,000\times(1+5\times6\%)}{1\,100}}-1=4.28\%$$

该债券的投资收益率为4.28%。

（3）贴现债券的投资收益率

贴现债券对于投资者来说在持有期间只能获得到期面值或中途出售价格，其投资收益率的计算如下：

$$P=M\times(1+R)^{-n}$$

$$\therefore R=\sqrt[n]{\frac{M}{P}}-1$$

式中：M——面值或中途转让价款；P——购买价格；n——持有期限。

【例9-18】大华公司于20×4年1月1日以900元价格买入某公司于20×4年1月1日发行的面值为1 000元的2年期贴现债券，计算该债券的投资收益率。

$$投资收益率=\left(\sqrt[2]{\frac{1\,000}{900}}-1\right)\times100\%=5.41\%$$

五、股票投资决策

（一）股票价值估算

微课

股票投资决策分析

股票的价值又称股票的内在价值，是投资于股票所获得的未来现金流入量的现值。股票投资所获得的现金流入量包括两部分：股利和股票转让价格。因此股票的内在价值由一系列的股利现值和将来股票转让价格的现值构成，一般来说，当股票的市场价格低于股票内在价值时，该股票才具有投资可行性。

1.股票价值的基本模型

$$P=\sum_{t=1}^{n}\frac{d_t}{(1+R)^t}+\frac{V_n}{(1+R)^n}$$

式中：P——股票内在价值；d_t——第t期的预期股利；R——投资人要求的必要报酬率；V_n——未来转让股票的价格；n——预计持有股票的期数。

【例9-19】大华公司拟购买一种股票，预计2年后出售价格为每股23元，预计该股票第一年股利为每股2元，第2年股利为每股2.4元，投资者要求的必要报酬率为6%，则该股票的投资价值为：

P=2×（P/F，6%，1）+2.4×（P/F，6%，2）+23×（P/F，6%，2）

=2×0.9434+2.4×0.8900+23×0.8900

=1.8868+2.136+20.47=24.49（元）

该股票价值为24.49元，只有当股票价格低于24.49元时才具有投资可行性。

2.固定股利模型

固定股利模型股票给投资者带来的现金流入量是无穷多个相等的股利，即相当于永续年金。其价值模型为：

$$P=\frac{d}{R}$$

式中：P——股票内在价值；d——每年固定股利；R——投资人要求的必要收益率。

【例9-20】大华公司拟投资购买并长期持有某公司股票，该股票每年分配股利2.8元，必要收益率为7%，则该股票价格为多少时才适合购买？

解：P=2.8÷7%＝40（元）

股票价格低于40元时才适合购买。

3.股利固定增长股票模型

这种模型股票给投资者带来的现金流入量只有股利，且每年股利都在上年股利基础上增长固定的比率。其股票价值模型为：

$$P=\frac{d_0\times(1+g)}{R-g}=\frac{d_1}{R-g}$$

式中：P——股票内在价值；d_0——基期股利（上年股利）；d_1——第一年股利；g——股利固定增长率；R——投资人要求的必要报酬率。

【例9-21】大华公司拟投资某公司股票，该股票上年每股股利为2元，预计年增长率为3%，必要投资报酬率为10%，则该股票价格为多少时才可以投资？

$$P=\frac{2\times(1+3\%)}{10\%-3\%}=29.43（元）$$

该股票价格低于29.43元时才可以投资。

（二）股票投资收益率计算

股票投资收益包括投资者在持有股票期间取得的股利收入和资本利得。其中，资本利得是指股票转让价格与购买价格的差额。股票投资收益率的计算按是否考虑资金时间价值分为两种情况。

1.不考虑资金时间价值的投资收益率

不考虑资金时间价值的投资收益率的计算公式为：

$$投资收益率=\frac{(转让价格-购买价格)\div持有年限+年现金股利}{购买价格}\times100\%$$

2.考虑资金时间价值的投资收益率

考虑资金时间价值的投资收益率是能使投资者在持有期间所取得的现金流入量现值

等于现金流出量现值的折现率。现金流入量包括持有期间获得的股利和股票的出售价格；现金流出量是当初的购买价格。由于股票未来现金流入特征各不相同，所以应区分以下几种情况：

（1）固定股利模型股票的投资收益率

这种模型股票的现金流入量只有每期固定不变的股利，其投资收益率计算如下：

$\because P=\frac{D}{R}$

$\therefore$ 持有期收益率（R）$=\frac{D}{P}$

式中：D——年股利；P——股票价值（格）；R——投资收益率。

【例9-22】大华公司以每股25元的价格购买某公司股票并准备长期持有，该股票预期每股每年固定股利收入为3元，则其持有期收益率为：

R=3÷25×100%=12%

（2）长期持有股利固定增长股票的投资收益率

$\because P=\frac{d_0\times(1+g)}{R-g}=\frac{d_1}{R-g}$

$\therefore$ 投资收益率（R）$=\frac{d_1}{P}+g$

式中：d_1——第一年股利；P——股票价值（价格）；g——股利年固定增长率。

【例9-23】某公司股票每股市价为25元，预计下一年股利为2元，该股利将以大约3%的速度持续增长。该股票的投资收益率为：

$R=\frac{2}{25}+3\%=11\%$

如果用11%作为必要报酬率，则1年后的股价为：

$P_1=\frac{d_0\times(1+g)}{R-g}=\frac{2\times(1+3\%)}{11\%-3\%}=25.75$（元）

六、证券投资组合决策

（一）证券投资组合收益计算

证券投资组合是指在投资时有选择地把资金投资于若干种证券，这种方式可以帮助投资者降低投资风险。证券投资组合的收益是各种投资项目期望收益率的加权平均数，其权数为各种投资项目在整个投资组合总额中所占的比重。其公式为：

$E(R_p)=\sum W_iR_i$

式中：$E(R_p)$——投资组合期望收益率；W_i——投资于第i种证券的资金占全部投资额的比重；R_i——第i种证券的期望收益率。

以上公式表明，证券投资组合期望收益率受单项资产的收益率和组合内各项资产占全部资产的比重两个因素影响。

【例9-24】大华公司分别投资于A资产和B资产，投资于A资产的期望收益率为8%，投资B资产的期望收益率为10%，其投资比重分别为40%和60%。该投资组合期望收益率的计算如下：

$E(R_p)=40\%\times8\%+60\%\times10\%=9.2\%$

（二）证券投资组合风险衡量

1.单项证券系统性风险的衡量

系统性风险程度通常用β系数来衡量，其实质是某种证券的不可分散风险与市场平均不可分散风险之间的对比关系。其计算公式如下：

$$\beta = \frac{\text{某种证券风险收益率变动率}}{\text{证券市场平均风险收益率变动率}}$$

重要提示

市场组合的β系数为1。

β=1，说明单项资产的风险与市场组合的风险一致。即如果市场投资组合的风险收益率上升5%，单项资产的风险收益率也上升5%。

β>1，说明单项资产的风险大于市场组合的风险。即如果市场投资组合的风险收益率上升10%，则该单项资产的风险收益率上升大于10%。

β<1，说明单项资产的风险小于市场组合的风险。即如果市场投资组合的风险收益率上升10%，则该单项资产的风险收益率上升小于10%。

2.证券投资组合的β系数计算

投资组合的系统性风险同样用β系数表示。投资组合的β系数是所有单项资产β系数的加权平均数，权数为各种资产在投资组合中所占的比重。其计算公式为：

$$\beta_p = \sum W_i \beta_i$$

式中，β_p——证券组合的系统性风险系数；W_i——第i项证券投资额在全部投资额中所占的比重；β_i——第i项证券的系统性风险系数。

投资组合β系数的计算公式表明，投资组合的β系数受到单项证券的β系数和各种证券在投资组合中的比重两个因素的影响。

【例9-25】大华公司将100万元投资于甲、乙、丙三种股票。该组合中，投资甲股票20万元，乙股票30万元，丙股票50万元，β系数分别为1.3、1.3、0.8，则该投资组合的β系数为：

$$\beta_p = 20\% \times 1.3 + 30\% \times 1.3 + 50\% \times 0.8 = 1.05$$

（三）资本资产定价模型

证券组合投资能够分散非系统性风险，如果组合充分有效，非系统风险可以被完全消除。所以从一定程度上来说，证券组合投资更为关注系统风险，在证券市场均衡而无套利行为时，证券资产应当能够提供与系统性风险相对称的期望收益率，市场的系统性风险越大，投资者从证券投资中获得的期望收益率也越高。1964年美国金融财务学家夏普（W.F.Sharpe）提出了风险资产价格决定理论，即资本资产定价模型（Capital Asset Pricing Model，CAPM），有效描述了在市场均衡状态下单个证券资产的风险与期望收益率的关系，进而为正确确定证券的价值提供了计量前提。资本资产定价模型的表达式为：

$$R = R_f + \beta \times (R_m - R_f)$$

式中：R——某种证券的必要收益率；R_m——市场组合收益率；R_f——无风险收益率；$(R_m - R_f)$——市场风险溢酬。

通过上述计算公式可以看出，单项资产或特定组合的必要收益率受到无风险收益率、市场组合收益率和β系数三个因素的影响。

资本资产定价模型中，所谓资本资产主要指的是股票资产，而定价则试图解释资本市场如何决定股票收益率，进而决定股票价格。资本资产定价模型是“必要收益率=无风险收益率+风险收益率”的具体化，其主要贡献是解释了风险收益率的决定因素和度量方法，该模型中：

风险收益率=β ×（R_m − R_f）

随堂测 9-4

【单选题】有甲、乙两种证券，甲证券的必要收益率为10%，乙证券要求的风险收益率是甲证券的1.5倍。如果无风险收益率为4%，则根据资本资产定价模型，乙证券的必要收益率为（　　）。（2019年卷Ⅰ）

A.12%　　B.16%　　C.15%　　D.13%

【例 9-26】大华公司投资购买甲、乙两种股票，甲股票的β系数为1.2，乙股票的β系数为1.8，无风险收益率为5%，假定同期市场组合收益率为8%。上述两种股票的必要收益率计算如下：

甲股票的必要收益率=5%+1.2×（8%−5%）=8.6%

乙股票的必要收益率=5%+1.8×（8%−5%）=10.4%

上述计算表明，只有当甲股票的收益率达到或超过8.6%时，乙股票的必要收益率达到或超过10.4%时，投资者才能购买，否则，投资者就不应该购买。

如果投资者持有的是证券组合，则其收益率的计算与资本资产定价模型相似，唯一不同的是右侧的β系数为证券组合中各证券β系数的加权平均数。

【例 9-27】大华公司持有由甲、乙、丙三种股票构成的证券组合，β系数分别为2、1.5、0.8，在证券组合中所占的比重分别为25%、35%、40%，市场组合收益率为10%，无风险收益率为6%。该证券组合的风险收益率的计算如下：

（1）确定证券组合的β系数：

β=25%×2+35%×1.5+40%×0.8=1.35

（2）计算该证券组合的风险收益率：

风险收益率（R_r）=1.35×（10%−6%）=5.4%

（四）证券投资组合策略

1.保守型策略

这种策略认为，最佳证券投资组合是要尽量模拟市场现状，将尽可能多的证券包括进来，以便分散掉全部可分散风险，得到与市场所有证券的平均报酬同样的报酬。这种投资组合能分散掉全部可分散风险，不需要高深的证券投资的专业知识，证券投资的管理费比较低。但这种组合获得的报酬不会高于证券市场上所有证券的平均报酬。因此，此种策略属于报酬不高、风险不大的策略，故称之为保守型策略。

2.冒险型策略

这种策略认为，与市场完全一样的组合不是最佳组合，只要投资组合做得好，就能击败市场或超越市场，取得远远高于平均水平的报酬。在这种组合中，一些成长型的股票比较多，而那些低风险、低报酬的证券不多。另外，其组合的随意性强，变动频繁。而采用这种策略的人都认为，报酬就在眼前，何必死守苦等。对于追随市场的保守派，他们对这种策略是不屑一顾的。这种策略报酬高，风险大，因此，被称为冒险型策略。

3.适中型策略

这种策略认为，证券的价格，特别是股票的价格，是由特定企业的经营业绩来决定的，市场上股票价格的一时沉浮并不重要，只要企业经营业绩好，股票价格一定会升到其本来的价值水平。采用这种策略的投资者，一般都善于对证券进行分析，如行业分析、企业业绩分析、财务分析等，通过分析，选择高质量的股票和债券，组成投资组合。金融机构、投资基金和企事业单位在进行证券投资时一般都采用此种策略。

素养提升

在证券投资过程中，并不是说投资收益大的就一定好，投资者要能正确处理投资理财与社会责任之间的关系，要具备正确的投资理念，只有具备健康的市场观念才能营造良好的投资环境，从而为未来的股市投资奠定基础，这就要求投资者培养良好的职业态度与操守，秉持投资有责任的理念，做到投资有方，以达到投资安全的目的。

数字技能拓展

【拓展主题】**运用新技术工具构建内含报酬率（IRR）模型**

【相关资料】ABC新能源汽车公司（简称“ABC公司”）三个方案的现金净流量见表9-10。

表9-10 ABC公司三个方案的现金净流量

金额单位：元

日期	项目	现金净流量	期数
2023/1/1 0：00	方案一	-6 000 000	0
2023/12/31 0：00		1 758 000	1
2024/12/31 0：00		1 758 000	2
2025/12/31 0：00		1 758 000	3
2026/12/31 0：00		1 758 000	4
2027/12/31 0：00		1 758 000	5
2023/1/1 0：00	方案二	-8 000 000	0
2023/12/31 0：00		2 235 000	1
2024/12/31 0：00		2 454 500	2
2025/12/31 0：00		2 468 000	3
2026/12/31 0：00		2 420 250	4
2027/12/31 0：00		2 975 000	5
2023/1/1 0：00	方案三	-5 000 000	0
2023/12/31 0：00		1 236 000	1
2024/12/31 0：00		1 003 460	2
2025/12/31 0：00		1 260 960	3
2026/12/31 0：00		1 222 500	4
2027/12/31 0：00		1 456 830	5

【拓展任务】“双碳”目标下，ABC公司坚持技术创新，致力于研究电池的续航能力。2023年，该公司获取了一个新的投资机会，提出三个投资方案，投资期均为5年，相关部门已估算出各年现金净流量，现在需要评价三个投资方案的财务可行性。财务部认为传统的评估方法效率低下，且难以根据参数变化及时调整结果，希望探索利用新技术工具构建投资决策评价指标模型。请你帮助财务部完成此项任务，并利用Power BI工具构建ABC公司的NPV模型。

【任务实施】

微课

运用Power BI构建内含报酬率（IRR）模型

步骤1：打开Power BI，导入ABC公司“现金流量估算表.xlsx”文件数据，打开数据视图，在数据视图下，选中“现金流量估算”表，在此表中增加一个名为“现值系数”的新列，结果保留4位小数。输入现值系数度量值，如图9-2所示。

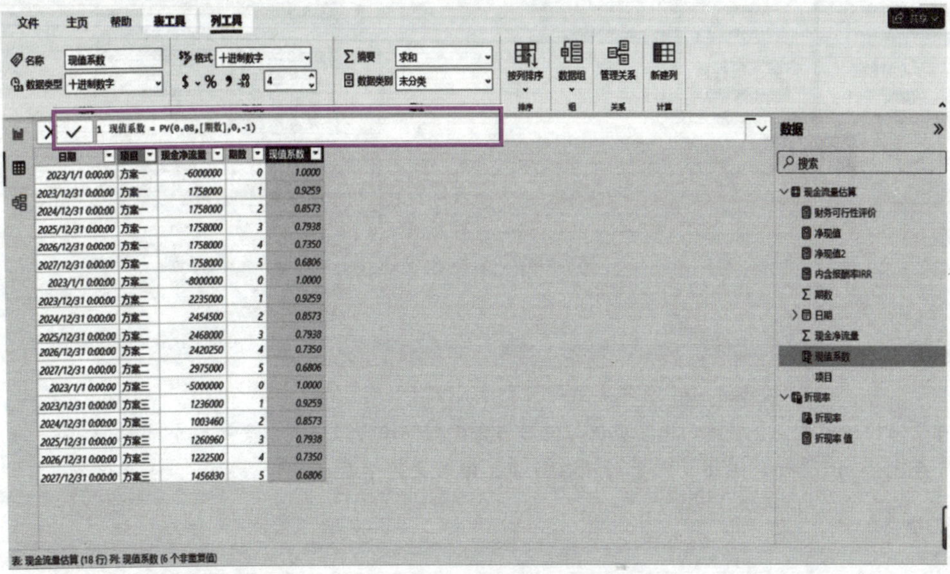

图9-2　新建度量值“现值系数”

原图

项目九

步骤2：打开报表视图，新建度量值“内含报酬率IRR”，保留4位小数，并以卡片图展示其结果，如图9-3所示。内含报酬率的度量值如下：

内含报酬率IRR=XIRR('现金流量估算','现金流量估算'[现金净流量],'现金流量估算'[日期].[Date])

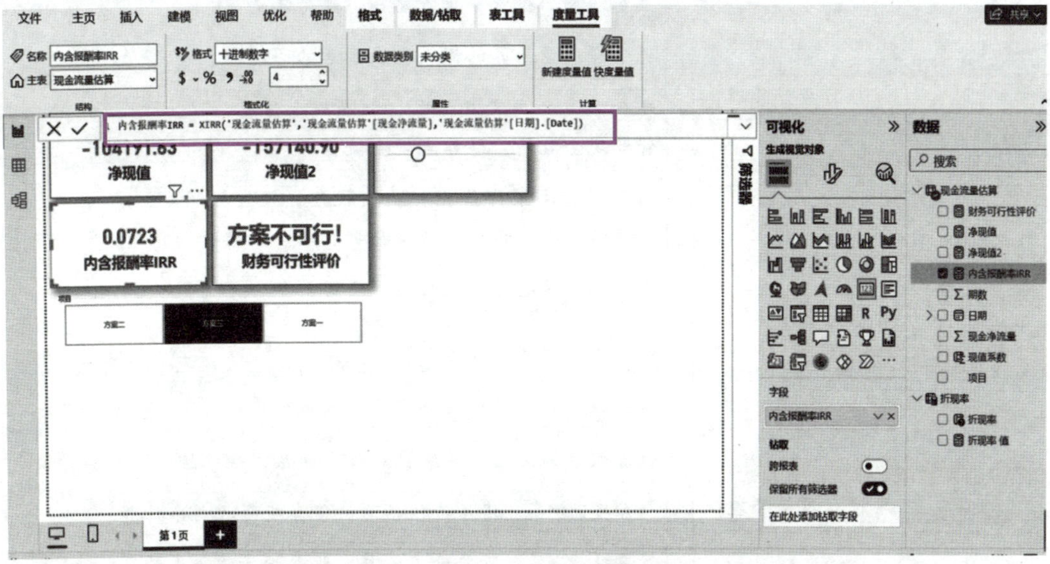

图9-3　新建度量值“内含报酬率IRR”

步骤3：在报表视图中，新建度量值“财务可行性评价”，以卡片图显示其结果，如图9-4所示。财务可行性度量值如下：

财务可行性评价=IF([净现值2]>0,"方案可行！",IF([净现值2]=0,"内含报酬率","方案不可行！"))

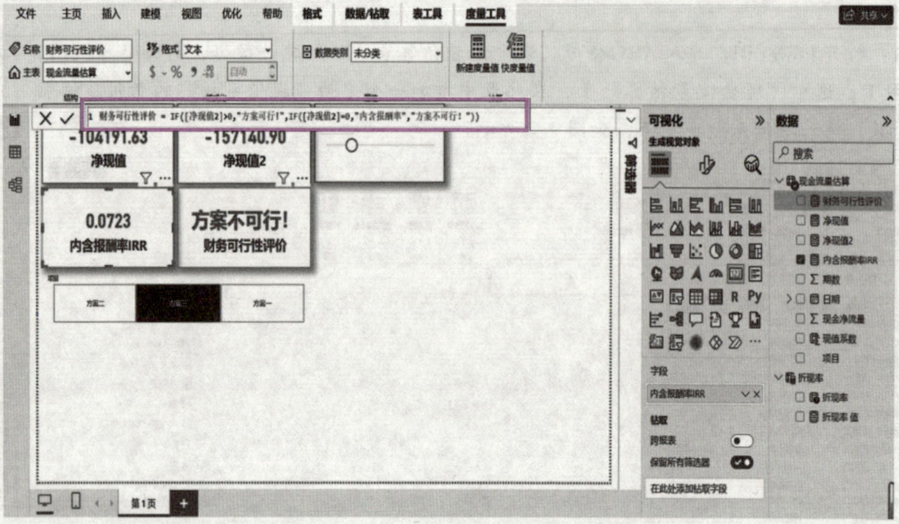

图 9-4　新建度量值“财务可行性评价”

通过拖动可变动的折现率，会发现利用净现值与使用内含报酬率评价同一个方案财务可行性的结论一致。

步骤 4：保存 Power BI 文件。点击左上角的保存按钮，输入文件名称以及保存路径，点击保存。

本项目思维导图

本项目思维导图如图 9-5 所示。

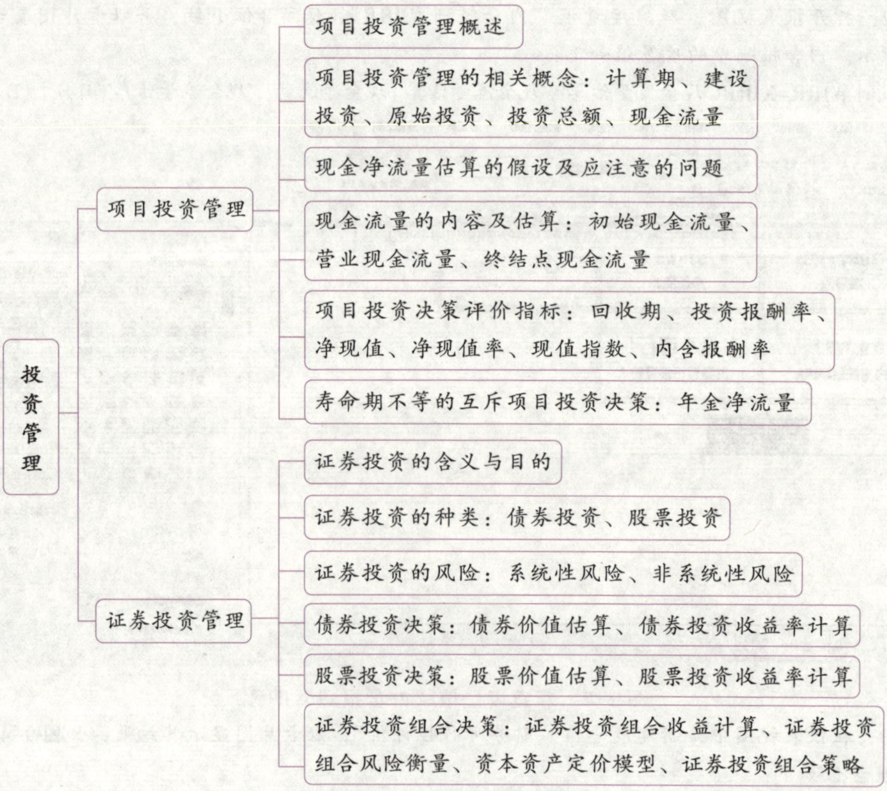

图 9-5　本项目思维导图

岗课赛证同步训练

一、单项选择题

1.投资回收期是（ ）。

A.净现值为零的年限　　B.现金净流量为零的年限

C.累计净现值为零的年限　　D.累计现金净流量为零的年限

2.已知某投资项目按14%的折现率计算的净现值大于零，按16%的折现率计算的净现值小于零，则该项目的内含报酬率（ ）。

A.大于14%，小于16%　　B.小于14%　　C.等于15%　　D.大于16%

3.已知某投资项目的寿命期是8年，资金于建设起点一次投入，当年完工并投产，若投产后每年的现金净流量相等，经预计该项目包括建设期的投资回收期是2.5年，则按内含报酬率确定的年金现值系数是（ ）。

A.3.2　　B.5.5　　C.2.5　　D.4

4.在一般投资项目中，当一项投资方案的净现值等于零时，表明（ ）。

A.该方案的年金净流量大于0　　B.该方案投资回收期等于0

C.该方案的现值指数大于1　　D.该方案的内含报酬率等于设定折现率

5.某投资方案的年营业收入为100 000元，年营业成本为60 000元，其中，年折旧额为10 000元，所得税税率为25%，则该方案的年营业现金净流量为（ ）元。

A.30 000　　B.40 000　　C.16 800　　D.43 200

6.某股票的未来股利不变，当股票市价低于股票价值时，股票投资报酬率与投资人要求的最低报酬率相比（ ）。

A.较高　　B.较低　　C.相等　　D.可能较高也可能较低

7.当某股票的β系数等于1，则下列表述中正确的是（ ）。

A.该股票的市场风险大于整个市场股票的风险　　B.该股票的市场风险小于整个市场股票的风险

C.该股票的市场风险等于整个市场股票的风险　　D.该股票的市场风险与整个市场股票的风险无关

8.假设某公司股利年增长率是10%，20×4年支付的每股股利是0.5元，20×4年年末股价是40元/股，则该股票的投资收益率是（ ）。

A.10%　　B.11.25%　　C.12.38%　　D.11.38%

9.某公司投资一种面值为1 000元、不计复利、5年后一次还本付息、票面利率为10%的债券。市场利率为12%，则该债券的内在价值为（ ）元。

A.851.10　　B.907.84　　C.931.35　　D.993.44

10.某公司股票的β系数为1.5，无风险收益率为4%，市场上所有股票的平均收益率为8%，则该股票的必要收益率为（ ）。

A.4%　　B.12%　　C.8%　　D.10%

二、多项选择题

1.如果其他因素不变，一旦折现率提高，下列各项中，其数值将会变小的有（ ）。

A.现值指数　　B.净现值

C.内含报酬率　　D.投资回收期

2.下列投资决策评价指标中，数值越大越好的有（ ）。

A.净现值　　B.投资回收期　　C.内含报酬率　　D.年金净流量

3.下列各项中，属于原始投资内容的有（ ）。

A.购置成本　　B.运输费　　C.安装费　　D.固定资产改良支出

4.下列关于投资项目营业现金净流量预计的各种做法中，正确的有（　　）。

A.营业现金净流量等于税后营业利润加非付现成本

B.营业现金净流量等于营业收入减去付现成本

C.营业现金净流量等于税后收入减税后付现成本加非付现成本引起的税负减少额

D.营业现金净流量等于营业收入减去付现成本再减去所得税

5.某企业拟按15%的必要投资收益率进行固定资产投资决策，计算的净现值为100万元，无风险收益率为8%。则下列表述中正确的有（　　）。

A.该项目的现值指数大于1

B.该项目的内部收益率小于8%

C.该项目的风险报酬率为7%

D.该企业不应进行此项投资

6.按照资本资产定价模型，确定特定股票必要收益率应考虑的因素有（　　）。

A.无风险收益率

B.公司股票的特有风险

C.特定股票β系数

D.所有股票的年平均收益率

7.证券投资组合的系统性风险产生的原因主要有（　　）。

A.国家税法的变化

B.国家财政和货币政策的变化

C.投资失误

D.世界能源状况的变化

8.按照投资的风险分散理论，以等量资金投资于A、B两项目，（　　）。

A.若A、B两项目完全负相关，组合后的风险完全抵消

B.若A、B两项目完全负相关，组合后的风险不变

C.若A、B两项目完全正相关，组合后的风险完全抵消

D.若A、B两项目完全正相关，组合后的风险不变

9.下列选项中，不属于终结点现金流量范畴的有（　　）。

A.固定资产折旧

B.固定资产残值收入

C.垫支流动资金的收回

D.停止使用土地的变价收入

10.下列说法中正确的有（　　）。

A.国库券没有违约风险和利息率风险

B.债券质量越高，违约风险越小

C.购买预期报酬率上升的资产可以抵补通货膨胀所带来的损失

D.债券到期时间越长，利率风险越小

三、判断题

1.一般情况下，使某投资方案的净现值小于零的折现率，一定高于该投资方案的内含报酬率。（　　）

2.某一方案的年金净流量等于该方案净现值与相关的资本回收系数的乘积。（　　）

3.现金流量是按收付实现制计算的，而在进行投资决策时，应该以权责发生制计算的营业利润作为评价项目经济效益的基础。（　　）

4.投资项目建设期内一般没有现金流入量，所以也不存在现金净流量。（　　）

5.采用现值指数评价投资项目时，只有现值指数大于1的项目才可行。（　　）

6.折旧与摊销属于投资项目现金流出量的内容。（　　）

7.把投资收益呈完全正相关的证券放在一起进行组合，可以降低风险。（　　）

8.股票市场价格会随着市场利率的上升而下降，随着市场利率的下降而上升。（　　）

9.β系数既可以衡量系统性风险，也可以衡量非系统性风险。（　　）

10.所有权证券所承担的风险一般大于债权证券。（　　）

四、计算题

1.某企业拟进行一个项目投资，该项目的现金流量有关资料见表9-11。

表 9-11　　投资项目现金流量表　　单位：万元

时间	建设期		经营期					合计
	0	1	2	3	4	5	6	
净现金流量	−1 000	−1 000	100	1 000	（B）	1 000	1 000	2 900
累计现金流量	−1 000	−2 000	−1 900	（A）	900	1 900	2 900	—
折现净现金流量	−1 000	−943.4	89	839.6	1 425.8	747.3	705	1 863.3

要求：

（1）计算上表中用英文字母表示的项目的数值。

（2）计算或确定下列指标：①静态回收期；②动态回收期；③原始投资现值；④净现值；⑤净现值率；⑥现值指数。

2.某工业投资项目A方案的原始投资为1 000万元，其中，固定资产投资750万元，流动资金投资200万元，其余为无形资产投资，全部投资的来源均为自有资金。该项目建设期为2年，经营期为10年，固定资产投资和无形资产投资分2年平均投入，流动资金投资在项目完工时（第2年年末）投入。固定资产的寿命期为10年，按直线法计提折旧，期满有50万元的净残值；无形资产从投产年份起分10年摊销完毕；流动资金于终结点一次收回。预计项目投产后，每年发生的相关营业收入和经营成本分别为600万元和200万元，所得税税率为25%。

要求：

（1）计算A方案的下列指标：①项目计算期；②固定资产原值；③固定资产年折旧；④无形资产投资额；⑤无形资产年摊销额；⑥经营期每年总成本；⑦经营期每年税前利润；⑧经营期每年税后利润。

（2）计算A方案的相关现金净流量指标：①建设期各年的现金净流量；②投产后1~10年每年的经营现金净流量；③项目终结点回收额；④终结点现金净流量。

（3）按8%的行业基准折现率，计算该项目的净现值，请据此评价A方案的财务可行性。

（4）该项目B方案的原始固定资产投资为1 080万元，建设期1年，经营期不变，经营期各年现金流量$NCF_{1\text{-}10}$=300万元，请计算该项目B方案的净现值指标，并据以评价方案的财务可行性。

（5）利用年金净流量指标进行投资决策，在A、B方案中选出较优的方案。

3.某企业持有甲、乙、丙三种股票构成的证券组合，其β系数分别为1.5、1.2和0.7，在证券组合中所占比重分别为50%、30%和20%，股票市场收益率为12%，无风险收益率为7%。

要求：

（1）计算该证券组合的β系数。

（2）计算该证券组合的风险收益率。

（3）计算该证券组合的必要收益率。

4.某企业股票目前支付的股利为每股1.8元，股票的必要收益率为9%，有关资料如下：（1）股利固定增长率为4%；（2）股利零增长。

要求：

（1）计算上述互不相关情况下股票的价值。

（2）假设该股票为增长率3%的固定增长股票，当时股票市价为40元，你作为投资者是否应购买该股票？

（3）假设该股票为零增长股票，按每股1.92元的股利计算，已知该股票价值为25元，则该股票的必要收益率为多少？

五、综合实训

实训任务一　评价单一方案的财务可行性

实训目的：利用不同决策指标，评价投资方案的财务可行性，熟悉各指标的财务可行性评价标准，加深对各指标的理解，提高各指标的应用能力。

实训资料：某企业购买机器设备价款20万元，可为企业每年增加净利2万元，该设备可使用5年，无残值，采用直线法计提折旧，该企业的贴现率为8%。

实训要求：

计算该投资方案的净现值、净现值率、现值指数、内含报酬率，并对此投资方案作出评价。

实训任务二　债券估价与收益率的测算

实训目的：加深对债券价值估算的认识，熟练掌握债券收益率的测算。

训练资料：李明于20×4年1月1日以1 180元购入一张面值为1 000元、票面利率为8%、每年12月31日付息、到期日为20×9年1月1日的债券。李明持有债券至到期日，当时的市场利率为6%。

实训要求：

（1）计算该债券价值；

（2）计算该债券收益率（考虑时间价值）。

实训任务三　股票内在价值的估算

实训目的：加深对股票价值估算的认识，提高股票投资的能力。

实训资料：某企业计划利用一笔长期资金购买股票，现有A、B两种股票可供选择。A股票现行市价为每股6元，上年每股股利为0.2元，预计以后每年以5%的增长率增长。B股票现行市价为每股8元，上年每股股利为0.5元，采用固定股利政策。该企业所要求的投资必要报酬率为8%。

实训要求：

（1）利用股票估价模型，分别计算A、B两种股票的内在价值；

（2）如该企业只投资一种股票，请对这两种股票作出分析与决策。

实训任务四　资本资产定价模型的应用

实训目的：加深对资本资产定价模型的认识，熟练测算证券投资的风险收益率和必要收益率。

实训资料：某企业持有甲、乙、丙三种股票构成的证券组合，其β系数分别为1.5、1.2和0.7，在证券组合中所占比重分别为50%、30%和20%，股票的市场收益率为12%，无风险收益率为7%。

实训要求：

（1）该证券组合的β系数为多少？

（2）该证券组合的风险收益率是多少？

（3）该证券组合的必要收益率应为多少？

项目十
营运资金管理

■知识目标

1. 了解持有现金的动机及成本
2. 掌握最佳现金持有量的确定方法
3. 了解持有应收账款的动机与成本
4. 掌握信用政策的确定方法
5. 了解持有存货的动机与成本
6. 掌握经济订货批量的确定方法

■能力目标

1. 会与企业内部相关部门沟通了解营运资金管理的制度、原则和方法
2. 会与政府部门沟通了解政策法规，具备政策法规的解读能力
3. 能比较敏锐地判断经济社会环境和政策法规变化对营运资金管理的影响
4. 会通过现代媒体等手段收集、加工、整理企业营运资金管理所需要的资料
5. 会分析判断企业、行业和经济社会发展对营运资金管理的要求
6. 能系统清晰而又重点突出地撰写营运资金管理分析报告

■素养目标

1. 培养学生对流动资金的投资决策能力，涵育其社会主义核心价值观
2. 培养学生的对全局资金的把控能力，厚植其爱国主义情怀
3. 培养学生的廉洁意识，塑造其高尚的品质

项目导读

2015年，比亚迪公司完成了传统汽车制造企业向新能源汽车制造企业的转型，其销售额比转型前扩大了一倍有余，尤其在赊销策略下，其净利润更是非转型前能及，然而，巨大的销售额必然导致大量的应收账款及应收票据，从而增加营销渠道对营运资金的占用，为此，比亚迪公司加强营运资金管理，优化应收账款催收制度，在很大程度上保证了应收账款的收回。

同时，比亚迪公司还通过产业链的垂直整合，有效控制原材料的入库数量及时间，在满足生产需要的前提下大幅度降低原材料对营运资金的占用，提高生产效率，加速在产品向产成品的转变，减少在产品对营运资金的占用。通过加强对经销商的管理，合理运用赊销策略，加速产成品的价值实现，降低产成品对营运资金的占用，缩短存货周转期，从而提高了营运资金的使用效率，让自己有了“二次腾飞”!

工作中如何运用更多的营运资金管理方法呢？学完本项目的内容，相信你将能通过剖析如何管理现金、应收账款、存货等与营运资金相关的各个环节，站在战略层面，从多角度很好地完成自己的工作。

任务一 营运资金管理认知

一、营运资金的概念

营运资金亦称“运营资金”或“营运资本”。营运资金有广义和狭义之分。广义的营运资金是指一个企业流动资产的总额。狭义的营运资金是指企业流动资产总额减流动负债总额后的净额，即企业在经营中可供运用、周转的流动资产净额。本项目所指的营运资金是狭义的营运资金概念。

营运资金管理是对企业流动资产和流动负债的管理。一个企业要维持正常的运转，就必须拥有适量的营运资金，因此，营运资金管理是企业财务管理的重要组成部分。加强营运资金管理就是加强对流动资产和流动负债的管理，就是加快现金、存货和应收账款的周转速度，尽量减少资金的过分占用，降低资金占用成本；就是利用商业信用，解决资金短期周转困难，同时在适当的时候向银行借款，利用财务杠杆提高权益资本报酬率。

（一）流动资产

流动资产是指可以在1年以内或超过1年的一个营业周期内变现或运用的资产。流动资产具有占用时间短、周转快、易变现等特点。企业拥有较多的流动资产，可在一定程度上降低财务风险。流动资产按不同的标准可进行不同的分类，常见的分类方式如下：

①按占用形态不同，分为现金、交易性金融资产、应收及预付款项和存货等。

②按在生产经营过程中所处的环节不同，分为生产领域中的流动资产、流通领域中的流动资产以及其他领域中的流动资产。

（二）流动负债

流动负债是指需要在1年或者超过1年的一个营业周期内偿还的债务。流动负债又称短期负债，具有成本低、偿还期短的特点，必须加强管理。流动负债按不同标准可作不同分类，最常见的分类方式如下：

①以应付金额是否确定为标准，可以分为应付金额确定的流动负债和应付金额不确定的流动负债。应付金额确定的流动负债是指那些根据合同或法律规定到期必须偿付、并有确定金额的流动负债，如短期借款、应付票据、应付短期融资券等；应付金额不确定的流动负债是指那些要根据企业生产经营状况，到一定时期或具备一定条件时才能确定的流动负债，或应付金额需要估计的流动负债，如应交税费、应付产品质量担保等。

②以流动负债的形成情况为标准，可以分为自然性流动负债和人为性流动负债。自然性流动负债是指不需要正式安排，由于结算程序或有关法律法规的规定等原因而自然形成的流动负债，如应交税费等。人为性流动负债是指由财务人员根据企业对短期资金的需求情况，通过人为安排所形成的流动负债，如短期银行借款等。

③以是否支付利息为标准，可以分为有息流动负债和无息流动负债。

随堂测10-1

【单选题】下列各项中，不属于营运资金构成内容的是（　　）。（2020年卷Ⅲ）

A.存货　　B.应收账款　　C.货币资金　　D.无形资产

二、营运资金的特点

为了有效地管理企业的营运资金，必须研究营运资金的特点，以便有针对性地进行管理。营运资金一般具有如下特点：

（一）营运资金的来源具有灵活多样性

与筹集长期资金的方式相比，企业筹集营运资金的方式较为灵活多样，通常有银行短期借款、短期融资券、商业信用、应交税费、应交利润、应付工资、应付费用、预收货款、票据贴现等多种内外部融资方式。

（二）营运资金的数量具有波动性

流动资产的数量会随企业内外条件的变化而变化，时高时低，波动较大。季节性企业如此，非季节性企业也如此。随着流动资产数量的变动，流动负债的数量也会相应发生变动。

（三）营运资金的周转具有短期性

企业占用在流动资产上的资金，通常会在1年或一个营业周期内收回。根据这一特点，营运资金可以通过商业信用、银行短期借款等短期筹资方式来加以解决。

（四）营运资金的实物形态具有变动性和易变现性

企业营运资金的实物形态是经常变化的，一般按照现金→材料→在产品→产成品→应收账款→现金的顺序转化。为此，在进行流动资产管理时，必须在各项流动资产上合理配置资金数额，做到结构合理，以促进资金周转的顺利进行。此外，短期投资、应收账款、存货等流动资产一般具有较强的变现能力，如果遇到意外情况，企业出现资金周转不灵、现金短缺时，便可迅速变卖这些资产，以获取现金。这对财务上应付临时性资金需求具有重要意义。

三、营运资金管理的原则

企业的营运资金在全部资金中占有相当大的比重，而且周转期短，形态易变，是企业财务管理工作的一项重要内容。营运资金管理的目标是实现企业价值最大化、保持充足的流动性、使财务风险最小化。企业进行营运资金管理，应遵循以下原则：

国内外营运资金管理研究回顾与展望

（一）保证合理的资金需求

企业应认真分析生产经营状况，合理确定营运资金的需要数量。企业营运资金的需求数量与企业生产经营活动有直接关系。一般情况下，当企业产销两旺时，流动资产会不断增加，流动负债也会相应增加；而当企业产销量不断减少时，流动资产和流动负债也会相应减少。营运资金的管理必须把满足正常合理的资金需求作为首要任务。

（二）提高资金使用效率

加速资金周转是提高资金使用效率的主要手段之一。提高营运资金使用效率的关键就是采取得力措施，缩短营业周期，加速变现过程，加快营运资金周转。因此，企业要千方百计地加速存货、应收账款等流动资产的周转，以便用有限的资金，服务于更大的产业规模，为企业取得更好的经济效益提供条件。

（三）节约资金使用成本

在营运资金管理中，必须正确处理保证生产经营需要和节约资金使用成本二者之间的关系。要在保证生产经营需要的前提下，遵守勤俭节约的原则，尽力降低资金使用成本。一方面，要挖掘资金潜力，盘活全部资金，精打细算地使用资金；另一方面，积极拓展融资渠道，合理配置资源，筹措低成本资金，服务于生产经营。

（四）保持足够的短期偿债能力

如果一个企业的流动资产比较多，流动负债比较少，说明企业的短期偿债能力较强；反之，则说明短期偿债能力较弱。但如果企业的流动资产太多，流动负债太少，也并不是正常现象，这可能是因流动资产闲置或流动负债利用不足所致。根据惯例，流动资产是流动负债的两倍是比较合理的。

素养提升

看到保守与激进，不得不提中庸。中庸是儒家的重要思想内核。在为人处世中，中庸思想的实用性在历史上没有任何思想可以取代。中庸的处世智慧是权衡利弊。见其可欲也，则必前后虑其可恶也者；见其可利也，则必前后虑其可害也者；而兼权之，熟计之，然后定其欲恶取舍。如是，则常不失陷矣。可欲与可恶、利与害都是对立统一关系，只看到一面就是"偏"，所以要"兼陈万物而中悬衡焉"，才能"众异不得相蔽以乱其伦也"。所谓"兼陈万物"是说要看到问题的各个方面，然后"兼权熟计"，作出准确的判断，不为各种矛盾现象迷惑。

任务二 现金管理

现金有广义和狭义之分。广义的现金是指企业生产经营过程中以货币形态存在的资金，包括库存现金、银行存款和其他货币资金等。狭义的现金仅指企业库存现金。这里所讲的现金是指广义的现金。

现金是企业资产中流动性最强的资产，代表着企业直接的支付能力和应变能力。一个企业如果现金缺乏，不能满足正常业务开支，会使企业蒙受损失；若持有现金过量，则会给企业带来较大的机会成本，降低其资产的整体获利能力。企业现金管理的目标，就是在现金的流动性与收益性之间作出权衡。通过现金管理，使现金收支不但在数量上，而且在时间上相互衔接，这对于保证企业经营活动的现金需要、降低企业闲置的现金数量、提高资金收益率具有重要意义。

一、持有现金的动机

（一）交易动机

交易动机指企业为满足生产经营活动中各种日常支付的需要而持有现金，这是企业持有现金的主要目的。企业在正常生产经营秩序下应当保持一定的现金支付能力，用于购买材料、支付工资、交纳税款、支付股利等。企业经营中的资金是不断循环周转的，企业每天的现金收入和支出很少同时等额发生，保留一定的现金余额可使企业应付资金的短缺。持有现金额的多少的主要影响因素有：①向客户提供的商业信用条件（同向）；②从供应商获得的信用条件（反向）；③业务的季节性。

（二）预防动机

预防动机是指企业为应付意外事件而必须保持的一定数量的现金。企业预计的资金需要量一般是指正常情况下的需要量，但有许多意外事件会影响企业资金的收入和支出。如自然灾害、安全事故、国家某些政策的变化、市场需求的变更等，都有可能使企业额外支付更多的资金。企业如果有这样一笔资金，就可以从容地应对这些意外事件。持有现金额的多少取决于：①企业愿冒现金短缺风险的程度；②企业预测现金收支可靠的程度；③企业临时融资的能力。

（三）投机动机

投机动机是指企业为能抓住各种瞬息即逝的市场机会以获取较大的利益而必须准备的现金。企业持有现金，以便当证券、原材料、商品价格剧烈波动时，从事投机活动，从中获得收益，即短期投资。如证券价格突然下跌，企业若没有用于投机的现金，就会错过这一机会。

重要提示

企业的现金持有量一般小于以上三种动机下的现金持有量之和，因为为某一动机持有的现金可以用于满足其他需求。

二、持有现金的成本

持有现金成本是指持有现金所放弃的报酬，是持有现金付出的各种代价。通常由以下四个部分组成：

（一）管理成本

管理成本是指企业因持有一定数量的现金而发生的管理费用，如管理人员工资及必要的安全措施费，这部分费用在一定范围内与现金持有量的多少关系不大，具有固定成本的性质。

（二）机会成本

机会成本是指企业因持有一定数量的现金而丧失的再投资收益。再投资收益是指由于企业持有一定数量现金，而不能同时用该现金进行有价证券投资所产生的机会成本，这种成本在数额上等同于资本成本，一般可用投资收益率来表示。比如，某企业的资本成本为10%，企业年均持有现金200 000元，则该企业每年持有现金而丧失的再投资收益，即机会成本为20 000元（200 000×10%）。丧失的再投资收益即机会成本属于变动成本，它与现金持有量的多少密切相关，即现金持有量越大，机会成本越高，反之就越小。

（三）转换成本

转换成本又称交易成本，是指企业用现金购入有价证券以及转让有价证券换取现金时付出的交易费用，如委托买卖佣金、委托手续费、证券过户费、交割手续费等。证券转换成本与现金持有量的关系是：在现金需要量既定的前提下，现金持有量越少，进行证券变现的次数越多，相应的转换成本就越大；反之，现金持有量越多，证券变现的次数就越少，需要的转换成本也就越小。因此，转换成本一般只与交易的次数有关，而与现金持有量的多少无关。

（四）短缺成本

短缺成本是指在现金持有量不足，又无法及时通过有价证券变现加以补充而给企业造成的损失，包括直接损失与间接损失。现金的短缺成本随现金持有量的增加而下降，随现金持有量的减少而上升，即与现金持有量负相关。

三、最佳现金持有量的确定

最佳现金持有量是指使持有现金所花费的代价最小，又不能影响企业的正常生产经营需要的现金持有量。它的确定主要有成本分析模型、存货分析模型和随机模型三种方法。

（一）成本分析模型

成本分析模型，也称成本模型，是根据现金相关成本，分析预测其总成本最低时现金持有量的一种方法。运用成本分析模型确定最佳现金持有量时，不考虑转换成本，只考虑因持有一定量的现金而产生的机会成本、管理成本及短缺成本，三者之和最小即可。

运用成本分析模型确定最佳现金持有量的步骤为：

①根据不同现金持有量测算并确定有关成本数值。

②按照不同现金持有量及其有关成本资料编制最佳现金持有量测算表。

③在测算表中找出总成本最低时的现金持有量，即最佳现金持有量。在这种模式下，最佳现金持有量是使现金持有成本最小时的持有量，就是持有现金而产生的管理成本、机会成本与短缺成本之和最小时的现金持有量。

成本分析模型下最佳现金持有量如图10-1所示。

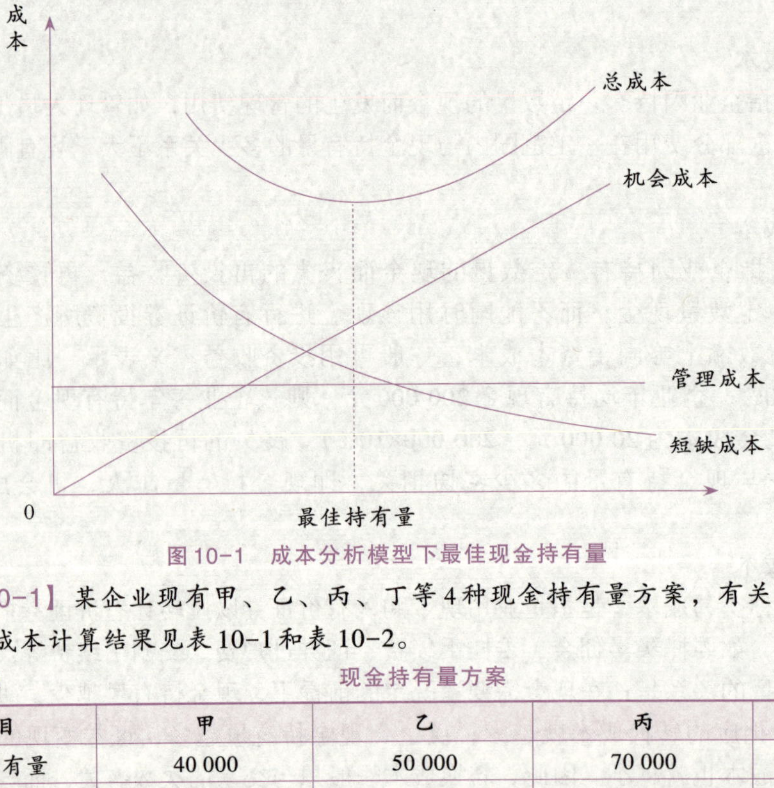

图10-1 成本分析模型下最佳现金持有量

【例10-1】某企业现有甲、乙、丙、丁等4种现金持有量方案，有关成本资料及各种方案的总成本计算结果见表10-1和表10-2。

表10-1 现金持有量方案 金额单位：元

项目	甲	乙	丙	丁
现金持有量	40 000	50 000	70 000	90 000
管理成本	10 000	10 000	10 000	10 000
机会成本率	8%	8%	8%	8%
短缺成本	4 800	3 600	1 500	0

表10-2 现金总成本计算表 单位：元

项目	甲	乙	丙	丁
管理成本	10 000	10 000	10 000	10 000
机会成本	3 200	4 000	5 600	7 200
短缺成本	4 800	3 600	1 500	0
现金总成本	18 000	17 600	17 100	17 200

由以上计算可知，丙方案的总成本最低。因此，70 000元为该企业的最佳现金持有量。

随堂测10-2

【单选题】在利用成本分析模型计算最佳现金持有量时，下列成本因素中未被考虑在内的是（　　）。(2019年卷Ⅱ)

A.机会成本　　　B.交易成本　　　C.短缺成本　　　D.管理成本

（二）存货分析模型

存货分析模型，也称存货模型，是将现金看作企业的一种特殊存货，按照存货经济订货批量模型确定最佳现金持有量的方法，其着眼点也是现金相关成本之和最低。

运用存货分析模型确定最佳现金持有量时，是以下列假设为前提的：

①企业预测期内现金需要总量可以预测；

②企业所需要的现金可通过证券变现取得，且证券变现的不确定性很小；

③现金的支出过程比较稳定、波动较小，而且每当现金余额降至零时，均通过部分证券变现得以补足，没有短缺成本；

④证券的利率或报酬率以及每次固定性交易费用可以获悉。

在以上假设条件下，相关成本只有机会成本和转换成本。因此，存货分析模型下的最佳现金持有量是能使机会成本与转换成本之和最低的现金持有量。其成本计算公式为：

相关总成本=机会成本+转换成本

$TC=K\times Q/2+F\times T/Q$

式中：TC——相关总成本；Q——现金持有量；K——有价证券利率（即机会成本率）；T——一定时期的现金需要量；F——每次转换有价证券的成本。

假设每次转换现金后现金持有量达到最高，下次转换前现金刚好用完，现金余额为零，故现金平均余额为Q/2。现金余额在一定时期的变化情况如图10-2所示。持有现金的成本与现金持有量的关系如图10-3所示。

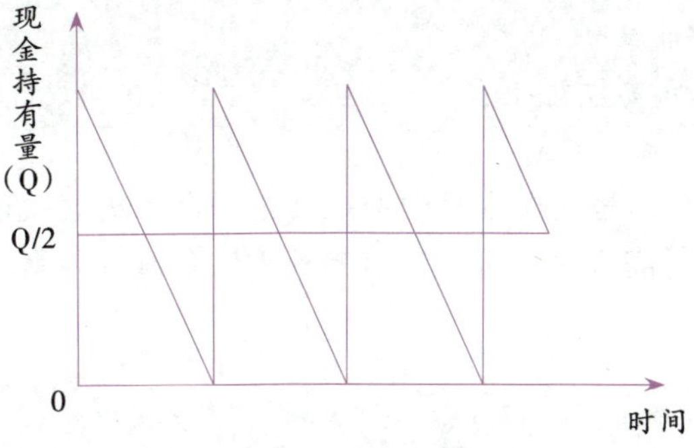

图10-2　现金余额变化

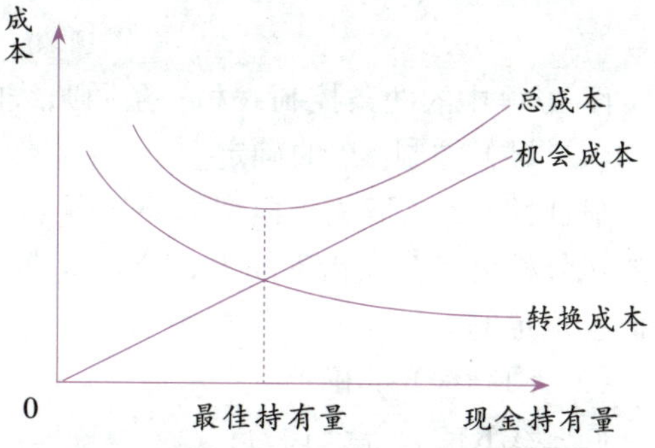

图10-3　存货模型下的最佳现金持有量

通过对公式TC=K×Q/2+F×T/Q求导，求出TC（Q）极小值，可以确定出最佳现金持有量、最低相关总成本和最佳变现次数。其计算公式分别为：

$$Q^*=\sqrt{\frac{2TF}{K}}$$

$$TC^*=\sqrt{2TFK}$$

$$N^*=T/Q^*$$

式中：Q^*——最佳现金持有量；TC^*——最低相关总成本；N^*——最佳转换次数；其他字母表示的含义同前。

【例10-2】某企业预计全年现金需要量为1 000 000元，其收支状况比较稳定。有价证券年利率为8%。有价证券变现的转换成本为100元/次。要求：计算最佳现金持有量、最低相关总成本及最佳变现次数。

解：$Q^* = \sqrt{\dfrac{2 \times 1\,000\,000 \times 100}{8\%}} = 50\,000$（元）

$TC^* = \sqrt{2 \times 1\,000\,000 \times 100 \times 8\%} = 4\,000$（元）

$N^* = \dfrac{1\,000\,000}{50\,000} = 20$（次）

（三）随机模型

随机模型是在现金需求量难以预知的情况下进行现金持有量控制的方法。对企业来讲，现金需求量往往波动大且难以预知，但企业可以根据历史经验和现实需要，测算出一个现金持有量的控制范围，即制定出现金持有量的上限和下限，将现金持有量控制在上下限之内。米勒（M.Miller）和奥尔（D.Orr）设计了一个在现金流入、流出不稳定情况下确定最佳现金持有量的模型，如图10-4所示。

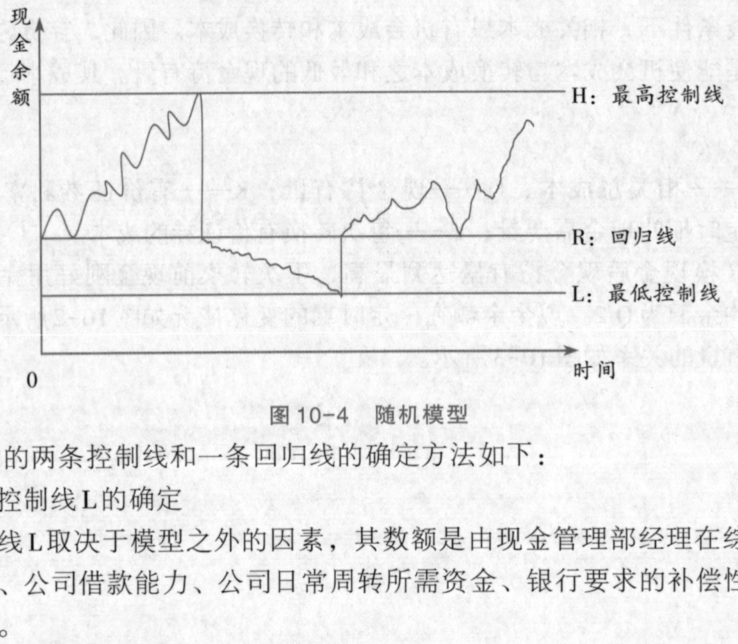

图10-4　随机模型

图10-4中的两条控制线和一条回归线的确定方法如下：

（1）最低控制线L的确定

最低控制线L取决于模型之外的因素，其数额是由现金管理部经理在综合考虑短缺现金的风险程度、公司借款能力、公司日常周转所需资金、银行要求的补偿性余额等因素的基础上确定的。

（2）回归线R的确定

回归线R的计算公式为：

$$R = \sqrt[3]{\frac{3b \times \delta^2}{4i}} + L$$

式中：b——证券转换为现金或现金转换为证券的成本；δ——公司每日现金流变动的标准差；i——以日为基础计算的现金机会成本率。

注意：在R的影响因素中，同向变动是为L、b、δ；反向变动的为i。

（3）最高控制线H的确定

$H=3R-2L$

该公式可以变形为：

H−R=2（R−L）

现金余额升至H时，可购进（H−R）金额的有价证券，使现金余额回落到R线；现金余额降至L时，出售（R−L）金额的有价证券，使现金余额回落到R的最佳水平。

目标现金余额R线的确定，可按现金总成本最低（即持有现金的机会成本和转换有价证券的固定成本之和最低）的原理，并结合现金余额可能波动的幅度考虑。

【例10−3】某公司现金管理部经理确定L值应为10 000元，估计公司现金流量标准差δ为1 000元，持有现金的年机会成本为14%，换算为i值是0.00039（14%÷360），b=150元。要求：根据以上资料确定随机模型的回归线和最高控制线。

解：$R=\sqrt[3]{\dfrac{3\times150\times1\,000^2}{4\times0.00039}}+10\,000=16\,607$（元）

$H=3\times16\,607-2\times10\,000=29\,821$（元）

重要提示

运用随机模型、存货分析模型和成本分析模型计算最佳现金持有量，均会涉及持有现金的机会成本。

四、现金收支日常管理

企业在确定了最佳现金持有量之后，还应采取各种措施，加强现金的日常管理。尽快加速账款的回收和现金的周转，尽量延缓现金支出的时间，充分利用闲置资金，使现金得到最有效的利用。

（一）现金周转期

企业的经营周期是指从取得存货开始到销售存货并收回现金为止的时期。其中，从收到原材料到加工原材料，形成产成品，到将产成品卖出的这一时期，称为存货周转期；从产品卖出后到收到顾客支付的货款的这一时期，称为应收账款周转期。

但企业购买原材料并不用立即付款，这一延迟的付款时间段就是应付账款周转期。现金周转期，是指介于企业支付现金与收到现金之间的时间段，它等于经营周期减去应付账款周转期。其计算公式为：

经营周期=存货周转期+应收账款周转期

现金周转期=经营周期−应付账款周转期

其中：

存货周转期=存货平均余额/每天的销货成本

应收账款周转期=应收账款平均余额/每天的销货收入

应付账款周转期=应付账款平均余额/每天的购货成本

所以，如果要缩短现金周转期，可以从以下方面着手：加快制造与销售产成品来缩短存货周转期；加速应收账款的回收来缩短应收账款周转期；减缓支付应付账款来延长应付账款周转期。

随堂测10−3

【多选题】下列管理措施中可以缩短现金周转期的有（　　）。（2016年）

A.提前偿还短期融资券　　B.利用商业信用延期付款

C.加大应收账款催收力度　　D.加快制造和销售产品

【例10−4】F公司为一家商业企业，20×3年的有关资料见表10−3。

表10-3　　营运资金有关资料表　　单位：万元

项目	期初金额	期末金额
存货	6 000	6 000
应收账款	3 500	2 500
应付账款	2 200	1 800
销货收入	21 600	
销货成本	18 000	

假定1年按360天计算，不考虑其他因素。要求：

（1）根据以上资料计算存货周转期、应收账款周转期、应付账款周转期、经营周期和现金周转期。

（2）如果20×3年现金周转期需要控制在120天，存货周转期、应付账款周转期和平均应收账款维持在上年水平，则20×3年的销货收入增长率为多少？

（3）在其他条件相同的情况下，如果F公司利用供应商提供的现金折扣，则对现金周转期会产生何种影响？

（4）在其他条件相同的情况下，如果F公司增加存货，则对现金周转期会产生何种影响？

解：（1）存货周转期=6 000÷（18 000÷360）=120（天）

由于期初期末存货余额相同，故全年销货成本等于购货成本。

应收账款周转期=3 000÷（21 600÷360）=50（天）

应付账款周转期=2 000÷（18 000÷360）=40（天）

经营周期=120+50=170（天）

现金周转期=170−40=130（天）

（2）20×3年应收账款周转期=120+40−120=40（天）

假设20×3年销货收入为X，则有：40=3 000 /（X / 360）

得：X=27 000（万元）

20×3年销货收入增长率=（27 000−21 600）÷21 600×100%=25%

（3）如果F公司利用供应商提供的现金折扣，则应付账款周转期将会缩短，在其他条件不变的情况下，会使现金周转期增加。

（4）如果F公司增加存货，则存货周转期将会增长，在其他条件不变的情况下，会使现金周转期增加。

（二）收款管理

一个高效率的收款系统能够使收款成本和收款浮动期达到最小，同时能够保证与客户汇款及其他现金流入来源相关的信息的质量。

1.收款成本

收款成本包括浮动期成本（机会成本）、管理收款系统的相关费用（如银行手续费）及第三方处理费用或清算相关费用。在获得资金之前，收款在途项目使企业无法利用这些资金，也会产生机会成本。

2.收款浮动期

收款浮动期是指从支付开始到企业收到资金的时间间隔。收款浮动期主要是由纸基支付工具导致的，有下列三种类型：

邮寄浮动期：是指从付款人寄出支票到收款人或收款人的处理系统收到支票的时间

间隔。

处理浮动期：是指支票的接受方处理支票和将支票存入银行以收回现金所需的时间。

结算浮动期：是指通过银行系统进行支票结算所需的时间。

（三）付款管理

付款管理即现金支出管理，其主要任务是尽可能延缓现金的支出时间。当然，这种延缓必须是合理合法的。控制现金支出的目标是在不损害企业信誉的条件下，尽可能推迟现金的支出。一般通过以下方式延缓现金的支出：

1.合理利用现金浮游量

现金浮游量是指由于企业提高收款效率和延长付款时间所产生的企业账户上的现金余额和银行账户上的企业存款余额之间的差额。

2.推迟应付款的支付

推迟应付款的支付，是指企业在不影响自身信誉的前提下，充分运用供货方所提供的信用优惠，尽可能地推迟应付款的支付期。

3.汇票代替支票

汇票分为商业承兑汇票和银行承兑汇票。与支票不同的是，承兑汇票并不是见票即付。这一方式的优点是推迟了企业调入资金支付汇票的实际所需时间。这样企业就只需在银行中保持较少的现金余额。它的缺点是某些供应商可能并不喜欢用汇票付款，银行也不喜欢处理汇票，因为该种支付方式通常需要耗费更多的人力。因此，与支票相比，银行会收取较高的手续费。

4.改进员工工资支付模式

企业可以为支付工资专门设立一个工资账户，通过银行向职工支付工资。为了最大限度地减少工资账户的存款余额，企业要合理预测开出支付工资的支票到职工去银行兑现的具体时间。

5.透支

透支是指企业开出支票的金额大于活期存款余额。它实际上是银行向企业提供的信用。透支的限额，由银行和企业共同商定。

6.争取现金流出与现金流入同步

企业应尽量使现金流出与流入同步，这样，就可以降低交易性现金余额，同时可以减少有价证券转换为现金的次数，提高现金的利用效率，节约转换成本。

7.使用零余额账户

企业与银行合作，保持一个主账户和一系列子账户。企业只在主账户保持一定的安全储备，而在一系列子账户中不需要保持安全储备。当某个子账户签发的支票需要现金时，所需要的资金立即从主账户划拨过来，从而使更多的现金可以用作他用。

素养提升

作为企业，必须建立一套管理现金的方法，持有合理的现金数额使其在时间上继起，在空间上并存，在现金的流动性和收益性之间进行合理选择。作为学生，我们得会合理安排自己的时间，而在节奏快、信息量大、竞争力强的时代背景下，要想跟上时代的节奏，就必须加倍珍惜时间，提高时间效率，加快生活、工作、学习的节奏，做时间的主人。

任务三 应收账款管理

应收账款是指企业在正常的经营过程中因销售商品、产品、提供劳务等业务，应向购买单位收取的款项，包括应由购买单位或接受劳务单位负担的税金、代购买方垫付的包装费及各种运杂费等。应收账款作为企业扩大销售和盈利的一项投资，也会发生一定的成本，所以企业需要在应收账款所增加的盈利和所增加的成本之间作出权衡。

应收账款管理是指通过分析赊销条件，使赊销带来的盈利增加大于应收账款投资产生的成本费用增加，最终使企业现金收入增加，企业价值上升。其目的是保证足额、及时收回应收账款，降低和避免信用风险。

应收账款管理的目标是要制定科学合理的应收账款信用政策，并在这种信用政策所增加的销售盈利和采用这种政策预计要负担的成本之间作出权衡。只有当所增加的销售盈利超过运用此政策所增加的成本时，才能实施这种信用政策。

一、应收账款的作用与成本

(一) 应收账款的作用

1.促进销售

提供赊销所增加的产品销售一般不增加固定成本，因此，赊销所增加的收益等于增加的销售量与单位边际贡献的乘积，其计算公式为：

增加的收益=增加的销售量×单位边际贡献

2.减少存货

企业持有一定产成品存货时，会相应地占用资金，形成仓储费用、管理费用等，因而产生成本；而赊销则可避免这些成本的产生。

(二) 应收账款的成本

应收账款的成本是指企业因持有应收账款而付出的代价，主要有三项成本，即机会成本、管理成本和坏账成本。

1.机会成本

应收账款的机会成本是指企业的资金被应收账款占用而丧失的其他收益，即因投放于应收账款而放弃其他投资所带来的收益。如投资于有价证券会有利息收入。机会成本的大小与应收账款的数额、占用时间有关，也与参照利率有关。参照利率可以是投资收益率，也可以是平均资金成本率，有关计算公式如下：

应收账款的机会成本=应收账款占用资金×机会成本率

应收账款占用资金=应收账款平均余额×变动成本率

应收账款平均余额=年销售额/360×平均收账期

=日销售额×平均收账期

重要提示

以上公式假定信用政策改变后，销售量的增加没有突破固定成本的相关范围，所以，计算应收账款占用资金只需要考虑变动成本就可以了。只有应收账款中的变动成本才是因为赊销而增加的成本(投入的资金)。如果突破了固定成本的相关范围，则固定成本也将发生变化，此时，计算收益的增加时还需要减去固定成本的增加额。

2. 管理成本

应收账款的管理成本主要是指进行应收账款管理所增加的费用，主要包括：调查顾客信用状况的费用、收集各种信息的费用、账簿的记录费用、收账费用、数据处理成本、相关管理人员成本和从第三方购买信用信息的成本等。

3. 坏账成本

在赊销交易中，债务人由于种种原因无力偿还债务，债权人就有可能无法收回应收账款而发生损失，这种损失就是坏账成本。可以说，企业的坏账成本是不可避免的，而此项成本一般与应收账款发生的数量成正比。坏账成本一般可用下列公式测算：

应收账款的坏账成本=赊销额×预计坏账损失率

【例10-5】某企业预计下年度销售净额为1 800万元，应收账款周转天数为90天（一年按360天计算），变动成本率为60%，资本成本为10%，则应收账款的机会成本是多少？

应收账款平均余额=1 800÷360×90=450（万元）

应收账款占用资金=450×60%=270（万元）

应收账款机会成本=270×10%=27（万元）

根据以上计算结果可知，该企业投放270万元的资金，可以维持1 800万元的赊销业务。

二、应收账款的信用政策

信用政策，是指企业为对应收账款进行规划与控制而确立的基本原则性行为规范，是企业财务政策的一个重要组成部分。

信用政策主要包括信用标准、信用条件和收账政策三部分内容，主要作用是调节企业应收账款的水平和质量。

（一）信用标准

信用标准是客户要享有企业商业信用所应具备的最低条件，通常以预期的坏账损失率来表示。如客户达不到信用标准，便不能享受或较少享受企业的信用。企业信用标准的高低将直接影响企业的销售收入和销售利润。信用标准如果定得较高，仅对信用好的客户给予赊销待遇，其结果，一方面可以使坏账损失减少，应收账款的机会成本降低；但另一方面将丧失一部分来自信用较差客户的销售收入和销售利润。这就要求企业权衡得失，较为准确地对不同客户规定相应的信用标准。因此，企业应事先对信用申请者的信用状况作出评估，并在此基础上作出决策。

对加强企业信用体系建设的思考

1. 客户信用评估

常用的客户信用评估方法有定性分析法和定量分析法。

（1）定性分析法

常用的定性分析法是“5C”系统评估法。所谓“5C”系统评估法是指重点分析影响信用的五个方面的一种方法。这五个方面英文的第一个字母都是C，故称为“5C”。这五个方面是：

①品质（character），是指个人或公司管理者的诚实和正直表现。品质反映了个人或公司在过去的还款中所体现的还款意图和愿望。这是“5C”中最主要的因素。

②能力（capacity），是指经营能力，通常通过分析申请者的生产经营能力及获利情

况、管理制度是否健全、管理手段是否先进、产品生产销售是否正常、在市场上有无竞争力、经营规模和经营实力是否逐年增长等来评估。

③资本（capital），是指如果企业或个人当前的现金流不足以还债，他们在短期和长期内可供使用的财务资源，主要包括资本规模和负债比率。

④抵押（collateral），是指当企业或个人不能满足还款条款时，可以用作债务担保的资产或其他担保物。信用分析必须分析抵押手续是否齐备、抵押品估值等。

⑤条件（condition），是指影响申请者还款能力和还款意愿的经济环境。经济环境对企业发展前途具有一定影响，也是影响企业信用的一项重要的外部因素。信用分析必须对企业的经济环境，包括企业发展前景、行业发展趋势、市场需求变化等进行分析，预测其对企业经营效益的影响。

（2）定量分析法

企业进行商业信用的定量分析可以从考查信用申请人的财务报表开始。通常使用比率分析法评价顾客的财务状况。常用的指标有流动性和营运资本比率（流动比率、速动比率以及现金对负债总额比率）、债务管理和支付比率（利息保障倍数、长期债务对资本比率、带息债务对资产总额比率，以及负债总额对资产总额比率）、盈利能力指标（销售回报率、总资产回报率和净资产收益率）等。

重要提示

将以上指标和信用评级机构及其他协会发布的行业标准进行比较，可以观察申请人的信用状况。

2.信用标准的决策

在采用“5C”系统对客户信用状况进行定性分析的基础上，再对客户的信用风险进行定量分析，然后根据分析结果对方案的取舍作出决策。决策的基本原则是：增加的收益越大，方案越优。

【例10-6】永华公司为扩大销售，在原有信用标准的基础上拟订了A、B两个备选方案。原方案与A、B方案的有关资料见表10-4。

表10-4　备选方案有关资料表　金额单位：万元

项　目	原方案	A方案	B方案
年销售收入	3 000	3 200	3 500
坏账损失率	2%	3%	5%
平均收账期（天）	30	45	60
收账费用	30	40	50

该公司的生产能力尚有剩余，增加产销量只增加变动成本，变动成本率为60%，应收账款的机会成本率为15%。假设不考虑所得税因素。试为该企业作出信用标准的决策。

根据以上资料计算的净收益见表10-5。

表10-5　备选方案收益计算结果表　单位：万元

项　目	原方案	A方案	B方案
信用成本前收益	3 000×（1-60%）=1 200	3 200×（1-60%）=1 280	3 500×（1-60%）=1 400
机会成本	（3 000÷360）×30×60%×15% =22.5	（3 200÷360）×45×60%×15% =36	（3 500÷360）×60×60%×15% =52.5
坏账损失	3 000×2%=60	3 200×3%=96	3 500×5%=175
收账费用	30	40	50
信用成本后收益	1 200-22.5-60-30=1 087.5	1 280-36-96-40=1 108	1 400-52.5-175-50=1 122.5

由以上计算可知，采用B方案为企业获取的收益最多。所以，该企业应选用B方案为宜。

（二）信用条件

当根据信用标准决定给予客户信用优惠时，就需考虑具体的信用条件。信用条件是指企业要求客户支付赊销款项的条件，包括信用期限、现金折扣及折扣期限等。

1.信用期限

信用期限确定客户在赊购货物后多少天之内支付货款，是企业为客户规定的最长的付款时间界限，并在赊销合同中取得了客户的正式承诺。确定适宜的信用期限是企业制定信用政策时首先要解决的问题。较长的信用期限，会刺激客户的购买热情，吸引更多的客户，给企业带来扩大市场份额和增加销售额的好处，但也会给企业带来风险。相反，较短的信用期限，虽然减少了持有应收账款相关的成本，但是直接影响企业的赊销规模，增加了库存压力，降低了企业在市场中的竞争力。所以，合理的信用期限应当着眼于使企业的总收益达到最大。理论上的最低限度是损益平衡。

2.现金折扣和折扣期限

现金折扣是企业对客户早付款给予的一种优惠。制定现金折扣政策的主要目的是吸引客户为享受优惠而提前付款，缩短平均收现期。现金折扣同样会对企业的收益和费用同时产生影响，如果制定方法不当，也会使企业得不偿失。现金折扣通常表示为“2/10，1/20，n/30”。2/10表示在10天内付款优惠2%；1/20表示在0~20天内付款优惠1%；n/30表示超过20天付款没有折扣。在此，30天为信用期限，10天、20天为折扣期限，2%、1%为现金折扣率。而折扣期限，是指顾客享受折扣的付款期限，超过该期限则不能享受折扣。

3.信用条件决策

企业为客户提供优惠的信用条件能够增加销售，但也会增加应收账款成本，如增加机会成本、坏账成本、现金折扣成本等，同时还会增加企业的风险。因此，企业应权衡成本与收益后再作出决策。信用条件决策的原则是如果改变信用期增加的税前损益大于0，则可行。

【例10-7】承【例10-6】资料，永华公司为扩大销售，拟将B方案的信用条件改为“2/10，1/20，n/60”，估计约有60%的客户会利用2%的折扣，25%的客户将利用1%的折扣，坏账损失率将降低为4%，收账费用降低为45万元。该公司的变动成本率为60%，资本成本为15%。假设不考虑所得税因素。请分析该公司是否应改变B方案的信用条件。

改变信用条件后：

①现金折扣=3 500×60%×2%+3 500×25%×1% = 50.75（万元）

②信用成本前收益=3 500×（1−60%）−50.75 = 1 349.25（万元）

③平均收账期=10×60%+20×25%+60×15% = 20（天）

④机会成本=3 500÷360×20×60%×15% = 17.5（万元）

⑤坏账损失=3 500×4%=140（万元）

⑥收账费用=45万元

⑦信用成本后收益=1 349.25−17.5−140−45=1 146.75（万元）

由以上计算可知，改变信用条件后可为公司多盈利24.25万元（1 146.75−1 122.5）。因此，该公司应该改变B方案的信用条件。

（三）收账政策

收账政策是指信用条件被违反时，企业采取的收账策略。在其他条件相同时，在一定范围内相应收账费用越高，坏账比率越低，平均收账期也就越短。但是这种关系并不是线性的。初始的收款支出可能只能减少很少的坏账损失。进一步增加收账费用将产生显著作用，直至某一点后它能减少的坏账损失越来越少。

企业对各种不同逾期账款的催收方式，即收账政策是不同的。对逾期较短的顾客，不过多地打扰，以免将来失去这一市场；对逾期较长的顾客，频繁地使用信件催款并电话催询；对逾期很长的顾客，可在催款时措辞严厉，必要时提请有关部门仲裁或提起诉讼等。

当账款为客户拖欠或拒付时，企业首先应分析现有的信用标准及信用审批制度是否存在纰漏，然后重新对违约客户的资信等级进行调查、评价。对于信用品质恶劣的客户，应当将其从信用名单中排除，对其所拖欠的款项可先通过信函、电话或者派员前往等方式进行催收，态度可渐加强硬，并提出警告。当这些措施无效时，则可以通过法院裁决。为了提高诉讼效果，可以与其他经常被该客户拖欠或拒付账款的企业联合向法院起诉，以增强该客户信用品质不佳的证据力。对于信用记录一向正常的客户，在去电、去函基础上，不妨派人与客户直接协商，彼此沟通意见，达成谅解妥协，既可密切相互间的关系，又有利于较为理想地解决账款拖欠问题。当然如果双方无法取得谅解，也只能付诸法律进行最后裁决。

【例10-8】永华公司目前采用30天按发票金额（即无现金折扣）付款的信用政策，拟将信用期由30天放宽至60天，仍按发票金额付款（即无现金折扣）。假设等风险投资的最低报酬率为15%，其他有关数据资料见表10-6。要求：计算分析该公司应否将信用期放宽至60天。

表10-6　　备选方案有关资料表　　金额单位：元

项目	信用期30天	信用期60天
全年销售量（件）	100 000	120 000
全年销售额（单位售价5元）	500 000	600 000
全年销售成本		
其中：变动成本（单位变动成本4元）	400 000	480 000
固定成本	50 000	50 000
毛利（元）	50 000	70 000
可能发生的收账费用（元）	3 000	4 000
可能发生的坏账损失（元）	5 000	9 000

（1）增加的收益：

增加的收益=销售量的增加×单位边际贡献=（120 000−100 000）×（5−4）=20 000（元）

（2）增加的成本费用：

30天信用期的机会成本=（500 000÷360）×30×（400 000÷500 000）×15%=5 000（元）

60天信用期的机会成本=（600 000÷360）×60×（480 000÷600 000）×15%=12 000（元）

增加的机会成本=12 000−5 000=7 000（元）

增加的收账费用=4 000−3 000=1 000（元）

增加的坏账损失=9 000-5 000=4 000（元）

（3）增加的税前损益：

增加的税前损益=增加的收益-增加的成本费用

=20 000-（7 000+1 000+4 000）=8 000（元）

由于增加的收益大于增加的成本，故应采用60天的信用期。

三、应收账款日常管理

（一）客户日常管理

1.客户信用调查

信用调查是指收集和整理反映客户信用状况的有关资料的工作。信用调查是企业应收账款日常管理的基础，是正确评价客户信用的前提条件。企业对顾客进行信用调查主要通过两种方法：

（1）直接调查

直接调查，是指调查人员通过与被调查单位进行直接接触，通过当面采访、询问、观看等方式获取信用资料的一种方法。直接调查可以保证收集资料的准确性和及时性，但也有一定的局限性，往往获得的是感性资料，若不能得到被调查单位的配合，则会使调查工作难以开展。

（2）间接调查

间接调查，是指以被调查单位以及其他单位保存的有关原始记录和核算资料为基础，通过加工整理获得被调查单位信用资料的一种方法。这些资料主要来自以下几个方面：

①财务报表。通过财务报表分析，可以基本掌握一个企业的财务状况和信用状况。

②信用评估机构。专门的信用评估机构，由于其评估方法先进，评估调查细致，评估程序合理，所以可信度较高。

③银行。银行是信用资料的一个重要来源，许多银行都设有信用部，为其顾客服务，并负责对其顾客信用状况进行记录、评估。但银行的资料一般仅愿意在内部及同行进行交流，而不愿向其他单位提供。

④其他途径。通过如财税主管部门、市场监管部门、消费者协会等机构也能获取相关的信用状况资料。

2.客户信用评估

收集好信用资料以后，就需要对这些资料进行分析、评价。企业一般采用“5C”系统来评价，并对客户信用进行等级划分。目前主要有两种信用等级划分方法：一种是三类九等，即将企业的信用状况分为AAA、AA、A、BBB、BB、B、CCC、CC、C九等，其中AAA为信用最优等级，C为信用最低等级。另一种是三级制，即分为AAA、AA、A三个信用等级。

随堂测10-4

【判断题】企业采用严格的信用标准，虽然会增加应收账款的机会成本，但能扩大商品销售额，从而给企业带来更多的收益。（ ）（2010年）

（二）应收账款账龄分析法

应收账款账龄分析法是指根据应收账款的时间长短来估计坏账损失的一种方法。账龄是指负债人所欠账款的时间。一般而言，账龄越长，发生坏账损失的可能性就越大。企业应对应收账款定期进行账龄分析，密切注意应收账款的回收情况，提高应收账款管理效益。实际中多是通过定期编制应收账款账龄分析表来进行分析的。

【例10-9】 某公司20×3年6月30日的应收账款账龄结构见表10-7。

表10-7　　应收账款账龄结构表　　金额单位：万元

应收账款账龄	客户数	金　额	比重（%）
信用期（设为3个月）	50	3 800	55.39
超过信用期1个月以内	32	1 500	21.87
超过信用期2个月以内	25	120	1.75
超过信用期3个月以内	30	80	1.17
超过信用期4个月以内	25	260	3.79
超过信用期5个月以内	18	800	11.66
超过信用期6个月以内	12	200	2.92
超过信用期6个月以上	8	100	1.45*
合　计	200	6 860	100.00

*尾数调整。

从表10-7可知，该企业应收账款余额中，有3 800万元尚在信用期内，占全部应收账款的55.39%。这些款项尚未到期，属于正常欠款，但到期后能否收回，还要再定，所以仍须及时监督。逾期数额为3 060万元，占全部应收账款的44.61%，其中，逾期在1、2、3、4、5、6个月内的，分别占比21.87%、1.75%、1.17%、3.79%、11.66%、2.92%，超过信用期半年以上的占1.45%。企业对逾期账款应给予足够重视，查明具体属于哪些客户，这些客户的资信状况如何，发生拖欠的原因何在。对不同拖欠时间的账款及不同信用品质的客户，企业应采取不同的收账方法，制定出相应的经济可行的收账政策和收账方案；对可能发生的坏账损失，需提前作好准备，充分估计这一因素对企业损益的影响。对尚未逾期的应收账款，也不能放松管理，以防发生新的拖欠。通过应收账款账龄分析，提示财务管理人员在将过期款项视为工作重点的同时，有必要进一步研究制定新的信用政策。

随堂测10-5

【多选题】下列关于账龄分析表的说法中，正确的有（　　）。（2017年）

A.企业既可以按照应收账款总额进行账龄分析，也可以分顾客进行账龄分析

B.账龄分析法可以确定逾期应收账款，随着逾期时间的增加，应收账款收回的可能性变小

C.账龄分析表比计算应收账款周转天数更能揭示应收账款变化趋势

D.各个月之间的销售额变化很大时，可以使用账龄分析表

（三）ABC分析法

ABC分析法是现代经济管理中广泛应用的一种“抓重点、照顾一般”的管理方法，又称重点管理法。它将企业的所有欠款客户按其金额的多少进行分类排队，然后分别采用不同的收账策略的一种方法。A类为应收账款逾期金额比重大且占客户数量的比例低的客户，应重点管理，是催款的重点，要发出措辞较为严厉的信件催收，或派专人催收；或委托收款代理机构处理，甚至可通过法律途径解决。C类为应收账款逾期金额比重小且占客户数量比例高的客户，只需要发出通知其付款的信函即可。B类为介于A、C之间的客户，可以多发几封信函催收，或打电话催收。

【例10-10】甲公司应收账款逾期金额为260万元，为了及时收回逾期货款，公司采用ABC分析法来加强应收账款回收的监控。具体数据见表10-8。

表10-8　欠款客户ABC分类法表（共50家客户）　金额单位：万元

顾客	逾期金额	逾期期限	逾期金额所占比重（%）	类别
A	85	4个月	32.69	A
B	46	6个月	17.69	
C	34	3个月	13.08	
小计	165		63.46	
D	24	2个月	9.23	B
E	19	3个月	7.31	
F	15.5	2个月	5.96	
G	11.5	55天	4.42	
H	10	40天	3.85	
小计	80		30.77	
I	6	30天	2.31	C
J	4	28天	1.54	
⋮	⋮	⋮	⋮	
小计	15		5.77	
合计	260		100	

要求：根据表10-8，采用ABC分类控制法对客户欠款情况进行分析，并提出相应的收账策略。

根据表10-8可知，甲公司的A、B、C三家客户的欠款逾期金额比重为63.46%，欠款逾期金额所占比重大，占客户数量的比例低，属于A类客户，可以发出措辞较为严厉的信件催收，或派专人催收，或委托收款代理机构处理，甚至可通过法律途径解决；D、E、F、G、H五家客户的欠款逾期金额所占比重较大，占客户数量的比例较低，属于B类客户，可以多发几封信函催收，或打电话催收；其余属于C类客户，只需要发出通知其付款的信函即可。

（四）应收账款保理

1.应收账款保理及其种类

保理是保付代理的简称，是指保理商与债权人签订协议，转让其对应收账款的部分或全部权利与义务，并收取一定费用的过程。

保理又称托收保付，是指卖方（供应商或出口商）与保理商之间存在的一种契约关系；根据契约，卖方将其现在或将来的基于其与买方（债务人）订立的货物销售（服务）合同所产生的应收账款转让给保理商，由保理商提供下列服务中的至少两项：贸易融资、销售分户账管理、应收账款的催收、信用风险控制与坏账担保。可见，保理是一项综合性的金融服务方式，其同单纯的融资或收账管理有本质区别。

应收账款保理是企业将赊销形成的未到期应收账款在满足一定条件的情况下，转让给保理商，以获得银行的流动资金支持，加快资金的周转。保理可以按有追索权保理（非买断型）和无追索权保理（买断型）、明保理和暗保理、折扣保理和到期保理等进行分类。

（1）有追索权保理和无追索权保理

有追索权保理是指供应商将债权转让给保理商，供应商向保理商融通资金后，如果购货商拒绝付款或无力付款，保理商有权向供应商要求偿还预付的现金，如购货商破产或无力支付，只要有关款项到期未能收回，保理商都有权向供应商进行追索，因而保理商具有全部“追索权”。这种保理方式在我国采用较多。无追索权保理是指保理商将销售合同完全买断，并承担全部的收款风险。

（2）明保理和暗保理

明保理是指保理商和供应商需要将转让销售合同的应收账款的情况通知购货商，并签订保理商、供应商、购货商之间的三方合同。暗保理是指供应商为了避免让客户知道自己因流动资金不足而转让应收账款，并不将债权转让情况通知客户，货款到期时仍由销售商出面催款，再向银行偿还借款。

（3）折扣保理和到期保理

折扣保理又称为融资保理，即在销售合同到期前，保理商将剩余未收款部分先预付给销售商，一般不超过全部合同额的70%～90%。到期保理是指保理商并不提供预付账款融资，而是在赊销到期时才支付，届时不管货款是否收到，保理商都必须向销售商支付货款。

随堂测10-6

【判断题】在应收账款保理中，从风险角度看，有追索权的保理相对于无追索权的保理对供应商更有利，对保理商更不利。（　　）（2016年）

2.应收账款保理的作用

应收账款保理对于企业而言，其理财作用主要体现在：

（1）融资功能

应收账款保理，其实质也是一种利用未到期应收账款这种流动资产作为抵押从而获得银行短期借款的一种融资方式。对于那些规模小、销售业务少的公司来说，向银行贷款将会受到很大的限制，而自身的原始积累又不能支撑企业的高速发展，通过保理业务进行融资可能是企业较为明智的选择。

（2）减轻企业应收账款的管理负担

推行保理业务是市场分工思想的运用。面对市场的激烈竞争，企业可以把应收账款让予专门的保理商进行管理，使企业从应收账款的管理中解脱出来。专业的保理公司具备专业技术人员和业务运行机制，会详细地对销售客户的信用状况进行调查，建立一套有效的收款政策，及时收回账款，使企业减轻财务管理负担，提高财务管理效率。

（3）减少坏账损失、降低经营风险

企业只要有应收账款就有发生坏账的可能性。以往应收账款的风险都是由企业单独承担，而采用应收账款保理后，一方面可以提供信用风险控制与坏账担保，帮助企业降低其客户违约的风险，另一方面可以借助专业的保理商去催收账款，能够在更大程度上降低坏账发生的可能性，有效地控制坏账风险。

（4）改善企业的财务结构

应收账款保理业务是将企业的应收账款与货币资金进行置换。企业通过出售应收账款，将流动性稍弱的应收账款置换为具有高度流动性的货币资金，增强了企业资产的流动性，提高了企业的债务清偿能力和盈利能力。

素养提升

客户信用可以进行等级划分，人的信用也可以进行等级划分：一等诚信；二等守信；三等信用警示。诚实守信，是中华民族的优良传统，也是社会主义道德建设的重点内容，它强调诚实劳动、信守承诺、诚恳待人。它也是社会主义核心价值观的一个重要部分，是所有公民必须恪守的基本道德准则。

诚实守信是做人的基本品德，也是个人的立身之本。它要求一个人说话办事要实事求是，言行一致。古往今来，凡是品德高尚的人，都是诚实守信的。我们一定要做一个诚实守信的人。

任务四　存货管理

存货是指企业在生产经营过程中为销售或者耗用而储备的物资，包括材料、燃料、低值易耗品、在产品、半成品、产成品、协作件、商品等。存货管理水平的高低直接影响着企业的生产经营能否顺利进行，并最终影响企业的收益、风险等状况。因此，存货管理是财务管理的一项重要内容。

存货管理的目标就是在保证生产或销售经营需要的前提下，最大限度地降低存货成本，具体包括保证生产正常进行、有利于销售、便于维持均衡生产，降低产品成本、降低存货取得成本，防止意外事件的发生。

一、存货的作用和成本

（一）存货的作用

存货在生产经营过程中起的作用主要有：防止停工待料，适当的存货可以防止因原材料不能及时供应而出现的停工待料现象；适应市场的变化，存货可以调节市场供求失衡对企业生产的影响；降低进货成本，大量订货可以使企业享受供应商的价格优惠政策；维持均衡生产，对季节性产品，存货可以维持企业生产的持续。

（二）存货的成本

为充分发挥存货的固有功能，企业必须储备一定的存货，但也会由此而发生各项支出，即存货成本。存货成本包括以下内容：

1.取得成本

取得成本是指为取得某种存货而发生的支出，通常用TC_a来表示。其又分为订货成本和购置成本。

（1）订货成本

订货成本是指取得订单的支出，如办公费、差旅费、通信费、运输费等。订货成本中有一部分与订货次数无关，如常设采购机构的基本开支等，称为订货固定成本，用F_1表示；另一部分与订货次数有关，如差旅费、邮资等，称为订货变动成本。每次订货的变动成本用K表示；订货次数等于存货年需要量D与每次进货量Q之商。订货成本的计算公式为：

订货成本 = 订货固定成本 + 订货变动成本

$$TC_a = F_1 + \frac{D}{Q}K$$

（2）购置成本

购置成本是指为购买存货本身所发生的支出，即存货本身的价值，经常用数量与单价的乘积来确定。年需要量用D表示，单价用U表示，则购置成本为DU。

订货成本加上购置成本，就等于存货的取得成本。其公式为：

取得成本=订货成本+购置成本

=订货固定成本+订货变动成本+购置成本

$$TC_a = F_1 + \frac{D}{Q}K + DU$$

2.储存成本

储存成本是指为保持存货而发生的成本，包括存货占用资金所应计的利息、保险费用、存货破损和变质损失等，通常用TC_c来表示。

储存成本也分为固定成本和变动成本。固定成本与存货数量的多少无关，如仓库折旧、仓库职工的固定工资等，通常用F_2表示。变动成本与存货的数量有关，如存货占用资金的应计利息、存货破损和变质损失、存货的保险费用等，单位变动成本通常用K_c来表示。储存成本的公式为：

储存成本=储存固定成本+储存变动成本

$$TC_c = F_2 + K_c\frac{Q}{2}$$

随堂测10-7

【单选题】下列各项中，不属于存货储存成本的是（　　）。（2021年卷Ⅰ）

A.存货仓储费用　　B.存货破损和变质损失

C.存货储备不足而造成的损失　　D.存货占用资金的应计利息

3.缺货成本

缺货成本是指因存货不足而给企业造成的损失，包括由于材料供应中断造成的停工损失、成品供应中断导致延误发货的信誉损失及丧失销售机会的损失等。若允许缺货，则缺货成本便与存货数量反方向相关，即属于决策相关成本；反之，若企业不允许发生缺货情形，此时缺货成本为零，就无须加以考虑。缺货成本通常用TC_s来表示。

如果以TC来表示储备存货的总成本，其计算公式为：

$$TC = TC_a + TC_c + TC_s = F_1 + \frac{D}{Q}K + DU + F_2 + K_c\frac{Q}{2} + TC_s$$

企业存货的最优化，就是使企业存货总成本（即上式中的TC值）最小。

二、最优存货量的决策

存货的决策涉及四项内容，即决定进货项目、选择供应单位、决定进货时间和决定进货批量。按照存货管理的目的，需要通过合理的进货批量和进货时间，使存货的总成本最低，这个批量就是经济订货量或经济订货批量，主要采用存货经济订货批量模型加以计算。

（一）存货经济订货批量基本模型

存货经济订货批量是指一定时期储存成本和订货成本之和最低时的采购批量（不考虑缺货成本）。存货经济订货批量基本模型的分析研究有若干基本假设，主要包括：

①企业一定时期的订货总量可以较为准确地予以预测；

②存货的耗用或者销售比较均匀；

③存货的价格稳定，且不存在数量折扣，订货日期完全由企业自行决定，且每当存货量将为零时，下一批存货均能马上到位；

④仓储条件及所需现金不受限制；

⑤不允许出现缺货情形；

⑥所需存货市场供应充足，不会因买不到所需存货而影响其他方面。

重要提示

由于企业不允许缺货，即每当存货数量降至零时，下一批订货会随即购入并到位，故不存在缺货成本。

设立上述假设后，此时与存货订购批量、批次直接相关的就是订货费用和储存成本两项。则有：

存货相关总成本=相关订货成本+相关储存成本

前述的总成本公式可以简化为：

$$TC = F_1 + \frac{D}{Q}K + DU + F_2 + K_c\frac{Q}{2}$$

显然，每次订货量少，则储存成本小，但必然会导致订货次数增多，引起订货成本增大；反之，每次订货量多，则储存成本大，但可使订货次数减少，订货成本降低。可见，每次订货量太多或太少都不好。存货控制就是要寻求最优的订货量Q，使全年存货相关总成本达到最小值。这个Q就是经济订货量，或称经济订货批量。求TC的极大值和极小值，可用微分方法对TC求导，把Q看成自变量，而把F_1、K、D、U、F_2、K_c看成常量。然后，令TC的导数等于0，即可得到：

最优经济订货批量$(Q^*) = \sqrt{\frac{2DK}{K_c}}$

最小相关总成本$(TC^*) = \sqrt{2DKK_c}$

存货的成本与订货批量的关系如图10-5所示。

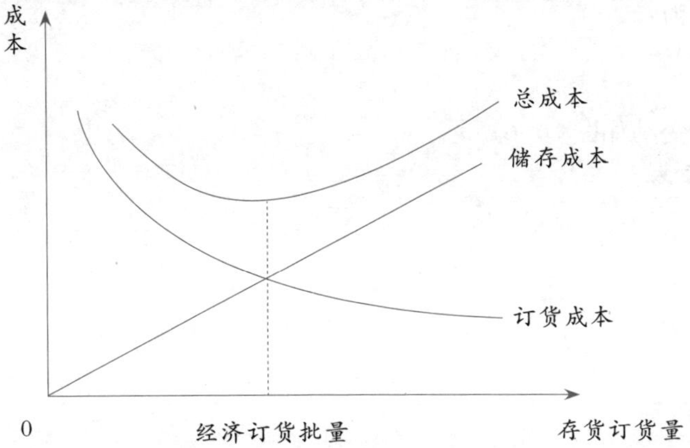

图10-5　存货经济订货批量

由图10-5可以看出，最优订货批量出现在变动性订货成本和变动性储存成本之和最小时，也即变动性订货成本和变动性储存成本相等时。

【例10-11】某企业每年需耗用A材料45 000件，单位材料年存储成本为20元，平均每次订货费用为180元，A材料全年平均单价为240元。假定不存在数量折扣，不会出现陆续到货和缺货的现象。要求：

（1）计算A材料的经济订货批量；

（2）计算A材料年度最佳订货批次；

（3）计算A材料的相关订货成本；

（4）计算A材料的相关储存成本；

（5）计算A材料经济订货批量平均占用资金。

根据以上资料计算可得：

（1）A材料的经济订货批量=$\sqrt{\frac{2\times 45\ 000\times 180}{20}}$=900（件）

（2）A材料年度最佳订货批次=45 000÷900=50（次）

（3）A材料的相关订货成本=50×180=9 000（元）

（4）A材料的相关储存成本=900÷2×20=9 000（元）

（5）A材料经济订货批量平均占用资金=240×900÷2=108 000（元）

（二）存货经济订货批量扩展模型

1.陆续供应和使用的存货经济订货批量模型

在建立存货经济订货批量基本模型时，是假设存货一次采购量一次全部入库，故存货增加时，存量变化为一条垂直的直线。事实上，各批存货可能陆续入库，使存量陆续增加。尤其是产成品入库和在产品转移，几乎总是陆续供应和陆续耗用的。在这种情况下就需要对存货经济订货基本模型作一些修正。

设每批订货量为Q，每日存货送货量为p，则该批存货全部送达所需天数，即送货期为Q/p。

设该存货的每日耗用量为d，故送货期内的最高库存量为：

$$Q-\frac{Q}{p}\times d$$

则平均存货量为：

$$\frac{1}{2}\left(Q-\frac{Q}{p}\times d\right)=\frac{Q}{2}\left(1-\frac{d}{p}\right)$$

存货库存量的变动如图10-6所示。

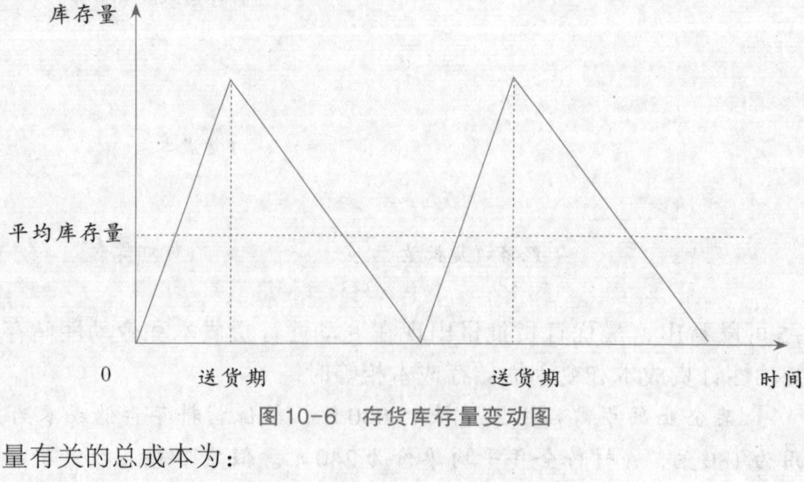

图10-6 存货库存量变动图

与订货量有关的总成本为：

$$TC=\frac{D}{Q}K+\frac{Q}{2}\left(1-\frac{d}{p}\right)K_c$$

对上式求一阶导数，令一阶导数等于0，便可得出存货陆续供应和使用的经济订货批量模型公式，即：

$$Q^*=\sqrt{\frac{2DK}{K_c}\times\frac{p}{p-d}}$$

$$TC^*=\sqrt{2DKK_c\times\left(1-\frac{d}{p}\right)}$$

【例10-12】永华公司丙材料的年需求量为50 000千克，每千克的标准单价为10元。已知每批订货成本30元，单位材料的年储存成本3元。每日送货量为500千克，每日领用量为300千克。则：

$$Q^*=\sqrt{\frac{2\times500\,000\times30}{3}\times\frac{500}{500-300}}=5\,000\text{（千克）}$$

$$TC^*=\sqrt{2\times500\,000\times30\times3\times\left(1-\frac{300}{500}\right)}=6\,000\text{（元）}$$

2.有数量折扣的存货经济订货批量模型

如果企业在采购存货时，销售企业根据采购数量给予不同程度的价格折扣，则确定经济订货批量除了考虑储存成本和订货成本外，还应考虑购置成本。此时的存货总成本等于购置成本、订货成本和储存成本之和，经济订货批量即为这三种成本之和最小时的批量。

【例10-13】永华公司丙材料的年需求量为6 000千克，每千克的标准单价为10元。销售企业规定，客户每批的购买量不足800千克，按照标准价格计算；每批购买量在800～1 000千克，价格优惠2%；每批购买量在1 000千克及以上，价格优惠3%。已知每批订货成本60元，单位材料的年储存成本为2元。则：

没有数量折扣时：

$$经济订货批量=\sqrt{\frac{2\times6\,000\times60}{2}}=600\text{（千克）}$$

$$存货总成本=6\,000\times10+\frac{6\,000}{600}\times60+\frac{600}{2}\times2=61\,200\text{（元）}$$

订货批量在800千克时：

$$存货总成本=6\,000\times10\times（1-2\%）+\frac{6\,000}{800}\times60+\frac{800}{2}\times2=60\,050\text{（元）}$$

订货批量在1 000千克时：

$$存货总成本=6\,000\times10\times（1-3\%）+\frac{6\,000}{1\,000}\times60+\frac{1\,000}{2}\times2=59\,560\text{（元）}$$

通过计算可知，当订货量为1 000千克时存货总成本最低。因此，1 000千克为该企业丙材料的经济订货量。

（三）存货再订货点的确定

一般情况下，企业的存货不能做到随时补充，因此不能等存货用光再去订货，而需要在没有用完时提前订货。那么，在什么时候订购下一批存货为宜？这就需要确定再订货点。所谓再订货点，就是在提前订货的情况下，企业再次发出订单时，尚有存货的库存量。其计算公式为：

$$R=L\times d$$

式中：R——再订货点；L——交货时间；d——平均每日的需要量。

如果企业设立保险储存，则再订货点的计算公式为：

$$R=L\times d+B$$

式中：B——保险储备量。

按某一订货批量（如经济订货批量）和再订货点发出订单后，如果需求增大或送货延迟，就会发生缺货或供货中断。为防止由此给企业造成的损失，就需要多储备一些存货以备应急之需，这些多储备的存货量被称为保险储备量（安全储备量）。这些存货在正常情况下不动用，只有当存货过量使用或送货延迟时才动用。

【例10-14】假定该企业甲材料的订货日至到货日的时间为10天，每日存货需要量为25千克，保险储备量为100千克，则：

无保险储备的再订货点为：R=10×25=250（千克）

有保险储备的再订货点为：R=10×25+100=350（千克）

即当该企业甲材料库存量剩余350千克时，应再次订货，等到订货到达时（再次发出订货单10天后），原有存货刚好用完或用到保险储备量。此时，有关存货的每次订货批量、订货次数、订货间隔时间等并无变化，与瞬时补充时相同。

三、存货日常管理

存货的日常管理是指在日常生产经营活动中，根据存货计划和生产经营活动的实际要求，对各种存货的使用和周转状况进行组织、调节和监督，将存货数量保持在一个合理的水平上。最常见的方法为存货ABC分类管理法。

存货ABC分类管理法，就是将全部材料物资按品种数量的多少及其所占材料物资价值的大小，按一定标准分析后依次划分为A、B、C三类，采取有区别、分主次的办法和措施对各类材料物资进行相应的控制和管理。

（一）存货ABC分类管理法分类标准

ABC分类管理法就是把企业种类繁多的存货，依据其重要程度、价值大小或资金占用等标准分为三大类。其中，金额标准是最基本的，品种数量标准仅作为参考。具体分类如下：

案例

L体育用品公司存货管理

A类高价值存货：品种数量约占全部存货品种数量的10%～15%，价值约占全部存货价值的50%～70%。

B类中等价值存货：品种数量约占全部存货品种数量的20%～25%，价值约占全部存货价值的15%～20%。

C类低价值存货：品种数量约占全部存货品种数量的60%～70%，价值约占全部存货价值的10%～35%。

（二）ABC三类存货的管理方法

针对不同类别的存货分别采用不同的管理方法，A类存货应作为管理的重点，实行重点控制、严格管理；而对于B类和C类存货的重视程度则可依次降低，采取一般管理。

素养提升

《左传·襄公十一年》："居安思危，思则有备，有备无患。"当企业市场需求量增加时，若产品储备不足就有可能失去销售良机。一定数量的存货储备能够增加企业在生产和销售方面的机动性和适应市场变化的能力。凡事预则立，不预则废。我们学习也是一样，多储备知识，可以开阔自己的视野，可以增长自己的见识，可以使自己有更多的勇气面对生活，可以使自己更加充满自信，可以使自己遇到机会时不后悔！

任务五　流动负债管理

流动负债主要有三种主要来源：短期借款、短期融资券和商业信用。各种来源具有不同的获取速度、灵活性、成本和风险。

一、短期借款

企业的借款通常按其流动性或偿还时间的长短，分为短期借款和长期借款。短期借款是指企业向银行或其他金融机构借入的期限在1年（含1年）以内的各种借款。

目前我国短期借款按照目的和用途分为生产周转借款、临时借款、结算借款、票据贴现借款等。按照国际惯例，短期借款往往按偿还方式不同，分为一次性偿还借款和分期偿还借款；按利息支付方式不同，分为收款法借款、贴现法借款和加息法借款；按有无担保，分为抵押借款和信用借款。

短期借款可以随企业的需要安排，便于灵活使用，但其突出的缺点是短期内要归还，且可能会附带很多条件。

（一）短期借款的信用条件

银行等金融机构对企业贷款时，通常会附带一定的信用条件。短期借款所附带的信用条件主要有信贷额度、周转信贷协议、补偿性余额、借款抵押、偿还条件和其他承诺。

1. 信贷额度

信贷额度亦即贷款限额，是借款企业与银行在协议中规定的借款最高限额。一般情况下，在信贷额度内，企业可以随时按需要支用借款。但是，银行并不承担必须支付全部信贷数额的义务。如果企业信誉恶化，即使在信贷限额内，企业也可能得不到借款。此时，银行不会承担法律责任。

随堂测10-8

【判断题】在银行授予企业的信贷额度内，企业可以按需借款，银行应当承担满足企业在贷款限额内的全部需求的法律义务。（　　）（2018年卷Ⅱ）

2. 周转信贷协议

周转信贷协议是银行具有法律义务地承诺提供不超过某一最高限额的贷款协议。在协议的有效期内，只要企业借款总额未超过最高限额，银行必须满足企业任何时候提出的借款要求。企业要享用周转信贷协议，通常要对贷款限额的未使用部分付给银行一笔承诺费。

【例10-15】某企业与银行商定的周转信贷额度为5 000万元，年度内实际使用了2 800万元，承诺费率为0.5%，企业应向银行支付的承诺费为：

承诺费＝（5 000−2 800）×0.5％＝11（万元）

周转信贷协议的有效期通常超过1年，但实际上贷款每几个月发放一次，所以这种信贷具有短期和长期借款的双重特点。

3. 补偿性余额

补偿性余额是银行要求借款企业在银行中保持按贷款限额或实际借用额一定比例（通常为10%～20%）计算的最低存款余额。对于银行来说，补偿性余额有助于降低贷款风险，补偿其可能遭受的风险；对借款企业来说，补偿性余额则提高了借款的实际利率，加重了企业负担。

【例10-16】某企业向银行借款800万元，利率为6%，银行要求保留10%的补偿性余额，则企业实际可动用的贷款为720万元，该借款的实际利率为：

$$借款实际利率=\frac{800\times 6\%}{720}=\frac{6\%}{1-10\%}=6.67\%$$

4.借款抵押

为了降低风险，银行发放贷款时往往需要有抵押品担保。短期借款的抵押品主要有应收账款、存货、应收票据、债券等。银行将根据抵押品面值的30%～90%发放贷款，具体比例取决于抵押品的变现能力和银行对风险的态度。

5.偿还条件

贷款的偿还有到期一次偿还和在贷款期内定期（每月、季）等额偿还两种模式。

重要提示

一般来讲，企业不希望采用后一种偿还方式，因为这会提高借款的实际年利率；而银行不希望采用前一种偿还方式，因为这会加重企业的财务负担，增加企业的拒付风险，同时会降低实际贷款利率。

6.其他承诺

银行有时还要求企业为取得贷款而作出其他承诺，如及时提供财务报表、保持适当的财务水平（如特定的流动比率）等。如企业违背所作出的承诺，银行可要求企业立即偿还全部贷款。

（二）短期借款的成本

短期借款成本主要包括利息、手续费等。短期借款成本的高低主要取决于借款利率的高低和利息的支付方式。短期借款利息的支付方式有收款法、贴现法和加息法三种。付息方式不同，短期借款成本计算也有所不同。

1.收款法

收款法是在借款到期时向银行支付利息的方法。银行向企业借款一般都采用这种方法收取利息。采用收款法时，短期借款的实际利率就是名义利率。

2.贴现法

贴现法又称折价法，是指银行向企业发放贷款时，先从本金中扣除利息部分，到期时借款企业偿还全部借款本金的一种利息支付方法。在这种利息支付方式下，企业可以利用的借款只是本金减去利息部分后的差额，因此，借款的实际利率要高于名义利率。

【例10-17】某企业从银行取得借款200万元，期限1年，利率6%，利息12万元。按贴现法付息，企业实际可动用的借款为188万元。该借款的实际利率为：

$$借款实际利率=\frac{200\times 6\%}{188}=\frac{6\%}{1-6\%}=6.38\%$$

3.加息法

加息法是银行发放分期等额偿还借款时采用的利息收取方法。在分期等额偿还借款情况下，银行将根据名义利率计算的利息加到借款本金上，计算出借款的本息和，要求企业在贷款期内分期偿还本息之和的金额。由于借款本金分期均衡偿还，借款企业实际上只平均使用了借款本金的一半，却支付了全额利息。这样企业所负担的实际利率便要高于名义利率大约1倍。

【例10-18】某企业从银行取得20 000元借款，期限1年，年利率6%，分12个月等额偿还本息。该项借款的实际年利率为：

$$实际年利率=\frac{20\,000\times 6\%}{20\,000\div 2}=12\%$$

（三）短期借款的优缺点

（1）短期借款的优点

①企业可以自由控制余额。在规定时间内，企业可以根据自己的资金使用需求进行期限和额度的自由搭配，还款压力小，借款归还后，还可以继续循环使用。

②可借款额度高，用款方式灵活，可以解决短期内急需资金周转的需要。

③因周期不长，可以节约利息和成本。

（2）短期借款的缺点

①如果所需资金是为满足长期周转需要，短期借款明显就不合适，因为它是要在短期内进行归还，且可能会有很多附加条件。

②短期借款的利息是按季度结算的，如果未能按期偿还，会按罚息计算复利；若短期内无法偿还，则还会加大企业财务风险。

随堂测10-9

【单选题】某企业获得100万元的周转信贷额度，约定年利率为10%，承诺费率为0.5%，年度内企业实际动用借款60万元，使用了12个月，则该笔业务在当年实际的借款成本为（　　）万元。（2017年卷I）

A.10　　B.10.2　　C.6.2　　D.6

二、短期融资券

短期融资券是由企业依法发行的无担保短期本票。在我国，短期融资券是指企业依照《银行间债券市场非金融企业债务融资工具管理办法》的条件和程序，在银行间债券市场发行和交易并约定在一定期限内还本付息的有价证券，是企业筹措短期（1年以内）资金的直接融资方式。

（一）发行短期融资券的相关规定

①发行人为非金融企业，发行企业均应经过在中国境内工商注册且具备债券评级能力的评级机构的信用评级，并将评级结果向银行间债券市场公示。

②发行和交易的对象是银行间债券市场的机构投资者，不向社会公众发行和交易。

③融资券的发行由符合条件的金融机构承销，企业不得自行销售融资券，发行融资券募集的资金用于企业的生产经营。

④融资券采用实名记账方式在中央国债登记结算有限责任公司（简称中央结算公司）登记托管，中央结算公司负责提供有关服务。

⑤债务融资工具发行利率、发行价格和所涉费率以市场化方式确定，任何商业机构不得以欺诈、操纵市场等行为获取不正当利益。

（二）短期融资券的种类

①按发行人分类，短期融资券分为金融企业的融资券和非金融企业的融资券。在我国，目前发行和交易的是非金融企业的融资券。

②按发行方式分类，短期融资券分为经纪人承销的融资券和直接销售的融资券。非金融企

业发行融资券一般采用间接承销方式进行。金融企业发行融资券一般采用直接发行方式进行。

（三）短期融资券的筹资特点

①短期融资券的筹资成本较低。相对于发行企业债券筹资而言，发行短期融资券的筹资成本较低。

②短期融资券筹资数额比较大。相对于银行借款筹资而言，短期融资券一次性的筹资数额比较大。

③发行短期融资券的条件比较严格。必须具备一定的信用等级的实力强的企业，才能发行短期融资券筹资。

三、商业信用

商业信用是指企业在商品或劳务交易中，以延期付款或预收货款方式进行购销活动而形成的借贷关系，是企业之间的直接信用行为，也是企业短期资金的重要来源。商业信用产生于企业生产经营的商品、劳务交易之中，是一种“自动性筹资”。

（一）商业信用的形式

1.应付账款

应付账款是供应商给企业提供的一种商业信用。由于购买者往往在到货一段时间后才付款，商业信用就成为企业的一项短期资金来源。如企业规定对所有账单均见票后若干日付款，商业信用就成为随生产周转而变化的一项内在的资金来源。当企业扩大生产规模，其进货和应付账款相应增长，商业信用就提供了增产需要的部分资金。

商业信用条件通常包括以下两种：第一，有信用期，但无现金折扣。如“n/30”表示30内按金额全数支付。第二，有信用期和现金折扣，如“2/10，n/30”表示10天内付款享受2%的现金折扣，若买方放弃折扣，30天内必须付清款项。

（1）放弃现金折扣的成本

供应商在信用条件中规定有现金折扣，目的主要在于加速资金回收。企业在决定是否享受现金折扣时，应仔细考虑。因为，通常放弃现金折扣的成本是高昂的。放弃现金折扣成本的计算公式为：

$$放弃折扣的信用成本率=\frac{折扣率}{1-折扣率}\times\frac{360天}{付款期（信用期）-折扣期}$$

公式表明，放弃现金折扣的信用成本率与折扣率大小、折扣期长短和付款期长短有关系，与货款额没有关系。如果企业在放弃折扣的情况下，推迟付款的时间越长，信用成本便会越小。但展期信用的结果是企业信誉恶化，导致信用度的严重下降，日后可能招致更加苛刻的信用条件。

【例10-19】某企业按“2/10，n/30”的付款条件购入货物60万元。如果企业在10天以后付款，便放弃了现金折扣1.2万元（60×2%），信用额为58.8万元（60-1.2）。放弃现金折扣的信用成本率为：

$$放弃折扣的信用成本率=\frac{2\%}{1-2\%}\times\frac{360}{30-10}=36.73\%$$

（2）放弃现金折扣的信用决策

企业放弃应付账款现金折扣的原因，可能是企业资金暂时的缺乏，也可能是基于将应付的账款用于临时性短期投资，以获得更高的投资收益。如果企业将应付账款额用于短期投资，所获得的投资报酬率高于放弃折扣的信用成本率，则应当放弃现金折扣。

【例10-20】企业采购一批材料，供应商报价为10 000元，付款条件为“3/10，2/30，1/50，n/90”。目前企业用于支付账款的资金需要在90天时才能周转回来，在90天内付款，只能通过银行借款解决。如果银行借款利率为9%，请确定企业材料采购款的付款时间和价格。

根据放弃折扣的信用成本率计算公式，10天付款方案，放弃折扣的信用成本率为13.92%；30天付款方案，放弃折扣的信用成本率为12.24%；50天付款方案，放弃折扣的信用成本率为9.09%。由于各种方案放弃折扣的信用成本率均高于借款利息率，因此初步结论是要取得现金折扣，借入银行借款以支付货款。

10天付款方案，获得现金折扣300元，用资9 700元，借80天，利息194元，净收益106元。

30天付款方案，获得现金折扣200元，用资9 800元，借款60天，利息147元，净收益53元；

50天付款方案，获得现金折扣100元，用资9 900元，借款40天，利息99元，净收益1元。

总结论：第10天付款是最佳方案，其净收益最大。

重要提示

如果要确定企业材料采购款的付款时间和价格，必须考虑3个问题：（1）n天付款放弃折扣的信用成本率；（2）要不要折扣；（3）哪个净收益大。

2.应付票据

应付票据是指企业在商品购销活动和对工程价款进行结算中，因采用商业汇票结算方式而产生的商业信用。商业汇票是指由付款人或存款人（或承兑申请人）签发、由承兑人承兑，并于到期日向收款人或被背书人支付款项的一种票据，它包括商业承兑汇票和银行承兑汇票。应付票据按是否带息分为带息应付票据和不带息应付票据两种。

3.预收货款

预收货款，是指销货单位按照合同和协议规定，在发出货物之前向购货单位预先收取部分或全部货款的信用行为。购买单位对于紧俏商品往往乐于采用这种方式购货；销货方对于生产周期长，造价较高的商品，往往采用预收货款方式销货，以缓和本企业资金占用过多的矛盾。

4.应计未付款

应计未付款是企业在生产经营和利润分配过程中已经计提但尚未以货币支付的款项，主要包括应付职工薪酬、应缴税金、应付利润或应付股利等。以应付职工薪酬为例，企业通常以半月或月为单位支付职工薪酬，在应付职工薪酬已计但未付的这段时间，就会形成应计未付款。它相当于职工给企业的一个信用。应缴税金、应付利润或应付股利也有类似的性质。应计未付款随着企业规模扩大而增加，企业使用这些自然形成的资金无须付出任何代价。但企业不是总能控制这些款项，因为其支付是有一定时间的，企业不能总拖欠这些款项。所以，企业尽管可以充分利用应计未付款项，但并不能控制这些账目的水平。

（二）商业信用筹资的优缺点

1.商业信用筹资的优点

（1）商业信用容易获得

商业信用的载体是商品购销行为，企业总有一批有供需关系又有相互信用基础的客户，所以对大多数企业而言，应付账款和预收账款是自然的、持续的信贷形式。商业信用的提供方一般不会对企业的经营状况和风险作严格的考量，企业无须办理像银行借款那样复杂的手续便可取得商业信用，有利于应对企业生产经营之急需。

（2）企业有较大的机动权

企业能够根据需要，选择决定筹资的金额大小和期限长短，同样要比银行借款等其他方式灵活得多。甚至如果在期限内不能付款或交货时，一般还可以通过与客户协商，请求延长时限。

（3）企业一般不用提供担保

通常，商业信用筹资不需要第三方担保，也不会要求筹资企业用资产进行抵押。这样，在出现逾期付款或交货的情况时，可以避免像银行借款那样面临抵押资产被处置的风险，企业的生产经营能力在相当长的一段时间内不会受到限制。

2. 商业信用筹资的缺点

（1）商业信用筹资成本高

在附有现金折扣条件的应付账款融资方式下，其筹资成本与银行信用相比较高。

（2）容易使企业的信用水平恶化

商业信用的期限短，还款压力大，对企业现金流量管理的要求很高。如果长期和经常性地拖欠账款，会造成企业的信誉恶化。

（3）受外部环境影响较大

商业信用筹资受外部环境影响较大，稳定性较差，即使不考虑机会成本，也是不能无限利用的。一是受商品市场的影响，如当求大于供时，卖方可能停止提供信用；二是受资金市场的影响，当市场资金供应紧张或有更好的投资方向时，商业信用筹资就可能遇到障碍。

素养提升

企业在日常经营活动中，可能会采用短期借款、商业信用等方式筹集资金来满足资金需要。个人也可能会采用借款筹资方式来满足消费、自主创业等对资金的需要。在个人消费方面，我们身边有些青年消费者缺乏自控能力，难以做到真实评估自己的可支配收入水平与消费水平，或者明知可支配收入无法匹配预期消费水平，但被盲目攀比、拜金主义等思想冲昏头脑，不负责任地选择了信用贷款来满足自身消费需求。可是借钱容易，还钱时才知道可怕，越陷越深却无法自拔。同学们应推崇正确的消费观，切勿盲目攀比和拜金，应树立“量入为出、适度消费”的理念，合理规划日常开支，优先保障基本生活需求和学习成长投入。对非必需、非紧急的消费，特别是超出当前支付能力的高消费，应保持克制，避免过度依赖借贷工具，陷入“以贷养贷”恶性循环，最终无力自拔。在选择金融服务时，务必通过正规、持牌金融机构，仔细阅读并理解合同条款，特别是利率、费用、还款期限及违约责任。坚决抵制高利贷、非法网络贷款，谨防陷入债务陷阱！

数字技能拓展

【拓展主题】**利用Power BI建立基本存货经济订货批量决策模型**

【相关资料】永兴公司全年耗用F材料40 000千克，按照以往经验，每次订货的变动性订货成本为25元，单位F材料年平均变动性储存成本为8元，存货单价为50元，见表10-9。假设不存在商业折扣，也不允许出现缺货现象，每次订货均能一次性到货。

【拓展任务】通过应用Power BI中的新建度量值来构建存货经济订货批量（EOQ）计算公式，并基于计算结果实现可视化，完成基本EOQ决策模型，从而实现财务人员各种经常性、重复性工作的自动化处理，提高财务的工作效率。

表10-9　　相关资料表

项目	数量	单位
全年耗用量	40 000	千克
每次订货成本	25	元
年平均变动性储存成本	8	元
单价	50	元

【任务实施】

步骤1：如图10-7所示，将基础数据表导入Power BI平台，点击“转换数据”进入Power Query界面。

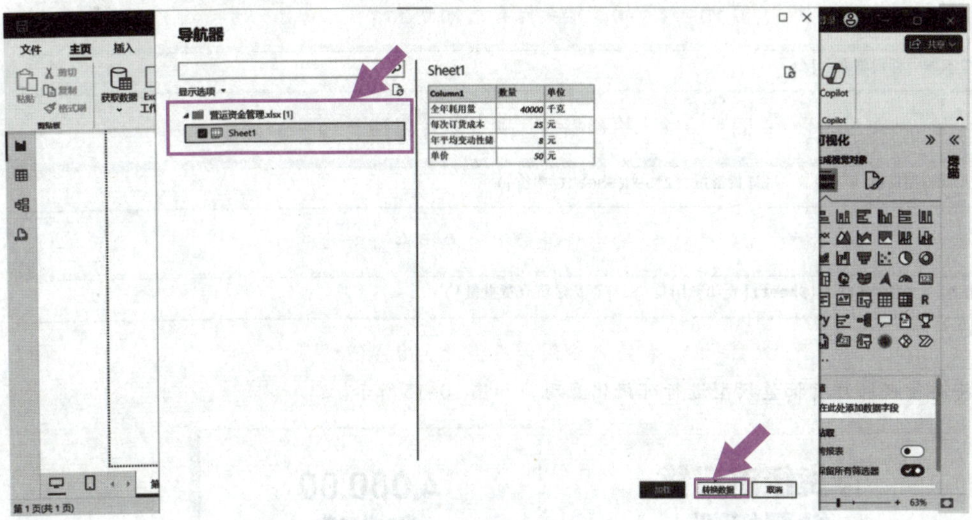

微课

利用Power BI建立基本存货经济订货批量决策模型

原图

项目十

图10-7　导入数据表并转换数据

步骤2：在Power Query中清洗数据，将数据变规范，如图10-8所示。

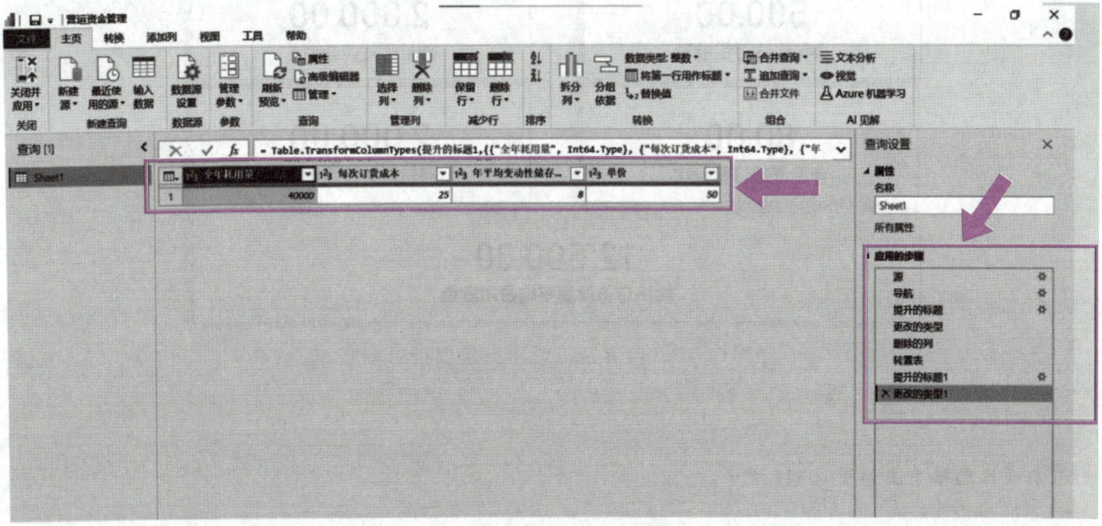

图10-8　清洗数据

步骤3：利用存货经济订货批量模型公式，使用新建度量值功能，构建存货经济订货批量度量值，如图10-9所示。这里使用了SQRT函数，其功能为返回某一数字的平方根。

```
1 存货经济订货批量 = SQRT(2*SUM(Sheet1[全年耗用量])*SUM(Sheet1[每次订货成本])/SUM(Sheet1[年平均变动性储存成本]))
```

图 10-9 构建存货经济订货批量度量值

步骤 4：计算存货经济订货批量模型的存货总成本、存货相关储存成本、存货相关订货成本、经济订货批量平均占用资金、年度最佳订货批次，如图 10-10 至图 10-14 所示。

```
1 存货总成本 = SQRT(2*SUM(Sheet1[全年耗用量])*SUM(Sheet1[每次订货成本])*SUM(Sheet1[年平均变动性储存成本]))
```

图 10-10 构建存货总成本度量值

```
1 存货相关储存成本 = [存货总成本]/2
```

图 10-11 构建相关储存成本度量值

```
1 存货相关订货成本 = [存货总成本]/2
```

图 10-12 构建相关订货成本度量值

```
1 经济订货批量平均占用资金 = [存货经济订货批量]/2*SUM(Sheet1[单价])
```

图 10-13 构建经济进货批量平均占用资金度量值

```
1 年度最佳订货批次 = DIVIDE(SUM(Sheet1[全年耗用量]), [存货经济订货批量])
```

图 10-14 构建年度最佳订货批次度量值

步骤 5：将存货经济订货批量模型进行可视化呈现，如图 10-15 所示。

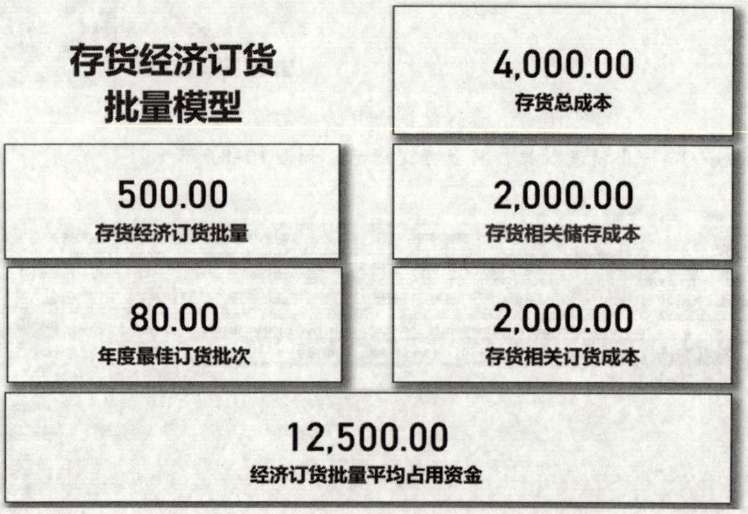

图 10-15 存货经济订货批量模型可视化

本项目思维导图

本项目思维导图如图 10-16 所示。

- 营运资金管理
  - 营运资金管理认知
    - 营运资金的概念
    - 营运资金的特点
    - 营运资金管理的原则
  - 现金管理
    - 持有现金的动机：交易动机、预防动机、投机动机
    - 持有现金的成本：管理成本、机会成本、转换成本、短缺成本
    - 最佳现金持有量的确定：成本分析模型、存货分析模型、随机模型
    - 现金收支日常管理：现金周转期、收款管理、付款管理
  - 应收账款管理
    - 应收账款的作用、应收账款的成本：机会成本、管理成本、坏账成本
    - 应收账款的信用政策：信用标准、信用条件、收账政策
    - 应收账款日常管理：客户日常管理、账龄分析法、ABC分析法
  - 存货管理
    - 存货的作用、存货的成本：取得成本、储存成本、缺货成本
    - 最优存货量的决策：存货经济订货批量基本模型、陆续供应和使用的存货经济订货批量模型、有数量折扣的存货经济订货批量模型、存货再订货点的确定
    - 存货日常管理：存货ABC分类管理法
  - 流动负债管理
    - 短期借款：短期借款的信用条件、短期借款的成本、短期借款的优缺点
    - 短期融资券：发行短期融资券的相关规定、短期融资券的种类、短期融资券的筹资特点
    - 商业信用：商业信用的形式、商业借用筹资的优缺点

图10-16　本项目思维导图

岗课赛证同步训练

一、单项选择题

1.下列各项中，不属于信用条件构成要素的是（　　）。

A.信用期限　　B.现金折扣率　　C.现金折扣期　　D.商业折扣

2.放弃现金折扣的成本大小与（　　）。

A.折扣百分比的大小呈反方向变化

B.信用期的长短呈同方向变化

C.折扣百分比的大小、信用期的长短均呈同方向变化

D.折扣期的长短呈同方向变化

3.下列各项中，不属于应收账款成本构成要素的是（　　）。

A.机会成本　　B.管理成本　　C.坏账成本　　D.短缺成本

4.对存货进行ABC分类的最基本的标准是（　　）。

A.重量标准　　B.数量标准　　C.金额标准　　D.数量和金额标准

5.在对存货实行ABC分类管理的情况下，A、B、C三类存货的品种数量比重大致为（　　）。

A.0.7：0.2：0.1　　B.0.1：0.2：0.7　　C.0.5：0.3：0.2　　D.0.2：0.3：0.5

6.某企业按“2/10，n/60”的条件购进商品20 000元，若放弃现金折扣，则其资金的机会成本率为（　　）。

A.2%　　B.12%　　C.14.46%　　D.14.69%

7.存货经济批量的基本模型所依据的假设不包括（　　）。

A.存货集中到货　　B.一定时期的存货需求量能够确定

C.存货进价稳定　　D.允许缺货

8.下列各项中，属于应收账款机会成本的是（　　）。

A.应收账款占用资金的应计利息　　B.客户资信调查费用

C.坏账损失　　D.收账费用

9.在营运资金管理中，企业将“从收到尚未付款的材料开始，到以现金支付该货款之间所用的时间”称为（　　）。

A.现金周转期　　B.应付账款周转期　　C.存货周转期　　D.应收账款周转期

10.信用标准是客户获得企业商业信用所具备的最低条件，通常表示为（　　）。

A.预期的现金折扣率　　B.预期的坏账损失率　　C.现金折扣期限　　D.信用期限

二、多项选择题

1.企业的信用条件包括（　　）。

A.现金折扣率　　B.折扣期限　　C.商业折扣　　D.信用期限

2.企业运用存货模式确定最佳现金持有量所依据的假设包括（　　）。

A.所需现金只能通过银行借款取得　　B.预算期内现金需要总量可以预测

C.现金支出过程比较稳定　　D.证券利率及转换成本可以知悉

3.公司持有现金主要是为了满足（　　）。

A.交易性需要　　B.预防性需要　　C.投机性需要　　D.收益性需要

4.下列项目中，属于应收账款管理成本的有（　　）。

A.对客户的资信调查费用　　B.收账费用

C.坏账成本　　D.账簿记录费用

5.企业制定的信用标准过高，可能导致的结果有（　　）。

A.减少收账费用　　B.扩大销售收入　　C.增加坏账成本　　D.降低违约风险

6.下列有关信用期限的表述中，正确的有（　　）。

A.缩短信用期限可能增加当期现金流量　　B.延长信用期限会扩大销售

C.降低信用标准意味着将延长信用期限　　D.延长信用期限将增加应收账款的机会成本

7.经济订货批量（　　）。

A.与存货的年度总需求量呈正比关系　　B.与每次订货的变动成本呈反比关系

C.与单位存货的年储存成本呈反比关系　　D.与存货的购置成本呈正比关系

8.下列关于存货ABC分类管理法的描述中，正确的是（　　）。

A.A类存货金额巨大，但品种数量较少　　B.C类存货金额巨大，但品种数量较少

C.对A类存货应重点控制　　D.对C类存货应重点控制

9.下列各项中，属于建立存货经济进货批量基本模型假设前提的有（　　）。

A.一定时期的进货总量可以较为准确地预测　　B.允许出现缺货

C.仓储条件不受限制　　D.存货的价格稳定

10.企业如果延长信用期限，可能导致的结果有（　　）。

A.扩大当期销售　　B.延长平均收账期

C. 增加坏账损失　　　　　　　　　　　　D. 增加收账费用

三、判断题

1. 因为应收账款的收账花费与坏账损失一般呈反比关系，所以制定收账政策时就要在收账费用与所减少的坏账损失之间作出权衡。（　）

2. 订货提前期对经济订货量不产生影响，因而存在或不存在订货提前期下的订货批量、订货次数、订货间隔期都是一样的。（　）

3. 存货管理的经济批量，即达到最低的订货成本的订货批量。（　）

4. 商业信用筹资的最大优越性在于容易取得。对于多数企业来说，商业信用是一种持续性的信用形式，且无须办理复杂的筹资手续。（　）

5. 企业为满足交易性需要所持有的现金余额主要取决于企业销售水平。（　）

6. 企业的最佳现金持有量通常等于满足各种动机所需的现金余额之和。（　）

7. 如果企业放宽信用标准，对坏账损失率较高的客户给予赊销，则会增加销售量，减少企业的坏账损失和应收账款的机会成本。（　）

8. 信用标准是指公司决定授予客户信用所要求的最低标准，如果客户达不到该项信用标准，就不能享受公司按商业信用赋予的各种优惠，或只能享受较低的信用优惠。（　）

9. 企业花费的收账费用越多，坏账损失就会越少，并且平均收账期也会越短。（　）

10. 一般来讲，当某种存货数量比重达到70%左右时，可将其划分为A类存货，进行重点管理和控制。（　）

四、计算题

1. 已知某公司现金收支平稳，预计全年（按360天计算）现金需要量为250 000元，现金与有价证券的转换成本为每次500元，有价证券年利率为10%。

要求：

（1）计算最佳现金持有量。

（2）计算最佳现金持有量下的全年现金总成本、全年现金转换成本和全年现金持有机会成本。

（3）计算最佳现金持有量下的全年有价证券交易次数和有价证券交易间隔期。

2. 某企业只生产销售一种产品，每年赊销额为240万元，该企业产品变动成本率为60%，资金利润率为25%。企业现有A、B两种收账政策可供选用。有关资料见表10-10。

表10-10　　　　A、B两种收账政策

项目	A政策	B政策
平均收账期（天）	60	45
坏账损失率（%）	4	3
应收账款平均余额（万元）		
收账成本：	×	×
应收账款机会成本（万元）		
坏账损失（万元）		
年收账费用（万元）	1.8	7
收账成本合计（万元）		

要求：

（1）计算填列表中空白部分（一年按360天计算）。

（2）对上述收账政策进行决策。

3. 某公司预测的年度赊销收入为5 000万元，信用条件为“n/30”，变动成本率为70%，资金成本率为10%。该公司为扩大销售，拟订了两个信用条件备选方案：

A.将信用条件放宽到“n/60”，预计坏账损失率为4%，收账费用为80万元。

B.将信用条件改为“2/10，1/20，n/60”，约70%的客户（按赊销额计算）会享受2%的现金折扣，10%的客户会享受1%的现金折扣，坏账损失率为3%，收账费用为60万元。

以上两方案均使销售收入增长10%。

要求：就选用哪种方案作出决策。

4.某公司预计年耗用乙材料6 000千克，单位采购成本为15元，单位储存成本9元，平均每次进货费用为30元，假设该材料不存在缺货情况。

要求：

（1）计算乙材料的经济进货批量；

（2）计算经济进货批量下的总成本；

（3）计算年度最佳进货批次。

5.假设某公司每年需外购零件3 600千克，该零件单位价格为12元，单位储存变动成本为20元，单次订货成本为25元，单位缺货成本为120元，企业目前建立的保险储备量为30千克。在交货期内的需要量及其概率见表10-11。

表10-11　在交货期内的需要量及其概率

需要量（千克）	概率
50	0.10
60	0.20
70	0.40
80	0.20
90	0.10

要求：

（1）计算经济订货量以及年最优订货次数。

（2）按企业目前的保险储备标准，存货水平为多少时应补充订货？

（3）企业目前的保险储备标准是否恰当？

（4）按合理保险储备标准，企业的再订货点为多少？（计算结果保留整数）

五、综合实训

实训任务　营运资金管理政策

实训目的：加深对营运资金管理政策的理解。

实训要求：

（1）利用互联网及其他媒体查找你所感兴趣的企业，了解其营运资金管理政策，分析企业政策特点。

（2）重点关注该企业近三年现金、应收账款、存货等资产状况，通过这三项资产在流动资产中所占比重、变动趋势，分析存在的主要问题，并提出解决对策。

项目十一
收入与收益分配管理

■知识目标

1. 了解企业利润形成过程
2. 熟悉企业收益分配原则
3. 熟悉企业收益分配的具体顺序
4. 熟悉影响股利分配政策的因素
5. 掌握各种股利分配政策的优缺点

■能力目标

1. 能分析宏观环境变化对收益分配决策的影响
2. 能与企业沟通了解收益分配政策方面的规定
3. 能运用现代信息技术工具帮助企业制订收益分配方案

■素养目标

1. 培养学生遵守相关法律法规的意识
2. 培养学生根据商业环境变化进行营销策略调整的应变能力
3. 培养学生信守承诺、依法公平公正进行收益分配的职业品质

项目导读

Z电信服务公司（简称Z公司）是一家境内上市公司，其主要产品和服务为移动业务、固网业务、产业互联网、网络数字化、市场营销。根据Z公司发布的2024年度业绩报告，该公司营业收入为1 918.33亿元，同比增长8.83%；归属于上市公司股东的净利润为54.44亿元，同比增长13.74%；基本每股收益盈0.17元，去年同期为0.16元。Z公司近日公布了2024年度收益分配预案，具体内容如下：以总股本3 180 399.23万股为基数，向全体股东每10股派发现金红利人民币0.80元，合计派发现金红利人民币25.32亿元，不送红股，不进行资本公积转增股本。

思考：该公司为什么不向股东发放股票股利？向全体股东派发现金股利对公司会产生什么影响？企业制订收益分配方案应考虑哪些因素？请带着这些问题开启本项目的学习。

任务一 收入管理

收入是企业在日常经营活动中形成的、会导致所有者权益增加的、与所有者投入资本无关的经济利益的总流入。

收入按企业从事日常活动的性质不同，分为销售商品收入、提供劳务收入和让渡资

产使用权收入。而销售收入是企业收入的主体，所以，这里讲的收入主要指的是销售收入。

收入按企业经营业务的主次不同，分为主营业务收入和其他业务收入。主营业务收入是指企业为完成其经营目标所从事的经营活动所实现的收入。其他业务收入是指企业为完成其经营目标所从事的与经营活动相关的活动实现的收入。

一、销售预测

销售预测是指通过市场调查，以有关的历史资料和各种信息为基础，运用科学的预测方法或管理人员的实际经验，对企业未来一定时期的销售量或销售额作出的判断或估计。常用的定性预测法有德尔菲法、专家会议法等；常用的定量预测法有时间序列法、回归直线法、因素分析法、本量利分析法等。由于这些方法已在“项目三 财务预测”中介绍，这里不再赘述。

二、销售定价

(一) 影响产品价格的因素

制定价格首先要了解影响和制约产品价格的因素。影响和制约产品价格的因素有许多，主要有以下几个方面：

1.价值因素

价格是价值的货币表现，价值的大小决定着价格的高低，而价值量的大小又是由生产产品的社会必要劳动时间决定的。因此，提高社会劳动生产率，缩短生产产品的社会必要劳动时间，可以相对地降低产品价格。

2.成本因素

成本是影响定价的基本因素，只有当获取的收入足以弥补已发生的成本费用，企业才能长期生存和发展下去。因此，从长远来看，产品价格应等于总成本加上合理的利润，即产品售价必须足以补偿全部的生产、管理和营销的成本，并为企业提供合理的利润，否则企业难以长久生存。

3.市场供求因素

市场供求变动对价格的变动具有重大影响。当一种产品的市场供应大于需求时，就会对其价格产生向下的压力；而当其市场供应小于需求时，则会推动价格的提升。市场供求关系是永远矛盾的两个方面。因此，产品价格也会不断地波动。

4.竞争因素

市场竞争程度不同，对价格的影响也不同。竞争越激烈，对价格的影响也越大。在完全竞争的市场上，企业几乎没有定价的主动权，只能接受市场价格，其定价管理的核心问题是在产品价格既定的条件下，依据“边际收入与边际利润相等时，企业的利润最大化”的原则，决定预期实现最大化利润的产销水平；在不完全竞争市场上，竞争的强度主要取决于产品生产的难易和供求形势。为了做好定价决策，企业必须充分了解竞争者的情况，最重要的是竞争对手的定价策略。

5.政策法规因素

市场经济条件下，国家不直接干预产品定价，但对市场物价的高低和变动有限制和法律规定，同时国家会通过生产市场、货币金融等手段间接调整价格。企业在制定价格时一定要充分了解本国及企业所在国有关方面的政策和法规。

（二）产品定价方法

1.以成本为基础的定价方法

这种方法也称为成本加成法，是以成本为基础，加上合理的利润来确定产品的价格。在企业成本范畴中，基本上有三种成本可以作为定价基础，即变动成本、制造成本和全部成本费用。

变动成本是指在特定的业务量范围内，其总额随业务量的变动呈正比例变动的成本。变动成本可以作为增量产量的定价依据，但不能作为一般产品的定价依据 。

制造成本是指企业为生产产品或提供劳务等所发生的成本，一般包括直接材料、直接人工和制造费用。由于它不包括各种期间费用，因此不能正确反映企业产品的真实价值消耗和转移。利用制造成本定价不利于企业简单再生产的继续进行。

全部成本费用是指企业为生产销售一定种类和一定数量的产品所发生的所有成本费用，它不仅包括制造成本，还包括管理费用、销售费用、财务费用等各种期间费用。在全部成本费用基础上制定价格，既可以保证企业简单再生产的正常进行，又可以使劳动者为社会劳动所创造的价值得以全部实现。

以成本为基础的定价方法有变动成本加成法、制造成本加成法、全部成本费用加成法、保本定价法和目标利润定价法等。下面以全部成本费用加成法、保本定价法及目标利润定价法为例，介绍以成本为基础的定价方法的应用。

（1）全部成本费用加成法

全部成本费用加成法就是在全部成本费用的基础上，加合理利润来定价的方法。合理利润的确定，在工业企业一般是根据成本利润率来确定，而在商业企业一般是根据销售利润率来确定。在考虑税金的情况下，有关计算公式为：

$$成本利润率=\frac{预测利润总额}{预测成本总额}\times 100\%$$

$$单位产品价格=\frac{单位成本\times(1+成本利润率)}{1-适用税率}$$

式中：单位成本是指单位产品全部成本费用，等于单位产品制造成本加上单位产品负担的期间费用。

重要提示

如果以变动成本为基础定价，则：$单位产品价格=\frac{单位变动成本\times(1+成本利润率)}{1-适用税率}$

上式中，单位变动成本是指完全单位变动成本，等于单位变动制造成本与单位变动期间费用之和。

【例11-1】某企业只生产甲产品，预计单位产品的制造成本为80元，计划销售5 000件，计划期的期间费用总额为60 000元，该产品适用的消费税税率为5%，成本利润率必须达到15%。用全部成本费用加成法为甲产品测算价格。

$$甲产品价格=\frac{(80+\frac{60\,000}{5\,000})\times(1+15\%)}{1-5\%}=111.37（元）$$

（2）保本定价法

保本定价法是按照不亏不盈时的价格来确定产品销售价格的方法。其计算公式为：

$$单位产品价格=\frac{单位固定成本+单位变动成本}{1-适用税率}=\frac{单位完全成本}{1-适用税率}$$

【例 11-2】某企业生产乙产品，本期计划销售量为 20 000 件，应负担的固定成本总额为 300 000 元，单位变动成本为 100 元，适用的消费税税率为 5%。用保本点定价法为乙产品测算价格。

$$乙产品价格=\frac{\frac{300\,000}{20\,000}+100}{1-5\%}=121.05（元）$$

（3）目标利润法

目标利润法是根据预期目标利润和产品销售量、产品成本、适用税率等因素来确定产品销售价格的方法。其计算公式为：

$$单位产品价格=\frac{目标利润总额+完全成本总额}{产品销量\times(1-适用税率)}=\frac{单位目标利润+单位完全成本}{1-适用税率}$$

【例 11-3】某企业生产丙产品，本期计划销售量为 20 000 件，目标利润总额为 250 000 元，完全成本总额为 560 000 元，适用的消费税税率为 5%。用目标利润法测算丙产品价格。

$$丙产品价格=\frac{250\,000+560\,000}{20\,000\times(1-5\%)}=42.63（元）$$

随堂测 11-1

【单选题】在生产能力有剩余的情况下，下列各项成本中，适合作为增量产品定价基础的是（　　）。(2018 年卷Ⅰ)

A. 固定成本　　B. 制造成本　　C. 全部成本　　D. 变动成本

2. 以市场需求为基础的定价方法

微课

需求弹性定价法及其应用

以成本为基础的定价方法，主要关注企业的成本状况而不考虑市场需求状况，因而运用这种方法制定的产品价格不一定满足企业销售收入或利润最大化的要求。最优价格应是企业取得最大销售收入或利润时的价格。以市场需求为基础的定价方法可以契合这一要求，主要有需求弹性定价法和边际分析定价法等。

重要提示

除利用合适的定价方法为产品制定销售价格之外，还可以运用合适的价格策略。常用的有撇脂价格策略、渗透价格策略和心理定价策略等。

撇脂价格策略也称高价策略，是指在新产品进入目标市场时，制定较高的价格，以期在竞争对手出现之前，迅速获取利润，收回产品开发的成本和投资。

渗透价格策略也称低价策略，它与撇脂价格策略正好相反。为了让消费者迅速地接受新产品，尽快扩大产品的销售量，获得更大的市场份额，企业有意将产品的价格定得很低。

心理定价策略是针对不同的消费心理，制定相应的商品价格以满足不同类型消费者需求的策略，主要有尾数定价策略、整数定价策略等。

除此之外，还有折让定价策略、寿命周期定价策略等。

随堂测 11-2

【单选题】某公司生产 A 产品，本期计划销售量为 1 000 件，完全成本总额为 19 000 元，目标利润总额为 95 000 元，适用的消费税税率为 5%。利用目标利润定价法确定的 A 产品单价为（　　）。(2021 年卷Ⅲ)

A. 108.3 元　　B. 120 元　　C. 80 元　　D. 72.2 元

素养提升

产品（服务）价格制定与管理是企业经营管理的核心之一，价格制定是否合理，对企业及消费者利益产生直接影响。企业产品（服务）价格制定以及价格管理，一定要严格遵守国家相关法律法规，科学合理定价，依法合规经营。作为当代财会专业的大学生，一定要树立法律意识，遵纪守法。不仅要加深理解和掌握专业知识，而且要努力学习相关法律知识，为企业业务活动和经营决策提供优质服务和强有力的支持。

任务二　收益分配管理

一、收益分配的含义与原则

（一）收益分配的含义

收益分配有广义和狭义之分。广义的收益分配是指从营业收入开始的分配，即营业收入首先用来弥补成本，然后缴纳所得税，税后利润向投资者分配后，剩余的就是企业的留用利润。狭义的收益分配是从税后利润开始的分配，即决定税后利润在投资者和企业之间的分配比例。本书收益分配采用狭义的收益分配概念，即对净利润的分配。

重要提示

营业利润=营业收入-营业成本-税金及附加-销售费用-管理费用-研发费用-财务费用-资产减值损失-信用减值损失+公允价值变动收益+投资收益+资产处置收益+其他收益等

利润总额=营业利润+营业外收入-营业外支出

净利润=利润总额-所得税费用

（二）收益分配的原则

1.依法分配的原则

为规范企业的收益分配行为，正确处理各方面的利益关系，国家制定和颁布了包括《中华人民共和国公司法》（简称《公司法》）在内的若干法律法规，这些法律法规规定了企业收益分配过程中必须遵循的基本要求、一般程序和重大比例等，企业在进行收益分配时必须执行，不得违反。

2.资本保全的原则

资本保全的原则就是企业的收益分配必须建立在盈利确认的基础上，即收益分配必须是建立在企业资本增值的基础之上，收益分配绝不是对投资者本金的返还，所以企业应避免在不盈利甚至亏损情况下的所谓“收益分配”，只有这样才能最终保护投资各方的权益。

3.投资与收益对等的原则

在不同投资主体之间进行收益的分配，要遵循投资与收益对等的原则，即“谁投资谁受益”。投资者按照其出资比例行使经营管理权利、承担经营风险并享受经营成果。收益分配中要求企业本着平等一致的原则，绝不允许任何一方随意多分多占。这样才能从根本上保护投资者的利益，保护投资者的投资积极性。

4.兼顾各方面利益的原则

企业收益要在国家、投资者、管理者、职工等利益相关各方之间进行分割，分割的数量和比例直接影响国家的税收收入、企业长远发展能力，直接影响投资者和债权人的信心和企业管理者及职工的积极性。因此，收益分配过程中要统筹兼顾，合理安排，兼顾各方利益。

5.分配与积累并重的原则

分配给投资者的利润，是投资者眼前利益的最佳体现，而留用利润，是企业增加实力、降低风险、提高价值的重要保证，运用得好，能有效实现投资者长远利益。因此，收益分配过程中要贯彻分配与积累并重的原则，正确处理好眼前利益和长远利益的关系。

二、收益分配的影响因素

企业的收益分配政策要受客观、主观多种因素的制约，这就使得决策人在制定收益分配政策时，只能根据当时的经济环境与法律环境作出有限的选择。制约企业收益分配政策的因素主要有以下几个方面：

（一）法律因素

为了保护债权人和股东的利益，法律法规就公司的收益分配作出了如下规定：

1.资本保全约束

相关法律为实现资本保全，规定企业发放的股利或向投资者的分红应来源于企业的经营收益，即当期的利润或留存收益，不能用原始资本（或股本）进行分配。这样规定的目的是防止企业任意抽逃资本金，减少所有者权益，以维护债权人的利益。

2.资本积累约束

相关法律规定企业必须建立一定的资本积累，要求企业在投资并取得净利润时，必须按照一定的基数和比例提取各种公积金。这样做，有利于企业扩大资本规模，调剂资金余缺，降低财务风险。

3.超额累积利润约束

一般来说，对资本利得收益征收的税率低于股利收益征收的税率。因此，股份制企业可能会通过积累利润使股价上涨的方式来帮助股东少纳税。若公司为了股东降低税负而使得盈余的保留大幅度超过了公司目前及未来的投资需要时，将被加征额外的税款。

4.偿债能力约束

企业举债时要签订债务契约，债权人为了保障自己的权益，往往在契约中约定“股份公司支付现金股利如果影响到其债务的偿还，则其股利的支付要受到限制”。债权人的这一权利受到法律的保护。

（二）公司因素

1.现金流量

由于会计规范的要求和核算方法的选择，公司盈利与现金流量并非完全同步，净收益增加不一定意味着可供分配的现金流量的增加。公司在进行收益分配时，要保证正常的经营活动对现金的要求，以维护资金的正常周转，使生产经营得以有序进行。

2.债务筹资

如果公司有较强的筹资能力，随时能筹集到所需资金，那么它具有较强的股利支付能力。另外，若公司的债务比率较低，财务风险较小，而债务的资本成本往往低于权益的资本成本，则企业可以实施高股利政策，有效地利用债务筹资；相反，如果企业举债能力较差，或财务风险已经很大，则企业应实施低股利政策，有效利用权益资金。

3.未来投资机会

如果未来有较好的投资机会，投资收益率高于权益资本成本，高于投资者的期望收益率，则企业可以考虑多保留收益，用于未来的投资项目；相反，如果股份公司未来的投资机会较少，或投资收益率达不到投资者的期望收益率，则企业倾向于多支付现金股利，以避免资金的闲置浪费。

4.盈余的稳定状况

盈余稳定的企业，可以采取固定股利政策。首先，稳定的盈余是这一股利政策的坚实基础。其次，稳定的股利政策也可以向证券市场传递企业稳定发展、风险小的信号。最后，有稳定盈余的企业比没有稳定盈余的企业更可能支付较高的股利。

5.资产的流动状况

现金股利会减少企业现金资产的持有量，降低资产的流动性。而保持一定的资产流动性是企业正常运转的必备条件。如果企业的资产流动性较好，支付现金股利后不影响其短期偿债能力，则可以采用高股利政策。相反，如果企业的资产流动性较差，支付现金股利后可能导致其财务危机的发生，则应采用低股利政策。

（三）投资者因素

1.控制权

收益分配政策会受到企业投资者对于控制权要求的影响。企业支付较高的股利，就会导致留存盈余减少，当公司为有利可图的投资机会筹集所需资金时，发行新股的可能性增大，而发行新的普通股，由于新股东的加入，必然稀释现有股东的控制权。这是企业原来具有控股权的股东们所不愿看到的局面。因此，股东会倾向于较低的股利支付水平，以便从内部的留存收益中取得所需资金。

2.稳定的收入

如果股东依赖现金股利维持生活，他们往往要求公司能够支付稳定的股利，而反对留存过多的利润。另外，一些股东认为通过增加留存收益引起股价上涨而获得的资本利得是有风险的，而目前的股利是确定的，即便现在的股利较少，也强于未来的资本利得，因此，他们往往也要求较多的股利支付。

3.降低税负

政府对企业利润在征收所得税以后，还要对自然人股东征收个人所得税。一般来说，许多国家股利收入的税率要高于资本利得的税率。因此，一些高股利收入的股东正是出于降低税负的考虑，往往反对企业发放较多的股利。

（四）其他因素

1.债务契约

一般来说，股利支付水平越高，留存收益越少，公司的破产风险加大，就越有可能损害债权人的利益。因此，为了保证自己的利益不受侵害，债权人通常都会在债务契约、租赁合同中加入关于借款公司股利政策的限制条款。

2.通货膨胀

通货膨胀会带来物价上涨、货币购买力水平下降，因此，在通货膨胀时期，公司往往会采取偏紧的股利政策。

三、股利分配理论

股利分配理论是指人们对股利分配的客观规律的科学认识和总结，其核心问题是股利政策与公司价值的关系问题。主要理论观点如下：

（一）股利无关论

股利无关论认为，在一定假设的基础上，股利政策不会影响企业的价值和股票的市场价格，即股利的支付与企业价值、股票价格无关，投资者不关心公司股利的分配。决定企业价值和股票价格的根本因素是企业的获利能力和风险水平。这些假设包括：第一，市场具有强式效率，没有交易成本，没有任何一个股东的实力足以影响股票价格；第二，不存在任何个人或公司所得税；第三，不存在任何筹资费用；第四，公司的投资决策和股利决策彼此独立，即投资决策不受股利分配的影响；第五，股东对股利收入和资本增值并无偏好。

随堂测 11-3

【单选题】股利无关论认为股利分配对公司市场价值不产生影响，下列关于股利无关理论假设的表述中，错误的是（　　）。（2019 年卷Ⅱ）

A. 投资决策不受股利分配的影响　　B. 不存在股票筹资费用

C. 不存在资本增值　　D. 不存在个人或公司所得税

（二）股利相关论

与股利无关论相反，股利相关论认为，企业的股利水平和支付方式会影响企业价值和股票价格。主要观点有以下几种：

1.“在手之鸟”理论

该理论认为，现金股利与留存收益，如“手中一鸟”与“林中双鸟”，现金股利实现的利益虽然看上去较少，但是风险小；留存收益的预期收益虽然较多，但是风险大。因此，投资者更青睐于高股利支付的企业，这样的企业其股票的市场价格将高于低股利支付的企业。所以，公司应保持较高的股利支付水平。

2. 信号传递理论

信号传递理论认为，在信息不对称的情况下，公司可以通过股利政策向市场传递有关公司未来获利能力的信息，从而影响公司的股价。股东作为外部投资者，更依赖企业的各项公开信息进行决策。这样，企业的股利政策就是一个重要的公开信息了。高股利支付往往传递出企业经营状况良好、收益率高、现金流转正常的信号。这样的信号将吸引投资者的投资从而引起股价的上扬。反之亦然。因此，信号传递理论下，股利是影响企业股票价格的重要因素。

3. 税差理论

税差理论认为，股利收益与资本利得在纳税时间和数量上都存在着一定的差异。一方面，股利收益的取得早于资本利得收益的取得，缴纳所得税的时间也早；另一方面，一般情况下，股利收益的所得税高于资本利得的所得税。从这两方面考虑，股东更倾向于低股利高留存收益的分配方式，这样一可以推迟纳税时间，二可以降低纳税水平。

4. 代理理论

代理理论认为，股利政策有助于减缓经营者与股东之间的代理冲突，即股利政策是协调股东与经营者之间代理关系的一种约束机制。该理论认为，股利支付能够有效降低代理成本。首先，股利支付减少了管理者自身可以支配的“闲置现金流量”，这在一定程度上可以限制管理者的过度投资和特权消费，从而降低所有者的风险，保护所有者的利益；其次，较多的现金股利发放，减少了内部融资，导致公司进入资本市场寻求外部融资，从而公司将接受资本市场更多、更严格的监督，减少代理成本。与留存收益相比，外部筹资对管理者的监督作用更强，也有利于降低其代理成本。但外部筹资成本往往高于内部筹资成本，因此，公司应根据代理成本和筹资成本两个因素作出股利决策，即选择能使两种成本之和最小的股利政策。

重要提示

股利无关论认为股利政策不会影响公司价值；股利相关论认为股利政策会影响公司价值。

四、收益分配的顺序

按照我国法律的有关规定，企业应当按照如下程序进行利润分配：

（一）弥补以前年度亏损

企业发生的年度亏损可以用下一年度的税前利润等弥补，下一年度利润不足弥补的，可以在5年内延续弥补。5年内不足弥补的，改用企业的税后利润弥补，也可以用以前年度提取的盈余公积金弥补。

（二）缴纳所得税

企业所得税是对我国境内的企业和其他取得收入的组织的生产经营所得和其他所得征收的所得税。它按年计征，分期预缴。企业必须严格执行《企业所得税法》的规定，正确计算和缴纳企业所得税。

（三）税后弥补亏损

如果企业的亏损数额较大，用税前利润在5年的期限内弥补不完（即超过5年仍然不能弥补的亏损），应由企业的税后利润弥补。

（四）提取法定公积金

企业应按当年税后利润（弥补亏损后）的10%提取法定公积金，当法定公积金累计达到注册资本的50%以后，可以不再提取。计提的公积金可用于弥补亏损、扩大公司生产经营或转为增加公司资本。但法定公积金转为资本后，所留存的该项公积金不得少于转增前公司注册资本的25%。

（五）提取任意公积金

经股东会决议，企业还可以从税后利润中提取任意公积金。任意公积金可用于弥补亏损、扩大生产经营、转增资本或派送新股等。

（六）向投资者分配利润

企业弥补亏损和提取公积金后所余税后利润，可以向股东（投资者）分配股利（利润）。其中，有限责任公司股东按照实缴的出资比例分取红利，全体股东约定不按照出资比例分取红利的除外；股份有限公司按照股东持有的股份比例分配，但股份有限公司章程规定不按持股比例分配的除外。

随堂测11-4

【单选题】下列各项中，正确反映公司净利润分配顺序的是（　　）。（2018年卷Ⅱ）

A.提取法定公积金、提取任意公积金、弥补以前年度亏损、向投资者分配股利

B.向投资者分配股利、弥补以前年度亏损、提取法定公积金、提取任意公积金

C.弥补以前年度亏损、向投资者分配股利、提取法定公积金、提取任意公积金

D.弥补以前年度亏损、提取法定公积金、提取任意公积金、向投资者分配股利

五、股利政策比较

股利政策是企业在不违反国家有关法律、法规的前提下，根据企业具体情况制定的方针及对策，其实质是决定留用利润和股利分配的比例。由于股利政策关系到公司在市场上、在投资者中间的形象，因此股利政策既要相对稳定，又要符合公司的财务目标和发展目标。在实际工作中，通常可供企业选择的股利政策有固定或稳定增长的股利政策、固定股利支付率政策、剩余股利政策、低正常股利加额外股利政策等。

案例

Z公司和M公司的股利政策

(一) 固定或稳定增长的股利政策

1. 固定或稳定增长的股利政策的含义

固定或稳定增长的股利政策是指公司每年的股利分配额是一个固定数，基本保持不变或是在此基础上维持某一固定比率逐年增长。在这一政策下进行收益分配时，首先考虑的是股利分配因素，在满足了股利分配需要之后，才决定留用利润的数额。

2. 固定或稳定增长的股利政策的优缺点

(1) 固定或稳定增长的股利政策的优点

①向证券市场传递了企业稳定发展、经营状况和财务状况良好的有利信息，有利于树立公司的良好形象，增强投资者对公司的信心，稳定股票的价格。

②有助于投资者安排股利收入和支出，有利于吸引那些以稳定的股利作为其稳定收入来源的投资者对公司进行长期投资。

(2) 固定或稳定增长的股利政策的缺点

①股利的支付与企业盈利水平容易脱节，在企业收益水平下滑的年份，如果按原定数额发放股利将增加企业的负担，如果不按照原定数额发放股利将影响企业的形象，影响其股利政策的稳定性。另外，在无利可分的情况下，若依然实施固定或稳定增长的股利政策，也是违反《公司法》的行为。因此，采用固定和稳定增长的股利政策，要求公司对未来的盈利和支付能力能够作出准确的判断。

②政策弹性差。与剩余股利政策、低正常股利加额外股利政策相比，固定或稳定增长的股利政策缺乏必要的弹性，不能在企业有好的投资项目时优先供应资金，或在其他再筹资方式资本成本较高时利用相对便宜的留存收益。

(二) 固定股利支付率政策

1. 固定股利支付率政策的含义

固定股利支付率政策是指公司每年均按照净利润的固定百分比进行股利支付，股利支付后的余额作为留存收益的分配政策。

2. 固定股利支付率政策的优缺点

(1) 固定股利支付率政策的优点

①这一股利政策和企业盈余密切联系，体现了多盈多分、少盈少分、无盈不分的股利分配原则。

②合理的支付比例兼顾了股东的眼前利益和企业的长远发展两个方面。

③根据盈利水平按固定的比率进行股利支付，体现了这一股利政策的稳定性。

（2）固定股利支付率政策的缺点

①大多数公司每年的收益很难保持稳定不变，在这种情况下，固定股利支付率政策虽然支付的股利率固定，但每期支付股利的绝对数是不稳定的。在收益波动较大的年份，容易向证券市场传递企业发展不稳定、前景不明确、不可靠的信息，成为影响股价的不利因素。

②在现金流量和盈利水平脱节、现金流量缺乏的情况下，按盈利的固定比例计算的股利额将增加企业的财务压力。

③合适的固定股利支付率的确定难度较大。如果该比例定得过高，难以满足投资增长对资金的需要，在现金流入较少的年份会增大企业的财务压力；如果该比例定得过低，难以满足股东对投资收益的要求。

随堂测11-5

【多选题】下列各项中，属于固定或稳定增长股利政策优点的有（　　）。(2018年卷Ⅰ)

A.稳定的股利有利于稳定股价　　B.稳定的股利有利于树立公司的良好形象

C.稳定的股利使股利与公司盈余密切挂钩　　D.稳定的股利有利于优化公司资本结构

（三）剩余股利政策

1.剩余股利政策的含义

剩余股利政策是指企业的净利润首先用来保证投资增长和调整资本结构的需要，然后用剩余收益再对股东进行股利支付的政策。

【例11-4】某企业本年提取了公积金后的净利润为5 000万元，拟投资项目的资金需要量为4 000万元，该企业的目标资本结构为权益资金占50%，债务资金占50%，按照剩余股利政策，该公司的收益分配方案为：

投资项目对权益资金的需要量=4 000×50%=2 000（万元）

可向股东支付的股利额=5 000-2 000=3 000（万元）

2.剩余股利政策的优缺点

（1）剩余股利政策的优点

剩余股利政策有利于保证企业投资需要和调整资本结构的需要，有利于企业长期稳定的生产经营活动的进行，有利于降低资本成本，控制财务风险，实现企业价值最大化。

（2）剩余股利政策的缺点

①满足投资和资本结构调整需要后的股利支付呈现出较大的波动性，容易向投资者传递企业发展不稳定的信息，不利于公司树立良好的形象。

②不稳定的股利分配不利于投资者安排其收入和支出，并可能因此丧失一定数量的投资者。

（四）低正常股利加额外股利政策

1.低正常股利加额外股利政策的含义

低正常股利加额外股利政策是指事先设定一个较低的正常股利额，每年除了按正常股利额向股东发放股利外，还在公司盈余较多、资金较为充裕的年份向股东发放额外股利。但额外股利并不固定化，可以有，也可以没有，可以高，也可以低。具体数额视企业的盈利状况和现金流量情况而定。

2.低正常股利加额外股利政策的优点

（1）低正常股利加额外股利政策的优点

①低正常股利的支付保持了企业收益分配的稳定性，额外股利又增加了企业收益分配

的弹性，有利于企业根据项目投资和调整资本结构的需要合理安排企业的收益，从而降低资本成本，降低财务风险，提高企业价值。

②低正常股利的稳定性有利于投资者有计划地安排其收入和支出，有利于吸引那些青睐固定股利收益、厌恶风险的投资者。

③当公司盈利状况较好且现金充裕时发放的额外股利有助于增强企业对投资者的吸引力，增强投资者的信心，并向市场传递企业发展状况良好的信息，有利于企业股价的上扬。

（2）低正常股利加额外股利政策的缺点

①由于额外的股利支付随企业收益和现金流的波动而不断变化，时有时无，时高时低，容易向投资者传递企业发展不稳定的信号。

②当一定数量的额外股利长期被发放后，往往被看作正常股利的一部分。一旦企业因利润减少或现金短缺取消这部分额外股利时，容易向投资者传递企业财务状况恶化的信号，不利于稳定企业的股价。

六、股利分配方案制订

（一）选择适当的股利政策

可供企业选择的股利政策有多种，各种股利政策既有优点也有不足，企业究竟应采用何种股利政策，取决于企业所处的经济环境、自身发展状况等多种因素。企业在不同的成长与发展环境应采用的股利政策，可参见表11-1。

表11-1 企业股利分配政策的选择

企业发展阶段	特　点	适用的股利政策
初创阶段	经营风险高，有很强的投资需求，但融资能力较弱	剩余股利政策
快速发展阶段	企业快速发展，需要大规模投资	低正常股利加额外股利政策
稳定增长阶段	企业业务稳定增长，市场竞争力增强，行业地位已经巩固，投资需求减少，现金流量稳步增长，每股收益呈上升态势	固定或稳定增长的股利政策
成熟阶段	产品市场趋于饱和，企业盈利水平保持稳定，通常已积累了相当的盈余和资金	固定股利支付率政策
衰退阶段	企业业务逐渐减少，获利能力、获现能力和股利支付能力逐渐下降	剩余股利政策

（二）确定股利支付水平

在已定的股利政策下，仍然存在着按多大比例支付股利的问题。前面已经介绍了剩余股利政策下的股利支付额的确定方法，固定股利支付率、固定或稳定增长的股利、低正常股利支付比例及额外股利的支付比例的确定仍然要考虑诸多因素的影响，包括前面已介绍的影响企业收益分配的各有关因素的影响。

（三）确定股利支付形式

股利支付形式有现金股利、财产股利、负债股利、股票股利等四种形式。

1.现金股利

现金股利是以现金支付的股利，是企业最常见、也是最容易被投资者接受的股利支付形式。由于现金股利的支付减少了企业的留存收益和现金资产，因此公司支付现金股利时，必须具备两个基本条件：一是公司必须拥有足够的未指明用途的留存收益；二是要有足够的现金，而现金充足与否往往会成为公司发放现金股利的主要制约因素。

2.财产股利

财产股利是以现金以外的资产支付的股利，主要是以公司所拥有的其他企业的有价证券，如债券、股票作为股利支付给股东。

3.负债股利

负债股利是以负债方式支付的股利，通常以公司的应付票据支付，有时也以发放公司债券的形式支付。财产股利与负债股利实际上是现金股利的替代，这两种股利形式目前在我国公司实务中很少使用。

4.股票股利

股票股利是公司以增发股票的方式所支付的股利，在我国实务中通常也称为“红股”。对公司来讲，发放股票股利不会发生现金流出，不会导致公司的财产减少，也不会改变公司股东权益总额，但会改变公司股东权益的内部结构，会增加流通在外的股票数量，同时会降低股票的每股价值。

【例11-5】某公司发放股票股利前的股东权益情况见表11-2。

表11-2　发放股票股利前的股东权益　单位：万元

股本（已发行普通股5 000万股，面值1元）	5 000
资本公积	3 000
未分配利润	4 000
股东权益合计	12 000

假定该公司宣布发放20%的股票股利，即发放1 000股普通股，并规定现有股东每持10股可得2股新发放股票。我国目前按股票面值计算股票股利价格。随着股票股利的发放，需从“未分配利润”项目划转出的资金为：

1×5 000×20%=1 000（万元）

该公司发放股票股利后的股东权益各项目见表11-3。

表11-3　发放股票股利（按面值计价）后的股东权益　单位：万元

股本（已发行普通股6 000万股，面值1元）	6 000
资本公积	3 000
未分配利润	3 000
股东权益合计	12 000

可以看出，发放股票股利后，所有者权益总额不变，只是普通股股本与未分配利润等额增减1 000万元。

如果某股东原持有的普通股为100万股，占全部股份的比例为：

100÷5 000×100%=2%

可以看出，发放股票股利后，该股东的持股数和持股比例为：

100×（1+20%）=120（万股）

120÷6 000×100%=2%

可见，发放股票股利，不会对公司股东权益总额产生影响，但会引起资金在股东权益各项目间的再分配。而且股票股利派发前后每一位股东的持股比例也不会发生变化。

（四）明确股利支付程序

企业在确定了股利分配方案后，即可按照规定的程序进行股利的支付。一般程序为：先由董事会提出分配预案，然后提交股东会决议，股东会决议通过才能进行分配。股东会通过分配预案后，要向股东宣布发放股利的方案，并确定股权登记日、除息日、股利发放日。

1.股利宣告日

股利宣告日就是公司董事会将股利支付情况予以公告的日期。公告中将宣布每股支付的股利、股权登记日、除息日及股利支付日期等事项。

2.股权登记日

股权登记日就是有权领取股利的股东登记日期。只有在股权登记日前在公司股东名册上有名字的股东，才有权分享股利。

3.除息日

除息日是指领取股利的权利与股票分离的日期，一般为股权登记日的下一个工作日。从除息日起，股票中将不再包含股利，从这天起购入公司股票的投资者不能享有已宣布发放的股利。由于失去了“收息”的权利，因此，除息日的股价会下跌。

4.股利发放日

股利发放日，就是公司按照公布的分红方案向股权登记日在册的股东实际支付股利的日期。

【例11-6】某公司20×5年4月10日公布20×4年度最后的分红方案，其公告如下：“本公司在20×5年4月9日在北京召开的股东大会上通过了董事会关于20×4年度每股发放2元现金股利的分配方案。本公司将于20×5年5月15日至30日将上述股利发放给已在20×5年4月25日登记为本公司股东的人士，除息日为4月26日，股东通过深圳证券交易所按交易方式领取股息。特此公告。”

则该公司的股利支付程序为：

股利宣告日	4月10日
股权登记日	4月25日
除息日	4月26日
股利支付期间	5月15日—5月30日

七、股票分割与股票回购

（一）股票分割

1.股票分割的含义

股票分割，又称拆股，即将一股股票拆分为两股及以上的股票的行为。分割前股票的面值较大，分割后的股票面值随分割比例而降低。如将一股面值为30元的股票分割为10股面值3元的股票。股票分割后，股数增加，每张股票面值下降，但不会对公司的资本结构产生任何影响。

重要提示

股票分割与股票股利非常相似，都是在不增加股东权益的情况下增加了股票的股数，所不同的是，股票股利虽不改变股东权益总额，但股东权益内部结构会发生变化。而股票分割之后，股东权益总额及其内部结构都不会发生任何变化，变化的只是股票面值。

2.股票分割的作用

（1）股票分割降低股票价格，促进股票的流通和交易

股票分割不仅带来了股票面值的下降，同时引起了股票市价的下降。在企业股价较

高，影响到股票交易的流动性时，股票分割使投资者以少量的资金就可以进行股票的交易，增加了股票在不同股东之间的换手频率，提高了股票的流动性。

（2）股票分割向市场和投资者传递有利的信息

股票分割往往可以向证券市场传递公司经营状况良好、发展前景乐观的信息，有利于提高股东投资的积极性，从而提高股票价格。

（3）股票分割有利于公司发行新股

在股价太高的情况下，公司往往不敢贸然发行股票，因为过高的股价会使许多资金数量较小的投资者望而却步，增大了企业发行新股的风险。股票分割后，股价降低，可以吸引众多的投资者进行投资，降低了新股发行失败的风险。

3.反分割

如果股份公司股价过低，也可以进行反分割，即股票合并，也就是将几股股票合并为一股，从而提高每股股票面值，提高每股市价。股票反分割会降低股票的流动性、向投资者传递不利的信息。因此，一般只有在公司股价过低影响到其形象时，才进行股票反分割。

（二）股票回购

1.股票回购的含义

股票回购是指股份公司从股东手中购回本公司发行在外的股票，减少本公司股数的一种资本运作方式。我国《公司法》规定，公司一般情况下不得回购股票，有下列情形之一的，可以收购本公司股份：

①减少公司注册资本；

②与持有本公司股份的其他公司合并；

③将股份用于员工持股计划或者股权激励；

④股东因对股东大会作出的公司合并、分立决议持异议，要求公司收购其股份；

案例

Y公司通过股票回购应对敌意收购

⑤将股份用于转换上市公司发行的可转换为股票的公司债券；

⑥上市公司为维护公司价值及股东权益所必需。

2.股票回购的作用

（1）替代现金股利的发放

股票回购和现金股利一样，一方面，现金资产因支付减少，股东的权益也等额减少。在公司现金富裕的情况下，如果股份公司不愿意改变既定的股利分配政策，或不愿意因一次偶然的现金股利支付增加今后现金股利支付的压力，则可以选择股票回购作为现金股利的一种替代。

（2）提高每股收益

如果股份公司每股收益水平较低，在一定程度上影响了公司的形象，可以通过股票回购的方式减少流通中的股数，从而提高每股收益水平。

（3）改变公司的资本结构

股票回购可以减少股东权益的数量，降低权益资金占全部资本的比重。这样有利于公司提高负债比率，降低综合资本成本，利用负债财务杠杆作用，提高权益资金收益率。

（4）稳定公司股价以传递有利于公司的信息

如果股价过低会有损于公司的形象，向投资者传递了不利于公司发展的信息，则可以通过股票回购的方式，提高股票价格，向证券市场传递本公司真实的投资价值，提高投资者的投资信心。

（5）改变公司的控制权

拥有股份公司控制权的大股东为保证其控制权不会被分散，往往愿意通过股票回购的方式减少股票数量，提高自己股份的比例。

（6）满足认股权行使的需要

如果股份公司因发行了可转换债券、认股权证或实行经理人员股票期权计划及员工持股计划需要股票，可以通过股票回购的方式取得。这样既不会稀释每股收益，又可以满足认股权证的行使需要。

（7）满足企业兼并和收购的需要

如果企业通过股票换取股票的方式实施兼并和收购需要股票时，则可以通过回购的方式取得所需要的股票。

（8）防止恶意收购

当企业面临恶意收购时，通过股票回购可以提高股票的价格，增加恶意收购者的收购难度。同时，回购过程减少了企业的流动资产，财务状况发生了较大的不利转变，这样可以降低收购公司的收购兴趣。

3.股票回购的影响

①对上市公司来说，股票回购需要支出大量的现金资产，降低了资产的流动性，增大了企业的支付风险，也影响企业的后续发展。

②股票回购后企业的所有者权益减少，对债权人的保障程度降低，加大了债权人的风险。

③股票回购容易导致公司操控股票价格，加剧公司行为的非规范化，损害投资者的利益。

④股票回购过程中涉及对积累盈余的分配问题，可能会使公司的发起人更注重实现利润的兑现，而忽略了公司的长远发展。

⑤对投资者来说，虽然股票回购和现金股利具有异曲同工之处，但现金股利通常需要缴纳个人所得税，而股票被回购取得的现金是不需要缴纳所得税的，因此，股票回购可以为投资者带来节税的好处。

⑥公司回购股票时，股东可以选择出售股票，也可以选择继续持有股票，因此，与股票股利相比，股票回购赋予股东更多的选择权。

4.股票回购的方式

（1）市场公开回购

市场公开回购时，发行公司与普通的股票投资者一样，在证券市场上以当前市场价格回购股票。其缺陷是容易提高股价，并要支付交易费用，增加了回购成本。

（2）要约回购

要约回购是指公司在特定的时间内向市场发出以高于股票当前市场价格的某一价格回购既定数量股票的要约，并按照要约进行回购的方式。要约回购通常可以向市场传递积极的信息，但成本较高。

（3）协议回购

协议回购是指公司以协议价格向某个或某些主要的股东回购股票的方式。协议价格通常低于当前的股票市场价格，也可能高于当前的市场价格。公司如果以超常溢价进行协议收购的话，将损害继续持股的股东的利益，并可能因此招来法律纠纷。

素养提升

在我们的学习与生活中经常会遇到资源分配的情况，如奖学金的评定、三好学生的评选等。只有资源分配的过程公平、公正，大家才会信服。同样地，在企业财务管理中，收益分配的相关财务决策也要基于诚信和公正的原则。收益分配方案应严格按照公司的章程和相关法规进行，确保所有股东都能公平地分享公司的收益。如果公司有股票回购计划，则应基于公平公正的原则，以市场价格进行回购，避免利益输送和侵犯股东权益的情况发生。

数字技能拓展

【拓展主题】**利用Power BI进行收益分配可视化**

【相关资料】在【例11-5】中，某公司在发放股票股利前后，股东权益合计值没有发生变化，但是股东权益（所有者权益）内部结构发生了变化，见表11-4。

表11-4　　股东权益（所有者权益）内部结构变化情况

项目	发放股票股利前的股东权益	发放股票股利（按面值计价）后的股东权益
股本（已发行普通股5 000万股，面值1元，）	5 000	6 000
资本公积	3 000	3 000
未分配利润	4 000	3 000
股东权益合计	12 000	12 000

【拓展任务】我们可以通过可视化工具来展示所有者权益中各项目的比例变动。试使用Power BI可视化工具进行可视化，以观察该公司发放股利前后股东权益内部结构的变化情况。

微课

利用Power BI进行收益分配可视化

【任务实施】

步骤1：如图11-1所示，利用Power BI获取数据功能，将基础数据导入到Power BI中，点击“转换数据”进入Power Query界面。

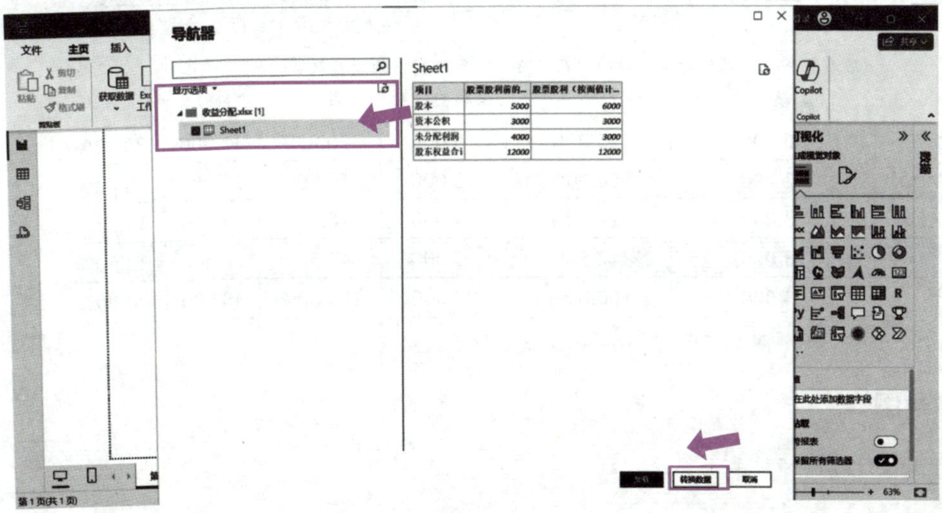

原图

项目十一

图11-1　基础数据导入到BI

步骤2：在Power Query中进行数据清洗，如图11-2所示，将数据变为规范数据，之后点击“关闭并应用”。

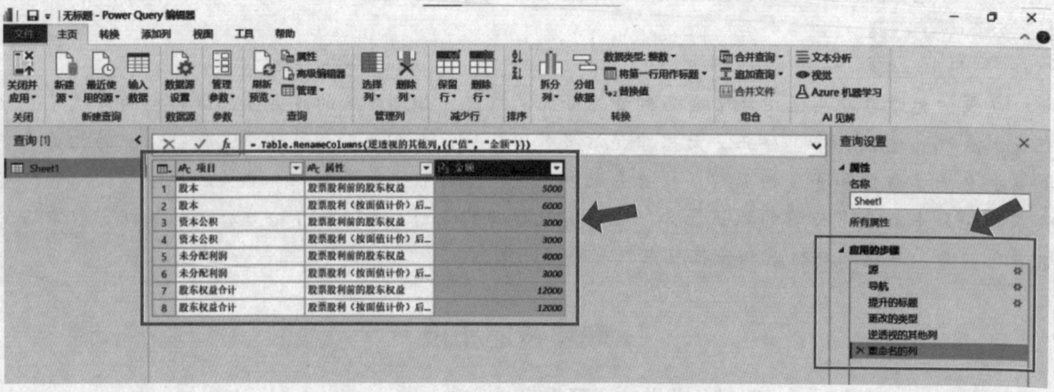

图11-2　数据清洗

步骤3：新建度量值，计算各个项目占比，如图11-3所示。这里用到了CALCULATE和ALL函数，在CALCULATE函数的条件位置引入ALL函数，可剔除筛选后进行SUM计算，这样使得分母不变，便于计算占比。

```
1 占比 = DIVIDE(SUM(Sheet1[金额]), CALCULATE(SUM(Sheet1[金额]),ALL(Sheet1[项目])))
```

图11-3　计算各个项目占比

步骤4：在Power BI报表界面进行可视化。运用矩阵和环形图，实现收益信息的充分、对比展现，如图11-4所示。

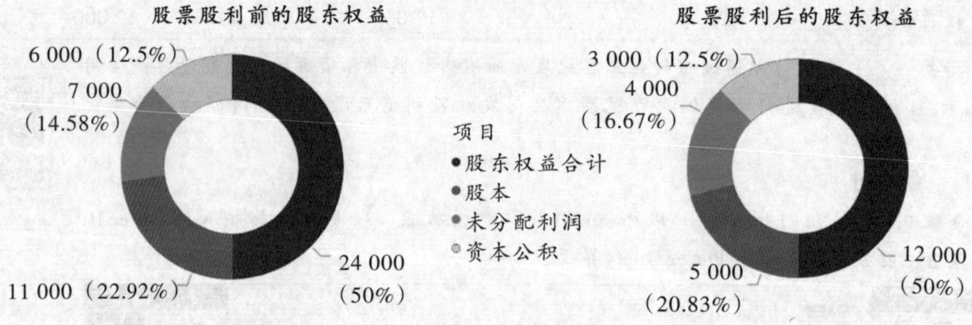

属性 项目	股票股利（按面值计价）后的股东权益 金额的总和	占比	股票股利前的股东权益 金额的总和	占比	总计 金额的总和	占比
股本	6 000	25.00%	5 000	20.83%	11 000	22.92%
股东权益合计	12 000	50.00%	12 000	50.00%	24 000	50.00%
未分配利润	3 000	12.50%	4 000	16.67%	7 000	14.58%
资本公积	3 000	12.50%	3 000	12.50%	6 000	12.50%
总计	24 000	100.00%	24 000	100.00%	48 000	100.00%

图11-4　在Power BI报表界面进行可视化

本项目思维导图

本项目思维导图如图11-5所示。

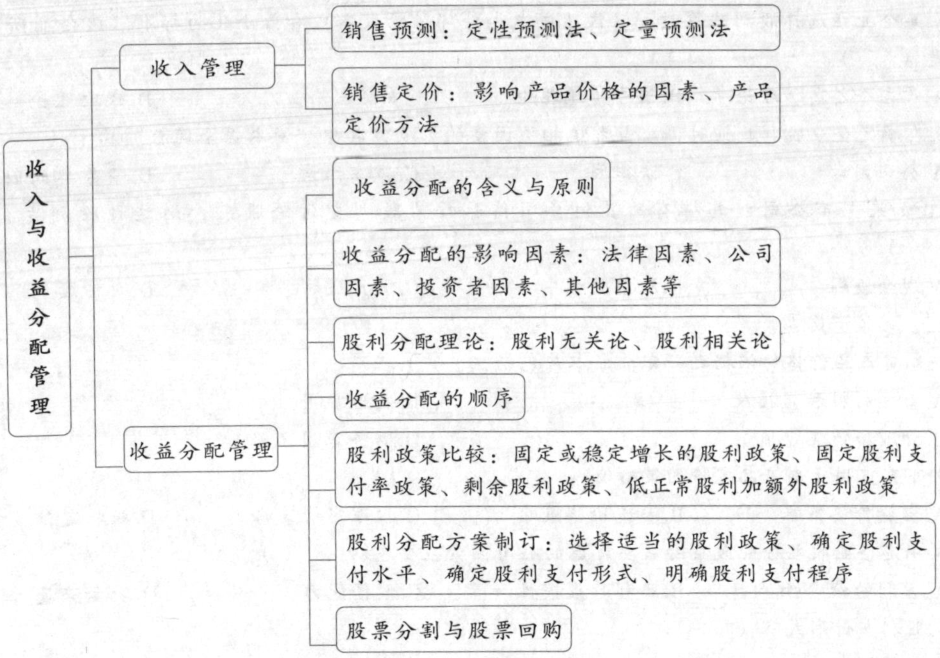

图11-5　本项目思维导图

岗课赛证同步训练

一、单项选择题

1.在下列公司中，通常适合采用固定股利政策的是（　　）。

A.收益显著增长的公司　　B.收益相对稳定的公司

C.财务风险较高的公司　　D.投资机会较多的公司

2.下列能体现多盈多分、少盈少分、无盈不分的收益分配原则的是（　　）。

A.固定股利政策　　B.固定股利支付率政策

C.剩余收益政策　　D.低正常股利加额外股利政策

3.上市公司按照剩余股利政策发放股利的好处是（　　）。

A.有利于公司合理安排资本结构　　B.有利于投资者安排收入与支出

C.有利于公司稳定股票的市场价格　　D.有利于公司树立良好的形象

4.有权领取股利的股东资格登记截止日期称为（　　）。

A.股利宣告日　　B.股利支付日　　C.除息日　　D.股权登记日

5.下列表述正确的是（　　）。

A.股票股利不会降低每股市价

B.股票股利会导致公司资产的流出

C.股票股利会增加公司的财产

D.股票股利会引起所有者权益各项目的结构比例发生变化

6.对于经营状况和现金流量不够稳定的企业，宜采用的股利政策是（　　）。

A.剩余股利政策　　B.固定股利政策

C.低正常股利加额外股利政策　　D.固定股利支付率政策

7.一般地，除息日之后的股票价格（　　）除息日之前的股票价格。

A.高于　　B.等于　　C.低于　　D.不一定

8.某企业在选择股利政策时，以代理成本和外部融资成本之和最小化为标准。该企业所依据的股利理论是（　　）

A.“在手之鸟”理论　B.信号传递理论　C.MM理论　D.代理理论

9.在确定企业股利政策时，应当考虑相关因素的影响，其中“资本保全约束”属于（　　）。

A.公司因素　B.法律因素　C.股东因素　D.债务契约因素

10.如果上市公司以其持有的其他公司债券作为股利支付给股东，则这种股利支付的方式称为（　　）。

A.现金股利　B.股票股利　C.财产股利　D.负债股利

二、多项选择题

1.制定产品价格的依据之一完全成本应包括（　　）。

A.直接材料和直接人工　B.制造费用

C.管理和销售费用　D.财务费用

2.下列可用于新产品定价的策略有（　　）。

A.撇脂价格策略　B.渗透价格策略　C.心理定价策略　D.折扣定价策略

3.确定企业收益分配政策时需要考虑的公司因素主要包括（　　）。

A.盈利的稳定性　B.股利政策惯性　C.偿债能力　D.现金流量

4.股利支付形式有（　　）。

A.现金股利　B.财产股利　C.股票股利　D.负债股利

5.按照资本保全约束的要求，企业发放股利所需要的资金来源包括（　　）。

A.当期利润　B.留存收益　C.原始投资　D.股本

6.若上市公司采用了合理的收益分配政策，则可获得的效果有（　　）。

A.能为企业创造筹资的良好环境　B.能处理好与投资者的关系

C.能改善企业经营管理　D.能增强投资者的信心

7.股利分配方案涉及的内容有（　　）。

A.股利支付程序中各日期的确定　B.股利支付方式

C.股利支付比率　D.支付现金股利所需的筹资方式

8.股利无关论认为（　　）。

A.投资人并不关心股利的分配　B.股利支付率不影响公司的价值

C.只有股利支付率会影响公司的价值　D.投资人对股利和资本利得无偏好

9.采用低正常股利加额外股利政策的理由是（　　）。

A.向市场传递公司正常发展的信息

B.使公司具有较大的灵活性

C.保持理想的资本结构，使综合资本成本最低

D.使依靠股利度日的股东有比较稳定的收入，从而吸引住这部分投资者

10.公司发放现金股利的后果有（　　）。

A.资产总额减少　B.所有者权益总额减少

C.所有者权益结构调整　D.每股收益下降

三、判断题

1.固定或稳定增长股利政策的主要缺点，在于公司股利支付与其盈利能力相脱节，不能体现多盈多分、少盈少分、无盈不分的分配原则。（　　）

2.固定股利支付率政策适用于那些处于稳定发展并且财务状况比较稳定的公司。（　　）

3.企业发放股票股利会引起每股收益的下降，从而导致每股市价有可能下跌，因而每位股东所持有股票的市场价值总额也将随之下降。（　　）

4.利润的增加一定会使企业现金增加，而成本的增加一定会使企业现金减少。（　）

5.剩余股利政策的优点是有利于保持理想的资本结构，降低企业综合资本成本。（　）

6.留用利润是留在企业的利润，归企业所有，投资者无权要求对其进行分配。（　）

7.企业收益分配应兼顾企业所有者、经营者、债权人、职工等方面的经济利益。（　）

8.以成本为基础的定价方法，产品成本可以是变动成本、制造成本或完全成本，但用变动成本是最佳的，有利于成本的足额补偿。（　）

9.需求价格弹性是衡量销量对价格敏感程度的指标。需求价格弹性大，意味着价格的变动对销量影响显著，可通过降价刺激需求，提高销量；反之，需求价格弹性小，意味着价格的变动对销量影响不明显，降价不一定能起到明显增加销量的效果。（　）

10.股票分割和股票股利都属于股利支付方式，共同点是都会引起企业普通股股数增加。（　）

四、计算题

1.某企业生产销售丙产品，预计年产销量为100 000件。丙产品单位变动生产成本为60元，固定制造费用为200 000元，单位变动销售费用为10元，固定销售费用为30 000元，管理费用为100 000元，财务费用为20 000元。该产品适用的消费税税率为5%，企业要求的成本利润率为20%。

要求：

（1）运用完全成本加成法计算丙产品的价格；

（2）运用制造成本加成法计算丙产品的价格；

（3）运用变动成本加成法计算丙产品的价格。

2.某公司的股权结构见表11-5，本年度公司因现金不足，决定发放10%的股票股利，已知当前市价为20元，按股票市价计算股票股利。本年实现的净利润为6 000万元。

表11-5　某公司的股权结构　单位：万元

股本（面值1元，发行在外的股数20 000万股）	20 000
资本公积	3 000
盈余公积	5 000
未分配利润	8 000
股东权益合计	36 000

要求：

（1）计算分析发放股票股利前后股东权益各项目变化情况。

（2）计算发放股票股利前后的每股收益。

3.甲股份公司20×4年的税后利润为800万元，目前的负债比例为40%。该公司想继续保持这一比例，预计20×5年有一良好的投资机会，需要资金600万元。该公司采取剩余股利政策分配股利。

要求：

（1）计算20×5年的投资项目对权益资金的需要量。

（2）计算向股东支付的股利额。

五、综合实训

实训任务　股利政策制定

实训目的：了解有关因素对企业收益分配政策的影响，理解各种股利政策的优缺点，掌握红股、配股、转增股等概念。

实训资料：收集1～2家上市公司近三年的股利分配方案及收益分配政策。

实训要求：（1）以小组为单位组织实训，每5～7人为一组，组长负责；（2）了解我国关于上市公司收益分配管理的有关规定；（3）分析该公司股利政策的优缺点，（4）分析该公司股利政策的实施对公司、股东产生的影响；（5）完成一篇600字左右的分析报告。

主要参考文献

［1］财政部会计资格评价中心．财务管理［M］．北京：经济科学出版社，2024.
［2］中国注册会计师协会．财务成本管理［M］．北京：中国财政经济出版社，2024.
［3］马元兴，薛春燕．企业财务管理［M］．5版．北京：高等教育出版社，2025.
［4］肖星．一本书读懂财报［M］．杭州：浙江大学出版社，2014.
［5］张昕．轻松读懂财务报表［M］．2版．北京：北京大学出版社，2019.

附录

附表一　复利终值系数表

期数	1%	2%	3%	4%	5%	6%	7%	8%	9%	10%
1	1.0100	1.0200	1.0300	1.0400	1.0500	1.0600	1.0700	1.0800	1.0900	1.1000
2	1.0201	1.0404	1.0609	1.0816	1.1025	1.1236	1.1449	1.1664	1.1881	1.2100
3	1.0303	1.0612	1.0927	1.1249	1.1576	1.1910	1.2250	1.2597	1.2950	1.3310
4	1.0406	1.0824	1.1255	1.1699	1.2155	1.2625	1.3108	1.3605	1.4116	1.4641
5	1.0510	1.1041	1.1593	1.2167	1.2763	1.3382	1.4026	1.4693	1.5386	1.6105
6	1.0615	1.1262	1.1941	1.2653	1.3401	1.4185	1.5007	1.5869	1.6771	1.7716
7	1.0721	1.1487	1.2299	1.3159	1.4071	1.5036	1.6058	1.7138	1.8280	1.9487
8	1.0829	1.1717	1.2668	1.3686	1.4775	1.5938	1.7182	1.8509	1.9926	2.1436
9	1.0937	1.1951	1.3048	1.4233	1.5513	1.6895	1.8385	1.9990	2.1719	2.3579
10	1.1046	1.2190	1.3439	1.4802	1.6289	1.7908	1.9672	2.1589	2.3674	2.5937
11	1.1157	1.2434	1.3842	1.5395	1.7103	1.8983	2.1049	2.3316	2.5804	2.8531
12	1.1268	1.2682	1.4258	1.6010	1.7959	2.0122	2.2522	2.5182	2.8127	3.1384
13	1.1381	1.2936	1.4685	1.6651	1.8856	2.1329	2.4098	2.7196	3.0658	3.4523
14	1.1495	1.3195	1.5126	1.7317	1.9799	2.2609	2.5785	2.9372	3.3417	3.7975
15	1.1610	1.3459	1.5580	1.8009	2.0789	2.3966	2.7590	3.1722	3.6425	4.1772
16	1.1726	1.3728	1.6047	1.8730	2.1829	2.5404	2.9522	3.4259	3.9703	4.5950
17	1.1843	1.4002	1.6528	1.9479	2.2920	2.6928	3.1588	3.7000	4.3276	5.0545
18	1.1961	1.4282	1.7024	2.0258	2.4066	2.8543	3.3799	3.9960	4.7171	5.5599
19	1.2081	1.4568	1.7535	2.1068	2.5270	3.0256	3.6165	4.3157	5.1417	6.1159
20	1.2202	1.4859	1.8061	2.1911	2.6533	3.2071	3.8697	4.6610	5.6044	6.7275
21	1.2324	1.5157	1.8603	2.2788	2.7860	3.3996	4.1406	5.0338	6.1088	7.4002
22	1.2447	1.5460	1.9161	2.3699	2.9253	3.6035	4.4304	5.4365	6.6586	8.1403
23	1.2572	1.5769	1.9736	2.4647	3.0715	3.8197	4.7405	5.8715	7.2579	8.9543
24	1.2697	1.6084	2.0328	2.5633	3.2251	4.0489	5.0724	6.3412	7.9111	9.8497
25	1.2824	1.6406	2.0938	2.6658	3.3864	4.2919	5.4274	6.8485	8.6231	10.835
26	1.2953	1.6734	2.1566	2.7725	3.5557	4.5494	5.8074	7.3964	9.3992	11.918
27	1.3082	1.7069	2.2213	2.8834	3.7335	4.8223	6.2139	7.9881	10.245	13.110
28	1.3213	1.7410	2.2879	2.9987	3.9201	5.1117	6.6488	8.6271	11.167	14.421
29	1.3345	1.7758	2.3566	3.1187	4.1161	5.4184	7.1143	9.3173	12.172	15.863
30	1.3478	1.8114	2.4273	3.2434	4.3219	5.7435	7.6123	10.063	13.268	17.449
40	1.4889	2.2080	3.2620	4.8010	7.0400	10.286	14.794	21.725	31.408	45.259
50	1.6446	2.6916	4.3839	7.1067	11.467	18.420	29.457	46.902	74.358	117.39
60	1.8167	3.2810	5.8916	10.520	18.679	32.988	57.946	101.26	176.03	304.48

续表

期数	12%	14%	15%	16%	18%	20%	24%	28%	32%	36%
1	1.1200	1.1400	1.1500	1.1600	1.1800	1.2000	1.2400	1.2800	1.3200	1.3600
2	1.2544	1.2996	1.3225	1.3456	1.3924	1.4400	1.5376	1.6384	1.7424	1.8496
3	1.4049	1.4815	1.5209	1.5609	1.6430	1.7280	1.9066	2.0972	2.3000	2.5155
4	1.5735	1.6890	1.7490	1.8106	1.9388	2.0736	2.3642	2.6844	3.0360	3.4210
5	1.7623	1.9254	2.0114	2.1003	2.2878	2.4883	2.9316	3.4360	4.0075	4.6526
6	1.9738	2.1950	2.3131	2.4364	2.6996	2.9860	3.6352	4.3980	5.2899	6.3275
7	2.2107	2.5023	2.6600	2.8262	3.1855	3.5832	4.5077	5.6295	6.9826	8.6054
8	2.4760	2.8526	3.0590	3.2784	3.7589	4.2998	5.5895	7.2058	9.2170	11.703
9	2.7731	3.2519	3.5179	3.8030	4.4355	5.1598	6.9310	9.2234	12.166	15.917
10	3.1058	3.7072	4.0456	4.4114	5.2338	6.1917	8.5944	11.806	16.060	21.647
11	3.4786	4.2262	4.6524	5.1173	6.1759	7.4301	10.657	15.112	21.119	29.439
12	3.8960	4.8179	5.3503	5.9360	7.2876	8.9161	13.215	19.343	27.983	40.037
13	4.3635	5.4924	6.1528	6.8858	8.5994	10.699	16.386	24.759	36.937	54.451
14	4.8871	6.2613	7.0757	7.9875	10.147	12.839	20.319	31.691	48.757	74.053
15	5.4736	7.1379	8.1371	9.2655	11.974	15.407	25.196	40.565	64.359	100.71
16	6.1304	8.1372	9.3576	10.748	14.129	18.488	31.243	51.923	84.954	136.97
17	6.8660	9.2765	10.761	12.468	16.672	22.186	38.741	66.461	112.14	186.28
18	7.6900	10.575	12.376	14.463	19.673	26.623	48.039	85.071	148.02	253.34
19	8.6128	12.056	14.232	16.777	23.214	31.948	59.568	108.89	195.39	344.54
20	9.6463	13.744	16.367	19.461	27.393	38.338	73.864	139.38	257.92	468.57
21	10.804	15.668	18.822	22.575	32.324	46.005	91.592	178.41	340.45	637.26
22	12.100	17.861	21.645	26.186	38.142	55.206	113.57	228.36	449.39	866.67
23	13.552	20.362	24.892	30.376	45.008	66.247	140.83	292.30	593.20	1 178.7
24	15.179	23.212	28.625	35.236	53.109	79.497	174.63	374.14	783.02	1 603.0
25	17.000	26.462	32.919	40.874	62.669	95.396	216.54	478.90	1 033.6	2 180.1
26	19.040	30.167	37.857	47.414	73.949	114.48	268.51	613.00	1 364.3	2 964.9
27	21.325	34.390	43.535	55.000	87.260	137.37	332.96	784.64	1 800.9	4 032.3
28	23.884	39.205	50.066	63.800	102.97	164.84	412.86	1 004.3	2377.2	5 483.9
29	26.750	44.693	57.576	74.009	121.50	197.81	511.95	1 285.6	3 137.9	7 458.1
30	29.960	50.950	66.212	85.850	143.37	237.38	634.82	1 645.5	4 142.1	10 143
40	93.051	188.83	267.86	378.72	750.38	1 469.8	5 455.9	19 427	66 521	*
50	289.00	700.23	1 083.7	1 670.7	3 927.4	9 100.4	46 890	*	*	*
60	897.60	2 595.9	4 384.0	7 370.2	20 555	56 348	*	*	*	*

*>99 999

附表二　复利现值系数表

期数	1%	2%	3%	4%	5%	6%	7%	8%	9%	10%
1	0.9901	0.9804	0.9709	0.9615	0.9524	0.9434	0.9346	0.9259	0.9174	0.9091
2	0.9803	0.9612	0.9426	0.9246	0.9070	0.8900	0.8734	0.8573	0.8417	0.8264
3	0.9706	0.9423	0.9151	0.8890	0.8638	0.8396	0.8163	0.7938	0.7722	0.7513
4	0.9610	0.9238	0.8885	0.8548	0.8227	0.7921	0.7629	0.7350	0.7084	0.6830
5	0.9515	0.9057	0.8626	0.8219	0.7835	0.7473	0.7130	0.6806	0.6499	0.6209
6	0.9420	0.8880	0.8375	0.7903	0.7462	0.7050	0.6663	0.6302	0.5963	0.5645
7	0.9327	0.8706	0.8131	0.7599	0.7107	0.6651	0.6227	0.5835	0.5470	0.5132
8	0.9235	0.8535	0.7894	0.7307	0.6768	0.6274	0.5820	0.5403	0.5019	0.4665
9	0.9143	0.8368	0.7664	0.7026	0.6446	0.5919	0.5439	0.5002	0.4604	0.4241
10	0.9053	0.8203	0.7441	0.6756	0.6139	0.5584	0.5083	0.4632	0.4224	0.3855
11	0.8963	0.8043	0.7224	0.6496	0.5847	0.5268	0.4751	0.4289	0.3875	0.3505
12	0.8874	0.7885	0.7014	0.6246	0.5568	0.4970	0.4440	0.3971	0.3555	0.3186
13	0.8787	0.7730	0.6810	0.6006	0.5303	0.4688	0.4150	0.3677	0.3262	0.2897
14	0.8700	0.7579	0.6611	0.5775	0.5051	0.4423	0.3878	0.3405	0.2992	0.2633
15	0.8613	0.7430	0.6419	0.5553	0.4810	0.4173	0.3624	0.3152	0.2745	0.2394
16	0.8528	0.7284	0.6232	0.5339	0.4581	0.3936	0.3387	0.2919	0.2519	0.2176
17	0.8444	0.7142	0.6050	0.5134	0.4363	0.3714	0.3166	0.2703	0.2311	0.1978
18	0.8360	0.7002	0.5874	0.4936	0.4155	0.3503	0.2959	0.2502	0.2120	0.1799
19	0.8277	0.6864	0.5703	0.4746	0.3957	0.3305	0.2765	0.2317	0.1945	0.1635
20	0.8195	0.6730	0.5537	0.4564	0.3769	0.3118	0.2584	0.2145	0.1784	0.1486
21	0.8114	0.6598	0.5375	0.4388	0.3589	0.2942	0.2415	0.1987	0.1637	0.1351
22	0.8034	0.6468	0.5219	0.4220	0.3418	0.2775	0.2257	0.1839	0.1502	0.1228
23	0.7954	0.6342	0.5067	0.4057	0.3256	0.2618	0.2109	0.1703	0.1378	0.1117
24	0.7876	0.6217	0.4919	0.3901	0.3101	0.2470	0.1971	0.1577	0.1264	0.1015
25	0.7798	0.6095	0.4776	0.3751	0.2953	0.2330	0.1842	0.1460	0.1160	0.0923
26	0.7720	0.5976	0.4637	0.3607	0.2812	0.2198	0.1722	0.1352	0.1064	0.0839
27	0.7644	0.5859	0.4502	0.3468	0.2678	0.2074	0.1609	0.1252	0.0976	0.0763
28	0.7568	0.5744	0.4371	0.3335	0.2551	0.1956	0.1504	0.1159	0.0895	0.0693
29	0.7493	0.5631	0.4243	0.3207	0.2429	0.1846	0.1406	0.1073	0.0822	0.0630
30	0.7419	0.5521	0.4120	0.3083	0.2314	0.1741	0.1314	0.0994	0.0754	0.0573
35	0.7059	0.5000	0.3554	0.2534	0.1813	0.1301	0.0937	0.0676	0.0490	0.0356
40	0.6717	0.4529	0.3066	0.2083	0.1420	0.0972	0.0668	0.0460	0.0318	0.0221
45	0.6391	0.4102	0.2644	0.1712	0.1113	0.0727	0.0476	0.0313	0.0207	0.0137
50	0.6080	0.3715	0.2281	0.1407	0.0872	0.0543	0.0339	0.0213	0.0134	0.0085
55	0.5785	0.3365	0.1968	0.1157	0.0683	0.0406	0.0242	0.0145	0.0087	0.0053

续表

期数	12%	14%	15%	16%	18%	20%	24%	28%	32%	36%
1	0.8929	0.8772	0.8696	0.8621	0.8475	0.8333	0.8065	0.7813	0.7576	0.7353
2	0.7972	0.7695	0.7561	0.7432	0.7182	0.6944	0.6504	0.6104	0.5739	0.5407
3	0.7118	0.6750	0.6575	0.6407	0.6086	0.5787	0.5245	0.4768	0.4348	0.3975
4	0.6355	0.5921	0.5718	0.5523	0.5158	0.4823	0.4230	0.3725	0.3294	0.2923
5	0.5674	0.5194	0.4972	0.4761	0.4371	0.4019	0.3411	0.2910	0.2495	0.2149
6	0.5066	0.4556	0.4323	0.4104	0.3704	0.3349	0.2751	0.2274	0.1890	0.1580
7	0.4523	0.3996	0.3759	0.3538	0.3139	0.2791	0.2218	0.1776	0.1432	0.1162
8	0.4039	0.3506	0.3269	0.3050	0.2660	0.2326	0.1789	0.1388	0.1085	0.0854
9	0.3606	0.3075	0.2843	0.2630	0.2255	0.1938	0.1443	0.1084	0.0822	0.0628
10	0.3220	0.2697	0.2472	0.2267	0.1911	0.1615	0.1164	0.0847	0.0623	0.0462
11	0.2875	0.2366	0.2149	0.1954	0.1619	0.1346	0.0938	0.0662	0.0472	0.0340
12	0.2567	0.2076	0.1869	0.1685	0.1372	0.1122	0.0757	0.0517	0.0357	0.0250
13	0.2292	0.1821	0.1625	0.1452	0.1163	0.0935	0.0610	0.0404	0.0271	0.0184
14	0.2046	0.1597	0.1413	0.1252	0.0985	0.0779	0.0492	0.0316	0.0205	0.0135
15	0.1827	0.1401	0.1229	0.1079	0.0835	0.0649	0.0397	0.0247	0.0155	0.0099
16	0.1631	0.1229	0.1069	0.0930	0.0708	0.0541	0.0320	0.0193	0.0118	0.0073
17	0.1456	0.1078	0.0929	0.0802	0.0600	0.0451	0.0258	0.0150	0.0089	0.0054
18	0.1300	0.0946	0.0808	0.0691	0.0508	0.0376	0.0208	0.0118	0.0068	0.0039
19	0.1161	0.0829	0.0703	0.0596	0.0431	0.0313	0.0168	0.0092	0.0051	0.0029
20	0.1037	0.0728	0.0611	0.0514	0.0365	0.0261	0.0135	0.0072	0.0039	0.0021
21	0.0926	0.0638	0.0531	0.0443	0.0309	0.0217	0.0109	0.0056	0.0029	0.0016
22	0.0826	0.0560	0.0462	0.0382	0.0262	0.0181	0.0088	0.0044	0.0022	0.0012
23	0.0738	0.0491	0.0402	0.0329	0.0222	0.0151	0.0071	0.0034	0.0017	0.0008
24	0.0659	0.0431	0.0349	0.0284	0.0188	0.0126	0.0057	0.0027	0.0013	0.0006
25	0.0588	0.0378	0.0304	0.0245	0.0160	0.0105	0.0046	0.0021	0.0010	0.0005
26	0.0525	0.0331	0.0264	0.0211	0.0135	0.0087	0.0037	0.0016	0.0007	0.0003
27	0.0469	0.0291	0.0230	0.0182	0.0115	0.0073	0.0030	0.0013	0.0006	0.0002
28	0.0419	0.0255	0.0200	0.0157	0.0097	0.0061	0.0024	0.0010	0.0004	0.0002
29	0.0374	0.0224	0.0174	0.0135	0.0082	0.0051	0.0020	0.0008	0.0003	0.0001
30	0.0334	0.0196	0.0151	0.0116	0.0070	0.0042	0.0016	0.0006	0.0002	0.0001
35	0.0189	0.0102	0.0075	0.0055	0.0030	0.0017	0.0005	0.0002	0.0001	*
40	0.0107	0.0053	0.0037	0.0026	0.0013	0.0007	0.0002	0.0001	*	*
45	0.0061	0.0027	0.0019	0.0013	0.0006	0.0003	0.0001	*	*	*
50	0.0035	0.0014	0.0009	0.0006	0.0003	0.0001	*	*	*	*
55	0.0020	0.0007	0.0005	0.0003	0.0001	*	*	*	*	*

*<0.0001

附表三 年金终值系数表

期数	1%	2%	3%	4%	5%	6%	7%	8%	9%	10%
1	1.0000	1.0000	1.0000	1.0000	1.0000	1.0000	1.0000	1.0000	1.0000	1.0000
2	2.0100	2.0200	2.0300	2.0400	2.0500	2.0600	2.0700	2.0800	2.0900	2.1000
3	3.0301	3.0604	3.0909	3.1216	3.1525	3.1836	3.2149	3.2464	3.2781	3.3100
4	4.0604	4.1216	4.1836	4.2465	4.3101	4.3746	4.4399	4.5061	4.5731	4.6410
5	5.1010	5.2040	5.3091	5.4163	5.5256	5.6371	5.7507	5.8666	5.9847	6.1051
6	6.1520	6.3081	6.4684	6.6330	6.8019	6.9753	7.1533	7.3359	7.5233	7.7156
7	7.2135	7.4343	7.6625	7.8983	8.1420	8.3938	8.6540	8.9228	9.2004	9.4872
8	8.2857	8.5830	8.8923	9.2142	9.5491	9.8975	10.260	10.637	11.029	11.436
9	9.3685	9.7546	10.159	10.583	11.027	11.491	11.978	12.488	13.021	13.580
10	10.462	10.950	11.464	12.006	12.578	13.181	13.816	14.487	15.193	15.937
11	11.567	12.169	12.808	13.486	14.207	14.972	15.784	16.646	17.560	18.531
12	12.683	13.412	14.192	15.026	15.917	16.870	17.889	18.977	20.141	21.384
13	13.809	14.680	15.618	16.627	17.713	18.882	20.141	21.495	22.953	24.523
14	14.947	15.974	17.086	18.292	19.599	21.015	22.551	24.215	26.019	27.975
15	16.097	17.293	18.599	20.024	21.579	23.276	25.129	27.152	29.361	31.773
16	17.258	18.639	20.157	21.825	23.658	25.673	27.888	30.324	33.003	35.950
17	18.430	20.012	21.762	23.698	25.840	28.213	30.840	33.750	36.974	40.545
18	19.615	21.412	23.414	25.645	28.132	30.906	33.999	37.450	41.301	45.599
19	20.811	22.841	25.117	27.671	30.539	33.760	37.379	41.446	46.019	51.159
20	22.019	24.297	26.870	29.778	33.066	36.786	40.996	45.762	51.160	57.275
21	23.239	25.783	28.677	31.969	35.719	39.993	44.865	50.423	56.765	64.003
22	24.472	27.299	30.537	34.248	38.505	43.392	49.006	55.457	62.873	71.403
23	25.716	28.845	32.453	36.618	41.431	46.996	53.436	60.893	69.532	79.543
24	26.974	30.422	34.427	39.083	44.502	50.816	58.177	66.765	76.790	88.497
25	28.243	32.030	36.459	41.646	47.727	54.865	63.249	73.106	84.701	98.347
26	29.526	33.671	38.553	44.312	51.114	59.156	68.677	79.954	93.324	109.18
27	30.821	35.344	40.710	47.084	54.669	63.706	74.484	87.351	102.72	121.10
28	32.129	37.051	42.931	49.968	58.403	68.528	80.698	95.339	112.97	134.21
29	33.450	38.792	45.219	52.966	62.323	73.640	87.347	103.97	124.14	148.63
30	34.785	40.568	47.575	56.085	66.439	79.058	94.461	113.28	136.31	164.49
40	48.886	60.402	75.401	95.026	120.80	154.76	199.64	259.06	337.88	442.59
50	64.463	84.579	112.80	152.67	209.35	290.34	406.53	573.77	815.08	1 163.9
60	81.670	114.05	163.05	237.99	353.58	533.13	813.52	1 253.2	1 944.8	3 034.8

续表

期数	12%	14%	15%	16%	18%	20%	24%	28%	32%	36%
1	1.0000	1.0000	1.0000	1.0000	1.0000	1.0000	1.0000	1.0000	1.0000	1.0000
2	2.1200	2.1400	2.1500	2.1600	2.1800	2.2000	2.2400	2.2800	2.3200	2.3600
3	3.3744	3.4396	3.4725	3.5056	3.5724	3.6400	3.7776	3.9184	3.0624	3.2096
4	4.7793	4.9211	4.9934	5.0665	5.2154	5.3680	5.6842	6.0156	6.3624	6.7251
5	6.3528	6.6101	6.7424	6.8771	7.1542	7.4416	8.0484	8.6999	9.3983	10.146
6	8.1152	8.5355	8.7537	8.9775	9.4420	9.9299	10.980	12.136	13.406	14.799
7	10.089	10.731	11.067	11.414	12.142	12.916	14.615	16.534	18.696	21.126
8	12.300	13.233	13.727	14.240	15.327	16.499	19.123	22.163	25.678	29.732
9	14.776	16.085	16.786	17.519	19.086	20.799	24.713	29.369	34.895	41.435
10	17.549	19.337	20.304	21.322	23.521	25.959	31.643	38.593	47.062	57.352
11	20.655	23.045	24.349	25.733	28.755	32.150	40.238	50.399	63.122	78.998
12	24.133	27.271	29.002	30.850	34.931	39.581	50.895	65.510	84.320	108.44
13	28.029	32.089	34.352	36.786	42.219	48.497	64.110	84.853	112.30	148.47
14	32.393	37.581	40.505	43.672	50.818	59.196	80.496	109.61	149.24	202.93
15	37.280	43.842	47.580	51.660	60.965	72.035	100.82	141.30	198.00	276.98
16	42.753	50.980	55.718	60.925	72.939	87.442	126.01	181.87	262.36	377.69
17	48.884	59.118	65.075	71.673	87.068	105.93	157.25	233.79	347.31	514.66
18	55.750	68.394	75.836	84.141	103.74	128.12	195.99	300.25	459.45	770.94
19	63.440	78.969	88.212	98.603	123.41	154.74	244.03	385.32	607.47	954.28
20	72.052	91.025	102.44	115.38	146.63	186.69	303.60	494.21	802.86	1 298.8
21	81.699	104.77	118.81	134.84	174.02	225.03	377.46	633.59	1 060.8	1 767.4
22	92.503	120.44	137.63	157.42	206.34	271.03	469.06	812.00	1 401.2	2 404.7
23	104.603	138.30	159.28	183.60	244.49	326.24	582.63	1 040.4	1 850.6	3 271.3
24	118.16	158.66	184.17	213.98	289.49	392.48	723.46	1 332.7	2 443.8	4 450.0
25	133.33	181.87	212.79	249.21	342.60	471.98	898.09	1 706.8	3 226.8	6 053.0
26	150.33	208.33	245.71	290.09	405.27	567.38	1 114.6	2 185.7	4 260.4	8 233.1
27	169.37	238.50	283.57	337.50	479.22	681.85	1 383.1	2798.7	5 624.8	11 198
28	190.70	272.89	327.10	392.50	566.48	819.22	1 716.1	3 583.3	7 425.7	15 230
29	214.58	312.09	377.17	456.30	669.45	984.07	2 129.0	4 587.7	9 802.9	20 714
30	241.33	356.79	434.75	530.31	790.95	1 181.9	2 640.9	5 873.2	12 941	28 172
40	767.09	1 342.0	1 779.1	2 360.8	4 163.2	7 343.2	27 290	69 377	*	*
50	2 400.0	4 994.5	7 217.7	10 436	21 813	45 479	*	*	*	*
60	7 471.6	18 535	29 220	46 058	*	*	*	*	*	*

*>99999

附表四 年金现值系数表

期数	1%	2%	3%	4%	5%	6%	7%	8%	9%
1	0.9901	0.9804	0.9709	0.9615	0.9524	0.9434	0.9346	0.9259	0.9174
2	1.9704	1.9416	1.9135	1.8861	1.8594	1.8334	1.8080	1.7833	1.7591
3	2.9410	2.8839	2.8286	2.7751	2.7232	2.6730	2.6243	2.5771	2.5313
4	3.9020	3.8077	3.7171	3.6299	3.5460	3.4651	3.3872	3.3121	3.2397
5	4.8534	4.7135	4.5797	4.4518	4.3295	4.2124	4.1002	3.9927	3.8897
6	5.7955	5.6014	5.4172	5.2421	5.0757	4.9173	4.7665	4.6229	4.4859
7	6.7282	6.4720	6.2303	6.0021	5.7864	5.5824	5.3893	5.2064	5.0330
8	7.6517	7.3255	7.0197	6.7327	6.4632	6.2098	5.9713	5.7466	5.5348
9	8.5660	8.1622	7.7861	7.4353	7.1078	6.8017	6.5152	6.2469	5.9952
10	9.4713	8.9826	8.5302	8.1109	7.7217	7.3601	7.0236	6.7101	6.4177
11	10.368	9.7868	9.2526	8.7605	8.3064	7.8869	7.4987	7.1390	6.8052
12	11.255	10.575	9.9540	9.3851	8.8633	8.3838	7.9427	7.5361	7.1607
13	12.134	11.348	10.635	9.9856	9.3936	8.8527	8.3577	7.9038	7.4869
14	13.004	12.106	11.296	10.563	9.8986	9.2950	8.7455	8.2442	7.7862
15	13.865	12.849	11.938	11.118	10.380	9.7122	9.1079	8.5595	8.0607
16	14.718	13.578	12.561	11.652	10.838	10.106	9.4466	8.8514	8.3126
17	15.562	14.292	13.166	12.166	11.274	10.477	9.7632	9.1216	8.5436
18	16.398	14.992	13.754	12.659	11.690	10.828	10.059	9.3719	8.7556
19	17.226	15.679	14.324	13.134	12.085	11.158	10.336	9.6036	8.9501
20	18.046	16.351	14.878	13.590	12.462	11.470	10.594	9.8181	9.1285
21	18.857	17.011	15.415	14.029	12.821	11.764	10.836	10.017	9.2922
22	19.660	17.658	15.937	14.451	13.163	12.042	11.061	10.201	9.4424
23	20.456	18.292	16.444	14.857	13.489	12.303	11.272	10.371	9.5802
24	21.243	18.914	16.936	15.247	13.799	12.550	11.469	10.529	9.7066
25	22.023	19.524	17.413	15.622	14.094	12.783	11.654	10.675	9.8226
26	22.795	20.1210	17.877	15.983	14.375	13.003	11.826	10.810	9.9290
27	23.560	20.7069	18.327	16.330	14.643	13.211	11.987	10.935	10.027
28	24.316	21.2813	18.764	16.663	14.898	13.406	12.137	11.051	10.116
29	25.066	21.8444	19.189	16.984	15.141	13.591	12.278	11.158	10.198
30	25.808	22.3965	19.600	17.292	15.373	13.765	12.409	11.258	10.274
35	29.409	24.999	21.487	18.665	16.374	14.498	12.948	11.655	10.567
40	32.835	27.356	23.115	19.793	17.159	15.046	13.337	11.925	10.757
45	36.095	29.490	24.519	20.720	17.774	15.456	13.606	12.108	10.881
50	39.196	31.424	25.730	21.482	18.256	15.762	13.801	12.234	10.962
55	42.147	33.175	26.774	22.109	18.634	15.991	13.934	12.317	11.014

续表

期数	10%	12%	14%	15%	16%	18%	20%	24%	28%	32%
1	0.9091	0.8929	0.8772	0.8696	0.8621	0.8475	0.8333	0.8065	0.7813	0.7576
2	1.7355	1.6901	1.6467	1.6257	1.6052	1.5656	1.5278	1.4568	1.3916	1.3315
3	2.4869	2.4018	2.3216	2.2832	2.2459	2.1743	2.1065	1.9813	1.8684	1.7663
4	3.1699	3.0373	2.9137	2.8550	2.7982	2.6901	2.5887	2.4043	2.2410	2.0957
5	3.7908	3.6048	3.4331	3.3522	3.2743	3.1272	2.9906	2.7454	2.5320	2.3452
6	4.3553	4.1114	3.8887	3.7845	3.6847	3.4976	3.3255	3.0205	2.7594	2.5342
7	4.8684	4.5638	4.2883	4.1604	4.0386	3.8115	3.6046	3.2423	2.9370	2.6775
8	5.3349	4.9676	4.6389	4.4873	4.3436	4.0776	3.8372	3.4212	3.0758	2.7860
9	5.7590	5.3282	4.9464	4.7716	4.6065	4.3030	4.0310	3.5655	3.1842	2.8681
10	6.1446	5.6502	5.2161	5.0188	4.8332	4.4941	4.1925	3.6819	3.2689	2.9304
11	6.4951	5.9377	5.4527	5.2337	5.0286	4.6560	4.3271	3.7757	3.3351	2.9776
12	6.8137	6.1944	5.6603	5.4206	5.1971	4.7932	4.4392	3.8514	3.3868	3.0133
13	7.1034	6.4235	5.8424	5.5831	5.3423	4.9095	4.5327	3.9124	3.4272	3.0404
14	7.3667	6.6282	6.0021	5.7245	5.4675	5.0081	4.6106	3.9616	3.4587	3.0609
15	7.6061	6.8109	6.1422	5.8474	5.5755	5.0916	4.6755	4.0013	3.4834	3.0764
16	7.8237	6.9740	6.2651	5.9542	5.6685	5.1624	4.7296	4.0333	3.5026	3.0882
17	8.0216	7.1196	6.3729	6.0472	5.7487	5.2223	4.7746	4.0591	3.5177	3.0971
18	8.2014	7.2497	6.4674	6.1280	5.8178	5.2732	4.8122	4.0799	3.5294	3.1309
19	8.3649	7.3658	6.5504	6.1982	5.8775	5.3162	4.8435	4.0967	3.5386	3.1090
20	8.5136	7.4694	6.6231	6.2593	5.9288	5.3527	4.8696	4.1103	3.5458	3.1129
21	8.6487	7.5620	6.6870	6.3125	5.9731	5.3837	4.8913	4.1212	3.5514	3.1158
22	8.7715	7.6446	6.7429	6.3587	6.0113	5.4099	4.9094	4.1300	3.5558	3.1180
23	8.8832	7.7184	6.7921	6.3988	6.0442	5.4321	4.9245	4.1371	3.5592	3.1197
24	8.9847	7.7843	6.8351	6.4338	6.0726	5.4509	4.9371	4.1428	3.5619	3.1210
25	9.0770	7.8431	6.8729	6.4641	6.0971	5.4669	4.9476	4.1474	3.5640	3.1220
26	9.1609	7.8957	6.9061	6.4906	6.1182	5.4804	4.9563	4.1511	3.5656	3.1227
27	9.2372	7.9426	6.9352	6.5135	6.1364	5.4919	4.9636	4.1542	3.5669	3.1233
28	9.3066	7.9844	6.9607	6.5335	6.1520	5.5016	4.9697	4.1566	3.5679	3.1237
29	9.3696	8.0218	6.9830	6.5509	6.1656	5.5098	4.9747	4.1585	3.5687	3.1240
30	9.4269	8.0552	7.0027	6.5660	6.1772	5.5168	4.9789	4.1601	3.5693	3.1242
35	9.6442	8.1755	7.0700	6.6166	6.2153	5.5386	4.9915	1.1644	3.5708	3.1248
40	9.7791	8.2438	7.1050	6.6418	6.2335	5.5482	4.9966	4.1659	3.5712	3.1250
45	9.8628	8.2825	7.1232	6.6543	6.2421	5.5523	4.9986	4.1664	3.5714	3.1250
50	9.9148	8.3045	7.1327	6.6605	6.2463	5.5541	4.9995	4.1666	3.5714	3.1250
55	9.9471	8.3170	7.1376	6.6636	6.2482	5.5549	4.9998	4.1666	3.5714	3.1250